Bernd Ganser / Wiltrud Richter (Hrsg.)

Was tun bei Legasthenie in der Sekundarstufe?

Auer Verlag GmbH

Gedruckt auf umweltbewusst gefertigtem, chlorfrei gebleichtem
und alterungsbeständigem Papier.

2. Auflage. 2005

Gesamtherstellung: Ludwig Auer GmbH, Donauwörth
ISBN 3-403-0**3878**-5

Inhalt

Vorwort

Die Förderung von Schülern mit Schwierigkeiten beim Lesen und Richtigschreiben war und ist zum Großteil heute noch fast ausschließlich der Grundschule vorbehalten.

In weiterführenden Schularten wurde und wird diese grundlegende Kulturtechnik oft stillschweigend vorausgesetzt und stellt nicht selten einen Indikator für Intelligenz, Eignung, Bildung und dergleichen dar.

Spätestens seit dem Inkrafttreten von neueren Richtlinien zur Förderung legasthener Schüler – wie es etwa in Bayern 1999 erfolgte – sehen sich nicht nur Grundschulen, sondern auch weiterführende Schulen wie Hauptschule, Realschule und Gymnasium verstärkt mit dieser Problematik konfrontiert.

Effektive Förderung hat sich stets an den individuellen Bedürfnissen des einzelnen Kindes/Jugendlichen zu orientieren. Daraus resultieren die unterschiedlichsten Förderstrategien: Was den einen in seinem Lernprozess rasch voranbringt, kann beim anderen durchaus kontraproduktiv wirken.

Gerade Lehrkräfte und (Schüler-)Eltern von weiterführenden Schulen fühlen sich zu Recht bezüglich praxisorientierter Förderhinweise oder auch hinsichtlich der Umsetzung verbindlicher Förderrichtlinien im „Stich" gelassen.

Die vorliegende Publikation will diesbezüglich „erste Hilfe" leisten. Das **1. Kapitel** bietet Ihnen einen kurzen und prägnanten **Theoriebaustein** zum entwicklungspsychologischen Stufenmodell des Schriftspracherwerbs. Durch eine aktive Auseinandersetzung mit der Schriftsprache verfügt der Mensch über immer differenziertere Strategien für den Erwerb einer „fehlerfreien" Lese- und Rechtschreibfähigkeit.

Erfolgreiche Förderung zeichnet sich deshalb vor allem durch eine optimale Passung zum individuellen sprachlichen Entwicklungsstand des Kindes bzw. des Jugendlichen aus. Unter Einbeziehung vorhandener Ressourcen, d. h. auf der Grundlage dessen, was bereits beherrscht wird, sind vorhandene Defizite (Fehlerschwerpunkte) gezielt anzugehen. **Kapitel 2** zeigt Möglichkeiten auf, wie Sie an dafür erforderliche diagnostische Informationen gelangen können. Dabei wird das **standardisierte Testverfahren**, die Hamburger Schreibprobe 4–9 (August 2002), ausführlicher besprochen.

Während im **Kapitel 3** unter Berücksichtigung der **Fremdsprachenlegasthenie** Konzepte zu **Förderung und Prävention** vorgestellt werden, erhalten Sie im nächsten Abschnitt Einblick in verschiedene Trainingsprogramme. Dabei wurde bewusst auf die Beschreibung von reinen Softwareprogrammen verzichtet, da sich in diesem Bereich erfahrungsgemäß ein rascher Wandel vollzieht. Interessierte mögen dazu im Internet recherchieren.

Bei Auswahl der **Trainingsprogramme** wurde auch darauf geachtet, dass die Förderung nicht nur im Rahmen der Schule erfolgen kann, sondern auch unter Einbeziehung des **Elternhauses**.

Im **5. Kapitel** werden für eine ganze Reihe von Bundesländern **juristische Aspekte**, die Förderung bei Legasthenie betreffend, aufgelistet.

Der letzte Abschnitt enthält unterrichtspraktische Anregungen, wie in verschiedenen Unterrichtsfächern ein **Nachteilsausgleich** für betroffene Schüler realisiert werden kann.

Durch das sorgfältig zusammengestellte **Stichwortverzeichnis** kann das vorliegende Kompendium auch mühelos als **Nachschlagewerk** für spezifische Fragenkomplexe, die Legasthenie in der Sekundarstufe betreffend, eingesetzt werden.

1. Theoretische Grundbausteine

Bernd Ganser

1.1 Voraussetzungen für das Lesen- und Schreibenlernen

In den 60er- und 70er-Jahren konzentrierte sich die Forschung zum Lesen- und Schreibenlernen darauf, an diesem Prozess beteiligte Grundfunktionen aufzuspüren: Artikulation, Wortschatz, visuelle und akustische Wahrnehmung usw.
Analog dazu beschäftigte sich die Legasthenieforschung schwerpunktmäßig damit, bei Legasthenikern entsprechende Funktionsdefizite in den o.g. Grundfunktionen zu untersuchen. Seit etwa 20 Jahren verfolgen die Forscher insbesondere die Frage nach grundlegenden Voraussetzungen für ein erfolgreiches Durchlaufen des Lese- und (Recht-)Schreiblernprozesses.
Nach *Schneider* haben Längsschnittuntersuchungen gezeigt, dass z.B. die bereits im Vorschulalter vorhandene Einsicht in die verschiedenen Einheiten der gesprochenen Sprache (Satz – Wort – Silbe – Laut) für die weitere Entwicklung des Schriftspracherwerbs von signifikanter Bedeutung ist. Diese metalinguistischen Fähigkeiten werden auch unter dem Begriff „phonologische Informationsverarbeitung" zusammengefasst, wobei der phonologischen Bewusstheit die größte Bedeutung zugemessen wird.
Darunter ist nach *Wagner* und *Torgesen* die Fähigkeit von Kindern zu verstehen, die Lautstruktur der gesprochenen Sprache zu erkennen, Wörter in Phoneme (Laute) zu gliedern und mit Phonemen zu operieren. Dies ist die erste Hürde, an der die meisten Kinder mit Lese-Rechtschreibschwierigkeiten zu Beginn des Schriftspracherwerbsprozesses scheitern dürften. Der wesentlichste Schritt für beginnende Leser und Rechtschreiber besteht darin, Einsicht in den Aufbau der Schriftsprache zu gewinnen und dabei die Zuordnungsregeln für Laute und Buchstaben (Grapheme) zu entdecken (Phonem-Graphem-Korrespondenz). Die besondere Schwierigkeit bei der Lautanalyse entsteht dadurch, dass die Laute beim Sprechen miteinander verschmolzen werden. Dies erfordert zunächst einmal das Erlernen der „Schriftsprache" (z.B. Pilotsprache oder Robotersprache).
Unterschieden werden muss auch zwischen Sprachklang, Form und Bedeutung von Wörtern. Kinder mit einer geringer ausgeprägten phonologischen Bewusstheit werden Schwierigkeiten haben, folgende Fragen richtig zu beantworten:

> Was ist länger – Zug oder Fahrrad? (Antwort: Zug)
> Wofür brauchst du mehr Buchstaben – für Hahn oder Hähnchen?
> (Antwort: Hahn, weil er größer ist)
> Womit fängt „Auto" an? (Antwort: Mit der Stoßstange)
> Was reimt sich auf „Haus"? (Antwort: Dach)

Kinder, die hier Schwierigkeiten haben, können noch nicht genügend trennscharf zwischen Form und Inhalt differenzieren.
Das Erlernen der Schriftsprache wird nicht mehr in erster Linie als Wahrnehmungs- und Gedächtnisleistung gesehen, sondern als kognitives Problem: Es geht um die Einsicht in das alphabetische Prinzip unserer Sprache und in den Zusammenhang zwischen gesprochener und geschriebener Sprache.
Im Gegensatz zur Behavioristischen Lerntheorie sieht die Kognitionspsychologie das Gedächtnis nicht mehr als passiven Speicher von Informationen, sondern als „aktives Organ der Informationssuche, der Bildung von Erwartungen (und) der Verarbeitung […] von Information für Verhaltensentscheidungen" (*Klix* 1992, S. 213).
Kinder rekonstruieren folglich Einsichten in die Schriftsprache „aktiv", d. h. sie müssen die Gesetzmäßigkeiten der Schriftsprache sozusagen wieder neu entdecken. Dabei besteht die Gefahr, dass einige Kinder falsche Strategien entwickeln und so zu „schlechten" Lesern und Rechtschreibern werden. Diese subjektiven Fehlstrategien gilt es dann, im Rahmen der Förderung zusammen mit dem Betroffenen aufzuspüren und durch adäquate Strategien zu ersetzen.

Beispiel (Realschüler, 5. Jgst.)

Gumi, Kartofeln, Bleter, Trepenhaus

Dieser Schüler hat die orthographische Konstruktionshilfe „Konsonantenverdopplung nach Kurzvokal" nicht oder nur unzureichend erworben bzw. gefestigt. Die Schreibung erfolgt noch im engeren Sinne lautgetreu.

1.2 Entwicklungspsychologisches Stufenmodell

Bis vor wenigen Jahren wurden ausschließlich allgemeine basale Fähigkeiten (visuelle und akustische Wahrnehmung, Gedächtnisfaktoren …) als Voraussetzung für den Schriftspracherwerb angenommen. Man ging auf der Basis der Behavioristischen Lerntheorie davon aus, dass der Leselernprozess denselben psychologischen Gesetzmäßigkeiten gehorcht wie der Schreiblernprozess.
Speziell für das Rechtschreibenlernen wurde gerne die „Wortbildtheorie" von *Bormann* herangezogen. Sie beruht auf der Annahme, dass sich die Umrissgestalten von einzelnen Wörtern als Ganzes einprägen. Diese mittlerweile empirisch widerlegte Auffassung hatte auch die fatale Folge, dass man meinte, Schüler vor orthographisch „falschen" Wortbildern und somit auch vor eigenen Fehlern „schützen zu müssen".
Die neueren Theorieansätze stellen nicht mehr allgemeine psychische Funktionen wie etwa die visuelle oder akustische Wahrnehmung in den Vordergrund, sondern betonen Lernvoraussetzungen, die mit dem Schriftspracherwerb viel unmittelbarer zusammenhängen, wie z. B. Einsicht in das alphabetische Prinzip

unserer Schriftsprache, Erkennen der Struktur von Laut- und Schriftsprache (Phonem-Graphem-Korrespondenz), Einsicht in formale Strukturen unserer Schriftsprache (Lautstrom → Satz → Wort → Wortbaustein).
Der Erwerb von Schriftsprachkompetenz wird als Vollzug eines entwicklungspsychologischen Prozesses gesehen, der in qualitativ unterschiedlichen Stufen abläuft. Diese Entwicklungsstufen beschreibt *Scheerer-Neumann* als „theoretische Konstruktionen, die den Entwicklungsverlauf für den Beobachter strukturieren. Sie kennzeichnen Phasen, in denen bestimmte Strategien überwiegen, die später von anderen abgelöst werden" (in *Naegele/Valtin* 1997[4], 61).
Die einzelnen Stufen repräsentieren qualitativ unterschiedliche vorherrschende Lese- und Schreibstrategien, die zunehmend differenzierter werden, wobei frühere Strategien weiterhin verfügbar bleiben.
Der Wechsel von einer Stufe zur anderen verläuft nicht linear und abrupt, sondern individuell sehr unterschiedlich. Dabei kann es an den Schwellen der einzelnen Stufen zu Rückschritten oder auch zu so genannten Übergeneralisierungen kommen: Bereits gesichertes Wortmaterial wird dann wieder orthographisch unkorrekt wiedergegeben.

Beispiel:

Lautgetreue Verschriftung	Zimma	Oma
Orthographische Verschriftung	Zimmer	Oma
Übergeneralisierung	Zimmer	Omer

Der Lernfortschritt des Kindes besteht bei der Schreibung des Wortes „Zimmer" in der Erkenntnis, dass das Wortbildungsmorphem „er" häufig am Ende von Wörtern erscheint, lautsprachlich zwar als „a" klingt, orthographisch jedoch mit den Graphemen „e" und „r" wiedergegeben wird.
Gelernt wurde die Einsicht, dass hier eine von der Aussprache unterschiedliche Verschriftung erfolgen muss. Dieses neue Regelwissen kann nun als Übergeneralisierung auf bereits orthographisch richtig gespeicherte Wörter angewendet werden und führt so vorübergehend zu Fehlschreibungen (Omer statt Oma).
Damit wird offensichtlich, dass die erforderlichen Lernprozesse nicht schlagartig von einem Tag auf den anderen ablaufen, sondern die Kinder entwickeln in der Auseinandersetzung mit der Schriftsprache Schritt für Schritt immer besser angepasste Strategien.
Unabhängig von der jeweiligen Entwicklungsstufe, auf der sich ein Kind momentan befindet, verfügt es darüber hinaus über eine bestimmte Anzahl von orthographisch z. T. schon recht anspruchsvollen „Lernwörtern".
Die Speicherung dieses Wortmaterials erfolgt lexikalisch, d. h. sie werden als festgelegte Buchstabenfolgen auswendig gelernt und im Gedächtnis gespeichert. Eine große Anzahl solcher Lernwörter kann jedoch erst dann erworben werden,

wenn Phonem-Graphem-Beziehungen einsichtig sind und gelernt worden sind. Diese begrenzte Fähigkeit der lexikalischen Speicherung liefert eine weitere Erklärung für die Tatsache, dass die schriftsprachlichen Leistungen eines Kindes gleichzeitig auf ganz unterschiedlichen Niveaustufen liegen können. Sie spricht in keiner Weise gegen das entwicklungspsychologische Stufenmodell, das weiter unten näher dargestellt wird.
Diese Erklärungsmodelle, z. B. von *Frith, Günther, Scheerer-Neumann, Spitta* oder *Valtin* sind wissenschaftlich noch nicht in jeder Hinsicht verifiziert. Sie stellen den Versuch dar, den Schriftspracherwerb chronologisch aufzureißen.

„Alle Modelle lassen sich auf drei Einsichten reduzieren, die die Kinder erwerben müssen, um auf eine jeweils höhere Stufe zu gelangen [...]:

1. Einsicht in den von anderen Zeichensystemen unterschiedlichen Charakter der Schrift,
2. Einsicht in die Phonem-Graphem-Korrespondenz,
3. Übernahme von Rechtschreibmustern [...]" (*Richter* 1998, 29)

Diese Einsichten bauen analog zum Denkmodell nach *Piaget* aufeinander auf: Ohne Verständnis des Zeichencharakters der Schrift keine Einsicht in die Laut-Buchstaben-Beziehung und ohne dieses Wissen um die Phonem-Graphem-Korrespondenz kein hinreichendes Verständnis für orthographische Gesetzmäßigkeiten unserer Schriftsprache. *Scheerer-Neumann* weist in diesem Zusammenhang ausdrücklich darauf hin, dass sich die schriftsprachliche Entwicklung „nicht linear und kontinuierlich dem Lesen und Schreiben des Erwachsenen annähert. Vielmehr ist die sukzessive Auseinandersetzung mit den verschiedenen Prinzipien unserer Schrift in jeweils dominanten Lese- und Schreibstrategien zu beobachten" (*Scheerer-Neumann* in *Huber* u. a. 1998, 33).
Dieser Prozess darf also nicht als passives Aufnehmen und mechanisches Zusammenfügen von Einzelfertigkeiten verstanden werden, sondern erfordert vielmehr eine aktive Auseinandersetzung mit dem Lerngegenstand: Kinder müssen so den Zusammenhang zwischen gesprochener und geschriebener Sprache begreifen.
Diesem Buch ist ein mehrstufiges Modell des Schriftspracherwerbs zugrunde gelegt (**s. Abb. 1**). Durch die größere Anzahl an Stufen soll den Lesern die Bestimmung des aktuellen Entwicklungsniveaus der Schüler und somit die effektive Förderung erleichtert werden. Die Stufenbezeichnung weist dabei lediglich auf die jeweils dominierende Verarbeitungsstrategie hin.

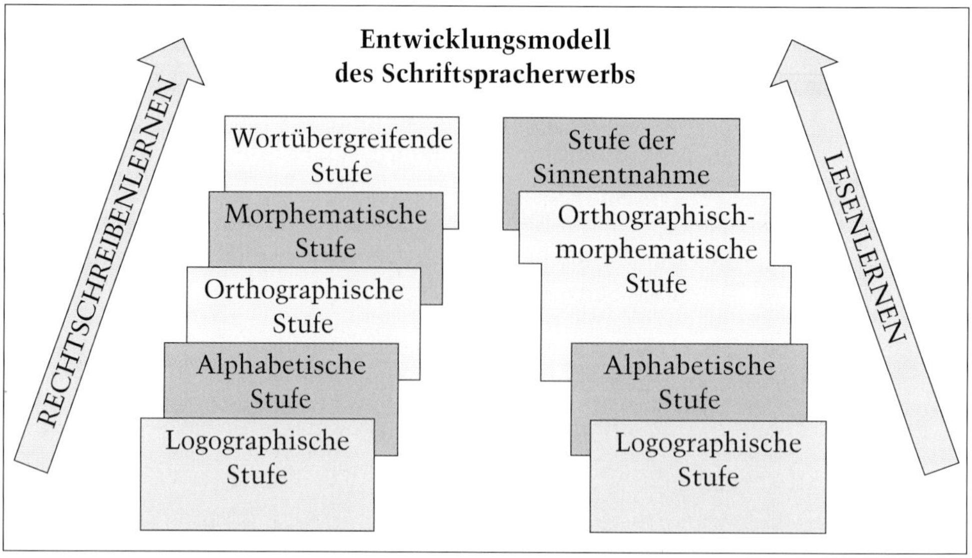

Abb. 1: *Entwicklungsmodell des Schriftspracherwerbs*

Im nächsten Abschnitt werden die einzelnen Stufen mit ihrer jeweils dazugehörigen Bewältigungsstrategie kurz erläutert. Dabei wird nicht durchgängig zwischen dem Lese- und Rechtschreiblernprozess unterschieden, zumal sich beide Fähigkeiten über weite Strecken parallel zueinander entwickeln dürften.

Logographische Stufe

Relevant ist hier das Wissen, dass Zeichen für „etwas" stehen können. Gemerkt wird die Form und/oder die Anordnung von Zeichen, ohne jedoch über eine umfassende Einsicht in die *Phonem-Graphem-Korrespondenz* zu verfügen. Einzelne Grapheme und ihre Lautwerte können zwar benannt werden (z. B. das ist ein M), aber beim Schreiben erfolgt noch keine Zuordnung von Phonemen und Graphemen.

Erfahren wird, dass Buchstaben eine ganz bestimmte Form haben und dass sich Wörter durch verschiedene Buchstabenfolgen unterscheiden. Visuelle Behaltensprozesse stehen hier eindeutig im Vordergrund, d. h. gelesen und geschrieben wird „ganzheitlich", indem auswendig Gelerntes reproduziert wird (häufige Namen aus der Werbung wie COLA, VW ...). Dabei können auch Wortfragmente im Sinne von individuell unterschiedlichen besonderen Kennzeichen von Wortbildern für Wörter stehen (Bo → Büros, Bs → Besen). Kinder in diesem Stadium versuchen, sich die Buchstaben von für sie interessanten Wörtern und deren Reihenfolge zu merken. Die Konstruktion neuer unbekannter Wörter gelingt noch nicht, zumindest nicht im orthographischen Sinne. Als „subjektive Lösungsstrategie" werden vielmehr beliebige Buchstabenfolgen oder ähnliche Zeichen verwendet. Dabei kann das Kind für ein Wort ganz unterschiedliche Versionen konstruieren (**s. Abb. 2**).

Abb. 2: *Unterschiedliche Schreibungen des Wortes MAMA aus: Naegele/Valtin 1997[4], S. 63*

Diese Stufe stellt nach *Marx* keine Lesestrategie im eigentlichen Sinne dar, sondern eher eine Worterkennungs- und Wortbenennungsstrategie: Über visuelle Auffälligkeiten wie Wortlänge, Anfangsbuchstaben usw. werden die Namen für bestimmte Wörter gemerkt.
Diese Namen erhalten jedoch alle Wörter, die das kritische Merkmal aufweisen. „Diese Art der Worterkennung funktioniert nach dem Alles-oder-Nichts-Prinzip und ist u. a. beim Wiedergeben des Eigennamens der Namen von Firmenschildern und -produkten zu beobachten" (*Marx* 1997, 94).
Die Ermutigung von logographischen Schreibungen und ihre Förderung stellt einen wichtigen Beitrag zum Erreichen der nächsten Stufen dar: „Auf sie wird auch in fortgeschrittenen Phasen des Rechtschreiblernens zurückgegriffen, z. B. bei der Kontrolle des Schreibentwurfes: Die Praxis des ‚Löschblattschreibens' sucht die vertraute Version zu finden, was häufig gelingt. In fortgeschrittenen Fertigkeitsstufen können gewandte Schreiber einige hundert bis etliche tausend Wörter und Wortformen logographemisch schreiben. Dazu gehören beispielsweise Satzfunktionswörter (Artikel, Konjunktionen, Präpositionen usw.)" (*May*, 1998[4], 19 ff.).

Alphabetische Stufe

Auf der Stufe der alphabetischen Strategie stehen Lauterkennung, Lautunterscheidung und die Phonem-Graphem-Zuordnung im Mittelpunkt: Kinder erkennen beim Lesen, dass nicht die Namen der Buchstaben, sondern die Laute gewusst werden müssen. Lesen ist zunächst eine phonologische Dekodierung

von Einzelgraphemen. Später können Kinder Graphemfolgen (Di-, Tri-, Tetragramme) simultan erfassen. Von diesem Augenblick an müssen Wörter nicht mehr zwingend Buchstabe für Buchstabe erlesen werden. Gehört ein Wort (noch) nicht zum Sichtwortschatz, wird zwangsläufig wieder auf die Dekodierung von Einzelgraphemen zurückgegriffen! Darüber hinaus hat sich heute die Erkenntnis durchgesetzt, dass beim Leseprozess nicht ausschließlich Buchstaben in Laute übersetzt werden, sondern dass stets auch eine Sinnentnahme daran beteiligt ist. Beim Schreiben wird eine Lautfolge in ein orthographisches Zeichensystem umgewandelt. Umgekehrt legen beim Lesen die Buchstaben eines Wortes die Lautfolge fest.
Über die Lautanalyse der eigenen Aussprache können Wörter allmählich lauttreu, also „phonetisch" aufgeschrieben werden, wobei auch andere das Geschriebene (zusehends) erkennen.

Lära = Lehrer

So können Schritt für Schritt orthographisch noch unbekannte Wörter selbstständig konstruiert werden, da nun die Lautanalyse angebahnt ist und damit die Einsicht in den Zusammenhang von gesprochener und geschriebener Sprache wächst. Kinder, die Schwierigkeiten bei der phonologischen Analyse haben, kommen schnell in Bedrängnis, da der über die logographische Strategie erwerbbare Schreibwortschatz i. d. R. nur von geringem Umfang sein kann. Auf dieser Entwicklungsstufe scheitern die meisten (lese-rechtschreib-)schwachen Kinder zum ersten Mal. Dieser Strategie kommt beim Schriftspracherwerb eine tragende Rolle zu.
Am Anfang der alphabetischen Stufe kommt es zwar noch zu Buchstabenauslassungen und zu Buchstabenumstellungen. Doch mit der Zeit sind schließlich alle Phonem-Graphem-Korrespondenzen bekannt. Obwohl phonetische Besonderheiten beim Schreiben bereits berücksichtigt werden (Tsal → Zahl), können sie beim Lesen aber immer noch ausgelassen werden (z. B. sp, st). Auch wächst in dieser Phase die Einsicht, dass bestimmte Laute als Buchstabenkombination verschriftlicht werden müssen (z. B. sch, ch).
Diese Erkenntnis, dass viele Wörter anders geschrieben als gesprochen werden, führt die Kinder an die Schwelle zur nächsten Stufe. Beim Leselernprozess wird allerdings davon ausgegangen, dass nach der alphabetischen Stufe gleichzeitig Strategien der nächsten **zwei** Stufen zum Tragen kommen. Diesem Umstand wurde in **Abbildung 1** (vgl. S. 12) Rechnung getragen.

Orthographische Stufe

Die Phonem-Graphem-Korrespondenzen werden nun noch den orthographischen Regeln angepasst (Auslautverhärtung, Umlautableitung ...). Kinder lernen bzw. entdecken durch aktive Auseinandersetzung mit Schriftsprache unterschiedliche orthographische Besonderheiten.

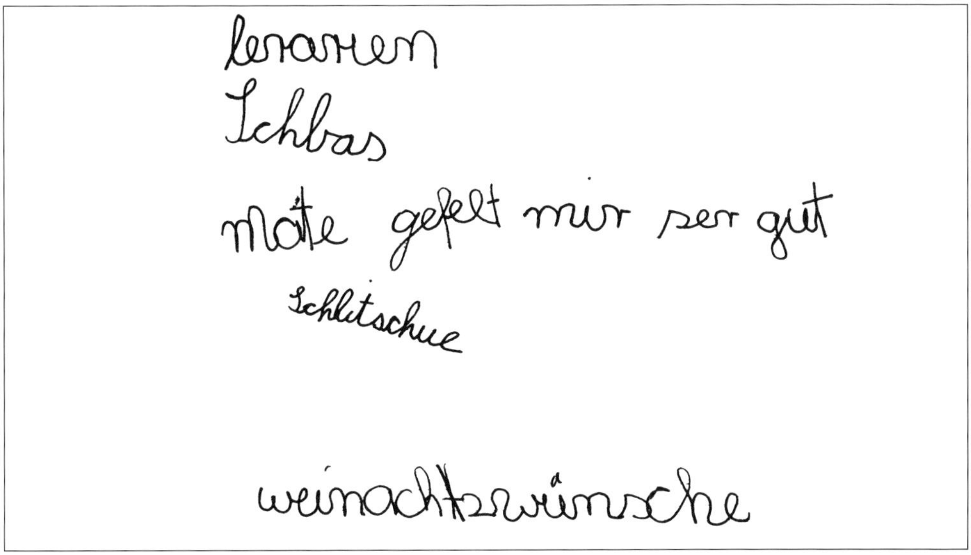

Abb. 3: *Verschriftung des Phonems „SCH“*

Dazu zwei **Beispiele**:

- Es werden oft Buchstaben geschrieben, die sich durch das Sprechen nicht erkennen lassen (z. B. Dehnungs-h und Dopplung des „t“ bei Schli**tt**schuhe).
- Für manche Wortschreibungen gibt es keine gültige Regelhaftigkeit. In diesem Fall muss man sich deren Schreibung einprägen (z. B. Vogel, Flugzeug, Fuchs).

Die regelhaften Schreibungen müssen gelernt werden (Za**h**n, **V**ater, He**x**e). Grundlegende Regeln werden (sicher) eingespeichert (Prinzip der Wortfamilie, Groß-Kleinschreibung, Dehnung, Dopplung ...).
In diesem Entwicklungsabschnitt besteht die Leistung also darin, sich die nicht lautgetreu zu schreibenden Wörter zu merken, die abweichende Schreibweise einzuspeichern und sich die dafür zuständige Regel in Erinnerung zu rufen. Dabei

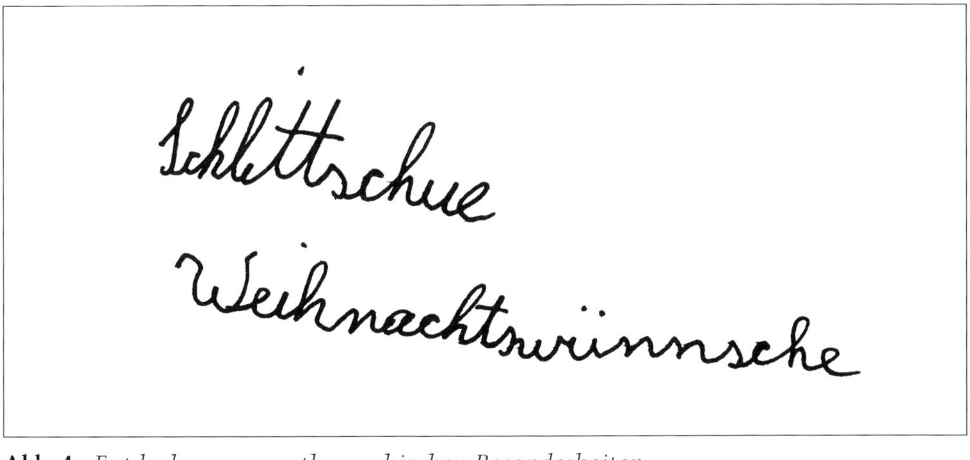

Abb. 4: *Entdeckung von orthographischen Besonderheiten*

kann es immer wieder zu Übergeneralisierungen kommen: Erkannte orthographische Regelmäßigkeiten werden auf „ungeeignete" Fälle übertragen.

Reze**b**t, **v**ertig, er **v**ragte, ka**h**m

Nach *Scheerer-Neumann* (in *Huber* u. a. 1998) folgt die orthographische Stufe nicht erst nach Abschluss der alphabetischen Strategie, sondern tritt schon parallel dazu auf.

Morphematische Stufe

Durch aktiven Umgang mit der Schriftsprache und durch systematisches Üben können häufige Buchstabenverbindungen und Wortsegmente „automatisiert" gelesen und geschrieben werden.
Wenn ein Kind erkennt, dass alle Wörter aus Morphemen (Vorsilben, Wortstämme, Endungen) bestehen, ist es in der Lage, Wortschreibungen unter Verwendung dieser Wortbausteine mit verringertem, kognitivem Aufwand zu rekonstruieren. Dabei wird es z. B. von der Einsicht unterstützt, dass der Wortstamm meistens gleich geschrieben wird (Restmüll, Müllbeutel, Müllabfuhr ...).
Die Buchstabenebene als Verarbeitungseinheit kann nun verlassen werden. Erfasst werden ganze Silben und/oder Morpheme. Somit kann das Lesen und Schreiben unter kognitiver Entlastung schneller vonstatten gehen.
„Innerhalb der Strategie, die wir ‚morphematisch' nennen, gibt es zwei verschiedene Arten von Zugriffsweisen: eine morphosemantische und eine morphologische" (*May* 1998[4], 23).
Bei der morphosemantischen Zugriffsweise steht die Erschließung der Wortbedeutung im Mittelpunkt. Damit kann dann z. B. die Schreibung aus dem Grundwortschatz abgeleitet werden.

Fahrzeug:
- Mit dem Fahrzeug kann ich fahren
- daher mit Dehnungs-h!

Bei der morphologischen Zugriffsweise wird das Wort in Wortbausteine durchgegliedert. Daraus ergeben sich z. B. Wortstamm, Vor- oder Nachsilben, Endungen ...

Verband:
- Wortteile ver – band
- Vorsilbe ver → also „v"
- band → Band → Bänder → bin<u>d</u>en → also mit „d"

Diese Strategie erfordert beim Lesen und Rechtschreiben sowohl ein „Strukturwissen" (Durchgliederung) als auch ein „Bedeutungswissen".
Beim Lesen werden Silben, Morpheme oder auch ganze Wörter erkannt, aus dem lexikalischen Speicher abgerufen und bei Bedarf die restlichen Buchstaben dazugefügt. Dies ermöglicht vor allem eine Steigerung der Lesegeschwindigkeit.
Wenn Kindern die Gesamtbedeutung von Wörtern geläufig ist, darf allerdings nicht automatisch davon ausgegangen werden, dass ihnen auch die Bedeutung der Teilwörter bekannt ist.
Das Wort „Fahrrad" kann folglich nur dann bewusst richtig geschrieben werden, wenn die beiden Wörter „fahren" und „Rad" darin erkannt werden.

Wortübergreifende Strategie beim Rechtschreiben

Schüler verfügen im Laufe der Zeit über einen wachsenden Bestand an gespeicherten Lernwörtern, die im Bedarfsfall nicht mehr neu konstruiert werden müssen, sondern „bequem" als Ganzes abgerufen werden können.
„Beim Schreiben von Sätzen und Texten müssen weitere linguistische Aspekte wie Wortart (für die Herleitung der Groß- bzw. Kleinschreibung), Wortsemantik (Zusammen- bzw. Getrenntschreibung), Satzgrammatik (z. B. Kommasetzung, „das"- bzw. „dass"-Schreibung) und Verwendungsart des Satzes (z. B. wörtliche Rede) beachtet werden. Die Schreibung des einzelnen Wortes bzw. des Satzzeichens muss dabei unter Einbeziehung größerer Einheiten (Satzteil, ganzer Satz, Textpassage) bestimmt werden" (*May* 1998[4], 24).

Stufe der Sinnentnahme beim Lesen

Die reine Lesetechnik erfordert immer weniger Aufmerksamkeit, so dass Sinnentnahme und Klanggestaltung in den Vordergrund treten können.
Lesen ist zwar ein interaktiver Prozess und „kein Vorgang, bei dem schrittweise zuerst alle Zeichen aufgenommen und den Zeichen Laute zugeordnet werden, die Synthese durchgeführt und anschließend der Sinn entnommen wird" (von *Wedel-Wolff*, 1997, 54), aber je reibungsloser die Technik des Lesens funktioniert, desto intensiver kann sich der Leser auf die Sinnentnahme konzentrieren.
Dabei spielen der Kontext und auch das Interesse des Kindes am Text eine wesentliche Rolle.

Zusammenfassung
Mit Hilfe des Entwicklungsmodells können Störungen im Aneignungsprozess differenziert erfasst und so frühzeitig passende Übungs- und Fördermaßnahmen angeboten werden. Fehler können gezielte Hinweise geben, ob gerade ein Übergang von der einen zur anderen Stufe stattfindet, ob die Schreibungen stufengemäß und somit entwicklungsbedingt sind oder ob regressive Tendenzen vorliegen.

Außerdem wird deutlich, dass bei allen Kindern Schwierigkeiten im Aneignungsprozess der Schriftsprache auftreten, die jedoch nicht von vornherein als Defizit zu interpretieren sind, sondern vielmehr in der Natur der Sache verankert sind. **Fehler müssen dabei (auch) als ganz normale Annäherung an den Lerngegenstand gesehen werden.**
Basiert der Lese- und Rechtschreibunterricht auf einer kontinuierlichen Lernprozessbeobachtung, d. h. berücksichtigt er über die Fehleranalyse (**s. 2.2,** S. 23) den individuellen Entwicklungsstand von Schülern, so ist dies eine optimale Prophylaxe für zukünftige Störungen im Aneignungsprozess der Schriftsprache und eine hervorragende Ausgangsbasis für die Schließung von „Lücken". Ein eventueller anfänglicher Mehraufwand an Arbeit, bedingt durch intensivere Beachtung des individuellen Leistungsstandes, wird in späterer Zeit mehrfach wettgemacht durch weniger eingeschliffene Fehlstrategien.

1.3 Legasthenie versus Lese-Rechtschreibschwäche

Die traditionelle Legasthenieforschung unterscheidet Legastheniker und leistungsmäßig allgemein Schwache als qualitativ unterschiedliche Gruppen. Sie stützt sich dabei auf die Definition der Weltgesundheitsorganisation WHO, nach der „das Hauptmerkmal einer umschriebenen und eindeutigen Beeinträchtigung in der Entwicklung der Lesefertigkeiten liegt, die nicht allein durch das Entwicklungsalter, durch Visusprobleme oder unangemessene Beschulung erklärbar ist. Mit Lesestörungen gehen häufig Rechtschreibstörungen einher.
Die Lese- und Rechtschreibleistungen müssen unter dem Niveau liegen, das aufgrund des Alters, der allgemeinen Intelligenz und der Beschulung zu erwarten ist."
Diese Definition, die auf die Schweizer Psychologin *Maria Linder* (1951) zurückgeht, führt dazu, dass es in der Grundschule zwei Klassen von lese- und rechtschreibschwachen Schülern gibt: solche die das Diskrepanzkriterium erfüllen („Legastheniker") und solche, bei denen der Unterschied zwischen Intelligenz und Rechtschreibleistung nicht besonders groß ist (lese- und rechtschreibschwache Schüler).
Klicpera und *Gasteiger-Klicpera* konnten allerdings in einer Längsschnittstudie nachweisen, „dass sich wenig Unterschiede in den Volksschulen zwischen Schülern mit diskrepanten und nicht-diskrepanten Lese- und Rechtschreibschwierigkeiten bei differenzierter Betrachtung der Lese- und Rechtschreibfertigkeiten zeigen. Eine Differenzierung der beiden Gruppen leistet daher keinen besonderen Beitrag, wenn es darum geht, die besonderen Schwierigkeiten, die das Lesen und Rechtschreibenlernen manchen Kindern bereitet, zu analysieren" (→ *Klicpera/Gasteiger-Klicpera* 1993, 166).
Die neuere Legasthenieforschung stützt sich auf kognitions- und entwicklungspsychologisch orientierte Ansätze. Im Mittelpunkt stehen dabei die sprachlich-kognitive Informationsverarbeitung und ihre Entwicklung. Genauer untersucht

werden nicht mehr die Betroffenen in ihrer Gesamtpersönlichkeit, sondern in erster Linie deren Probleme beim Lesen- und (Recht-)Schreibenlernen.
Die Begriffe „Legasthenie" und „Lese-Rechtschreibschwäche" werden dabei häufig synonym verwendet.
Die Mehrzahl der Wissenschaftler geht heute davon aus, dass Lesen und (Recht-) Schreibenlernen einem entwicklungspsychologischen Stufenmodell folgt (**s. 1.2**, S. 9), das auf dem Spracherfahrungsansatz basiert.
Schwierigkeiten beim Lesen und (Recht-)Schreibenlernen stellen folglich Störungen im Lernprozess dar.
Die Bekanntmachung des bayerischen Staatsministeriums für Unterricht und Kultus von 1999 (**s. 5.1**, S. 274) differenziert nun wieder zwischen Legasthenie und Lese-Rechtschreibschwäche. Der Grund dafür liegt nach Aussage der Verantwortlichen in der Berücksichtigung aktueller Erfahrungen und Nachweise der medizinischen Forschung auf diesem Gebiet. Einige Mediziner gehen davon aus, dass bei einer kleinen Gruppe von Betroffenen kaum therapierbare Entwicklungsstörungen ursächlich sind und bezeichnen diese Gruppe als Legastheniker, während sie bei Lese- und Rechtschreibschwachen lediglich ein vorübergehendes legasthenes Erscheinungsbild annehmen.
Daher wird bei der Gewährung des Nachteilsausgleichs unterschieden: Bei Legasthenikern – sofern sie als solche in langwierigen psychiatrischen und psychologischen Untersuchungen diagnostiziert worden sind – muss der Nachteilsausgleich bis zum Schulabschluss gewährt werden, während bei Lese- und Rechtschreibschwachen alle zwei Jahre erneut überprüft werden muss, ob sie noch vorhanden ist. Auch der Nachteilsausgleich kann nach pädagogischen und psychologischen Gesichtspunkten durch den zuständigen Schulpsychologen individuell festgelegt werden.
Die Förderung sowohl der Legastheniker als auch der Lese-Rechtschreibschwachen im Regelunterricht bzw. in Förderkursen ist dieselbe. Somit gelten auch alle in diesem Buch vorgeschlagenen Fördermöglichkeiten uneingeschränkt für beide Gruppen. Dass bei schweren Legasthenikern häufig eine zusätzliche Einzel- oder Kleingruppentherapie dringend zu empfehlen ist, sei hier der Vollständigkeit halber erwähnt.

2. Diagnostik

Traditionelle Diagnostik reduziert den Menschen häufig auf seine Defizite: Im Mittelpunkt der Testverfahren zur Überprüfung der Lese- und Rechtschreibleistungen stehen dann jeweils die Fehler der Testperson und nicht das, was sie beherrscht.
Bei moderneren Überprüfungsinstrumenten sind Diagnose und Förderung enger miteinander verzahnt.
Ausgehend von den Stärken der Testperson kann über die qualitative Auswertung von Fehlern ein Förderplan entwickelt werden, der sich an der Gesamtpersönlichkeit der betreffenden Person orientiert (**s. auch 3.2.1**, S. 63).
Nachdem in der Praxis jedoch vielfach noch auf traditionelle Tests zurückgegriffen werden muss, bieten zusätzliche informelle Verfahren wie Screenings oder Fragebögen eine gute Möglichkeit, individuelle Stärken und ganzheitlichen Förderbedarf zu ermitteln.

WILTRUD RICHTER

2.1 Fragebögen

Die nachfolgend abgedruckten Fragebögen stellen eine Möglichkeit dar, grundlegende Informationen rationell zu erheben und zu dokumentieren.

2.1.1 Elternfragebogen

Der Elternfragebogen dient als Screening und wird in der Regel am Schuljahresbeginn vom Schulpsychologen allen Eltern einer Klasse übermittelt, mit dem Ziel, Risikoschüler leichter zu erkennen.

Anschreiben an die Eltern

Sehr geehrte Eltern,

bitte denken Sie beim Ausfüllen des umseitigen Fragebogens zurück an die Entwicklung Ihres Kindes, speziell an die Sprachentwicklung und die ersten Grundschuljahre. Die Beantwortung der Fragen kann wirklich ganz kurz, stichwortartig sein. Sie wird mit Ausnahme der Frage 10 sicher oft „nein", „normal" oder „ohne Auffälligkeiten" lauten. Die Angaben unterliegen selbstverständlich der Schweigepflicht.
Bitte geben Sie uns den Fragebogen spätestens am ________________ zurück.

Besten Dank für Ihre Mitarbeit.

Mit freundlichen Grüßen

Nur zur persönlichen Information des Schulpsychologen

Name des Kindes: ______________________________, Klasse ______________
bitte deutlich schreiben

1. Hat Ihr Kind schon einmal eine Legasthenie-Therapie oder einen Rechtschreibkurs besucht? Wann, bei wem?

2. Steht Ihr Kind momentan in einer besonderen psychischen Belastungssituation, so dass es nicht seine volle Leistungsfähigkeit erbringen kann?

Leidet Ihr Kind an			
	> Konzentrationsstörungen,	Ja	Nein
	> starken Leistungsschwankungen,	Ja	Nein
	> Lustlosigkeit?	Ja	Nein

3. Hatte auch schon ein Eltern- oder Großelternteil Probleme mit der Rechtschreibung?

____

4. Gab es im Verlauf der Sprachentwicklung besondere Auffälligkeiten? (langsame, verzögerte Sprachentwicklung, Sprachstörung, Stottern etc.)

____

5. Gab es Auffälligkeiten beim Lesenlernen? Welche?

____

6. Wie verlief das Schreibenlernen?
Buchstabenunsicherheiten? Buchstabenverwechslungen? Welche?

____

7. Ist Ihr Kind Linkshänder, Beidhänder, Linksfüßler?

____

8. Störungen in der Feinmotorik?

____

9. Ist Ihr Kind bei Prüfungen besonders aufgeregt?

____

10. Welche Stärken hat Ihr Kind?

____

Sie sind telefonisch zu erreichen: privat: ______________

geschäftlich: ______________

______________ ______________

Ort, Datum Unterschrift d. Erziehungsberechtigten

2.1.2 Lehrerfragebogen

Nachdem die Eltern von betroffenen Kindern und Jugendlichen bei der Schulleitung die Anerkennung einer Legasthenie bzw. Lese-Rechtschreibschwäche beantragt haben, erhalten die betreffenden Fachlehrkräfte vom Schulpsychologen die unten abgedruckte Kurzbefragung. Diese Informationen spielen im Anerkennungsprozess eine wichtige Rolle.

Kurzbefragung der Fachlehrkräfte in Deutsch und Fremdsprachen zur Feststellung/Anerkennung einer Legasthenie bzw. **einer Lese- und Rechtschreibschwäche**

Bei Fünftklässlern und Quereinsteigern: bitte gleich **nach der Korrektur der 1. Schulaufgabe** ausfüllen.

Lehrkraft/Fach: ______________________ Datum: ______________

Sehr geehrte Frau Kollegin, sehr geehrter Herr Kollege,
die Eltern des Schülers/der Schülerin ______________________, Kl. ________
haben mich um die Feststellung/Anerkennung einer möglichen LRS/Legasthenie gebeten. Da der Unterschied oft fließend ist, bitte ich Sie um Mithilfe. Die Beantwortung der folgenden Fragen kann mir wichtige Informationen liefern. Bitte füllen Sie für jeden Schüler/jede Schülerin getrennt ein Blatt aus und legen Sie es mir ins Fach im Lehrerzimmer.

1. Gibt es deutliche Unterschiede zwischen mündlichen und schriftlichen Leistungserhebungen?
   bisherige Noten schriftlich: ______________ *bisherige Noten mündlich:* ______________
2. **Fremdsprachen**: Wie ist das Notenverhältnis „Stregreifaufgaben zu reinen mündlichen Leistungen"?
   bisherige reine mündliche Noten: ______________ bisherige Noten in schriftlichen Stegreifaufgaben: ______________
3. Wie beurteilen Sie die Rechtschreibleistungen im Vergleich zur Klasse?
   Könnten Sie mir die Kopie einer Schulaufgabe/Stegreifaufgabe beilegen?
4. Schriftbild?
   ____
5. An welchen aktuellen Fehlerschwerpunkten/Bereichen sollte der Schüler/die Schülerin besonders arbeiten?
   ____
6. Empfehlenswerte Lernprogramme, Bücher, Fördermaterialien?
   ____
7. Wie beurteilen Sie die Lesefähigkeit im Vergleich zur Klasse?
   ____
8. Wie viel Prozent Arbeitszeitverlängerung bei schriftlichen Prüfungen halten Sie für hilfreich?
   ____
9. Welche technischen Hilfsmittel (Walkman, Laptop...) erscheinen einsetzbar und sinnvoll?
   ____
10. Wie ist die Mitarbeit im Unterricht, wie das allgemeine Arbeitsverhalten?
    ____
11. Wie ist sein/ihr Sozialverhalten?
    ____
12. Welche Stärken hat der Schüler/die Schülerin nach Ihren Beobachtungen?
    ____
13. Liegt Ihrer Meinung nach eine LRS/Legasthenie vor?
    ____
14. Liegt Ihrer Meinung nach eine Gymnasialeignung/Realschuleignung vor?
    ____

Herzlichen Dank für Ihre Unterstützung

______________________ ______________________

Unterschrift des Schulpsychologen Unterschrift der Fachlehrkraft/Datum

Bernd Ganser

2.2 Informelle Diagnostik

2.2.1 Rechtschreiben

Die beiden informellen Diagnoseblätter (**s. S. 24/25**) zum Bereich „Rechtschreiben" dient im Hinblick auf förderdiagnostische Datengewinnung zur Analyse mehrerer Textproduktionen (Hausaufgabe, Diktat, Hefteintrag ...). Aus den Ergebnissen können im günstigsten Fall Schwerpunkte für eine individuelle Förderung abgeleitet werden.
Weisen SchülerInnen häufigere Fehlleistungen in Bezug auf die phonologische Verschriftung auf, so müssen Grundlagen der Verschriftung von Sprache nachgeholt werden (Phonem-Graphem-Korrespondenz), bevor sie in qualitativ anspruchsvolleren Bereichen auf der orthographischen bzw. morphematischen Stufe effektiv gefördert werden können.
Fehlerhäufungen im Bereich der orthographischen Verschriftung machen die Förderung von denjenigen regelgeleiteten Strategien notwendig, die noch nicht bzw. noch unzureichend beherrscht werden.
Dazu ist es notwendig, insbesondere auch fehlerhafte subjektive Lösungsstrategien aufzuspüren und durch korrekte Strategien zu ersetzen.

Beispiel:

Ich schreibe „Hund" am Wortende mit „t", weil man ein „t" hört. (Strategie: Schreibe, wie du sprichst)

Hund → Hunde, also mit „d" (Strategie: Feststellen der Auslautverhärtung im Singular erfordert Pluralbildung)

Valtin untersuchte subjektive Lösungsstrategien von insgesamt 60 Kindern aus der 3., 4. und 6. Jahrgangsstufe. Dabei zeigte sich, „dass die schwachen Rechtschreiber vor allem aus drei Gründen Schwierigkeiten hatten: Erstens verwendeten sie vorwiegend eine einzige Regel starr und mechanisch [...] ‚Beim grüßen schreibe ich klein, weil man es nicht anfassen kann.' Zweitens hatten die Kinder Schwierigkeiten, die grammatische Wortklasse zu erkennen (‚Gliedmaßen schreibe ich klein, es kann weh tun, also Tu-Wort'). Drittens bildeten die Kinder häufig Regeln mit einer privaten Logik. Kathrin schreibt ‚sie Zerreißt' mit der Begründung: ‚Weil, glaube ich, ein Begleiter davorsteht' [...]" (*Valtin* 1998, 65).
Auf die Sekundarstufe übertragbare unterrichtspraktische Hinweise zur Strategievermittlung finden sich bei *Christine Mann* (1997[4]).
Liegt der Fehlerschwerpunkt im Bereich der nicht-regelgeleiteten Verschriftung, so sind Lern- und Einprägetechniken in den Förderplan (**s. 3.2.1,** S. 63) mit aufzunehmen, damit sich der lexikalische Speicher des Betroffenen adäquat „füllt".

Diagnoseblatt Rechtschreiben
(Bernd Ganser)

Name ______________________ Klasse __________ Jahr __________

1. Phonologische Verschriftung

		Text 1	Text 2	Text 3
Anzahl der Verstöße				
2. Orthographische Verschriftung				
phonologische Besonderheiten	eu, ei			
	st, sp			
	qu			
Vorsilben	ver			
	vor			
Groß- und Kleinschreibung	Nomen			
	Verb/Adjektiv			
	Satzanfang			
Zusammen-/Getrenntschreibung				
Konsonantenverdoppelung	Normal (tt, mm …)			
	ck			
	tz			
Umlaute	ä			
	äu			
Auslaute	d, t/b, p/g, k			
3. Nicht-regelgeleitete Verschriftung				
doppelter Selbstlaut	aa, oo			
Dehnungs-h				
Wörter mit ß				
Wörter mit V				
Wörter mit gs, ks, ä, x, chs …				
Fremdwörter				

Förderdiagnostische Fehleranalyse

(vgl. auch **Punkt 4.6**, S. 273 „Ausgewähltes Fördermaterial“)
(Wiltrud Richter)

Name ______________________ Vorname ______________
Datum ______________________ Schule/Klasse ___________

Verstöße gegen	Mögliche Fehler	falsche Schreibweise	Beobachtungen
Alphabetische Strategie Laut-Buchstaben-Ebene Mitsprechwörter, Phonemfehler, Wahrnehmungsfehler (Verstöße gegen lautgetreue Schreibung nach Reuter-Liehr)	– Wortdurchgliederung		
	– Doppelung sprechbar bei Silbengliederung (auch tz, ck)		
	– Lautfolgen: Qu – St/Sp		
	– ie am Ende der Silbe		
	– ß zu Beginn der Silbe		
	– Großschreibung (konkrete Nomen)		
Orthographische Strategie Merkwörter, Speicherfehler	– Dehnungs-h		
	– aa – ee – o o		
	– V (z. B. Vater, Vase)		
	– Sonstiges, Ausnahmen (z. B. Apfelsine, Hai, Stadt, Bär, hübscher)		
Morphematische Strategie Nachdenkwörter, Regelfehler	– Anfangsmorpheme ab/miss/weg/ver/vor vorder/wieder/wider		
	– Endmorpheme mit „i“: -ig/-ik/ine		
	– Ableitung – Stammmorpheme		
	– Rhythmisches Verlängern (z. B. Ber-ge)		
	– Komposita (z. B. Fahr-rad)		
	– Großschreibung (abstrakte Nomen)		
	– Endmorpheme: ung/heit/keit/nis/nisse schaft/sal/tum/ling		
Restfehler	– Fremdwörter th/y/ai/rh/ph		
Syntax, Grammatik	– Großschreibung (subst. Verben etc.) – Zusammen – getrennt – Zeichensetzung		
Andere Auffälligkeiten	z. B. Graphomotorik		

2.2.2 Lesen

Informelle Diagnostik im Bereich „Lesen“ gestaltet sich wesentlich komplexer und ist u. a. wegen des hohen Aufwands nur sehr bedingt im Rahmen des Regelunterrichts möglich.

Analysiert werden müssen hier vorhandene Lesestrategien und deren Teilkomponenten:

- Klappt die Buchstaben-Laut-Analyse (Graphem-Phonem-Analyse) und die nachfolgende Synthese der Einzellaute? (alphabetische Stufe)
- Ist die Graphem-Phonem-Analyse entsprechend automatisiert, so dass genügend „Energie“ für die Erfassung der syntaktisch-semantischen Beziehungen verbleibt?
- Können z. B. bei langen Wörtern bekannte Silben, Signalgruppen und Wortbausteine (Morpheme) optisch und akustisch ausgegliedert werden?
- Können größere Einheiten erfasst werden?
- Können syntaktische Begrenzungen ausgenutzt werden? (Beherrschung des grammatischen Regelwerks)
- Wird der Kontext zur „Erlesung“ von Wörtern herangezogen? (semantischer Aspekt)
- Kann sinnerfassend gelesen werden? ...

Mit der informellen Lesediagnose nach *Goodman*, die von *Hofer* (1999) ausführlicher dargestellt wird, lassen sich individuelle Daten zu fast allen der oben aufgeführten Lesestrategien gewinnen. Lediglich die Sinnerfassung sollte (zumindest zusätzlich) durch stilles Erlesen eines Textes in Verbindung mit Fragen zum Inhalt überprüft werden.
Der Schwierigkeitsgrad des unbekannten Lesetextes sollte dabei knapp über dem individuellen Leseniveau liegen, womit nach *Heckhausen* ein Maximum an Leistungsmotivation erzielt wird.
Zur Analyse der Leseprobe ist es erforderlich, dass der Schüler den Text laut vorliest, wobei das Gelesene auf Band mitgeschnitten wird. Wichtig dabei ist eine genaue Instruktion: **„Lies den Text so vor, dass du ihn verstehst und mit deinen eigenen Worten wiedergeben kannst!“** (*Hofer* 1999, 37).
Bei der Auswertung werden alle Lesefehler über den entsprechenden Wörtern notiert (siehe Beispiel). Für häufiger vorkommende Fehler verwendet *Hofer* dazu die folgenden Abkürzungen:

K:	erfolgreicher Korrekturversuch
EK:	erfolgloser Korrekturversuch
AV:	Aufgabe eines erfolgreichen Versuchs
SW:	sinnleeres Wort
D:	dialektale Verlesung
⬯:	Auslassungen einkreisen
+ –:	Segmentierungen von Seiten des Lesers
():	Einschübe
I:	Intonationswechsel

Goodman geht davon aus, dass die Art der Verlesungen Rückschlüsse auf den Grad der Beherrschung von Lesestrategien ermöglicht und so förderdiagnostische Hinweise erlaubt.
Die nachfolgende Textprobe „Basko" stammt von einem Jungen aus der 5. Klasse Hauptschule und wird mit freundlicher Genehmigung des Autors, Herrn Adolf Hofer, anschließend abgedruckt:

Basko Alfred E. Brehm

Ein wohl abgerichteter Jagdhund ist ein wirklich wunderbares Tier. Er weiß genau, was er zu tun hat, und ein schlechter Jäger, welchen ein gut geschulter Jagdhund begleitet, wird von diesem nicht selten in der allerempfindlichsten Weise getadelt. So kannte ich einen Hühnerhund, namens Basko, welcher wohl alles leistete, was man jemals von einem seiner Art verlangen konnte. Sein Herr war ein ganz vorzüglicher Schütze, welcher gewöhnlich unter zwanzig Schüssen auf fliegendes Wild keinen oder nur einen Fehlschuss tat. Einst kommt der Sohn eines Freundes unseres Weidmannes[1] zu ihm und bittet um die Erlaubnis, ein wenig zu jagen. Der Förster gewährt ihm dies mit den Worten: „Gehen Sie, aber schießen Sie gut, sonst nimmt es Basko gewaltig übel."
Die Jagd beginnt; Basko wittert nach kurzer Zeit eine Kette Hühner[2] aus und steht wie ein Marmorbild vor derselben. Er erhält Befehl, sie aufzutreiben. Die Hühner fliegen, der Schuss knallt, aber kein Stück von dem Wilde stürzt herab. Basko sieht sich äußerst verwundert um und beweist augenscheinlich genug, dass seine gute Laune verschwunden sei. Er geht aber doch noch einmal mit, findet eine zweite Kette Hühner, und es geht wie das erste Mal. Da kommt er dicht an den Schützen heran, wirft einen Blick der tiefsten Verachtung auf ihn und eilt spornstreichs nach Hause. Noch nach Jahr und Tag war es demselben Jäger unmöglich, den Hund, welcher ein für die Jagd begeisterter war, mit sich auf das Feld zu nehmen: die Verachtung gegen den Schützen war zu tief in seinem Herzen eingewurzelt.

1 Weidmann: Jäger, Förster
2 eine Kette Hühner: eine Familie von Rebhühnern

Aus: KOMPASS 5, Lesebuch 5. Schuljahr. Paderborn: Schöningh 1984, 54.
Erstausgabe: Brehms Tierleben, 1. Abt: 1. Bd., Leipzig 1896.

Markierter Text (Analyse des lauten Lesens)

Basko Alfred E. Brehm

Ein wohl abgerichteter Jagdhund ist ein wirklich wunderbares Tier. Er weiß genau, was er zu tun hat, und ein schlechter Jäger, welchen ein gut geschulter Jagdhund begleitet, wird von diesem nicht selten in der allerempfindlichsten Weise getadelt. So kannte ich einen Hühnerhund, namens Basko, welcher wohl alles leistete, was man jemals von einem seiner Art verlangen konnte. Sein Herr war ein ganz vorzüglicher Schütze, welcher gewöhnlich unter zwanzig Schüssen auf fliegendes Wild keinen oder nur einen Fehlschuß tat. Einst kommt der Sohn eines Freundes unseres Weidmannes zu ihm, und bittet um die Erlaubnis, ein wenig zu jagen. Der Förster gewährt ihm dies mit den Worten: „Gehen Sie, aber schießen Sie gut, sonst nimmt es Basko gewaltig übel."

Die Jagd beginnt. Basko wittert nach kurzer Zeit eine Kette Hühner aus und steht wie ein Marmorbild vor derselben. Er erhält Befehl, sie aufzutreiben. Die Hühner fliegen, der Schuß knallt, aber kein Stück von dem Wilde stürzt herab. Basko sieht sich äußerst verwundert um und beweist augenscheinlich genug, daß seine gute Laune verschwunden war. Er geht aber doch noch einmal mit, findet eine zweite Kette Hühner, und es geht wie das erst Mal. Da kommt er dicht an den Schützen heran, wirft einen Blick der tiefsten Verachtung auf ihn und eilt spornstreichs nach Hause. Noch nach Jahr und Tag war es demselben Jäger unmöglich, den Hund, welcher ein für die Jagd begeisterter war, mit sich auf das Feld zu nehmen: die Verachtung gegen den Schützen war zu tief in seinem Herzen eingewurzelt.

Verlesungsanalyse

Der Leser aus der Klasse 5 der Hauptschule zeigt eine Fülle von Verlesungen, die es ermöglichen, auf seinen Leseprozess zu blicken. Verlesungen sind die Fenster, die einen Blick auf den Prozess ermöglichen.
Auffällig bei der Analyse sind häufige **Segmentierungsversuche**, unter Benutzung von Einzellauten/-buchstaben, Silben oder morphematischen Elementen.
So bleiben in „Zeile 7" silbische Zerlegungen (*vor+züglicher* / *Schü+tze*) stehen, da Satz- und Sinnstruktur nicht verändert werden oder die Automatisierung der phonologischen Ebene, wie an vielen Stellen sichtbar, Probleme bereitet.
Das Zerlegen in unterschiedliche Einheiten wird von Lesern der Hauptschule noch oft praktiziert, um so einerseits ein „Klangbild" zu erzeugen bzw. über den Umweg der phonologischen Dekodierung (siehe *Goodmans* Tüchtigkeitsniveaus) zum Sinn zu kommen.
Eines wird im Überblick deutlich: Bei vielen Hauptschülern ist die phonologische Dekodierung noch nicht ausdifferenziert bzw. noch nicht automatisiert. Weil dies für manche Schüler ein sehr kräfteraubender Vorgang ist, kommen viele nicht zur Sinngebung.
In „Zeile 2" fallen die innersprachlichen Vorgänge auf, die auf „anstrengende" Denkprozesse bei der Umkodierung von graphemischen in phonologische Strukturen hindeuten; im Regelfall sind diese Denkvorgänge *„maskiert"*.
In „Zeile 5" kommt es zur Auslassung eines ganzen Satzes (im Originaltext stehen Weise/wohl untereinander: Peripherie?). Er liest ... allerempfindlichsten wohl alles leistete. Hier geht die Sinnspur gänzlich verloren.
Wie korrigiert der Leser? In „Zeile 2" korrigiert er eine „Verlesung", die syntaktisch und semantisch nicht akzeptabel ist; dies zeigt sich an noch anderen Stellen des Textes, wird aber nicht immer durchgehalten; auf jeden Fall ist das *eigenaktive* Korrekturverhalten eine wichtige Lesestrategie, die im Unterricht unterstützt und beachtet werden muss. (Nicht immer: „Du hast einen Fehler gemacht!" Sondern: „Versuche es noch einmal!")
Im Überblick ist die Lesegeschwindigkeit niedrig, immer wieder sind die Zugriffe begleitet von innersprachlichen Rekodierungsversuchen, umso auf diesen Umwegen zum Sinn zu kommen. Lange Pausen deuten darauf hin, dass es dem Leser noch sehr viel Kraft kostet.

Grobanalyse der syntaktisch-semantischen Beziehungen

Eine Grobanalyse der syntaktisch-semantischen Beziehungen bringt nochmals eine differenzierte Perspektive der Lesefähigkeit ein. Bringen die Verlesungen Strukturen ein, die syntaktisch und/oder semantisch akzeptabel sind (s. **S. 31**)?

Name: D. Klasse 5
Text: Basko

Nr.	Verlesung	Text	Syntax	Semantik
1	⊗ aber richtig	abgerichtet	nein	nein
2	Jaghund	Jagdhund	ja	nein
3	wirklicher	wirklich	nein	nein
4	3 (was?) 2 wunderb- 1wunder-	wunderbares	Segmentierung	
5	K ganz	genau	nein	nein
6	2 sch+lechter 1 schle-	schlechter	Segmentierung	
7	Jag-	Jäger	Segmentierung (über ?????????)	
8	guter	gut	nein	nein
9	begleichtet	begleitet	ja	nein
10	...begleitet wird von...	...begleitet, wird von	nein	nein
11	wir	wird	nein	nein
12	K alterempf-	allerempf-	ja	nein
13	Zeile ausgelassen!		nein	nein
14	s-	seiner	Segmentierung	
15	s-	sein	Segmentierung	
16	gan-	ganz	Segmentierung	
17	vorrzüg+ licher	vorzüglicher	Segmentierung	
18	Schü+tze	Schütze	Segmentierung	
19	zwan-	Zwanzig	Segmentierung	
20	auf/....????	auf flie....	nein	nein
21	fliegend	fliegenden	nein	nein
22	K...will	wild	nein	nein
23	Fehler-	Fehl	ja	ja
24	Ein-	Einst	Segmentierung	
25	un+ser+es	unseres	Segmentierung	
26	Weidman+ nes	Weidman+ nes	Segmentierung	
27	2 Der 1 Der	Der	Wiederholung	
28	2 Fröster 1Fröst-	Förster	ja	nein
29	gewahrt	gewährt	ja	nein
30	Gege	Gehen	nein	nein
31	...sie aber...	...Sie, aber	nein	nein
32	haben	aber	nein	nein
33	K schlie-	schießen	ja	nein
34	son-	sonst	Segmentierung	
35	⊗ niemand	nimmt	nein	nein
36	.K Ber-	Basko	ja	nein
37	3 (was?) 2 ???? 1 ge-	gewaltig	Segmentierung kognitiver ???? ???????	
38	übel	übel	Wiederholung	
39	...beginnt Basko	...beginnt, Basko	nein	nein
40	wietert	wittert	Dehnsprechen	

Nr.	Verlesung	Text	Syntax	Semantik
41	ein	eine	nein	ja
42	Mormer PN	Marmor	ja	nein
43	sich	sie	nein	nein
44	..aufzutreiben Die Hühner	--aufzutreiben. Die Hühner	nein	nein
45	Die Hühner feilgen...	Die Hühner fliegen	ja	ja
46	K 2 der Schu-kann 1 die Schu-	der Schuß knallt	nein	nein
47	2 wild 1 Wild	Wilde	ja	ja
48	s+türzt	stürzt	Segmentierung	
49	außerst	äußerst	ja	nein
50	und	um	nein	nein
51	???????	beweist	nein	nein
52	2 auges- 1 auges-	augen	Segmentierung Wiederholung	
53	K schne-	-scheinlich	ja	nein
54	K dass sich	dass	nein	nein
55	sei	war	ja	nein
56	Zeile ausgelassen		nein	nein
57	Satzteil ausgelassen		nein	nein
58	werft	wirft	Dehnsprechen	
59	ei+nen	einen	Segmentierung	
60	2 triffsten 1 trifft	tiefsten	ja	nein
61	s+pottstreich	spornstreichs	nein	nein
62	noch	noch	Wiederholung	
63	K 3 (was?) 2 ???? 1 ?????	demselben	nein	nein
64	Jag-	Jäger	Segmentierung	
65	un-	unmöglich	Segmentierung	
66	2 begeistert 1 begeistert	begeisterter	nein	nein
67	Schutz-	Schützen	Segmentierung (???)	
68	2 einge- 1 eingewur-	eingewurzelt	Segmentierung	

K=11
Segmentierung=19
Zahl der interpretierten Verlesungen:
Summe „ja" Syntax: 15=35%
Summe „ja" Semantik: 3=7,14%

Zusammenfassung

Aus dieser Grobanalyse wird sichtbar, dass der Leser mit einer Vielzahl von Segmentierungsstrategien an den Text herangeht (morphemisch, silbisch, Einzelbuchstabe/-laut ...); er muss sehr viel Kraft für die Erschließung der Lautstruktur, für die phonologische Rekodierung aufwenden.
Die Verarbeitung der syntaktischen als auch der semantischen Ebene lässt zu wünschen übrig. Der Leser hat deutliche Probleme auf der semantischen Seite; die Sinnfindung macht ihm Probleme, wie man aus dem Protokoll der Nacherzählung als auch aus der Grobanalyse der Verlesungen sieht.

Martin Plieninger

2.3 Standardisierte Diagnosemöglichkeiten von Jugendlichen der Sekundarstufe I mit Schwierigkeiten im Rechtschreiben und Lesen

2.3.1 Situationsbeschreibung

Rechtschreiben

Mangelnde Rechtschreibkenntnisse von Schülern erfahren – nicht erst seit PISA – in den letzten Jahren wieder verstärkt öffentliches Interesse. Die Ursachen sind vielfältig:
Viele Lehrer, aber auch viele Ausbildungsbetriebe und Hochschulen beklagen die abnehmenden Rechtschreibleistungen ihrer Auszubildenden bzw. Studierenden. *Claudia Zerahn-Hartung* et al. (2002) haben dazu im Jahr 1995 u. a. die Normen für den Rechtschreibtest *R-T Form C „Moselfahrt"* ... aus dem Jahr 1968 auf ihre heutige Gültigkeit geprüft und kommen zu folgendem Ergebnis: „Für die Interpretation der Ergebnisse von Leistungstests ist es üblich, dem Prozentrang 6–10 die Note „mangelhaft" (Note 5) und dem Prozentrang 1–5 die Note „ungenügend" (Note 6) zuzuordnen [...]. Danach wäre im Vergleich der heutigen Leistung mit den Standardwerten von 1968 die Rechtschreibfertigkeit, wie sie das Diktat *„Moselfahrt"* erfasst, von knapp der Hälfte (48 %) der Jugendlichen und jungen Erwachsenen als nicht ausreichend, d. h. Note 5 und 6 und von 39 % als ungenügend (Note 6) zu beurteilen. Eine sehr gute Leistung, die einem Prozentrang von 90–100 entspricht, ist bei 1,9 % der heutigen Kohorte junger Erwachsener nach Abschluss der Pflichtschulzeit zu finden.[1] Dabei bildet die Schulbildung (= 35,6 % spezifische Varianz) den wichtigsten Einzelfaktor, gefolgt vom Geschlecht (= 2,3 % spezifische Varianz – weibliche Probanden haben [erwartet] eine bessere Rechtschreibleistung als männliche Probanden) und dem Alter (= 0,6 % spezifische Varianz). Die Ursachenforschung bleibt so vage und unspezifisch, dass eine Diskussion nicht angemessen erscheint.[2]
Viele Lehrer der Sekundarstufe I beklagen die Inneffizienz eines Rechtschreibunterrichts, der sich über Jahre hinweg weitestgehend an einzelnen Rechtschreibphänomenen orientiert hat. Ein rein phänomenologisch ausgerichteter Rechtschreibunterricht, der ausschließlich auf den Erfahrungen und Kenntnissen der Grundschule aufbaut, scheint aber zunehmend zum Scheitern verurteilt. Vielmehr gilt es Unterrichtsmethoden und Förderkonzepte zu entwickeln, die altersgemäß aufbereitet, grundlegende Fähigkeiten und Fertigkeiten in der Sekundarstufe I vermitteln. *Martin Plieninger* (2001, S. 1) äußert begründete Vermutungen, dass die strukturellen Defizite im Rechtschreibbereich zu Beginn der

1 *Zerahn-Hartung, Claudia et.al.* (2002): S. 289 f. Anmerkung: „Zweisprachig sowie mit anderer Muttersprache erzogene junge Erwachsene wurden für die Auswertung nicht mit berücksichtigt" (S. 283). Die Substichprobe bestand aus N = 573 Probanden zwischen 16 und 21 Jahren mit Hauptschulabschluss, Mittlerer Reife, (Fach-)Hochschulabschluss und Gymnasiasten ab Kl. 11 (s. S. 284).
2 S. ebenda, S. 289 bzw. S. 293.

fünften Klasse nicht primär im Bereich des orthographischen Regellernens zu suchen sind. Im Gegenteil, dieser Bereich weist (im Verhältnis gesehen) noch das beste Leistungsprofil der Schüler auf. Von zentraler Bedeutung ist dagegen die Erkenntnis, dass viele Kinder beim Eintritt in die Sekundarstufe einen breiten Förderbedarf im Bereich der alphabetischen und der morphematischen Strategie haben. Defizite in diesen Bereichen haben nicht nur Auswirkungen auf die Rechtschreibleistungen im engeren Sinn. Lesen, Textverständnis, aber auch das eigene Schreiben von Texten, sind ohne diese Kenntnisse nur sehr eingeschränkt möglich. Üblicherweise fokussiert ein auf das Training einzelner Rechtschreibphänomene ausgerichteter Rechtschreib-, aber auch Förderunterricht diese in differenzierten methodischen Zugängen für die Schüler. **Im Sinne der obigen Aussage ist ein derartiger Unterricht aber nicht nur ineffektiv, sondern geradezu kontraproduktiv, da er nicht nur die zentralen Förderbedürfnisse der Schüler außer Acht lässt, sondern zudem genau denjenigen Bereich fördert, der – im Verhältnis gesehen – am wenigsten Förderung benötigt und dessen bis zu diesem Zeitpunkt erfolgte schulische Schwerpunktsetzung eben gerade keine Fortschritte im Rechtschreibbereich erzielt hat.**
Ungeachtet eines lt. *Hans Brügelmann* (2001) nach wie vor heterogenen Forschungsstandes geht man heute zunehmend davon aus, dass Kinder dominante Rechtschreibstrategien bezüglich der Aneignung von Schrift ausbilden. Dieser Prozess wird vom Kind eigenaktiv konstruierend entwickelt. **Fehler sind demzufolge zwangsläufige Näherungsprozesse an die Rechtschreibung und geben Hinweise auf dominant verwendete Rechtschreibstrategien bzw. Strategiedefizite. Fehler dürfen gemacht werden.** Sie sind ein Indiz für den Grad der schriftsprachlichen Entwicklung des Kindes. Eine Rechtschreibdiagnose muss daher zunehmend vom Lernprozess und Lernweg des einzelnen Kindes ausgehen. Wenn Rechtschreibfehler „Fenster in die Denkwelt" der Kinder darstellen, wird die Lernprozessdiagnose und Lernprozessbegleitung essenzieller Bestandteil eines Unterrichts der Regelschule werden müssen.

Lesen

Es ist ein wertvoller Dienst der PISA-Studie, den Focus der Betrachtung stärker als bislang geschehen auf das Lesen bzw. die Entwicklung der Lesefähigkeit auch und gerade in der Sekundarstufe I zu richten. Die bisherigen Erfahrungen zeigen, dass viele LRS-Förderprogramme recht einseitig auf den Bereich des Rechtschreibens hin ausgerichtet waren. Die Diagnose und Förderung von Lesekompetenz kam oft zu kurz bzw. wurde verkürzt unter dem Schwerpunkt der (eher technischen) Lesefertigkeit verstanden. Fragen des sinnentnehmenden bzw. sinnverstehenden Lesens, des Ziehens von Schlüssen und des Ableitens von Folgerungen aus den gelesenen Informationen wurden im Bereich der Diagnose und Förderung – in der Breite der LRS-Diskussion der letzten Jahre – zu wenig thematisiert.
So stellt das *Ministerium für Schule, Wissenschaft und Forschung des Landes Nordrhein-Westfalen* in einer Präsentation der PISA-Ergebnisse fest: „Hauptschullehrer wurden gebeten, ihre Schüler nach der gezeigten Definition (= Kom-

petenzstufen der Lesefähigkeit – M. P.) einzuschätzen. Das Ergebnis zeigt, dass nur 11,4% der Schüler, die nach Testergebnis nicht einmal Kompetenzstufe I erreichen, von ihren Lehrkräften auch als ‚schwache Leser' erkannt wurden. Auch wenn dieses Ergebnis auf den ersten Blick eine unzureichende Diagnosekompetenz der Lehrkräfte vermuten lässt, ist Folgendes zu berücksichtigen:
Es wurde nach ‚schwachen Lesern' und geringer Lesefähigkeit gefragt und es wurde dabei den Lehrkräften vielleicht nicht deutlich, dass Lesekompetenz (i. S. von Information aufnehmen, interpretieren und reflektieren können) gemeint ist. Es könnte also durchaus sein, dass eine Reihe von Lehrern die Jugendlichen, die halbwegs flüssig lesen, nicht als schwache Leser (im Sinne der PISA-Definition) eingestuft haben."[3]

Ulrich Wechsler (Süddeutsche Zeitung, 6./7. April 2002) benennt erneut und eindrucksvoll den Zusammenhang zwischen Sprachentwicklung und Lesekompetenz, wenn er schreibt: „20 bis 22 Prozent der sechs- bis siebenjährigen Kinder (weisen) medizinisch relevante Sprachentwicklungsstörungen auf; sehr viele müssen sprachtherapeutisch behandelt werden." Es ist anzunehmen, dass ein nicht geringer Teil dieser Kinder den primären Schriftspracherwerbsprozess der ersten und zweiten Grundschulklasse ohne den erwarteten Erfolg durchläuft und sich diese Entwicklungsverzögerung bis in die Sekundarstufe I negativ auswirkt. Es besteht die Gefahr, dass diese Kinder vermehrt in eine fünfte Klasse übertreten, ohne sich das System der Laut-Buchstaben-Beziehung (Phonem-Graphem-Korrespondenzregeln) in einem eigenaktiven Regelbildungsprozess altersangemessen angeeignet und ohne sinnstützende, analytische und synthetische Lesestrategien ausreichend verinnerlicht zu haben. Auch deshalb kommt die Fähigkeit der Informationsentnahme aus Texten zu kurz, weshalb auf diesen Bereich zukünftig ein besonderer Schwerpunkt der Diagnose und Förderung gelegt werden sollte.

3 *Ministerium für Schule, Wissenschaft und Forschung des Landes Nordrhein-Westfalen* (o. J.), Folie 43.

2.3.2 Diagnoseverfahren im Bereich Rechtschreiben

Für die Sekundarstufe I sind derzeit folgende Rechtschreibtests verfügbar.[4]

Nr.	Test	Kl. 5	Kl. 6	Kl. 7	Kl. 8	Kl. 9
1.1	Diagnostischer Rechtschreibtest	DRT 5				
1.2	Hamburger Schreibprobe	HSP 4/5	– HSP 5–9 B (= Basisanforderungen) – HSP 5–9 EK (= Erweiterte Kompetenz)			
1.3	Westermann Rechtschreibtest	WRT 4/5	WRT 6 +			
1.4	Grundwortschatz Rechtschreibtest für die 4. und 5. Klasse	GRT 4 +				
1.5	Diagnostischer Test Deutsch	(DTD) 4. bis 6. Klasse				
1.6	Rechtschreibtest für die 6. und 7. Klasse		RST 6–7			
1.7	Hamburger Schulleistungstest (Teil 5: Rechtschreibung)	HST 4/5				
1.8	Diagnostische Rechtschreibproben mit Worttrainer	DRP (ab Ende der ersten Klasse und Erwachsene)				

Tab. 1: *Derzeit verfügbare Rechtschreibtests*

Es ist deutlich sicht- und sachlogisch begründbar, dass ein Testschwerpunkt auf dem Übergang der Grundschule in die Sekundarstufe I besteht. Deshalb werden Tests entweder als „Kombitest" mit unterschiedlichen Normtabellen für die vierte und fünfte Klasse angeboten oder es gibt – wie beim *Diagnostischen Rechtschreibtest* – verschiedene Ausgaben für die vierte und fünfte Klasse. Im Folgenden sollen *der Diagnostische Rechtschreibtest 5* (1.1) und die *2002* erfolgte Neuauflage der *Hamburger Schreibprobe* in den Versionen *4/5* und *5–9 B* und *5–9 EK* (1.2) vorgestellt und miteinander in Beziehung gesetzt werden.
Aus Altersgründen bleiben vor allem der *Westermann Rechtschreibtest* WRT 4/5, der *WRT 6+* (beide 1.3) und der *Diagnostische Test Deutsch DTD* (1.5) unberücksichtigt. Diese Tests sind alle seit 1980 in Anwendung. Eine Normie-

4 Verfügbar, auf der Basis des Testkataloges 2002/03 der Testzentrale Göttingen, im Internet unter www.testzentrale.de. In Bezug auf die Hamburger Schreibprobe verweist der Testkatalog 2002/03 noch auf die alte Auflage, während sich die vorstehenden Ausführungen auf die Neuauflage 2002 beziehen.

rung, die über 20 Jahre zurückliegt, scheint nicht mehr zeitgemäß zu sein. Nachrangig, aber nicht unbedeutend ist die Tatsache, dass für die Mehrzahl der Tests nur quantitative Fehlerprofile durch die Analyse der Rechtschreibfähigkeit über Lückentexte zur Verfügung stehen.
Auch der *Grundwortschatz Rechtschreibtest für 4. und 5. Klassen GRT 4+* (1.4) beschränkt sich auf diese Art der quantitativen Analyse. In Anwendung seit 1990 ist auch er nicht mehr der neueste.
Der *Rechtschreibtest für 6. und 7. Klassen RST 6–7* (1.6) – in zweiter Auflage seit 1992 lieferbar, also auch über zehn Jahre alt – verfolgt einen Ansatz, der nicht unproblematisch erscheint: Über das Korrekturlesen eines Fehlertextes soll das passive Rechtschreibwissen in verschiedenen Rechtschreibbereichen wie Groß-/Kleinschreibung, Getrennt-/Zusammenschreibung etc. getestet werden. Vom Fehlererkennen auf das Fehlervermeiden im Diktat oder Aufsatz zu schließen, scheint zumindest fragwürdig zu sein, da mit „optisch vs. akustisch" verschiedene Kanäle bzw. Kodierungssysteme angesprochen werden. Auch die Frage der schreibmotorischen Automatisierung bzw. der Synthetisierung und wortspezifischen Einprägung beim Schreiben muss angesprochen werden. Im zweiten Teil des *RST 6–7* findet eine konventionelle quantitative Fehleranalyse über einen Lückentext statt.
Auch Teil fünf (Rechtschreibung) des *Hamburger Schulleistungstests HST 4/5* (1.7) verfolgt das Prinzip des passiven Rechtschreibwissens, indem 31 Fehlschreibungen markiert werden müssen (s. u.).
Einen ganz anderen – hier nicht weiter verfolgten – Ansatz bietet der seit 1999 in Anwendung befindliche Test *Diagnostische Rechtschreibproben mit Worttrainer (DRP)* (1.8). Computerunterstützt oder von einem Lehrer werden 40 Wörter einzeln bzw. im Satzzusammenhang diktiert. Der Computer analysiert die einzelnen Schreibungen nach verschiedenen rechtschreibdidaktisch nicht ganz unproblematischen Kriterien (z. B. Mengenfehler, Gütefehler, Umstellungen, Groß-/Kleinschreibung) und bietet dem Anwender die Möglichkeit, die Fehlerwörter zu üben.

Grundlagen des Diagnostischen Rechtschreibtests

Der *Diagnostische Rechtschreibtest* ist seit Jahren eingeführt und seit 1995 in der dritten Auflage lieferbar. Er wird von vielen schulpsychologischen Beratungsstellen, sozialpädiatrischen Zentren etc. regelmäßig benutzt, um Defizite im Schriftsprachbereich zu diagnostizieren. Im Unterschied zu vielen anderen Rechtschreibtests, die sich auf das quantitative Auszählen von Fehlern in Lückentexten beschränken, bietet der *DRT 5* zusätzlich eine differenzierte qualitative Auswertung in sieben Fehlerkategorien mit 29 Unterkategorien.
Die Normtabellen differenzieren in drei Kategorien zwischen Hauptschule, Realschule und Gymnasium und unterscheiden dabei zusätzlich zwischen Klassennormen zur Feststellung des Leistungsstandes einzelner Schüler bzw. einer ganzen Klasse und Individualnormen zur Arbeit in der psychologischen Beratung und Praxis. Während die Klassennormen recht unscharf auf der Basis der Mittelwerte bzw. des Klassendurchschnitts Prozentrangbereiche mit einer verbalen Beurteilung –

z. B. „etwas über dem Durchschnitt" – zurückgeben, verfügen die Normtabellen der Individualnormen über Prozentrangbänder, mittlere T-Werte und T-Wert-Bänder, was eine genauere Einschätzung der jeweiligen Leistung ermöglicht. Dabei bezieht sich der jeweils zu Grunde liegende Rohwert im Sinne einer Positivbewertung auf die Anzahl der Richtigschreibungen in einem Lückentext mit 51 nach Diktat zu schreibenden Wörtern.
Eine qualitative Auswertung dieser 51 Wörter in Fehlerkategorien und die Berechnung der jeweiligen Prozentränge findet – getrennt nach A- und B-Form – grafisch auf einem Fehleranalysebogen statt. Für die Bereiche „Laute" (Lautunterscheidung bei b/p, d/t, g/k [außer am Stammende]), „Lautunterscheidung bei anderen Lauten" und „Lautfolge" (Laut fehlt, fälschlich eingefügt, falsche Reihenfolge) sind zusätzlich die dazugehörigen Prozentränge in Tabellenform abgebildet. Dies ermöglicht die genauere Zuordnung einer Leistung zum jeweiligen Prozentrang als dies grafisch möglich ist. Interessant ist, dass die im Rahmen der Normierung zur Berechnung der Prozentränge herangezogenen Testhefte überwiegend von Schülern der Hauptschule stammen. Deshalb sind die qualitativen Normen vor allem für Schüler dieses Schulprofils anwendbar. Die Autoren des *DRT 5 Martin Grund et al.* (1995, S. 62) vertreten die durchaus begründete Ansicht, dass in Realschulen und Gymnasien deutlich weniger Fehler auftreten und deshalb die Normen bei schwächeren RechtschreiberInnen als Orientierungshilfe dienen können.
Auf die „Interpretation der Gesamtleistung und Förderung der Fehleranalyse" – so die entsprechende Kapitelüberschrift – wird im Testbeiheft des *DRT 5* besonderen Wert gelegt. In sehr ausführlicher Form werden für alle Fehlerarten im Dreischritt „Ziele", „Methoden" und „Übungswörter" konkrete Analyse- und Förderhinweise gegeben, die auch für sich alleine genommen oft wertvolle Hinweise auf Übungsformen geben.

Der *Diagnostische Rechtschreibtest* im Unterricht

Grundsätzlich lassen sich die 7 Haupt- und 29 Unterkategorien des *DRT* auch für die qualitative Korrektur von testunabhängigen Diktaten bzw. von freien Verschriftungen verwenden. Im Sinne eines prozessorientierten Verständnisses von Lehren und Lernen scheint dies auch angebracht zu sein, um im Sinne eines informellen Tests die Lernfortschritte der Schüler dokumentieren zu können. Dabei gelten die von *Peter May* (1999 und 2002b) für die *Hamburger Schreibprobe* getroffenen Aussagen bezüglich der Auswahl und Qualität des verwendeten Wortmaterials entsprechend (s. u.). Die Fortschreibung über ein informelles Diagnoseverfahren testunabhängiger Diktate kann auch deshalb angebracht erscheinen, da der *Diagnostische Rechtschreibtest* ab Klassenstufe sechs nicht verfügbar ist.
Ein informelles Testverfahren für die qualitative Korrektur testunabhängiger Diktate und freier Verschriftungen stellt auch das bekannte Modell der Fehlerkategorien von *Wolfgang Menzel* (1985, S. 12 f.) dar. Durch eine Beschränkung auf die prozentual häufigsten Fehlerkategorien (s. *Martin Plieninger*, 1997) lässt sich das ansonsten sehr komplexe Modell auch unterrichtspraktisch einsetzen.

Diagnostischer Rechtschreibtest 5 (DRT 5)

1.	Test:	*Martin Grund; Haug, Gerhard, Naumann, Carl Ludwig* (1995): Diagnostischer Rechtschreibtest für 5. Klassen (DRT 5)
2.	Standardisierung:	Oktober bis Dezember 1993
3.	Testdauer:	45 Minuten
4.	Teststart:	Lückentext (Druckschrift) mit 51 Wörtern nach Diktat Es liegen zwei Parallelformen vor.
5.	Auswahl Wortmaterial:	Orientierung an einem nicht näher definierten Grundwortschatz
6.	Testzeitraum:	Klasse 5: Oktober bis Januar Klasse 6: Hauptschule und ab Klasse 6 Sonderschule: unabhängig vom Eichungszeitraum zur informellen Beurteilung von Fehlerschwerpunkten
7.	Normtabellen:	Quantitative Auswertung: Normen zur Beurteilung der Gesamtleistung, definiert durch die Summe aller richtig geschriebenen Wörter: Prozentrangband, Mittlerer T-Wert, T-Wert-Band Gesonderte Werte für ● Hauptschule ● Realschule ● Gymnasium Qualitative Auswertung: Prozentrang getrennt nach den Parallelformen für die Bereiche: ● LU 1: Lautunterscheidung bei b/p, d/t, g/k (außer am Stammende) ● LU 2: Lautunterscheidung bei anderen Lauten ● LU 3: Lautfolge: Laut fehlt, fälschlich eingefügt, falsche Reihenfolge
8.	Quantitative Auswertung:	Wörter werden als „richtig" oder „falsch" gekennzeichnet
9.	Qualitative Auswertung:	Laute (4 Unterkategorien) Buchstabenverbindungen (4 Unterkategorien) Schreibung nach kurzen/langen Vokalen: Dopplung/Dehnung (11 Unterkategorien) s – ss – ß ver-/vor- Ableiten (5 Unterkategorien) Groß-/Kleinschreibung (5 Unterkategorien)

Tab. 2: *Funktionsübersicht DRT 5*[5]

5 Die inhaltlichen Aussagen zu den Funktionsübersichten aller in diesem Aufsatz beschriebenen Tests beziehen sich jeweils ohne nähere Kennzeichnung auf die jeweiligen Testhandbücher (s. Literaturverzeichnis).

Kritik am *Diagnostischen Rechtschreibtest*

Die Kritik am *Diagnostischen Rechtschreibtest* bezieht sich in der Regel auf zwei Bereiche:

Es wird kritisiert, dass der *DRT* von Auflage zu Auflage dem Zeitgeist nachgegeben und die Normtabellen so verändert hätte, dass jeweils eine geringere Rechtschreibleistung als ausreichend anerkannt worden sei. Diese Kritik ist m. E. nicht zutreffend, da ein Rechtschreibtest immer nur Schüler zeitgleich bzw. synchron miteinander vergleichen und dadurch Rückschlüsse auf die jeweilige Rechtschreibleistung bzw. deren Defizite ziehen kann. Ein diachroner Vergleich der Rechtschreibleistungen über 10, 20 oder 30 Jahre hinweg mag historisierenden Wert haben, missachtet aber nicht nur grundlegende Gültigkeitskriterien einer Testkonstruktion schlechthin, sondern leistet vor allem nicht, die aktuellen Rechtschreibschwierigkeiten von Kindern mit dem Ziel konkreter Fördermaßnahmen einschätzen zu lernen.

Der zweite Kritikpunkt ist grundsätzlicher und ernst zu nehmen. Er bezieht sich im Kern auf die Vielzahl von rechtschriftlichen Einzelphänomenen, die beim *Diagnostischen Rechtschreibtest* abgeprüft werden. Schüler mit Schwierigkeiten im Rechtschreiben haben nach dem Grundverständnis des *DRT* ein Defizit, das es durch entsprechende Fördermaßnahmen abzubauen gilt. *Martin Grund et al.* (1995, S. 13): „Wenn man gezielt fördern will, muss man möglichst genau die Defizite kennen, also die besonderen Fehlerhäufungen der Klasse, der Fördergruppe oder des einzelnen Schülers." Rechtschreibdidaktiker wie *Renate Valtin* (2000, S. 33) halten dagegen, dass diese „Defizitorientierung" als Teil eines Legasthenieverständnisses zu verstehen und zu kritisieren sei, welches sich zu großen Teilen über den Begriff der Teilleistungsstörung definiere. Dabei würden Erfahrungen des Schriftspracherwerbsprozesses außer Acht gelassen, welche Schwierigkeiten im Lesen und Rechtschreiben primär als Entwicklungsdefizit bzw. Entwicklungsverzögerung verstehen. Anders ausgedrückt: Der *DRT* lässt den prozessualen Charakter des Schreibenlernens außen vor (und sieht Rechtschreibfehler isoliert als Teilleistungsdefizit und nicht als konstitutiv für den Lernprozess). Die Lernbeeinträchtigung bzw. die Lernentwicklungsstörung wird als nachrangig begriffen.

Hamburger Schreibprobe

HSP 4/5 (HSP 4/5)

1.	Test:	*May, Peter* (2002): Hamburger Schreibprobe für die Klassen 4 und 5
2.	Standardisierung:	Neustandardisierung 2001
3.	Testdauer:	Weniger als eine Unterrichtsstunde
4.	Testart:	– 16 Wörter, die vorgelesen – nicht diktiert – werden. Ihrem eigenen Schreibtempo folgend, sollen die Kinder die Wörter aufschreiben; Bildvorlagen helfen, sich an die vorgelesenen Wörter zu erinnern. – Fünf Sätze mit (6, 5, 4, 6, 5) 26 Wörtern, die nach Diktat geschrieben werden. – Es liegen keine Parallelformen vor.
5.	Auswahl Wortmaterial:	Kein bestimmter Grund- oder Übungswortschatz
6.	Testzeitraum:	1. Klasse 4: Mitte (15.–23. Unterrichtswoche) 2. Klasse 4: Ende (33.–40. Unterrichtswoche) 3. Klasse 5: Anfang (1.–12. Unterrichtswoche)

7.	Normtabellen:	– Der Test differenziert vor allem im unteren Leistungsbereich
		– Prozentrang, Prozentrangband, T-Wert, T-Wert-Band, %-Anteil für:
		  – Richtig geschriebene Wörter
		  – Graphemtreffer
		  – Alphabetische Strategie
		  – Orthographische Strategie
		  – Morphematische Strategie
		  – Wortübergreifende Strategie
		  – Überflüssige orthographische Elemente
		  – Oberzeichenfehler
		– Für alle Normtabellen gibt es gesonderte Vergleichswerte für:
		  – Mitte Klasse 4
		  – Ende Klasse 4
		  – Anfang Klase 5 (alle Schüler)
		  – Anfang Klasse 5 (Hauptschule, Realschule, Gesamtschule)
		  – Anfang Klasse 5 (Gymnasium)

8.	Quantitative Auswertung:	– Richtig geschriebene Wörter – Graphemtreffer – Überflüssige orthographische Elemente – Oberzeichenfehler
9.	Qualitative Auswertung:	– Alphabetische Strategie – Orthographische Strategie – Morphematische Strategie – Wortübergreifende Strategie

Tab. 3: *Funktionsübersicht HSP 4/5*

Heiko Balhorn und *Inge Büchner* (2002, S. 40) beschreiben einen Ansatz, welcher die spezielle Struktur der *Hamburger Schreibprobe* direkt unterrichtswirksam werden lässt. Unter der (provokativen?) Aussage „Werten wir nicht Kinder mit einem Rechtschreibtest aus, sondern einen Test mit Kindern." Führen sie erklärend aus: „Die Begründung ist zugleich eine allgemeine und eine spezifische. Wenn Kinder in die Auswertung eines Tests einbezogen werden, werden sie nicht ‚aus-gewertet', sondern lernen die Kriterien kennen, die der Bewertung ihrer Leistung zu Grunde liegen. Diese Kriterien können nichts anderes betreffen, als das, was sie lernen sollen bzw. wollen: die Regeln der Orthographie. Die Regeln allerdings in einem Modus, in dem sie diese Regeln nutzen." Im veröffentlichten Beispiel von *Heiko Balhorn* und *Inge Büchner* (2002) bearbeitet Tanja in der vierten Grundschulklasse mit persönlicher Betreuung der Lehrerin ihre *HSP* und gewinnt dadurch Einsichten in den Aufbau und die Struktur unseres orthographischen Systems. Ungeachtet der Fragestellung, inwieweit Kinder der vierten Grundschulklasse schon in der Lage sind, auf dieser Metaebene Falschschreibungen zu reflektieren, **scheint dieser Ansatz für die Sekundarstufe I – und insbesondere für die Realschule und das Gymnasium – hochinteressant und erfolgversprechend zu sein**, nicht nur dem allgemeinen Ziel der Selbsttätigkeit der Schüler folgend. Da gerade in den genannten Schularten ein höheres Maß an Reflexionsfähigkeit vorausgesetzt werden kann und der Prozess vom „know that" zum „know how" eine nicht unwichtige Rolle spielt, kann der Schüler durch eine mehr oder minder angeleitete Eigenkorrektur über die Korrektur der Graphemtreffer Einsichten in den Grad seiner individuellen Annäherung an die Schriftsprache und über die Korrektur der Lupenstellen Einsichten in seine dominanten Rechtschreibstrategien bzw. in Probleme mit denselben erlangen. Das Layout und die optische Gestaltung der Testbögen regen dazu nicht unerheblich an und begünstigen eine derartige Verfahrensweise.
Diese Aussagen gelten für die *HSP 5–9 B* entsprechend.

Rechtschriftliche Einzelphänomene und Rechtschreibstrategien

Viele Lehrer haben Schwierigkeiten, aus den Diagnoseergebnissen einer *HSP* konkrete Fördermaßnahmen abzuleiten bzw. den an sich befürworteten Ansatz einer sukzessiven Annäherung an die Schriftsprache und dominanter Rechtschreibstrategien auf einzelne Rechtschreibfehler der Schüler zu beziehen. *Annegret von Wedel-Wolff* (2002, S. 53) hat die wichtigsten Zuordnungen von rechtschriftlichen Einzelphänomenen zu dominanten Rechtschreibstrategien bzw. Lupenstellen hergestellt, in ihrem Beitrag mit Beispielen unterfüttert und mit grundschulbezogenen Förderaspekten versehen. Die Grundaussagen ihres Beitrages gehen über die Grundschule hinaus. Sie geben allgemein gültige Hinweise und sind deshalb auf die Sekundarstufe I übertragbar:

Hamburger Schreibprobe

HSP 4/5 (HSP 4/5)

1.	Test:	*May, Peter* (2002): Hamburger Schreibprobe für die Klassen 4 und 5
2.	Standardisierung:	Neustandardisierung 2001
3.	Testdauer:	Weniger als eine Unterrichtsstunde
4.	Testart:	– 16 Wörter, die vorgelesen – nicht diktiert – werden. Ihrem eigenen Schreibtempo folgend, sollen die Kinder die Wörter aufschreiben; Bildvorlagen helfen, sich an die vorgelesenen Wörter zu erinnern. – Fünf Sätze mit (6, 5, 4, 6, 5) 26 Wörtern, die nach Diktat geschrieben werden. – Es liegen keine Parallelformen vor.
5.	Auswahl Wortmaterial:	Kein bestimmter Grund- oder Übungswortschatz
6.	Testzeitraum:	1. Klasse 4: Mitte (15.–23. Unterrichtswoche) 2. Klasse 4: Ende (33.–40. Unterrichtswoche) 3. Klasse 5: Anfang (1.–12. Unterrichtswoche)

7.	Normtabellen:	– Der Test differenziert vor allem im unteren Leistungsbereich
		– Prozentrang, Prozentrangband, T-Wert, T-Wert-Band, %-Anteil für:
		  – Richtig geschriebene Wörter
		  – Graphemtreffer
		  – Alphabetische Strategie
		  – Orthographische Strategie
		  – Morphematische Strategie
		  – Wortübergreifende Strategie
		  – Überflüssige orthographische Elemente
		  – Oberzeichenfehler
		– Für alle Normtabellen gibt es gesonderte Vergleichswerte für:
		  – Mitte Klasse 4
		  – Ende Klasse 4
		  – Anfang Klase 5 (alle Schüler)
		  – Anfang Klasse 5 (Hauptschule, Realschule, Gesamtschule)
		  – Anfang Klasse 5 (Gymnasium)

8.	Quantitative Auswertung:	– Richtig geschriebene Wörter – Graphemtreffer – Überflüssige orthographische Elemente – Oberzeichenfehler
9.	Qualitative Auswertung:	– Alphabetische Strategie – Orthographische Strategie – Morphematische Strategie – Wortübergreifende Strategie

Tab. 3: *Funktionsübersicht HSP 4/5*

Heiko Balhorn und *Inge Büchner* (2002, S. 40) beschreiben einen Ansatz, welcher die spezielle Struktur der *Hamburger Schreibprobe* direkt unterrichtswirksam werden lässt. Unter der (provokativen?) Aussage „Werten wir nicht Kinder mit einem Rechtschreibtest aus, sondern einen Test mit Kindern." Führen sie erklärend aus: „Die Begründung ist zugleich eine allgemeine und eine spezifische. Wenn Kinder in die Auswertung eines Tests einbezogen werden, werden sie nicht ‚aus-gewertet', sondern lernen die Kriterien kennen, die der Bewertung ihrer Leistung zu Grunde liegen. Diese Kriterien können nichts anderes betreffen, als das, was sie lernen sollen bzw. wollen: die Regeln der Orthographie. Die Regeln allerdings in einem Modus, in dem sie diese Regeln nutzen." Im veröffentlichten Beispiel von *Heiko Balhorn* und *Inge Büchner* (2002) bearbeitet Tanja in der vierten Grundschulklasse mit persönlicher Betreuung der Lehrerin ihre *HSP* und gewinnt dadurch Einsichten in den Aufbau und die Struktur unseres orthographischen Systems. Ungeachtet der Fragestellung, inwieweit Kinder der vierten Grundschulklasse schon in der Lage sind, auf dieser Metaebene Falschschreibungen zu reflektieren, **scheint dieser Ansatz für die Sekundarstufe I – und insbesondere für die Realschule und das Gymnasium – hochinteressant und erfolgversprechend zu sein**, nicht nur dem allgemeinen Ziel der Selbsttätigkeit der Schüler folgend. Da gerade in den genannten Schularten ein höheres Maß an Reflexionsfähigkeit vorausgesetzt werden kann und der Prozess vom „know that" zum „know how" eine nicht unwichtige Rolle spielt, kann der Schüler durch eine mehr oder minder angeleitete Eigenkorrektur über die Korrektur der Graphemtreffer Einsichten in den Grad seiner individuellen Annäherung an die Schriftsprache und über die Korrektur der Lupenstellen Einsichten in seine dominanten Rechtschreibstrategien bzw. in Probleme mit denselben erlangen. Das Layout und die optische Gestaltung der Testbögen regen dazu nicht unerheblich an und begünstigen eine derartige Verfahrensweise.
Diese Aussagen gelten für die *HSP 5–9 B* entsprechend.

Rechtschriftliche Einzelphänomene und Rechtschreibstrategien

Viele Lehrer haben Schwierigkeiten, aus den Diagnoseergebnissen einer *HSP* konkrete Fördermaßnahmen abzuleiten bzw. den an sich befürworteten Ansatz einer sukzessiven Annäherung an die Schriftsprache und dominanter Rechtschreibstrategien auf einzelne Rechtschreibfehler der Schüler zu beziehen. *Annegret von Wedel-Wolff* (2002, S. 53) hat die wichtigsten Zuordnungen von rechtschriftlichen Einzelphänomenen zu dominanten Rechtschreibstrategien bzw. Lupenstellen hergestellt, in ihrem Beitrag mit Beispielen unterfüttert und mit grundschulbezogenen Förderaspekten versehen. Die Grundaussagen ihres Beitrages gehen über die Grundschule hinaus. Sie geben allgemein gültige Hinweise und sind deshalb auf die Sekundarstufe I übertragbar:

1. Problem: Wortspezifische Einprägung (Merkwörter)
  a) Schreibung von Phonemen, denen mehrere Grapheme zugeordnet werden können
  b) Schreibung bei langen Vokalen
  c) „i"-Schreibung „i" statt „ie"

2. Problem: Artikulatorisch-akustische Durchgliederung (alphabetische Strategie)
  a) Schreibung ähnlicher Konsonanten
  b) Schreibung ähnlicher Vokale
  c) Weglassen oder Hinzufügen von Lauten
  d) Falsche Reihenfolge

3. Problem: Entdecken und Anwenden von Regelmäßigkeiten (orthographisches Wissen, morphematische Regelmäßigkeiten)
  a) Phonem-Graphem-Korrespondenzen
  b) Groß-Kleinschreibung [auch wortübergreifende Strategie – M. P.]
  c) Unterscheidung langer – kurzer betonter Vokal
  d) Verlängerung mit Vokal bei g-k, d-p, b-p im Auslaut und Inlaut
  e) Ableitung a-ä, au-äu

4. Problem: Strukturierung von Wörtern auf der morphematischen Ebene (morphologisches Wissen, Wortbildung
  a) Flexionsmorpheme
  b) Häufige Präfixe
  c) Häufige Suffixe
  d) Zusammengesetzte Wörter

Änderungen in der *Hamburger Schreibprobe 4/5* zwischen der alten Auflage und der Neuauflage 2002

Folgende Punkte fallen besonders auf:
Es wurden wesentlich mehr Änderungen in den Lupenstellen vorgenommen, als auf den ersten Blick erwartet wurde. Im Bereich der alphabetischen Strategie ist eine Tendenz zu größeren Einheiten bzw. größeren Graphemgruppen sichtbar. Neu hinzugekommen ist der Bereich „Wortübergreifende Strategie".

Tabelle vier zeigt die Änderungen in der Normierung Anfang Klasse fünf zwischen der alten Auflage (s. *May, Peter* [1996], S. 34–42) und der Neuauflage 2002 (s. *May, Peter* [2002 a], S. 46–58). Da der Test selbst nicht verändert wurde, ist die direkte Vergleichbarkeit möglich. Als Bezugspunkt wurde Prozentrang 25 der alten Auflage als Scheidepunkt zwischen (gerade noch) durchschnittlicher und unterschiedlicher Leistung gewählt.[7] Wenn kein Prozentrang 25 verfügbar war, wurde der nächstliegende Prozentrang unter- bzw. oberhalb zum Vergleich herangezogen. Diese Vorgehensweise wurde auch für die nachfolgende **Tabelle sechs** gewählt. Außerdem werden in **Tabelle vier** die Veränderungen im Anspruchsniveau zwischen der Haupt-, Real-, Gesamtschule und dem Gymnasium sichtbar.

7 Vgl. Grund, Martin, Gerhard Haug, Carl Ludwig (1995): a. a. O., S. 26.

Leistungserwartung für Prozentrang 25

	LS	Alte Auflage PR/T	Auflage 2002 PR/T	Veränderung	Schulart
RW	23/42:	PR 25/T 43	PR 25/T 43	-/-	Haupt-, Real-, Gesamtschule
GT	244/277:	PR 26/T 44	PR 22/T 42	PR – 04/T – 2	
AS	21/25:	PR 27/T 44	PR 21/T 42	PR – 06/T – 2	
OS	09/20:	PR 26/T 44	PR 12/T 38	PR – 14/T – 6	
MS	08/15:	PR 25/T 43	PR 19/T 41	PR – 06/T – 2	
RW	32/42:	PR 25/T 43	PR 18/T 41	PR – 07/T – 2	Gymnasium
GT	266/277:	PR 28/T 44	PR 29/T 44	PR + 01/T –/–	
AS	23/25:	PR 18/T 41	PR 19/T 41	PR + 01/T –/–	
OS	17/20:	PR 25/T 43	PR 27/T 44	PR + 02/T + 1	
MS	12/15:	PR 24/T 43	PR 23/T 43	PR – 01/T –/–	

RW: Richtig geschriebene Wörter
GT: Graphemtreffer
AS: Alphabetische Strategie
OS: Orthographische Strategie
MS: Morphematische Strategie

LS: Lupenstellen/Anzahl richtig geschriebener Wörter/Graphemtreffer
PR/T: Prozentrang/T-Wert

Tab. 4: *Änderungen in der Normierung zwischen der alten Auflage des HSP 4/5 und der Neuauflage 2002, Bezugspunkt: Prozentrang 25, HSP 4/5 alte Auflage.*

Es wird deutlich, dass teilweise erhebliche Verschiebungen zwischen der alten und der neuen Auflage sichtbar werden:
Im Gymnasialbereich wird bei den „Richtig geschriebenen Wörtern (RW)" die gleiche Leistung 2002 mit sieben Prozentrangpunkten bzw. zwei T-Werten geringer bewertet. Anders ausgedrückt: Die Erwartungshaltung für die gleiche Leistung wurde entsprechend erhöht.
Noch deutlicher wird dieser erhöhte Erwartungshorizont im Bereich der Haupt-, Real- und Gesamtschule sichtbar. In allen vier Lupenstellen wurden die Anforderungen für den Prozentrangplatz 25 wesentlich verschärft, am deutlichsten im Bereich der orthographischen Strategie: Minus 14 Prozentrangpunkte bzw. minus sechs T-Werte stellen eine massive Verschiebung im Sinne einer Verschärfung des Anforderungsprofils dar. Aber auch je minus zwei T-Werte bei den Graphemtreffern (minus vier Prozentränge) und der alphabetischen (minus sechs Prozentränge) bzw. morphematischen Strategie (minus sechs Prozentränge) sind nicht unerheblich.
Neu sind T-Werte für Oberzeichenfehler und überflüssige orthographische Elemente.

Kritik an der *Hamburger Schreibprobe* (versionsunabhängig)

Die Kritik, die *Hamburger Schreibprobe* sei im Vergleich zu anderen Testverfahren „zu leicht", begleitete die *HSP* seit Jahren. Neben grundsätzlicher Kritik an der Art der Eichung spielten m. E. vor allem auch unterschiedliche Ansätze in Bezug auf die Diagnose von LRS eine Rolle, indem der ‚klassische' Ansatz der Teilleistungsstörung mit dem einer entwicklungsorientierten Verzögerung im Schriftspracherwerb konkurrierte.

Ein weiterer grundsätzlicher Kritikpunkt in dieser Auseinandersetzung betrifft die Frage des Zusammenhangs zwischen Dialekt und Rechtschreibung, in besonderer Weise der Zusammenhang von dialektal gefärbter Verschriftung und alphabetischer Strategie. Die Diskussion der unterschiedlichen Positionen ist exemplarisch nachzulesen in „Psychologie in Erziehung und Unterricht" (Heft 2, 2001). In drei Aufsätzen vertreten *Gero Tacke, Ralf Völker* und *Richard Lohmüller* die Contra-Positionen, *Peter May, Volkmar Malitzky* und *Ulrich Vieluf* die Pro-Positionen. Im Handbuch/Manual der neuen Auflage geht *Peter May* (2002e, S. 93 ff.) auf die Frage dialektal gefärbter Fehlschreibungen deshalb explizit ein und kommt zu überraschenden Ergebnissen: „Entgegen der verbreiteten Annahme, dass süddeutsche Kinder wegen ihres deutlichen Dialekts mehr Schwierigkeiten beim alphabetischen Schreiben hätten, ergibt sich ein anderer Trend: Tatsächlich weisen Kinder aus Regionen mit starken Dialekteinflüssen (z. B. Schwaben, Sachsen) nicht geringere, sondern tendenziell eher höhere Leistungen in der alphabetischen Strategie auf. Bei norddeutschen Kindern mit niederdeutscher Dialektfärbung ist der Anteil alphabetischer Fehler in allen Klassenstufen klar am höchsten. [...] Der Grund liegt wahrscheinlich darin, dass starke Dialektsprecher gezielt lernen müssen, sich beim Rechtschreiben an der hochsprachlichen Standardlautung zu orientieren."

Ein in diesem Zusammenhang zu sehender weiterer Kritikpunkt der gleichen Auseinandersetzung beschäftigt sich mit der Diskussion um die Einordnung einzelner Lupenstellen in den Bereich der alphabetischen, orthographischen, morphematischen bzw. wortübergreifenden Strategie. Es gilt abzuwarten, inwieweit nach Veröffentlichung der Neuauflage 2002 und teilweise geänderter Lupenstellen (s. o.) die unterschiedlichen Positionen aufrecht erhalten werden.

Ein grundsätzlicher Kritikpunkt an der *HSP* betrifft die Tatsache, dass Fehler gegen die Groß- und Kleinschreibung nicht gesondert gewertet und ausgewiesen werden. Ein fälschlicherweise groß- bzw. kleingeschriebenes Graphem wird als falsch angesehen und nicht gewertet, obwohl das Graphem als solches richtig erkannt und verschriftet wurde. Mit ca. 25 % stellen Fehler gegen die Groß-/Kleinschreibung die häufigste Fehlerquelle überhaupt dar. Es scheint deshalb gerechtfertigt, diese Fehlerart grundsätzlich separat auszuweisen und die Groß-/Kleinschreibung nicht nur an bestimmten Lupenstellen für die wortübergreifende Strategie zu verwenden (s. vor allem in der *HSP 5–9 EK*). Zumindest teilweise werden durch die gewählte Verfahrensweise auch mehrere Schreib-Strategien vermischt und dadurch in der Zuordnung unscharf.

Es liegen keine Parallelformen vor. Dies wirkt umso problematischer, wenn im Extremfall ein Schüler über fünf Jahre hinweg die immer gleiche Version der *HSP 5–9* ausfüllen muss und sich lediglich die Auswertungskriterien verschärfen.

HSP 5–9

Version HSP 5–9 B (= Basisanforderungen)

1.	Test:	*May, Peter* (2002): Hamburger Schreibprobe für die Klassen 5 bis 9 Basisanforderungen
2.	Standardisierung:	Neustandardisierung 2001
3.	Testdauer:	Weniger als eine Unterrichtsstunde
4.	Testart:	– 14 Wörter, die vorgelesen – nicht diktiert – werden. Ihrem eigenen Schreibtempo folgend, sollen die Kinder die Wörter aufschreiben; Bildvorlagen helfen, sich an die vorgelesenen Wörter zu erinnern. – Sechs Sätze mit (9, 5, 10, 6, 9, 6) 45 Wörtern, die bis auf den letzten Satz nach Diktat geschrieben werden. – Es liegen keine Parallelformen vor.
5.	Auswahl Wortmaterial:	Kein bestimmter Grund- oder Übungswortschatz
6.	Testzeitraum:	Jeweils in den letzten drei Monaten eines Schuljahres
7.	Normtabellen:	– Der Test differenziert vor allem im unteren Leistungsbereich, in den Klassenstufen 5–7 auch noch im mittleren und oberen Leistungsbereich. – Prozentrang, Prozentrangband, T-Wert, T-Wert-Band, %-Anteil für: – Richtig geschriebene Wörter – Graphemtreffer – Alphabetische Strategie – Orthographische Strategie – Morphematische Strategie – Wortübergreifende Strategie – Überflüssige orthographische Elemente – Oberzeichenfehler – Für die Klassenstufen 5 bis 9 liegen Vergleichstabellen vor – für alle Schüler – für Hauptschule, Realschule, Gesamtschule – Gymnasium – Sonderschule für Lernbehinderte (lediglich Klasse 8)
8.	Quantitative Auswertung:	– Richtig geschriebene Wörter – Graphemtreffer – Überflüssige orthographische Elemente – Oberzeichenfehler
9.	Qualitative Auswertung:	– Alphabetische Strategie – Orthographische Strategie – Morphematische Strategie – Wortübergreifende Strategie

Tab. 5: *Funktionsübersicht HSP 5–9 B*

Während die *HSP 4/5* ein geeignetes Instrument für die Diagnose der Rechtschreibleistungen beim Übergang von der Grundschule in die Sekundarstufe I darstellte und auch in der Neuauflage 2002 darstellt, wurde die *HSP 5–9* als sehr problematisch empfunden. Zusätzlich zu den versionsunabhängigen wurden folgende Kritikpunkte genannt:

An der alten Auflage wurden berechtigterweise fehlende Auswertungskriterien für Klassenstufe acht und für unterschiedliche Schularten kritisiert. Dies wurde in der Neuauflage 2002 behoben. Die Auswertungskriterien wurden zusätzlich um ein Auswertungsprofil der Sonderschule für Lernbehinderte (Klasse acht) ergänzt, welches hier aber keine weitere Beachtung finden soll.

Die in der alten Auflage fehlende Differenzierung in Haupt-, Real- und Gesamtschule einerseits und Gymnasium andererseits führte aus unterrichtspraktischer Sicht – zumindest in der Hauptschule – zu der Einschätzung, dass die alte Auflage der *HSP 5–9* kaum verwendet werden konnte, da der Test seinem eigenen Anspruch nicht gerecht wurde, gerade im unteren und untersten Leistungsbereich ausreichend zu differenzieren (s. *May, Peter* (1998), S. 18–49). **Tabelle sechs** zeigt dies deutlich: Ab Klasse sechs der alten Auflage wurden die Testkriterien so radikal, dass ihn viele Hauptschulen als nicht mehr hilfreich für ihre Arbeit empfanden, da er ihr Schülerklientel nicht mehr in ausreichendem Maße differenzierend abbildete. Die Neuauflage 2002 ist im Bereich der fünften bis siebten Klasse wesentlich moderater, wobei die Normwerte der alten und neuen Auflage den Schluss zulassen, dass ab Klasse sieben die Entwicklung der alphabetischen Strategie als im Regelfall abgeschlossen betrachtet wird. In Klasse neun unterscheiden sich die Normwerte zwischen der alten und neuen Auflage im Bereich der Haupt-, Real- und Gesamtschulen kaum mehr (s. *May, Peter* (2002c), S. 34–153). Speziell in Hauptschulen mit einem größeren Anteil leistungsschwächerer Schüler bzw. von Schülern mit Migrationshintergrund waren aber die Normwerte für Klasse neun in der Vergangenheit sehr problematisch, weil sie (s. o.) gerade im wichtigen unteren Leistungsbereich nicht ausreichend differenzierten. Da für die Gymnasien bislang keine Praxiserfahrungen mit der Neuauflage 2002 vorliegen, kann darüber auch noch keine bewertende Aussage getroffen werden.

Leistungsvergleich HSP 5–9 (alte Auflage und Neuauflage 2002) Bezug: ‚Spalte LS' Klasse 5 alte Auflage (≈ PR 25)						
keine schulartspezifischen Profile: alte Auflage						
	LS	**Ende Kl. 5**	**Ende Kl. 6**	**Ende Kl. 7**	**Ende Kl. 8**	**Ende Kl. 9**
RW	30/49:	PR 24/T 43	PR 18/T 41	PR 08/T 36		PR 3,1/T 31
GT	310/339:	PR 24/T 43	PR 16/T 40	PR 10/T 37		PR 02/T 30
AS	26/30:	PR 22/T 42	PR 17/T 40	PR 13/T 39		PR 4,6/T 34
OS	18/25:	PR 25/T 43	PR 17/T 40	PR 9,4/T 37	entfällt	PR 3,4/T 32
MS	15/20:	PR 26/T 44	PR 19/T 41	PR 11/T 38		PR 2,6/T 31
WÜ*	11/15:	PR 27/T 44	PR 22/T 42	PR 17/T 40		PR 9,3/T 37
Haupt-, Real-, Gesamtschule: Auflage 2002						
RW	30/49:	PR 38/T 47	PR 26/T 44	PR 16/T 40	PR 09/T 37	PR 3,8/T 32
GT	310/339:	PR 38/T 47	PR 26/T 44	PR 16/T 40	PR 09/T 37	PR 3,9/T 32
AS	26/30:	PR 31/T 45	PR 20/T 42	PR 13/T 39	PR 08/T 36	PR 4,4/T 33
OS	18/25:	PR 45/T 49	PR 33/T 45	PR 22/T 42	PR 14/T 39	PR 08/T 36
MS	15/20:	PR 44/T 49	PR 32/T 45	PR 20/T 42	PR 12/T 38	PR 06/T 35
WÜ*	13/20:	PR 23/T 43	PR 20/T 42	PR 16/T 40	PR 12/T 38	PR 08/T 36
Gymnasium: Auflage 2002						
RW	30/49:	PR 08/T 36	PR 3,2/T 32	PR 1,7/T 29	PR 0,3/T 23	PR 0,4/T 24
GT	310/339:	PR 07/T 36	PR 1,9/T 29	PR 1,5/T 28	PR 0,7/T 26	PR 0,5/T 24
AS	26/30:	PR 07/T 35	PR 3,7/T 32	PR 2,6/T 31	PR 0,5/T 24	PR 0,9/T 27
OS	18/25:	PR 12/T 38	PR 06/T 34	PR 2,9/T 31	PR 1,8/T 29	PR 0,3/T 23
MS	15/20:	PR 13/T 39	PR 07/T 35	PR 3,2/T 32	PR 1,3/T 28	PR 0,5/T 24
WÜ*	13/20:	PR 07/T 36	PR 06/T 34	PR 4,3/T 33	PR 3,2/T 32	PR 1,9/T 29

RW: Richtig geschriebene Wörter
GT: Graphemtreffer
AS: Alphabetische Strategie
OS: Orthographische Strategie
MS: Morphematische Strategie
WÜ: Wortübergreifende Strategie

LS: Lupenstellen/Anzahl richtig geschriebener Wörter/Graphemtreffer
PR/T: Prozentrang/T-Wert

* Da die Anzahl der Lupenstellen in der ‚wortübergreifenden Strategie' zwischen der Altauflage und der Neuauflage von 15 auf 20 erhöht wurde, ist eine Vergleichbarkeit zwischen den Auflagen nicht gegeben.

Tab. 6: *Änderungen in der Normierung zwischen der alten Auflage des HSP 5–9 und der Neuauflage 2002, Bezugspunkt: Prozentrang 25, HSP 4/5 alte Auflage (Begründung* **s. Tab. 4***).*

Version HSP 5–9 EK (= Erweiterte Kompetenz)

1.	Test:	*May, Peter* (2002): Hamburger Schreibprobe für die Klassen 5 bis 9 Erweiterte Kompetenz
2.	Standardisierung:	Standardisierung 2001
3.	Testdauer:	Weniger als eine Unterrichtsstunde
4.	Testart:	– In einem Text mit 91 Wörtern und komplexen Sätzen sind 32 Fehler zu finden. – Alle Satzzeichen fehlen – Individuelles Profil der Rechtschreibstrategien – Es liegen keine Parallelformen vor.
5.	Auswahl Wortmaterial:	Kein bestimmter Grund- oder Übungswortschatz
6.	Testzeitraum:	Jeweils in den letzten drei Monaten eines Schuljahres

7.	Normtabellen:	– Der Test differenziert vor allem im oberen Leistungsbereich
		– Prozentrang, Prozentrangband, T-Wert, T-Wert-Band, %-Anteil für:
		  – Gesamtpunkte
		  – Orthographische Strategie
		  – Morphematische Strategie
		  – Wortübergreifende Strategie
		– Für die Klassenstufen 5 bis 9 liegen Vergleichstabellen vor
		  – für alle Schüler
		  – für Hauptschule, Realschule, Gesamtschule
		  – Gymnasium

8.	Quantitative Auswertung:	– Übersehene Fehler – Falsch korrigierte Wörter – Fehlende und falsch platzierte Satzzeichen
9.	Qualitative Auswertung:	– Orthographische Strategie – Morphematische Strategie – Wortübergreifende Strategie

Tab. 7: *Funktionsübersicht HSP 5–9 EK*

Für die *HSP 5–9 EK* liegen bislang kaum Praxiserfahrungen vor, weder für das Handling und die Aussagekraft der Testergebnisse noch für die Akzeptanz der Normtabellen in Bezug auf die angesprochenen Schularten und Klassenstufen. Laut Testhandbuch (s. *May, Peter* (2002 d), S. 5 bzw. S. 3) wird empfohlen, „die *HSP 5–9 EK* bei Schülern einzusetzen, die eine mindestens durchschnittliche Kompetenz im Bereich der orthographischen Basisanforderungen verfügen. Daher sollte im Zweifelsfall zunächst die *HSP 5–9 B* durchgeführt werden. Für eine umfassende Analyse der Rechtschreibleistungen in der Sekundarstufe können die Testwerte der *HSP 5–9 B* und *HSP 5–9 EK* kombiniert werden." „Die *HSP 5–9 EK* stellt relativ hohe Anforderungen an die Rechtschreibsicherheit und differenziert vor allem im oberen Leistungsbereich."

Der Test kombiniert passives Rechtschreibwissen mit aktivem Rechtschreibkönnen: In einem Text mit 91 Wörtern und komplexen Sätzen sind 32 Fehler und alle Satzzeichen zu finden. Die Schüler müssen die falsch geschriebenen Wörter erkennen und fehlerberichtigt in ein entsprechendes Feld darunter schreiben. Alle Satzzeichen sind zu ergänzen. Über eine Auswertungsfolie kann die Lehrkraft bzw. der Schüler oder die Schülerin selbst (s. o.) die Auswertung vornehmen. Das Auswertungsschema geht in der quantitativen Auswertung dabei von einer maximalen Punktzahl aus, von der keine Abzüge vorgenommen werden, wenn der zu testende Schüler bzw. die zu testende Schülerin

- „alle Lupenstellenfehler korrigiert,
- dabei keine anderen Fehler macht,
- alle anderen Wörter als richtig geschrieben erkennt,
- und er/sie alle richtigen Satzzeichen an die richtige Stelle setzt. ...

Gewertet werden:

- übersehene Fehler,
- falsch korrigierte Wörter,
- fehlende und falsch platzierte Satzzeichen.

Sie werden summiert und von den maximalen Werten abgezogen. Die erzielten Punkte sind die verbliebenen" (ebenda, S. 8). Daraus wird der Prozentrang und der T-Wert errechnet. Gleichzeitig findet eine qualitative Auswertung statt, indem alle 31 Fehler und die zwölf zu Satzzeichen Lupenstellen zuzuordnen sind: orthographische Strategie (16 Lupenstellen, morphematische Strategie (8 Lupenstellen), wortübergreifende Strategie (20 Lupenstellen, davon 8 „echte" Lupenstellen und 12 Satzzeichen). Satzzeichen werden deshalb doppelt sowohl quantitativ über die Gesamtpunktzahl als auch qualitativ über die wortübergreifende Auswertung erfasst.

2.3.3 Diagnoseverfahren im Bereich Lesen

Im Gegensatz zum Bereich Rechtschreiben sind nur wenige Lesetests für den Übergang und die Sekundarstufe I verfügbar. Der *Zürcher Lesetest (ZLT)* mit dem Zusatztest *Zürcher Leseverständnistest für das 4. bis 6. Schuljahr (ZLVT 4–6)* ist neben dem nachfolgend beschriebenen *Hamburger Schulleistungstest für 4. und 5. Klassen (HST 4/5)* der einzig im Testkatalog 2002/3 der Testzentrale Göttingen verfügbare. Allerdings misst der erstgenannte nicht in erster Linie das im PISA-Prozess geforderte sinnentnehmende und schlussfolgernde Lesen, sondern eher das technische Lesevermögen im Sinne eines möglichst fehlerfreien Lesens.

Hamburger Schulleistungstest für 4. und 5. Klassen (HST 4/5)

<table>
<tr><td>1.</td><td>Test:</td><td>Mietzel, Gerd; Willenberg, Heiner unter Mitarbeit von Poerschke, Jan und Peek, Rainer (2000). Hamburger Schulleistungstest für 4. und 5. Klassen (HST 4/5). Göttingen: Hogrefe</td></tr>
<tr><td>2.</td><td>Standardisierung:</td><td>1997 – in Hamburg unter der Bezeichnung Hamburger Kombinierter Schulleistungstest für vierte und fünfte Klassen – KS HAM 4/5: 1996</td></tr>
<tr><td>3.</td><td>Testdauer:</td><td>Gesamttest: an zwei Tagen in einer Doppelstunde und einer Einzelstunde, jeweils vor der 4. Unterrichtsstunde. Wenn die Untertests 5 (= Rechtschreiben, 15 Minuten) und 10–14 (Zahlenverständnis, Größen, Diagramme, Tabellen, Rechnen = 33 Minuten) entfallen, vermindert sich der zeitliche Aufwand entsprechend.</td></tr>
<tr><td>4.</td><td>Testart:</td><td>Testheft und Antwortbogen in zwei Parallelformen.
Im Antwortbogen werden die als richtig erkannten Antworten lediglich angekreuzt: Beispiel: 1 a b c d
○ ○ ○ ○
Nähere Informationen zu den einzelnen Subtests, (s. Tab. 9)</td></tr>
<tr><td>5.</td><td>Auswahl Wortmaterial:</td><td>Die Auswahl des Wortmaterials wird nicht spezifiziert</td></tr>
<tr><td>6.</td><td>Testzeitraum:</td><td>Ende Jahrgangsstufe 4, Beginn der Jahrgangsstufe 5</td></tr>
<tr><td>7.</td><td>Normtabellen:</td><td rowspan="2">– Man kann den Test entweder als Gesamttest auswerten und/oder jeden der fünf Bereiche (s. Tab. 9) separat.
– Der Test differenziert in allen Auswertungsprofilen auf der Basis der Quartalszugehörigkeiten.
– Für alle Auswertungsprofile weist er die mittleren Prozentrangplätze aus, getrennt für
● die Gesamtstichprobe
● die Hauptschule
● die Orientierungsstufe
● die Realschule
● das Gymnasium</td></tr>
<tr><td>8.</td><td>Quantitative Auswertung:</td></tr>
<tr><td>9.</td><td>Qualitative Auswertung:</td><td>entfällt</td></tr>
</table>

Tab. 8: *Funktionsübersicht HST 4/5*

Der *HST 4/5* wurde ursprünglich 1995/96 im Rahmen des Hamburger Projektes „Aspekte der Lernausgangslage und Lernentwicklung (LAU 5)" entwickelt. Maßgeblich für die Untersuchung waren „Fragestellungen, die auf Aspekte der Grundschularbeit, auf Übergangsprozesse zwischen Grundschule und Sekundarstufe I und auf die Situation zu Beginn des Unterrichts an den weiterführenden Schulen zielen."[8] Der *HST 4/5* besteht aus fünf Bereichen mit insgesamt 14 Sub-

8 s. http://lbs.hh.schule.de/welcome.phtml?unten=/schulentwicklung/lau/ – auf dieser Internetseite gibt es weiterführende Informationen zum Projekt und zum HST 4/5.

tests. Der Test kann insgesamt und/oder auf die einzelnen Bereiche bezogen ausgewertet werden:

Bereich	Untertest	Beschreibung
Sprachverständnis (I)	Wörter (Nr. 01)	Die Aufgaben bestehen aus einem hervorgehobenen Wort, das in einen kurzen sprachlichen Zusammenhang gestellt ist und vier Wörtern, von denen eines synonym zum hervorgehobenen Wort gebraucht werden kann. Der Test zielt auf ● die Kenntnis der Bedeutung von Wörtern, ● die Treffsicherheit, mit der geringe Bedeutungsunterschiede erkannt werden, ● das Urteilsvermögen, um in einem sprachlichen Zusammenhang das geeignetste Wort auswählen zu können.
	Sätze (Nr. 02)	Dieser Untertest erfasst die Sprachbeherrschung unter grammatikalischen Gesichtspunkten. Die Aufgaben sind so aufgebaut, dass ein bis zwei zusammenhängende Sätze auf drei Zeilen verteilt sind. Eine der Zeilen kann einen Fehler enthalten. Der Untertest zielt auf Kenntnisse zur – Verwendung von Nomina, Artikeln und Pronomina (Fälle, Beziehungen), – Verwendung von Verben, – Verwendung von Präpositionen und Konjunktionen, – Konstruktion komplexer Sätze.
Leseverständnis (II)	Fips (Nr. 03) Juan (Nr. 04) Mücken (Nr. 08) Kerzen (Nr. 09)	Die vier Untertests zielen mit je einer Geschichte im Bereich Leseverständnis auf – das Entnehmen von Informationen – auch im Detail, – das Erkennen und Verstehen ausdrücklich genannter oder zu erschließender Einzelheiten und Beziehungen, – das Bewerten und Beurteilen von Gelesenem, – das Erkennen einer Absicht, des Hauptthemas oder einer wesentlichen Aussage in einem Absatz oder Abschnitt, – das Ziehen von Schlussfolgerungen.
Rechtschreibung (III)	Rechtschreibung (Nr. 05)	Es wird das passive Rechtschreibwissen abgeprüft. Zu Grunde liegt ein Test der in 307 Wörtern (Form A) insgesamt 31 Fehlschreibungen enthält, die angekreuzt werden sollen.

Bereich	Untertest	Beschreibung
Informationsentnahme aus Karten, Tabellen und Diagrammen (IV)	Stadtplan (Nr. 06)	Mit vier Untertests wird der Umgang der Kinder mit grafisch dargestellten Informationen erfasst.
	Straßenkarte (Nr. 07)	Die beiden Untertests „Stadtplan" und „Straßenkarte" erfassen das Kartenverständnis. Die Schüler sind gefordert ● sich anhand von Karten zu orientieren, ● Himmelsrichtungen zu bestimmen, ● bestimmte Orte auf einer Karte zu lokalisieren, ● Wege zu bestimmen oder zu verfolgen.
	Diagramme (Nr. 12) Tabellen (Nr. 13)	Die Untertests „Diagramme" und „Tabellen" erfassen mittels grafischer Darstellungen mathematische Inhalte: ● die genaue Wahrnehmung, ● Kenntnisse über mathematische Darstellungen, ● das Erkennen ein und derselben Zuordnung in unterschiedlichen Darstellungen.
Mathematik (V)	Zahl-Verständnis (Nr. 10)	● Vorstellungen über die Größe von Zahlen, ● das Wissen um die Bedeutung von Ziffern an den einzelnen Stellen, ● das Verstehen verschiedener Darstellungsformen und deren flexible Handhabung.
	Rechnen (Nr. 14)	● Kenntnisse über die Auswirkungen von Rechenoperationen, ● die Anwendung von Rechenoperationen im Umgang mit Größen und in alltäglichen Situationen.
	Größen (Nr. 13)	Verständnis für Größen zeigt sich ● im Umgang mit Maßeinheiten, ● in der Erfassung und Anwendung von Maßeinheiten im Alltag, ● beim Rechnen mit Maßeinheiten, ● beim Umrechnen von Maßeinheiten.

Tab. 9: *Inhalte des HST 4/5*

Nach der Definition der PISA-Studie sind „Schüler, die Kompetenzstufe I erreichen, […] in der Lage:

- explizit angegebene Informationen zu lokalisieren, wenn keine konkurrierenden Informationen im Text vorhanden sind (Informationen ermitteln);
- den Hauptgedanken oder die Intention des Autors in einem Text über ein vertrautes Thema zu erkennen, wobei der Hauptgedanke relativ auffällig ist, weil er am Anfang des Textes erscheint oder wiederholt wird (textbezogenes Interpretieren);
- einfache Verbindungen zwischen Informationen aus dem Text und allgemeinem Alltagswissen herzustellen, wobei der Leser ausdrücklich angewiesen ist, relevante Faktoren in der Aufgabe und im Text zu beachten (Reflektieren und Bewerten)."[9]

Der *HST 4/5* wird diesem Anspruch durch die Bereiche „Sprachverständnis (I)", „Leseverständnis (II)", „Informationsentnahme aus Karten und Tabellen und Diagrammen (IV)" in besonderer Weise gerecht, da er seinen Schwerpunkt gerade nicht auf das fehlerfreie Lesen legt, sondern eindeutig die Informationsentnahme sowie das Schlussfolgern aus Texten bzw. Informationseinheiten wie Karten, Tabellen etc. fokussiert. Er ist einer der wenigen Tests, die diese Schwerpunktsetzung für den Beginn der Sekundarstufe, differenziert nach Schularten, zur Verfügung stellt. Da er zusätzlich auch nach Quartalszugehörigkeiten differenziert, kann er als informeller Test sicher auch über die fünfte Klasse hinaus Verwendung finden. **Der Bereich „Rechtschreibung (III)" ist abzulehnen, da zum einen passives Rechtschreibwissen nicht gleichzusetzen ist mit aktivem Rechtschreibkönnen und deshalb nur eingeschränkte Aussagen möglich sind**. Zudem ermöglicht der Subtest Rechtschreiben keinerlei Aussagen hinsichtlich des Grades der rechtschriftlichen Entwicklung eines Kindes. Er bietet auch keine qualitative Auswertung im Sinne von Fehlertypologien (s. *DRT 5*) oder Lupenstellen (s. *HSP 4/5*). Allerdings steht es ja frei, die Tests miteinander zu kombinieren, um neben dem Leseverständnis auch qualitative Aussagen über das Rechtschreibvermögen eines Schülers treffen zu können. Da der Bereich „Mathematik (V)" nicht im Blickwinkel dieses Beitrags steht, wird er nicht näher beschrieben.[10]

---

9 *Ministerium für Schule, Wissenschaft und Forschung des Landes Nordrhein-Westfalen* (o. J.), Folie 13.

10 Hinweis des Herausgebers: Bei Swets Test Services erschien 2002 die korrigierte Auflage des Rechtschreibtests (RST) von Bulheller/Häcker. Die Altersnormen reichen von 14 bis 20 und älter. Normen liegen für Hauptschule, Realschule und Gymnasium vor. Eine Ableitung von Fördermaßnahmen im Rahmen einer Lese-Rechtschreibschwäche ist allerdings nicht möglich.

2.3.4 Resümee

Hans Brügelmann (2001, S. 1) beschreibt in seinem Gutachten „Schwierigkeiten beim Lesen, Schreiben und Rechtschreiben" für die Kultusministerkonferenz punktgenau die verschiedenen Forschungsansätze und stellt sie in Verbindung mit dem Prozesscharakter des Lesen- und Schreibenlernens. In der Gesamtsicht seiner Aussagen wird auch die unterschiedliche Positionierung der hier vorgestellten Testverfahren deutlich. Die nachfolgenden Aussagen eignen sich deshalb hervorragend als Resümee der Ausführungen dieses Aufsatzes:

„Die Forschung organisiert sich in ganz unterschiedlichen Perspektiven und Disziplinen, z. B.:

- **neurobiologisch** im Blick auf eine evtl. Erblichkeit von Lese-/Rechtschreibschwierigkeiten und ihre molekularen Grundlagen ...
- **kognitionspsychologisch** fokussiert auf Teilleistungen und ihre Bedeutung für die Frühdiagnose von Lese-/Rechtschreibschwierigkeiten bzw. deren Prävention ...
- **entwicklungspsychologisch** mit dem Interesse an Aneignungsstufen und Strategiewechseln beim Schriftspracherwerb ...
- **didaktisch** als Konzeption und Evaluation von Unterrichtskonzepten und Förderprogrammen ...
- **pädagogisch** orientiert in Form von längsschnittlich angelegten Fallstudien zum Schriftspracherwerb im sozialen Kontext [...]."

Er führt dann weiter aus: „Es ist nicht zu erwarten, dass diese verschiedenen Forschungstraditionen leicht und rasch zu einer gemeinsamen Sprache und theoretischen Rahmung finden. Deshalb ist es auch noch nicht gelungen, die Fragestellungen oder gar Befunde in übergreifenden und in sich stimmigen Modellen miteinander zu verknüpfen. Dies wird auf absehbare Zeit noch so bleiben, so dass zur Zeit spezifische ‚Antworten' nicht im Konsens der verschiedenen Disziplinen (und konkurrierender Positionen in ihnen) gegeben werden können. Festhalten lassen sich eher allgemeine Einsichten, von denen aus meiner Sicht vor allem die folgenden für den Umgang mit Lernschwierigkeiten zentral sind: ... Lese-/Rechtschreibschwierigkeiten sind unvermeidlich. Dies gilt in zweifacher Hinsicht. Die Aneignung der Schriftsprache ist ein schwieriger Prozess, in dem Fehler und vereinfachte Vorformen notwendige Zwischenstufen sind. Diese Schwierigkeiten dürfen nicht unterdrückt werden, damit sie von den Kindern produktiv bewältigt werden können. Entwicklungsmodelle des Schriftspracherwerbs haben den Blick auf das Lernen von Kindern nachhaltig verändert. Die Entwicklungsperspektive hat insbesondere darauf aufmerksam gemacht, dass schnelle wie langsame LernerInnen im Grundsatz ähnliche Wege gehen, wenn nicht zusätzliche Belastungen hinzukommen. ... Heikler ist der zweite Aspekt: Es wird immer Kinder mit besonderen Schwierigkeiten geben und diese Teilgruppe ist schon aus statistischen Gründen nicht aus der Welt zu schaffen, solange sich die Bewertung von Leistungen an Verteilungen und nicht an definierten Kriterien orientiert. In dieser Hinsicht wird die Diskussion um PISA und IGLU möglicherweise zu einer neuen Sichtweise führen, die sich an inhaltlich definierten Niveaus orientiert und die Frage nach realistischen Ansprüchen für unterschiedliche Teilgruppen von SchülerInnen aufwirft."

3. Konzepte zur Förderung und Prävention

Bernd Ganser

3.1 Legasthenie/LRS: Eine Lernstörung greift um sich

Lernstörungen wie beispielsweise Legasthenie oder LRS (im Folgenden mit dem Kürzel LRS zusammengefasst) treten nicht von heute auf morgen auf und können ebenso wenig auf eine einzige Ursache zurückgeführt werden.
Verantwortlich für eine Störung ist stets ein individuell gelagertes Wirkungsgefüge. Der Lernerfolg beim Lesen und (Recht-)Schreiben ist sowohl von der Persönlichkeit des Schülers (Gefühlslage, Selbstwert, Umgang mit Misserfolg ...) als auch von seiner familiären und sozialkulturellen Situation Eltern, Geschwister, Peers ...) abhängig.
Ebenso muss bei Erklärungsversuchen dieser Lernstörung auch die Institution Schule (Klassenverband, Lehrkräfte, Unterrichtsmethode ...) stets kritisch mit reflektiert werden.

3.1.1 Entstehung einer Lernstörung

LRS lässt sich nicht einfach personzentriert festlegen (Fehlannahme: Die „Schuld" liegt ausschließlich beim Kind), sondern muss ganzheitlich gesehen werden. Ihre Entwicklung ist als Prozess zu begreifen, der nach *Betz/Breuninger* in vier Stadien unterteilt werden kann:

1. Stadium

Beim Schüler wird ein Leistungsdefizit sichtbar, d. h. seine Leistungen im Lesen und/oder Schreiben liegen deutlich unter dem Klassendurchschnitt, sein Lernfortschritt gestaltet sich sichtbar langsamer.

2. Stadium

Die Betroffenen realisieren ihr Versagen sehr genau und beginnen nach unterschiedlichen Erklärungen zu suchen, die beispielsweise möglichst wenig das eigene Selbstwertgefühl zerstören:
Ich habe keine Lust, das Rechtschreiben zu lernen! Es interessiert mich nicht! ...
Oder aber es werden Erklärungen von der Umwelt übernommen, häufig in Verbindung mit Schuldgefühlen:
Du bist so unkonzentriert! Du bist nur zu faul! Du strengst dich nicht an! ...
All diese subjektiven Erklärungsmuster beeinflussen das zukünftige Verhalten der Betroffenen:
Sie wollen dann tatsächlich nicht besser lesen und rechtschreiben lernen, sie werden unkonzentriert usw.
All dies wirkt ebenso lernhemmend wie damit verbundene soziale Folgen, die sie

im Laufe der Zeit zu spüren bekommen: Sie werden von Lehrkräften und Eltern getadelt, von Mitschülern ausgelacht ...

3. Stadium

Den LRS-Schülern fehlt zusehends Anerkennung und sie geraten mehr und mehr in der Familie, im Freundeskreis und in der Klasse in eine Außenseitersituation. Kompensatorische Handlungen schleifen sich immer häufiger ein: Störung des Unterrichts, Hypermotorik, Aggressivität, Regression usw.
Die Betroffenen gehen davon aus, dass sie wohl nie das Lesen und Rechtschreiben adäquat beherrschen werden und dass andere Gleichaltrige liebenswerter sind als sie. Schule und Elternhaus zweifeln an ihrer Kompetenz und an der Intelligenz der Kinder, reagieren beleidigt auf die vermeintliche Zurückweisung ihrer Hilfsangebote.
Im Laufe dieses Stadiums wird sich in der Regel eine gravierende Leistungsstörung entwickeln, die mit immer größer werdenden Lernlücken, Schulangst, Vermeidungsverhalten, Angst vor Misserfolg oder ähnlich gelagerten Problemen einhergeht.
Den Kindern selbst erscheinen ihre Lerndefizite nicht mehr überwindbar.

4. Stadium

Misserfolge werden zusehends als ausschließliches selbst verursachtes Versagen interpretiert, Erfolge hingegen als Zufallstreffer oder Glück. Das Selbstwertgefühl ist tief gesunken, Schuldgefühle bezüglich des eigenen Versagens nehmen drastisch zu. Anstrengungen werden für wirkungslos gehalten, denn bereits vor jeder Leistungskontrolle steht das Ergebnis für diese Kinder und Jugendlichen ja bereits fest: Es ist die Note „sechs“.
Diese Misserfolgserwartung verhindert hartnäckig die Stärkung ihres Selbstwertgefühls, das jedoch der Motor für jegliche Lernbereitschaft ist. Was die Betroffenen verloren haben, ist der Glaube an ihre Selbstwirksamkeit („Ich kann durch mein Verhalten entsprechendes bewirken, beeinflussen, erreichen ...“). Unterstützt wird diese Haltung häufig noch von der Umwelt, die auch nicht mehr an die Leistungsfähigkeit dieser Kinder und Jugendlichen glaubt und deren resignative Haltung übernimmt und darüber hinaus noch verstärkt.
Die Darstellung der vier Stadien, die in der Realität nicht immer exakt **auf diese Weise** zur Ausprägung kommen muss, lässt offensichtlich werden, dass LRS – so wie alle anderen Lernstörungen – **systemisch** gesehen werden muss (Betroffene[r] – Verhaltensdisposition – Umwelt) und nicht isoliert betrachtet oder gar „behandelt“ werden darf.

3.1.2 Teufelskreis

Kinder und Jugendliche mit Legasthenie oder Lese-Rechtschreibschwäche entwickeln nach *Betz/Breuninger* schrittweise eine sog. Negative Lernstruktur (**s. Abb. 1,** S. 60).

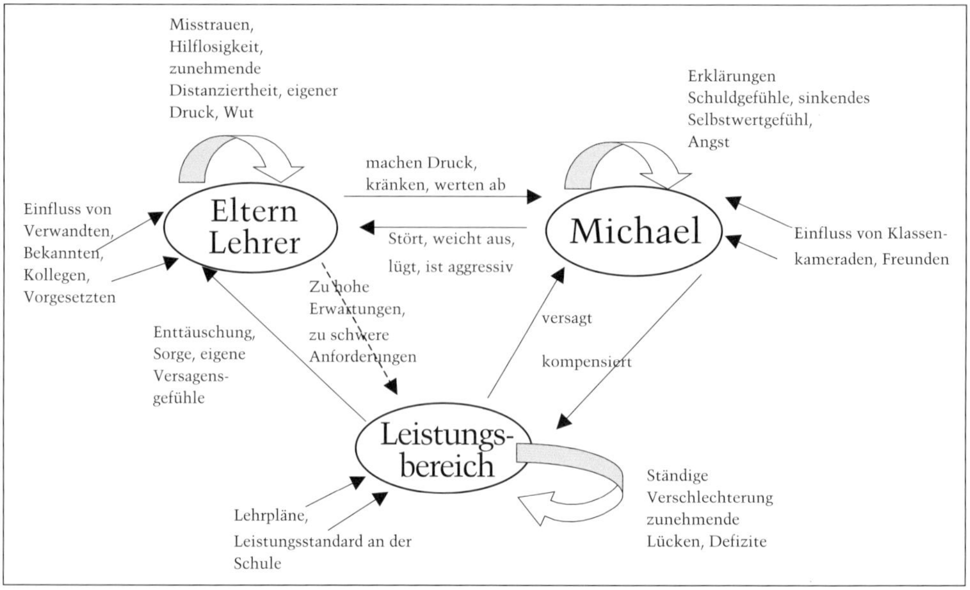

Abb. 1: *Negative Lernstruktur (nach Betz, Breuninger)*

Mit dem Begriff der „Lernstruktur" werden miteinander vernetzte Wirkungsgrößen bezeichnet, die sich gegenseitig beeinflussen und die entscheiden, **ob** gelernt wird und wenn ja, **was** gelernt wird. Solche Wirkungsgrößen sind z. B. die soziale Umwelt „**U**" der Betroffenen (Eltern, Lehrkräfte, Mitschüler, Peers …), die emotionalen Gegebenheiten „**S**" (Selbstbild, Freude, Angst, Attribuierung von Erfolg bzw. Misserfolg …) und die sichtbar erbrachten Leistungen „**L**" der Betroffenen (Lesen, Rechtschreiben, Übersetzen …).

Das Schaubild zur negativen Lernstruktur verdeutlicht zum einen im Fortgeschrittenenstadium die Entstehung und Funktion von Sekundärsymptomen einer Lernstörung (Auffälligkeiten im Verhaltensbereich) und andererseits auch die Generalisierung einer isolierten Lernstörung wie z. B. der Legasthenie auf (nahezu) alle schulischen Lernbereiche. In diesem Zusammenhang spricht man dann vom Teufelskreis Lernstörungen (**s. Abb. 2**).

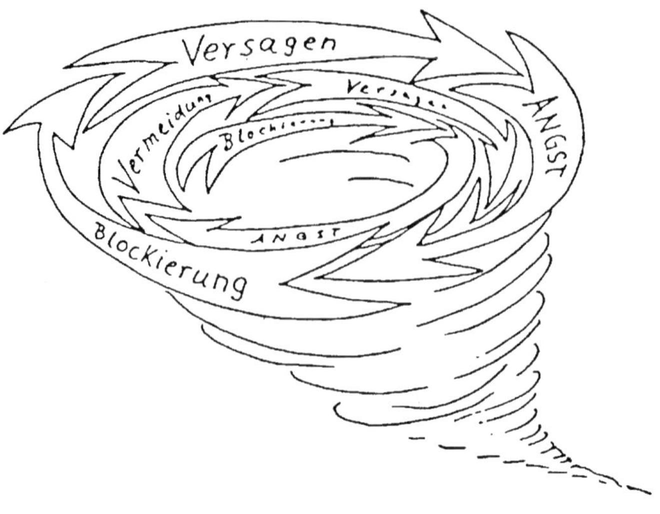

Abb. 2: *Blockade bei einer Lern- und Leistungsstörung (nach ebd., S. 140)*

Leistungssituationen wie mündliches Abfragen, Extemporalen, Hausaufgaben oder Schulaufgaben wecken Versagensängste. Diese Furcht vor Misserfolg veranlasst das vegetative Nervensystem verstärkt Stresshormone auszuschütten. Eine hohe Stresshormonkonzentration wirkt sich verstärkt negativ auf die Signalweitergabe an den Synapsen (Verbindungsstellen) der Nervenleitungen aus. Dadurch werden die Integrationsprozesse der erforderlichen Teilleistungen (Abruf von Wörtern aus dem lexikalischen Speicher, visuelle Wahrnehmung ...) beeinträchtigt und es kommt zum Leistungsversagen.
Ziel jeglicher Förderung muss es sein, die negative Lernstruktur der Betroffenen in eine positive umzukehren (**s. Abb. 3**) und so den Teufelskreis aufzubrechen. Eine ausschließlich fachlich angelegte Förderung wäre im fortgeschrittenen Stadium geradezu kontraproduktiv und würde häufig bei den Betroffenen als Bestrafung wirken. („Ich muss jetzt noch mehr Zeit aufbringen für etwas, das ich hasse, das mich nicht interessiert, das mir überhaupt keinen Spaß macht ...!")

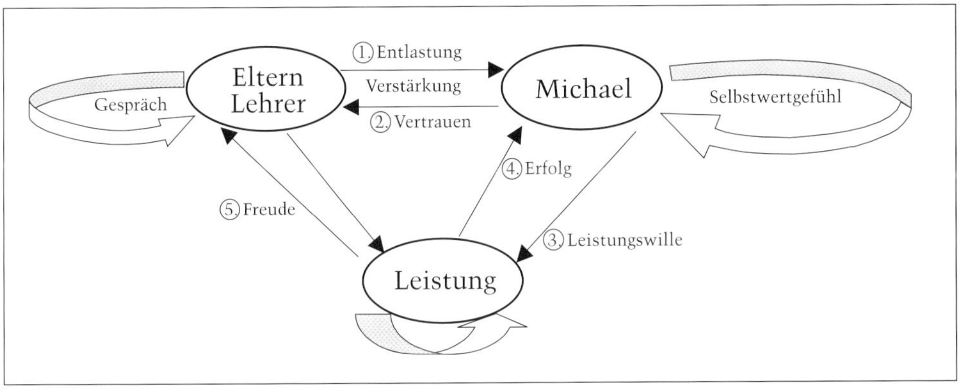

Abb. 3: *Positive Lernstruktur*

Lese-Rechtschreibschwache und insbesondere Legastheniker haben gerade im emotionalen Bereich Bedürfnisse:

- Verständnis für die mangelhaften schulischen Leistungen
- Soziale Anerkennung, abgekoppelt von den Zensuren, um das Selbstwertgefühl zu stärken
- Drastische Reduzierung der Leistungserwartung
- Bewältigbare Leistungssituationen in Kombination mit dem Nachteilsausgleich

Förderung muss folglich stets Veränderungen auf mehreren Ebenen zum Ziel haben:

1. Auf der Beziehungsebene

Die Betroffenen müssen sich trotz ihrer Leistungsdefizite emotional angenommen fühlen. Nachdem sie oft über schulische Leistungen im engeren Sinne keine oder zu geringe Anerkennung erreichen können, muss ihr Selbstwertgefühl durch kompensatorische Möglichkeiten wieder aufgebaut und gestärkt werden. Es müssen auch klärende Gespräche über die tatsächlichen Gründe für das (Leistungs-)Versagen geführt werden (Löschung von unzutreffenden Attribuierungen wie „ich bin zu wenig begabt, zu unkonzentriert, nur zu faul ..."). Wichtig ist auch die gemeinsame Erarbeitung von Regeln, Grenzen oder Rahmenbedingungen und die Unterstützung der Betroffenen in ihrem Bemühen, Geduld mit sich zu haben.

2. Auf der Ebene der Beratung des Umfelds

Auch Eltern müssen unbedingt von Schuldgefühlen entlastet werden, die sie im Zusammenhang mit dem Leistungsversagen ihres Kindes aufgebaut haben (zu wenig geübt, zu viel durchgehen lassen ...). Auch die emotionale Situation ihres Kindes muss ihnen verdeutlicht werden (Versagergefühl, mangelnder Selbstwert, vermeintlicher oder realer Liebesentzug ...). Ferner sollten Möglichkeiten der Zusammenarbeit, Hilfen zur Förderung des Kindes und auch Hinweise zu realistischen Leistungserwartungen gegeben werden.

3. Auf der Leistungsebene

Bei allen Beteiligten wäre die Einsicht wichtig, dass Fehler ein wesentlicher Bestandteil von Lernprozessen sind und daher nicht ausschließlich negativ gesehen werden dürfen. Die Benotung sollte nach Möglichkeit **bei allen** im Rahmen des Nachteilsausgleichs wenigstens für einen begrenzten Zeitraum ausgesetzt werden und die individuelle Bezugsnorm in den Vordergrund gerückt werden.
Auch sollte eine „Stärkeanalyse" durchgeführt werden (was wird bereits beherrscht?) und darauf aufbauend ein Förderkonzept erstellt werden (**s. S. 63**). Oft ist es auch von Vorteil, in Zusammenarbeit mit den Eltern flankierende Maßnahmen mit in die Förderbemühungen zu integrieren (Lerntechniken vermitteln, Entspannungstrainings durchführen, Bewegungsangebote wahrnehmen ...).
Alle Bemühungen müssen darauf ausgerichtet sein, die aktuelle Bedürfnislage des Betroffenen zu berücksichtigen, um das oft stark deprivierte Selbstwertgefühl wieder aufzurichten und so wieder Leistungsmotivation zu initiieren.

3.2 Organisation und Gestaltung von Fördermaßnahmen

Förderung unterscheidet sich grundsätzlich von Übung oder Nachhilfe. Sie hat sich eng am einzelnen Kind/Jugendlichen und an dessen Bedürfnissen zu orientieren. Durch regelmäßige Lernstandsbeobachtungen ist dafür zu sorgen, dass subjektive Lernwege, die nicht zum gewünschten Ergebnis führen, und Defizite früh erkennbar werden, so dass sich Lernschwierigkeiten erst überhaupt nicht verfestigen können. Förderung ist stets diagnosegeleitet, das heißt die diagnostischen Mittel zur Lernstandsbestimmung geben zugleich Hinweise auf relevante

Förderbereiche und Einblick in die vorhandenen individuellen Ressourcen. Dabei kann der schulische Erfolg im Sinne besserer Schulleistungen nicht mehr ausschließlich Mittelpunkt aller Bemühungen sein. Im Sinne eines ganzheitlichen Ansatzes sind neben fachlichen Inhalten auch soziale und emotionale Aspekte mit zu berücksichtigen. Fast immer führen die mit den Lernschwierigkeiten auftretenden Versagenserlebnisse zu einer starken Verminderung des Selbstvertrauens und des Selbstwertgefühls.

3.2.1 Planung und Dokumentation

Effektive Förderung bedarf einer sorgfältigen Planung und Dokumentation:

1. Vorüberlegungen

- Wen will ich fördern?
- In welchem Rahmen?
- Zeitdauer der Förderung?

2. Eingangsdiagnostik

- Tests wie z. B. HSP
- Informelle Fehleranalyse nach dem Stufenmodell

3. Förderziele

- Was will ich fördern?
- Ansatzpunkte der Förderung?

4. Förderplan

- Planung der Durchführung
- Dokumentation

5. Kontrolle

- Was wurde erreicht?

Zu 1: Vorüberlegungen

Förderunterricht außerhalb des Klassenverbandes ist nur für einen begrenzten Zeitraum zu verantworten, wenn es z. B. darum geht, Lernlücken zu schließen, das Selbstwertgefühl zu stärken oder die Einschätzung der Selbstwirksamkeit massiv positiv zu beeinflussen. Zu vermeiden ist eine länger dauernde „Etikettierung" der förderbedürftigen Schüler. Darüber hinaus dürfte an den meisten Schulen die Zahl der für eine sinnvolle und effektive Förderung notwendigen Förderstunden bei weitem nicht vorhanden sein.
Ziel des besonderen Förderunterrichts ist es, Kinder und Jugendliche so weit in ihrer Persönlichkeit und in ihrem Fachwissen zu stärken, dass sie wieder innerhalb des Regelunterrichts gefördert werden können.

Aus all diesen Gründen wäre es wichtig, dass Förderkurs und Regelunterricht eng miteinander verzahnt sind.

Bedenkt man, dass pro Woche allenfalls eine Einheit für spezielle Förderung zur Verfügung steht, und somit der zeitliche Abstand zwischen zwei Fördereinheiten viel zu groß ist, gewinnen Alternativen zur bisherigen Unterrichtsorganisation zusehends an Bedeutung. Dazu folgendes Beispiel:
Einige Hauptschulen in Baden-Württemberg und Nordrhein-Westfalen heben u. a. in der 5. Jahrgangsstufe bei zwei Deutschstunden den Klassenverband zeitweise auf und differenzieren in Fördergruppen, deren Einteilung sich an den Diagnoseergebnissen der HSP orientiert.

„Dabei zeigt die Praxis, dass in der Regel folgende Gruppen benötigt werden:
- eine *Normal-Gruppe* von Schülern beider Klassen, die keine besondere Förderung benötigen und erhalten;
- eine *Profilgruppe I ‚morphologische Förderung'* für Kinder, die in besonderer Weise in diesem Strategiebereich Probleme haben, bei zumindest durchschnittlichen Leistungen in den anderen Profilbereichen;
- eine *Profilgruppe II ‚breite Förderung'* für Kinder, die mindestens im alphabetischen Bereich, in der Regel auch noch in einem anderen Bereich, eine breitere Förderung benötigen;
- eine *Intensivgruppe*, die einen neuen grundlegenden Zugang zum Schreiben bzw. zu den Laut-Buchstaben-Zuordnungen über die alphabetische Strategie benötigt.

Die Profilgruppen eins und zwei erhalten eine zusätzliche sechste Deutsch-Stunde pro Woche, die Intensivgruppe erhält zwei zusätzliche Deutsch-Stunden pro Woche" (*Plieninger* 2001, S. 4).
Dieser und ähnliche Ansätze zielen darauf ab, die Förderkompetenz der Schule zu stärken und so für einen breiten Kreis betroffener Schüler eine grundlegende Förderung über einen längeren Zeitraum sicherzustellen.
Selbstverständlich werden auch solche Umstrukturierungen des bisherigen Klassenunterrichts weder kostenneutral noch „lehrerstundenneutral" zum gewünschten Erfolg führen. In jedem Fall aber stellen diese Maßnahmen eine Möglichkeit dar, die auch ohne durchgehendes Klasslehrerprinzip praktikabel sind.

Die aufgezeigten besonderen Maßnahmen bedürfen einer besonderen Qualifikation der Lehrkräfte und sind stets nur als Ergänzung zu einer Förderung im Klassenverband zu sehen. Innere Differenzierung und Individualisierung können sowohl präventiv als auch integrativ wirken: Schüler werden nicht zusätzlich durch Selektion etikettiert und erhalten zumindest eine fachliche Förderung zum frühest möglichen Zeitpunkt. Dadurch wird das Selbstwertgefühl geschont, so dass in vielen Fällen von einer besonderen Förderung abgesehen werden kann oder sich zumindest deren zeitliche Dauer verringert.
Bei der Bildung von Förderkursen bzw. Fördergruppen ist darauf zu achten, dass die Teilnahme stets freiwillig erfolgt. Lernprozesse können nicht erzwungen werden. Auch wenn das z. B. die Vorsitzende des Bundestagsausschusses für Bildung und Forschung, *Frau Flach*, gerne hätte, wenn sie vorschlägt, dass lernschwache Schüler in den Ferien zu Förderkursen verpflichtet werden müssten (*Augsburger Allgemeine*, 1. 7. 2002).
Außerdem sollte bedacht werden, dass gerade Schüler mit Lernschwierigkeiten Gefahr laufen, durch zusätzliche Lernangebote überfordert zu werden, denn sie benötigen ja bereits zur Bewältigung des „normalen Pensums" mehr Energie als ihre Mitschüler. Daher ist bei zusätzlichen Fördermaßnahmen nach möglichen anderweitigen Entlastungen zu suchen.
Die zeitliche Dauer der Förderung sollte sich an den individuellen Erfordernissen orientieren. Dies bedeutet, dass Förderangebote nicht unbedingt über einen festgelegten Zeitraum zu absolvieren sind, sondern dass sich die Zusammensetzung von Fördergruppen auch während eines Schuljahres oder Halbjahres ändern kann.

Zu 2: Eingangsdiagnostik

Wirksame Förderung basiert in jedem Fall auf einer möglichst genauen und sicheren Kenntnis des individuellen Lernstands und der individuellen Lernwege der Förderbedürftigen. Eine gründliche Diagnostik zu Beginn jeder Fördermaßnahme ist daher unabdingbar und wird in der Regel inhaltlich eindeutige Hinweise auf erforderliche Hilfen (Fehlerschwerpunkte) geben.
Als förderdiagnostische Mittel kommen hier informelle Fehleranalyseverfahren und/oder standardisierte Testverfahren in Frage (**s. Punkt 2.2**, S. 23 ff.). Für die Hand der Lehrkraft eignet sich neben der individuellen Fehleranalyse insbesondere die *Hamburger Schreibprobe 4–9* (Ausgabe 2002!), die auf **Seite 41 ff.** näher beschrieben ist.
Vordruck 1 (s. S. 68) kann zur Planung und Dokumentation der Eingangsdiagnostik verwendet werden.

Zu 3: Förderziele

Individuelle Förderziele können aus den Ergebnissen der diagnostischen Untersuchungen abgeleitet werden. Dabei ist darauf zu achten, dass die fachlichen Ziele knapp über dem aktuellen individuellen Lernstand liegen und somit auch erreichbar sind. Nur dann kann damit gerechnet werden, dass insbesondere bei schwierigen Fällen der Glaube an die Selbstwirksamkeit zurückgewonnen werden kann (ich kann auch in diesem Bereich etwas bewirken, leisten …). Die Ent-

wicklung der Selbstwirksamkeit beginnt im Säuglingsalter mit Wiederholungshandlungen (Säuglinge werfen z. B. Spielzeug immer wieder aus dem Kinderwagen). Sie ist maßgebliche Voraussetzung für eine „gesunde" Entwicklung des Selbstwertgefühls, das seinerseits wiederum eine wesentliche Voraussetzung für die Entstehung von Leistungsmotivation darstellt.
Neben rein mathematischen Förderzielen ist hier insbesondere auch die Arbeit an der emotional-sozialen Situation des Betroffenen und die Beratung des Umfeldes (Eltern, Kollegen) mit in den Zielkatalog aufzunehmen.
Eine entsprechende Dokumentation der Förderziele kann mit Hilfe von **Vordruck 2** (s. S. 69) erfolgen. Mögliche Ansatzpunkte der Förderung können dabei folgende Bereiche darstellen:

- aktueller Stoff
- Lernlücken
- Minimalstoffplan
- Grundlagen des Schriftspracherwerbs
- Erwerb bzw. Einsatz von Strategien
- Beziehungsaufbau
- Aufbau von Motivation und Selbstwert
- Entlastung von Kindern und Eltern

Zu 4: Förderplan

Der konkrete Förderplan entsteht mit der konkreten Vorbereitung der Förderstunde: Es werden für den Einzelnen in der Regel mehrere Schwerpunkte festgelegt, an denen in der Födereinheit gearbeitet werden soll. Dazu können geeignete Übungen, erforderliche Materialien usw. manifestiert werden. Dabei ist auf eine optimale Passung zwischen der Schwierigkeit der „Aufgabe" und dem aktuellen Fähigkeitsstand zu achten, wobei das Anforderungsniveau geringfügig über dem Fähigkeitsniveau liegen sollte (*Heckhausen*).
Mangelnde Passung impliziert häufig mechanisches Lernen und/oder Risikovermeidungstendenzen im Sinne von Leistungsängstlichkeit.
Bei der inhaltlichen Planung der Födereinheit sollte mit reflektiert werden, dass sprachliches Material zum Einsatz kommt. Reine Funktionstrainings sind für spezifisches schulisches Lernen eher bedeutungslos und unterstützen allenfalls die Stabilisierung des Selbstwertkonzepts.
Außerdem werden im Förderplan auch Beobachtungen bezüglich des Lernfortschritts, besonderer Hürden bei der Lösung von Arbeitsaufgaben usw. festgehalten, so dass er als Grundlage für zukünftige Förderungen herangezogen werden kann (**s. Vordruck 3**, S. 70).

Zu 5: Vorläufige Schlussfeststellung (Evaluation)

Wesentlich für eine wirksame Förderung ist die regelmäßige Kontrolle der erreichten Ziele bzw. derer, die noch modifiziert werden müssen und zwar so, dass sie mit Wahrscheinlichkeit erreicht werden können.
Effektive Förderung muss Erfolg messbar machen. Dies ist nur dann möglich, wenn unter Einbeziehung der emotional-sozialen Dimension (**s. 3.1**, S. 58 ff.)

bestimmte Rechtschreibbereiche mit hoher Fehlerquote geübt werden, und anschließend die aktuelle Leistung mit früheren Leistungen verglichen wird. Nur wer Erfolge bestätigt erhält, wird über eine dadurch gestiegene Selbstwirksamkeit und über ein gesteigertes Selbstwertgefühl auch einen Leistungszuwachs verbuchen können. Diese Lernerfolgskontrollen dürfen jedoch nicht auf eine Einstufung der Leistung des Geförderten im Vergleich zu einer Klassennorm oder gar klassenübergreifenden Norm abzielen, sondern müssen sich auf die Erfassung seiner individuellen Leistung beziehen und zwar im Hinblick auf die vor Beginn der Förderung festgelegten Förderschwerpunkte.

Dokumentiert werden können Ergebnisse der Lernerfolgskontrollen mit Hilfe von **Vordruck 4** (S. 71).

Diagnostik Lesen/Rechtschreiben **Name:** ______________ **Klasse/Kurs:** ______________

Nach *Dr. Laschkowski*

Bereich	Diagnostische Mittel	Feststellungen	Beurteilung
Lesen			
Recht-schreiben			

Vordruck 1

Förderziele für ______________________ Klasse/Kurs ____________

Zeitraum von ______________________ bis ______________________

Förderziele	Methode, Medien
1. Arbeit am Persönlichkeitsbereich	
2. Arbeit an lese-rechtschriftlichen Bereichen	
3. Arbeit am Lernumfeld	

Vordruck 2

Förderplan

Nach *Dr. Laschkowski*

Name: ______________ **Klasse/Kurs:** ______________

Datum	**Schwerpunkte**	**Übungen**	**Beobachtungen**

Vordruck 3

Vorläufige Schlussfeststellungen für ____________________

Zeitraum von ______________________ bis ____________________

Nach *Dr. Laschkowski*

Bereiche	Feststellungen
1. Arbeit am Persönlichkeitsbereich	
2. Arbeit an lese-rechtschriftlichen Bereichen	
3. Arbeit am Lernumfeld	

Vordruck 4

Wiltrud Richter

3.2.2 Tipps für Eltern und Lehrkräfte

Legasthenie/Lese- und Rechtschreibschwäche

Wie können Eltern ihrem legasthenen Kind helfen?

Problem akzeptieren	Die Eltern lernen, was Legasthenie ist, sie akzeptieren, dass ihr Kind Legastheniker ist und sind bereit, ihrem Kind richtige Hilfestellung zu geben.
Legasthenie erklären	Sie erklären ihrem Kind, was Legasthenie ist – dass das nichts mit Dummheit zu tun hat, sondern bestimmte Schwierigkeiten beim Lesen- und Schreibenlernen mit sich bringt, die man **gemeinsam** bewältigen wird.
Beim häuslichen Üben für entspannte Atmosphäre sorgen	Keinen Druck/Zwang ausüben! Das Kind muss erkennen, dass die Hilfe nützlich ist. Hilfe muss vom Kind akzeptiert werden.
Keine stoffliche Überforderung Motivation erhalten Selbstvertrauen schaffen	Erfolgserlebnisse sollen vorherrschen: – Mit dem beginnen, was Kind gut kann – Schwierigkeitsgrad langsam steigern – Fleiß und Mühe anerkennen (auch bei negativem Ergebnis) – Durch Lob motivieren – auch kleine Fortschritte erkennen und anerkennen – Am Schulstoff orientieren
Ermutigen	Bei Misserfolgen – die nicht ausbleiben werden – immer wieder Mut machen, gemeinsame Fehleranalyse, weiteres Vorgehen überlegen
Keine zeitliche Überforderung	Aufgaben in kleine Abschnitte unterteilen Stoff überschaubar machen. Lieber 5×/Woche 10–15 Minuten, als 1×/Woche 1 Stunde
Nur Nahziele anpeilen	Pläne für die weit entfernte Zukunft erzeugen oft Angst.
Lesen ist wichtiger als Rechtschreiben	Lesen ist eine entscheidende Grundlage für alle Schulfächer
Lerntechniken	– Geeignete Schreibwerkzeuge wählen: z. B. mit weichem Bleistift arbeiten, Füller mit Griffmulden (verkrampfte Haltung, Druck auf Stift, Drehen des Füllers verhindern) – Farben zur optischen Unterstützung einsetzen (Buntstifte, Textmarker) – Lernplakat anfertigen für besonders schwierige Wörter (gut sichtbar aufhängen) – Karteikarten für schwierige Wörter einsetzen – Sammelheft für schwierige Wörter anlegen
Die verschiedenen Lernkanäle erklären	Man kann lernen über Sehen/Hören/Sprechen/Schreiben: Welcher Kanal ist mein bevorzugter? (Anschauen, Anhören, lautes Sprechen oder häufiges Schreiben?). Am besten: alle Kanäle kombinieren!
Computerprogramme	Umgang mit dem PC ist für Legastheniker meist sehr motivierend. (Beim Kauf darauf achten, dass bei den Übungswörtern nicht nur einzelne Buchstaben eingesetzt werden müssen, sondern mit Silben oder Morphemen geübt wird.)
Engen Kontakt mit der Schule halten	Regelmäßige Gespräche mit den Lehrkräften führen: Gibt es schon einen kleinen Fortschritt? Was gelingt dem Kind inzwischen schon besser im Unterricht? Was müsste noch besonders geübt werden?
Spiel und Sport fördern	z. B. Letra-Mix, Scrabble, Erkennst du mich? etc. Silben-Spiel (C. Reuter-Liehr)

Vgl. auch die Blätter: „Hilfen beim Rechtschreiben" und „Hilfen beim Lesen".

Wie können Eltern ihrem legasthenen Kind helfen?

Hilfen beim Rechtschreiben

Buchstaben anschaulich machen	Groß malen, z. B. auf Lernplakat
„Lautgetreues Schreiben" Aufbau einer Mitsprech-Strategie (nach Reuter-Liehr)	1. Rhythmisch-silbierendes Schwingen und Schreiten 2. Synchrones Sprechschreiben 3. Pilotsprache 4. Diktieren von Texten
Orthographische und Morphematische Strategie	Am Anfang nur „lautgetreue" Wörter üben, danach erst Merk- und Nachdenkwörter
Merkwörter und Ausnahmen	Nur selten üben – wirken verwirrend, z. B. Beim Dehnungs-h nur darauf hinweisen, wie wenige Wörter es damit gibt. Alle anderen lang klingenden Wörter ohne h sind lautgetreu und können silbierend mitgesprochen werden! wa - ren, ka - men, stö - ren, spü - ren, ver - lo - ren.
„Normale" Schreibweise festigen	Vermittelt Sicherheit! Z. B. Vorsilbe ver- (vergeben, verlangen, versuchen ...): Ausnahme „fertig" kann zunächst ruhig falsch geschrieben werden (vertig): die häufiger vorkommende Schreibweise wird als „normal" definiert.
Immer eine Zeile frei lassen	Für eventuelle Fehlerverbesserung und bessere Übersichtlichkeit bei großer Schrift
Wenn Kind den Fehler bereits während des Schreibens merkt	Stets das ganze Wort durchstreichen lassen, keine einzelnen Buchstaben durchstreichen oder darüber schreiben
Keinen Tintenkiller benutzen	Schreibfluss wird unterbrochen Zu viel Zeitaufwand Problem ist für Eltern nicht mehr sichtbar
Sinnvolles Abschreiben	– Zuerst silbenweise laut lesen, später wortweise, dann satzweise – Dann aus dem Gedächtnis aufschreiben und laut, später leise silbenweise mitsprechen (wer das Wort „abmalt", kann es sich nicht korrekt einprägen) – Dann Wort/Satz/Text durch Lesen und Vergleichen mit dem Original überprüfen
Diktat üben	Nur geübtes Wortmaterial An die Null-Fehler-Grenze denken Zuerst ganz vorlesen Beim Lesen nicht schreiben lassen, Mundbewegungen beachten und hören!
Laufdiktat	Original, das geschrieben werden soll, liegt an einer entfernten Stelle, Kind läuft hin, liest, prägt sich ein, läuft zurück und schreibt. (besonders geeignet für Kinder mit großem Bewegungsdrang)
Fehlersuche	muss trainiert werden. Text langsam lesen, evtl. am Ende beginnen Hilfestellung: von „ungenau/wenig" langsam übergehen zu „genau" – jedoch nie den Fehler selbst für das Kind verbessern: Wird Fehler übersehen, zunächst nur die Zeile markieren, in der ein fehlerhaftes Wort steht, dann ggf. auf das Wort selbst deuten – findet das Kind den Fehler immer noch nicht, wird es aufgefordert, im Duden nachzuschlagen. Anerkennung für die Mühe nicht vergessen!
Fehler verbessern	Nur Merkwörter und Regelfehler bearbeiten, lautgetreue Wörter muss man nicht üben

Wie können Eltern ihrem legasthenen Kind helfen?

Hilfen beim Lesen

Lesen ist zunächst wichtiger als Rechtschreiben	Lesen ist eine entscheidende Grundlage für alle Schulfächer
Regelmäßig lesen	Täglich 10 Minuten ist besser als einmal pro Woche 1 Stunde
Lesen in Sprechsilben	Bei schwierigen Wörtern ist es hilfreich, nach jeder Silbe eine kleine Pause zu machen (Silbenbögen!)
Nur unbekannte Texte lesen lassen	Da Legastheniker ein- oder mehrmals (Vor-)gelesenes oft sehr schnell auswendig können, ist es nicht ratsam, bekannte Texte zu „lesen".
Lesefenster benutzen	Auch ein Lineal hilft, in der richtigen Zeile zu bleiben.
Lesepuzzle	Schwierige Wörter in Silben zerschneiden und zusammenlegen lassen (Interessante) Sätze in Wörter zerschneiden und zusammenlegen lassen
Interesse am Lesen wecken	Altersgemäße, inhaltlich interessante Bücher in Großdruck, die Kind und Elternteil abwechselnd gemeinsam vorlesen. „Lesespur"-Geschichten (Otto Heinevetter Verlag) (6. Kl.) Detektivgeschichten mit Bildern (z. B. „Klarer Fall" – v. J. Obrist)
Lesen üben und Lesen zum Spaß trennen!	V. a. bei kleineren Kindern – üben mit Bildern, die zugehörigen Wörter ankreuzen, etc. Spaß mit kleinen Detektivgeschichten, „Mit Comics lesen lernen" (Ars edition)
Comics, Rätsel und Witze mit großer Schrift lesen lassen	sind meist kurz und motivierend
Fehlerverbesserung	Pädagogisch geschickt: Freude am Lesen wecken, steht zunächst an oberster Stelle. Nicht jeden Fehler korrigieren. Zeigen Sie Interesse am Inhalt des Lesestückes.
Inhaltliches Verständnis überprüfen	Fragen zum Text stellen, Abschnitte mit eigenen Worten erzählen lassen
Auf Genauigkeit achten	Erst wenn Lesen schon einigermaßen gut klappt. Wichtig für Sachtexte, z. B. auch Mathematik; jedoch: Ermutigung nicht vergessen!
Lesespiele machen	z. B. – Memory mit Nomen, Singular und Plural bilden ein Paar: Hand – Hände, Zelt – Zelte, Baum – Bäume … – Lustige Unsinnsätze aus einem Text zusammenstellen
Zeit stoppen	Beim Lesen Zeit stoppen – aber **nur** um **eigene** Fortschritte im Lesetempo festzustellen, es darf kein Druck von außen erzeugt werden. Nicht geeignet, wenn Kind sich selbst zu stark unter Druck setzt.
Lesefreude erhalten	Alles tun, damit Kind Freude am Lesen bekommt. Lesen soll interessant sein und Spaß machen: Anerkennung, Ermutigung, Lob, Freude, Erfolg, Neues erfahren …

Lese- und Rechtschreibschwäche / Legasthenie

Mögliche Fördermaßnahmen in der Schule

Für legasthene Schüler gibt es einige relativ leicht durchsetzbare Maßnahmen, die ihnen das Schulleben mit seinen Anforderungen erleichtern, ohne ihnen etwas „zu schenken". Eines der Hauptanliegen der Förderung ist der Aufbau und Erhalt der positiven Lernstruktur. Die Förderung sollte die häufig gestörte Lernmotivation der Legastheniker im Blick haben.

Sitzplatz	Legastheniker möglichst vorne sitzen lassen – Ablenkung ist geringer, Hinschauen und Zuhören fällt leichter, Lehrkraft kann das Arbeiten beobachten, Schüler zur Mitarbeit anspornen Ggf. Gebrauch der Brille unterstützen
Tafelanschriften	Besonders in der 5. Jahrgangsstufe: Annäherung an Normschrift, evtl. den betroffenen Schülern als Kopie aushändigen
Arbeitsblätter	Schriftgröße nicht zu klein wählen (Vorschlag 12 pt, Times New Roman ist besser als Arial) Zeilenabstand mindestens 1,5 Kopien nicht zu sehr verkleinern
Gut lesbare, große Schrift	Bei Verwendung von vorgefertigten, klein gedruckten Texten das A4-Blatt auf A3 vergrößern
Folien	Evtl. den betroffenen Schülern als Kopie aushändigen Bei handschriftlicher Anfertigung auf sehr gute Lesbarkeit achten
Vorlesen/Tafelanschrift	Nur freiwillig vorlesen oder an die Tafel schreiben lassen, Atmosphäre schaffen und Gewissheit vermitteln, dass niemand ausgelacht wird. Bei Fehlern ermutigen – dabei „echt" sein, kein „pädagogisches Lob"
Zeitverlängerung	Unterscheidung verschiedener Komponenten der Arbeitszeit: Einlesezeit, Arbeitszeit, evtl. Korrekturphase Diktat: Evtl. Lückendiktat mit Lernwörtern (Entlastung der Schreibmotorik, Ausgleich zum langsamen Arbeitstempo) Statt Zeitverlängerung Wegfall bestimmter Aufgabenbereiche
Aufgabenformulierungen	Formulierung der Aufgabenstellung nicht unnötig komplizieren, einfacher Satzbau, eher kurze Sätze, eher in Teilaufgaben untergliedern, visuelle Hilfen geben (Skizzen o. Ä.)
Vorlesen der Aufgabenstellung	Nicht nur zu Beginn der Leistungserhebung, sondern auch individuell bei einzelnen Aufgaben, vor allem in Mathematik
Lehrerkommentar auf Schulaufgabenblättern	Besonders bei Deutschaufsätzen oder sonstigen wichtigen pädagogischen Rückmeldungen für den Schüler auf gute Lesbarkeit achten. Schüler können Lehrerhandschriften – auch deutlich geschriebene – oft schlecht lesen. Nach Möglichkeit Annäherung an Normschrift oder ggf. PC-Ausdruck
Rückmeldung bei schlechten Leistungen	Immer wieder ermutigen: es lohnt sich dranzubleiben, an das tägliche Training erinnern, 50 Fehler sind viel weniger als 70! Es wird schon …
Sinnvolle Verbesserung von Fehlern	Keine Abschriften verlangen. Der Schüler soll Berichtigung als hilfreich empfinden. z. B. die eigenen 10 „Lieblingsfehler" heraussuchen und verbessern lassen. Zuordnung zu den entsprechenden Rechtschreibstrategien. (Gehört der Fehler zur alphabetischen, orthographischen, morphematischen Rechtschreibstufe oder ist es ein „Restfehler"?)
Feinmotorische Probleme	Anfertigen von schriftlichen Arbeiten am Notebook/PC
Emotionale, motivationale Probleme	Klima der Unterstützung schaffen Ermutigen, Fortschritte anerkennen Konkrete, leistbare Aufgabenstellungen geben Anstrengung anerkennen

Tipps für den Englisch-Unterricht

Diese Schüler brauchen gezielte Zuwendung	Chancengleichheit heißt nicht Gleichbehandlung
Den Anfang der Stunde nutzen	Am Anfang der Stunde können Legastheniker und LRS-Schüler sich noch besser konzentrieren.
Vokabeln	Wenn Wort zwar falsch geschrieben, aber als „gewusst" erkennbar ist, dies als mündliche Leistung bewerten. Vokabellernen ist für Legastheniker und LRS-Schüler Schwerstarbeit
Vokabeln schreiben	In Blöcken von je fünf Vokabeln schreiben lassen, dann eine Zeile frei
Vokabeln lernen	Täglich nur max. 10 Wörter zu Hause lernen lassen, am nächsten Tag das Wiederholen nicht vergessen! (Vergessenskurve!) Freie Sätze mit den Vokabeln sprechen lassen.
Vokabeln lernen	Karteikarten z. B. beim Lernen der unregelmäßigen Verben einsetzen, sortieren nach gleicher Schreibweise, z. B.: to say, to pay, to lay auf eine Karteikarte
Bei Lücken	– Vokabelkarteikasten (Klett-Verlag) – Anleitung von Frederic Vester – Manz-Lernhilfen Englisch – Vokale-Ordner „Valcos" von Karin Ahlborn (über Arbeitskreis Leg. Karlsruhe, Wehlauer Str. 7, 76139 Karlsruhe)
Schwierige Buchstabenverbindungen, korrespondierende Strukturen in Deutsch und Englisch	z. B. ght – ue – wn möglichst im Block lernen lassen, z. B. alle Wörter mit ght, im Deutschen mit ch: z. B.: night – Nacht, knight – Knecht... blue – due; down, dawn... (vgl. Wörter-Listen von Helmut Dast)
Hilfreiche Lerntechniken im Unterricht: **für den Schüler:**	– Langsam und deutlich sprechen – ohne Abkürzungen: „that is my..." (**nicht**: that's my...) – Alle Auslassungszeichen immer wieder erklären, z. B. we're = we are, I'd like = I would like. Nach Möglichkeit ganz vermeiden. – Wörter mit gleicher Schreibweise und gleicher Aussprache zusammenstellen lassen, z. B. cage, date, face, game, late ... best, clever, dress, leg, neck; clear, dear, ear, to hear, near ... – Vokabeln mitsprechen, wie man sie schreibt: „Pilotsprache": z. B.: Stuhl heißt tschär, geschrieben chair, oder lautieren: ch-a-i-r. <u>Nie buchstabieren!</u> (z. B. ce-ha-a-i-er) People: „Pilotsprache": pe-op-le
Ähnlichkeitshemmung vermeiden	In einer Stunde nicht ähnliche Wörter trainieren, z. B. hole und whole, die Ähnlichkeitshemmung schlägt bei Leg.- und LRS-Schülern besonders stark zu Buche. z. B. kein alphabetisch geordnetes Grundwortschatz-Buch zum Lernen!
Übersetzen	Text zunächst wörtlich übersetzen – nicht nur sinngemäß
	z. B. What is your name? – nicht: wie heißt du? Sondern auch: Was ist dein Name? We sometimes buy a newspaper in the shop on Sunday. Wir manchmal kaufen eine Zeitung in dem Laden am Sonntag.
Aussprache	Auf exakte Aussprache achten
Mitlesen	Oft Schwierigkeiten beim Fixieren von Textstellen. Wenn er/sie aufgerufen wird und die Stelle nicht sofort findet, nicht unbedingt Zeichen von Unaufmerksamkeit
Schulaufgaben	Große Schrift, große Lücken, Übersichtlichkeit – möglichst auf A3 vergrößern
Kassetten	Den Schülern Kassetten zum Buch empfehlen (besseres Einhören)
Computer	Wenn möglich, als Ergänzung damit schreiben lassen Software zu den Schulbüchern – Klett-, Cornelsen-, Langenscheidt-Verlag
Erklärungen in Deutsch	Ein englischer Satz als Erklärung neuer Vokabeln überfordert Legastheniker und Schüler mit LRS völlig.
Englischbuch	Umgang damit einüben: 1. Text lesen, wörtlich übersetzen 2. Arbeitsanweisungen zu den Übungen lesen, übersetzen 3. Grammatikseite vor den Übungen anschauen 4. Begründen, warum Aufgabe so gemacht wurde.
Grammatik	Für Eltern empfehlenswert: „Langenscheidts Kurzgrammatik"

Tipps für den Deutschunterricht

Grundregel:	„Ich schreibe nur dann anders, als ich es mitsprechen kann, wenn ich eine Begründung dafür weiß.“
Beim Regellernen	Prinzip der Lauttreue beachten Häufigkeit betonen Schüler Regeln selbst entdecken lassen
Ähnlichkeitshemmungen vermeiden	z. B. nicht in einer Stunde ähnliche Problembereiche trainieren, z. B. Wörter mit ‚aa‘ und solche mit Dehnungs-h (z. B.: Waage, Sahne, Tal)
Lesereize	Legastheniker sind dankbar für Lesereize und Empfehlungen
Leselust wecken	z. B. durch Berichte von eigenen spannenden Leseerfahrungen
Lese- und Schreibpass einführen	Regelmäßiges Lesen bzw. Schreiben wird von den Eltern im Heft bestätigt und vom Lehrer belohnt. Dabei ist es besser, 5× in der Woche 5–10 Minuten zu üben als 1× eine Stunde.
Aufsätze	Interesse an den Inhalten soll im Vordergrund stehen. Die korrekte Rechtschreibung ist hier unwichtig. Die Angst vor Fehlern darf den Schüler in seiner Ausdrucksweise nicht einengen. Daher ist es extrem wichtig, dem Kind ganz klar zu machen, dass (zunächst) Schreibfehler beim Aufsatz ohne Bedeutung sind.
Zeitzuschlag	Legastheniker und Schüler mit Lese- und Rechtschreibschwäche brauchen länger zum Lesen und zum Schreiben. Sie erhalten deshalb einen Zeitzuschlag bis zu 50% (vgl. Nachteilsausgleich).
Platz lassen für Korrekturen	Beim Schreiben im Heft oder auf Schulaufgabenblatt: immer eine Zeile frei lassen
Fehleranalyse	Immer wieder dazu anhalten, die Fehlerschwerpunkte zu analysieren und zu studieren. Gibt es „Lieblingsfehler“?
Verbesserungen von Schulaufgaben	Schreibunlust und neue Fehler vermeiden, ggf. falsch geschriebene Wörter dem Kind vorschreiben
Kommentar unter Schulaufgabe	● Sich den Blick auch für kleinste Fortschritte bewahren und diese im Kommentar ansprechen. ● Sollte einmal nichts festzustellen sein oder die Lehrkraft hat den Eindruck, der Schüler fängt an zu schlampen, eine Enttäuschung formulieren und auf frühere Fortschritte verweisen. ● Legastheniker lechzen danach, im Kommentar auch von Dingen zu lesen, die sie gut gemacht haben. Die Besprechung der (oft katastrophalen) Rechtschreibung sowie die Verbesserungsratschläge sollten also nicht mehr als die Hälfte des Kommentars ausmachen. ● Ermunterung, dass es sich lohnt, am Ball zu bleiben.
Anerkennung der Mehrarbeit	Ab und zu (nicht regelmäßig) Lob für die vom Schüler geleistete Zusatzarbeit
Stärkeanalyse	Gezielt nach Stärken des Schülers schauen
Sonderaufgaben für Legastheniker	„Semi-literarische“ Sonderaufgaben an Legastheniker übertragen, z. B. – Assistent in der Freiarbeit – Bibliothekar der Klassenbücherei
Legasthenie als Alibi für Nichtstun?	Wenn die Lehrkraft den Eindruck erhält, der Schüler verschanzt sich hinter seinem Gutachten („ich brauch es ja nicht zu können“), ist es wichtig, dies ernst mit dem Schüler und seinen Eltern durchzusprechen. Ggf. auch Information an den Schulpsychologen.

Der folgende Beitrag wurde zusammengestellt vom Lehrgang 61/116 „Legasthenie/Lese- und Rechtschreibschwäche – Ausbildung von MultiplikatorInnen in Gymnasium und Realschule“ der Akademie für Lehrerfortbildung und Personalführung in Dillingen.

3.2.3 Bewegungsspiele zur Auflockerung

1. Verknotete Schlange

Ziel: Auflockerung, Anbahnung von Körperkontakt in angsfreier Form

Zeit: ca. 5–10 Minuten

Die Gruppe fasst sich an die Hände und bildet eine Schlange. Den Kopf, d. h. die erste Person in der Schlange, bildet am besten beim ersten Mal der Lehrer, damit der nächste Schritt gut gelingt.
Er beginnt nämlich, die anderen hinter sich herzuziehen und schlängelt sich dabei zwischen den anderen Teilnehmern möglichst häufig hindurch, steigt über ihre Handverbindung, kriecht darunter, krabbelt auch zwischen die Beine durch. Die ganze Schlange folgt ihm dabei. Dabei bleiben die Hände angefasst. Schließlich gibt der Kopf der Schlange seine freie Hand der Person, die den Schwanz bildet, so dass ein Knäuel ohne Anfang und Ende entstanden ist. Die Aufgabe der Gruppe ist nun, das Knäuel zu entwirren, ohne die Hände loszulassen. Die Hände dürfen dabei niemals den Kontakt verlieren.

2. Wie viele Schritte darf ich gehen?

Ziel: Einüben des rhythmischen Sprechschwingens, Auflockerung

Zeit: ca. 10 Minuten

Einer der Teilnehmer wird zum „Schwarzen Mann“ bestimmt und stellt sich an das Ende des Zimmers. Die anderen Teilnehmer begeben sich an das andere Ende des Raumes und stellen sich dort in einer Linie auf. Nun fragen die Teilnehmer den „Schwarzen Mann“ der Reihe nach, wie viele Schritte sie gehen dürfen: Der Schwarze Mann antwortet in Form von Wörtern (z. B. Badewanne). Der Teilnehmer darf sich nun so viele Schritte in Richtung Schwarzer Mann bewegen, wie das Wort Silben hat. Dabei soll er seine Schritte nach dem Silbenschwingen gestalten, um diese Strategie zu Stundenbeginn nochmals zu festigen.
Man kann es dem Schwarzen Mann zu Beginn dadurch vereinfachen, dass man ihm Karteikärtchen in die Hand gibt, aus denen er Wörter wählen kann.

3. Autoscooter-Spiel

Ziel: Aufbau von Vertrauen

Zeit: ca. 5 Minuten

Die Mitglieder einer Gruppe gehen paarweise zusammen. Die vorne stehende Person schließt die Augen. Die hinten stehende steuert sie an den Schultern schiebend durch den Raum – ohne Zusammenstöße mit den anderen Autoscootern oder mit Tischen bzw. Stühlen. Nach einiger Zeit wird der Scooter eingeparkt und die Partner wechseln.

4. Imaginäres Ballspiel

Ziel: Vorbereitung nonverbaler Kontakte, Auflockerung, Abbau von Fremdheitsgefühlen

Zeit: ca. 5 Minuten

Die Gruppe steht im Kreis und der Lehrer beginnt einem Teilnehmer einen imaginären Ball zuzuwerfen, dieser fängt ihn auf und gestaltet ihn dabei durch nonverbalen Ausdruck zu einem größeren, kleineren, schwereren oder leichteren Ball, wirft diesen mit einer entsprechenden Bewegung weiter an einen anderen Teilnehmer, der ihn wieder umformt und weiterspielt. Nach einer Weile kann man angeben, dass dasselbe nun mit einem heißen Ball geschehen soll, der sehr schnell weitergespielt werden muss. Auch kann man vorher ausmachen, dass der Ball in einer bestimmten Ballsport-Bewegung (z. B. Fußball, Volleyball, Tennis, Medizinball, Schlagball usw.) weitergespielt werden soll.
Interessant zu beobachten ist dabei, wie sensibel die Teilnehmer miteinander umgehen. Sind sie in der Lage, die „Botschaften" bei der Ballverformung richtig zu deuten usw.?

5. Kleider-Kim

Ziel: Trainieren der visuellen Wahrnehmung und der Aufmerksamkeit

Zeit: ca. 5–10 Minuten

Die Gruppe sitzt im Sitzkreis. Alle Kinder werden aufgefordert, sich gegenseitig genau zu betrachten. Sie sollen es sich dabei bequem machen und ihre Augen schweifen lassen. Ein Kind verlässt nun den Raum, die anderen verändern insgesamt drei Dinge an ihrer Kleidung. Die Gruppe soll dabei gemeinsam entscheiden, welche Veränderungen zugelassen werden sollen. Der Mitspieler wird wieder hereingeholt und versucht die Veränderungen zu benennen. Das nächste Kind verlässt den Raum usw.
Diagnostisch interessant ist es dabei, folgende Beobachtungen zu machen:
- Schauen sich die Kinder und der Lehrer offen an?
- Welche Änderungen nehmen die Kinder vor? Sind sie eher kreativ oder ahmen sie eher andere nach? Schlagen sie etwas besonderes schwer zu Erkennendes vor?

Anschließend kann man in einer kurzen Reflexion über die Erfahrungen sprechen:
- Wie konnte ich mir am besten etwas merken?
- Jedes Kind soll von seinen Erfahrungen berichten (Probleme zulassen und besprechen).

Festigungs- oder Einübungsphase

Konzentrationsspiele zum Einüben des Stundenstoffes

1. Buchstabensalat

Bei den „Buchstabensalaten“ sind die Buchstaben der Wörter durcheinander geraten. Aufgabe der Schüler ist es, die Buchstaben zu ordnen und das Wort richtig danebenzuschreiben. Immer fünf Wörter bilden eine Gruppe. In jeder Gruppe gibt es ein Wort, das nicht zu den anderen Wörtern derselben Gruppe passt. Dieses Wort soll rot angestrichen werden.

Sinnvoll ist es, Wörter zu verwenden, die Thema der Stunde waren bzw. bereits verwendet wurden, um den Schülern das Erkennen zu erleichtern.

Beispiel:

UAMS	Maus	RKUT	Kurt
HEAS	Hase	BMUA	<u>Baum</u>
LGIE	Igel	NGIE	Inge
NEET	Ente	RLOF	Rolf
HUAS	<u>Haus</u>	NAHS	Hans

2. Buchstabentausch

Bei den Wörtern sollen einzelne Buchstaben, z. B. Vokale vertauscht werden. Die Schüler werden aufgefordert, die Wörter richtig danebenzuschreiben. So Weise müssen sie genau hinsehen, die Silben richtig aussprechen und lernen auf diese Weise das Wort richtig zu durchgliedern.

Geschickt ist es, mit Wortzusammensetzungen zu arbeiten. Auch hier ist es sinnvoll, Wörter aus dem Stundenstoff zu verwenden.

Beispiel:

Fibrak	Fabrik	Tuntstib	Buntstift
Urmbandahr	Armbanduhr	Briekmarfe	Briefmarke
Binzen	Benzin	Suppenhaup	Puppenhaus
Mermaleda	Marmelade	Stupendlan	Stundenplan
Rudargimmie	Radiergummi	Wadebanne	Badewanne
Zeibrestrafen	Zebrastreifen	Tachentusch	Taschentuch

3. Buchstaben- bzw. Silben-Finden in Texten

Ziel des Spieles ist es, dass die Kinder bestimmte, in der Stunde erlernte Buchstaben bzw. Silben in Texten finden. Dabei können beliebige Texte zum Einsatz kommen, z. B. Märchen, Fabeln, Geschichten oder Zeitungstexte bei höheren Klassen. Aufgabe ist es, mit einem Farbstift im Text die betreffenden Buchstaben, z. B. blau für b, grün für p oder aber blau für ver- und grün für vor- zu finden.

Bewertung der SpielSpirale

Leicht durchführbares, motivierendes Spiel für max. 6 Personen. Auf der Basis des Mensch-ärgere-dich-nicht-Prinzips übt der Schüler die Strategie des silbierenden Mitsprechens unterstützt durch die Handmotorik.

Geschicklichkeits- und Konzentrationsspiele

- Rechte Hand kreist am Bauch, linke Hand klopft mit der flachen Hand auf den Kopf; nach ca. 30 Sek. Handwechsel
- **Fingerspiel**

Daumen und Zeigefinger berühren sich kurz, danach Daumen und Mittelfinger, Daumen und Ringfinger, Daumen und kleiner Finger; dasselbe zurück zu Beginn mit einer Hand, dann Handwechsel; beide Hände gleichzeitig; zur Übung auch einmal gegengleich probieren

- **Fingerspiel mit dem Stift**

Der Stift wird mit Daumen und Zeigefinger hochkant in der Mitte gehalten; danach wird der jeweilige Finger vom nächsten abgelöst; dann beginnt der kleine Finger usw.; auch mit der anderen Hand üben

- **Gymnastische Überkreuz-Übungen**

Zusammenführen vom rechten Fuß und der linken Hand; danach gegengleich
s. o. Knie – Ellbogen
s. o. mit Fersenberührung hinten

Handarbeit

Linke Hand zur Faust ballen, rechte Hand flach ausstrecken; das Ganze gegengleich ausführen

Aerobic-Gym

Rechten Fuß mit der Ferse vorne auftippen und linken Arm nach oben strecken; im gleichmäßigen Rhythmus abwechseln
Weitere Kombinationen selbst überleben!

Kooperationsspiele

Aura

Zwei Partner stehen sich mit erhobenen Händen gegenüber und legen die Handflächen aufeinander; auf Kommando dreht sich jeder Partner um seine Längsachse und versucht so schnell wie möglich die Handflächen des Partners so genau wie möglich wieder zu treffen.
Nach einer Weile soll das auch mit geschlossenen Augen durchgeführt werden.

Spiegelbild

Zwei Partner stehen sich mit erhobenen Händen gegenüber und halten die Handflächen mit einem Abstand von ca. 5 cm gegeneinander. Ein Partner bewegt beide Hände entlang des imaginären Spiegels; der Partner muss diesen Bewegungen möglichst genau folgen. Nach einer Weile führt der andere Partner an.

Balance

Zwei stehen sich gegenüber und legen die Handflächen aufeinander. Beide versuchen durch Ausüben von Druck auf die Handflächen den anderen wegzuschieben. Ziel ist es, dass der Partner sich von der Stelle bewegt.
Das kann auch auf einem Bein ausprobiert werden.

Förderkurse für lese- und rechtschreibschwache Kinder (ca. 6 Mitglieder)

Zu Beginn des Kurses:

1. Selbstlob-Übung

Ziel: Erkennen, dass es schwierig ist, sich selbst ein Kompliment zu machen und das Kompliment eines anderen ernst zu nehmen; Stärkung des Selbstbewusstseins
Material: Keines

Jeder Teilnehmer sucht sich einen Partner, den er möglichst noch nicht so gut kennt. Diesem erzählt er zwei positive Aspekte über sich selbst. Der Partner berichtet dann im Plenum, was ihm erzählt wurde. Anschließend sollte darüber gesprochen werden, wie schwer es uns fällt, mit positivem Feedback umzugehen. Im weiteren Verlauf des Kurses kann diese Übung leicht modifiziert eingesetzt werden: Die Schüler berichten dann einem Partner von zwei Dingen, die sie in dieser Woche gut gemacht haben.

2. Ankommen

Ziel: sich in einer neuen Umgebung, einem neuen Raum, mit einer neuen Situation vertraut machen, sich entspannen und auf den nächsten Schritt konzentrieren

Der Leiter fordert die Schüler auf, sich bequem und entspannt hinzusetzen und die Augen zu schließen. Nach einer Phase der Körperentspannung (tiefes, bewusstes Aus- und Einatmen, Zeit: ca. 3 Minuten) werden die Schüler gebeten, ihren Tagesverlauf noch einmal in Ruhe nachzuerleben (mögliche Leitfragen: Wie bist du heute morgen aufgestanden? … Wem bist du begegnet? … Was ging dir durch den Kopf? … Wie ging es weiter? …). Entscheide dich, welche Gedanken, Sorgen, Probleme aus dem Alltag du jetzt für eine Weile beiseite tun willst. Stell dir vor, du legst sie in einen großen Korb, den jemand aus dem Zimmer trägt (Zeit: etwa 5–8 Minuten).
Anschließend öffnen die Teilnehmer die Augen, schauen sich bewusst im Raum um, nehmen ihn war.
In der folgenden Runde teilt jeder mit, was ihn eben beschäftigt hat.

Entspannungsübungen

Ziele: Abbau des Erregungsniveaus, Abbau von psychosomatischen Beschwerden wie Kopfschmerzen ...

1. Tiergarten

Zwei Teilnehmer finden sich zusammen; der eine setzt sich entweder rittlings auf einen Stuhl oder beugt sich stehend vornüber, wobei der Kopf locker hängt und die Knie nicht durchgedrückt sind; der andere übernimmt die Rückenmassage nach folgender Anleitung durch den Kursleiter:
Es ist früh am Morgen. Gerade geht die Sonne über dem Tiergarten auf. Ihre warmen Strahlen dringen sanft in alle Richtungen (sanftes Streichen über den Rücken). Von den ersten Strahlen geweckt erwachen die Elefanten. Sie trotten behäbig in ihr Gehege (mit Fäusten den Gang der Elefanten nachmachen). Allmählich ziehen sie sich zurück. Nun erwachen die Zebras. Sie galoppieren munter heraus (mit den Fingerspitzen der ganzen Hand den Galopp nachmachen), suchen Gräser und freuen sich über die Sonnenstrahlen. Neben den Zebras haben die Kängurus ihr Gehege. Sie hüpfen nun heraus, in weiten Sprüngen (rhythmisches Klopfen mit den Fingerknöcheln auf dem Rücken) hin und her und auf und ab. Dann ziehen sie sich zurück und überlassen das Feld den Ameisen, die von der Sonne aus dem Bau gelockt werden. Sie kribbeln und krabbeln (mit den Fingerspitzen den Rücken bearbeiten). Da nähern sich Schritte. Der Wärter im Tiergarten kommt mit seinem Besen, sieht die vielen Spuren im Sand und streicht alles schön glatt (mit den Handflächen den Rücken ausstreichen).

2. Wetterbericht

Verlauf siehe: „Tiergarten" (Sonne, Regen, Sturm, Hagel ... statt Tierbewegungen)
Ein leichter Wind streift über die Wiesen ... der allmählich kräftiger wird ... es fallen die ersten vereinzelten Tropfen ... jetzt fängt es kräftiger an zu regnen ... dann fallen sogar Hagelkörner ... dann zucken einzelne Blitze über den Himmel ... ein ferner Donner grollt ... langsam lässt der Regen nach ... es fallen noch einzelne Tropfen ... dann kommt die Sonne wieder hinter den Wolken hervor.

3. Atemübungen zur Entspannung

a) tief einatmen, Atem kurz anhalten, langsam auf „F" ausatmen (Bewegung des Zwerchfells beachten), anschließend normal weiter atmen
b) tief einatmen, in kurzen Stößen auf „F" ausatmen, anschließend normal weiter atmen
c) Atem erkundet den Körper: entspannt aufrecht sitzen, Augen schließen, ganz normal den Atem ein- und ausfließen lassen, eigenen Rhythmus finden; nun bewusst beim Einatmen den Atem in verschiedenen Körperregionen fließen lassen, zunächst im Kopfbereich – Ohren – Stirn – Gehirn, dann in den Hals, hinunter in die Brust, zum Herzen, zum Bauch, dann in die Arme, Fingerspitzen, Beine, Knie, Zehen; zum Schluss wieder normal ein- und ausatmen; mit Erfahrungsaustausch Übung abschließen

Wiltrud Richter

3.3 Ganzheitliche Förderung durch Kooperation am Gymnasium und an der Realschule

3.3.1 Vorbemerkungen

Legastheniker an Gymnasium und Realschule? Haben diese Schüler dort denn überhaupt eine Chance?
In einem Zeitraum von etwa 20 Jahren – der damalige bayerische Erlass für Schüler mit besonderen Schwierigkeiten beim Lesen und Schreiben sah nur einen Nachteilsausgleich für die Klassen 5 und 6 vor – legten etwa 50 % der Legastheniker der untersuchten Schulen die Mittlere Reife erfolgreich ab, fast 40 % bestanden das Abitur. Einige Legastheniker erzielten im Grundkurs Deutsch in der Kollegstufe sogar sehr gute Leistungen – auch ohne besonderen Nachteilsausgleich bei der Leistungsbewertung.
Welche Rahmenbedingungen und Fördermaßnahmen sollten gegeben sein, um ein derartiges Ergebnis – oder vielleicht sogar ein noch besseres – zu erreichen?
Der folgende Beitrag basiert auf der langjährigen Erfahrung der Autorin im Umgang mit Legasthenikern in Gymnasium und Realschule. Er geht davon aus, dass das Thema Legasthenie eine Aufgabe für die Schule als Ganzes ist und versucht aufzuzeigen, welch wichtige Rolle über die direkten Fördermaßnahmen hinaus das Klima in der Schule und die Einstellung gegenüber dem Thema Legasthenie spielt. Der „informellen" Förderung, die sich in enger Kooperation aller Beteiligter äußert, kommt dabei eine erhebliche Bedeutung zu.

3.3.2 Präventionsmaßnahmen und Förderung im Kindergarten

Dieser Punkt betrifft nicht die weiterführende Schule, wir halten ihn jedoch für so entscheidend, dass wir ihn voranstellen wollen.
Es kommt immer noch vor, dass bei Schülern, die in die 5. Klasse Gymnasium oder Realschule eintreten, eine Legasthenie oder Lese-Rechtschreibschwäche vorliegt, die bis dahin noch nicht erkannt worden ist. Häufig sind die Schüler sehr intelligent und können ihre Schwäche beim Lesen und Schreiben gut kaschieren, gelegentlich haben die Eltern von der Grundschule – aus welchen Gründen auch immer – keinen entsprechenden Hinweis erhalten.
Dadurch geht leider viel Zeit für angemessenes Handeln verloren. In Untersuchungen konnte nachgewiesen werden, dass durch die Misserfolgserlebnisse bei diesen Kindern neurotische Sekundärsymptome, wie z. B. Angst, Leistungsverweigerung, Clownerien, Aggressivität oder depressive Tendenzen auftreten können. Bei nicht behandelten Legasthenikern nehmen diese Symptome und Verhaltensstörungen mit zunehmendem Alter zu (*Schenk-Danzinger* 1984, 143 f. sowie *Esser* 1999).
Je früher also mit qualifizierter Prävention und Förderung begonnen wird, umso Erfolg versprechender ist das Ergebnis. Man kann bereits in Kindergarten und

Vorschule gezielte Übungen machen, um die Gehirnfunktionen, die für Lesen und Schreiben nötig sind, besser zu entwickeln. So zeigen *Breuer* und *Weuffen* (1999, 101 f.) in ihrer Differenzierungsprobe einschlägige Übungen zur Förderung der optischen[1], phonematischen[2], kinästhetischen[3], melodischen[4] oder rhythmischen[5] Differenzierungsfähigkeit, um nur die wichtigsten der für Lesen und Schreiben nötigen Basisfähigkeiten zu nennen. In Baden-Württemberg wird die Differenzierungsprobe seit einigen Jahren als Schuleingangsuntersuchung durchgeführt. Die Ärzte des Gesundheitsamts geben Eltern, Erziehern und den Lehrkräften der Grundschulen Hinweise auf die erforderlichen Fördermaßnahmen: ein schönes Beispiel, wie man Schwierigkeiten beim Erlernen des Lesens und Schreibens durch Kooperation – hier der verschiedenen Ministerien – vorbeugen kann (LandesGesundheitsAmt Baden-Württemberg 2002).

Wolfgang Schneider, Universität Würzburg, führte mit Kindergartenkindern eine Längsschnittstudie durch, wobei er die phonologische Bewusstheit[6] trainiert hat. Aus den Ergebnissen wird deutlich, dass die phonologische Bewusstheit einen maßgeblichen Einfluss auf den Schriftspracherwerb hat und dass der Trainingserfolg sowohl bei „normalen" Kindern als auch bei Teilnehmern mit anfangs sehr schwachen Leistungen in diesem Bereich langfristig positive Auswirkungen auf den Erwerb des Lesens und Rechtschreibens in der Schule hat (*Schneider* 1999 a).

Sabine Martschinke, Universität Erlangen-Nürnberg, plädiert dafür, zu Beginn des 1. Schuljahres ein Erhebungsverfahren zur phonologischen Bewusstheit durchzuführen, wodurch „Risikokinder" erfasst und fehlende Voraussetzungen im Schriftspracherwerb aufgedeckt werden. Im Zentrum ihres Trainingsprogramms steht das so genannte Lautiertraining, bei dem Worte zerlegt und Laute mit Marken gekennzeichnet werden (*Martschinke, S.* et al. 2001, Bd. 1 und 2).

Es wäre wünschenswert, dass möglichst alle Erzieher im Kindergarten und die Lehrkräfte der Eingangsklassen der Grundschule mit dieser Problematik und mit entsprechenden Förderprogrammen vertraut würden, damit allen betroffenen Kindern so früh wie möglich gezielte Hilfe angeboten werden kann und die Forderung des neuen Grundschullehrplans, sich im Unterricht noch intensiver mit diesem Thema auseinander zu setzen, entsprechend verwirklicht wird.

3.3.3 Günstige Rahmenbedingungen bei ganzheitlicher Förderung

Im Folgenden soll verdeutlicht werden, dass Förderung von Legasthenikern[7] mehr ist als die Gewährung eines Nachteilsausgleichs und der Besuch eines Förderkurses oder einer Therapie. Sinnvolle Förderung bezieht die Schule als Ganzes

1 Richtiges Erfassen und Wiedergeben optisch wahrgenommener Zeichen.
2 Fähigkeit, Laute innerhalb eines Wortes genau herauszuhören.
3 Fähigkeit zur Bewegungskoordination der Sprech- und Schreibbewegungen, wichtig für die Aussprache und graphomotorische Umsetzung.
4 Erfassen der Sprachmelodie (z. B. Lautstärkeverlauf, Tonhöhe).
5 Erkennen rhythmischer Strukturen der Sprache, z. B. kurz/lang, betont/unbetont, Aktivität/Pause.
6 Fähigkeit, die Sprache in ihren lautlichen Elementen wahrzunehmen.
7 Als Legastheniker sind hier und im Folgenden SchülerInnen sowohl mit Lese-Rechtschreibstörung, als auch mit Lese-Rechtschreibschwäche zusammengefasst. Wenn an einer Textseite die Unterscheidung aufgrund der bayerischen Regelung relevant ist, wird dies gesondert vermerkt.

mit ein und rückt die Zusammenarbeit aller beteiligter Personen und Instanzen mehr in den Mittelpunkt. Die folgenden 12 Punkte zeigen auf, wie die Beteiligten zusammenarbeiten können. Danach ist dieser Sachverhalt noch einmal graphisch dargestellt (**Abb. 1**).

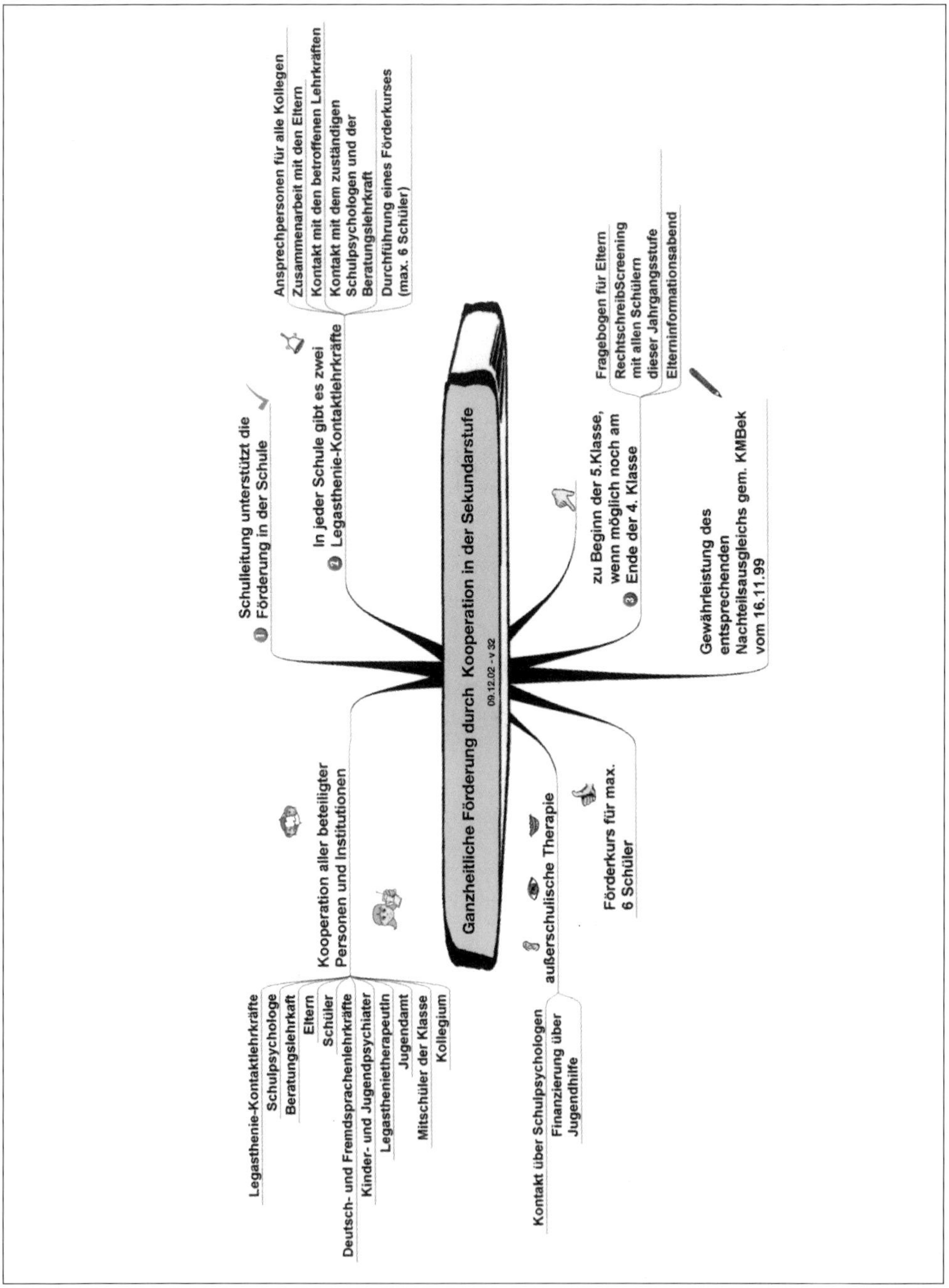

Abb. 1: *Ganzheitliche Förderung durch Kooperation in der Sekundarstufe*

Förderung durch Kooperation

Rahmenbedingungen und unterstützende innerschulische Maßnahmen:

1. Schulleitung unterstützt die Förderung der Schüler.
2. Die Deutschlehrkräfte oder Legasthenie-Kontaktlehrkräfte führen zu Beginn des Schuljahres ein kurzes standardisiertes Rechtschreib-Screening mit allen Schülern der 5. Klassen durch. Kooperation mit Schulpsychologen.
3. Kurz danach: Elterninformationsabend: Die Legasthenie-Kontaktlehrkräfte und die Fachlehrkräfte (v. a. Deutsch und Fremdsprachen) führen mit dem Schulpsychologen einen Elternabend durch: Information über Legasthenie/Lese- und Rechtschreibschwäche, Nachteilsausgleich, Förder- und Therapiemöglichkeiten in der Schule und in der Region. Eingeladen werden alle Eltern, bei deren Kind nach den Ergebnissen des Screening-Verfahrens eine Legasthenie oder Lese- und Rechtschreibschwäche vorhanden sein könnte.
4. Schulpsychologe ist bei der Suche nach Diagnostikern (Kinder- und Jugendpsychiatern, Psychologischen Psychotherapeuten) zur Abklärung einer Legasthenie behilflich.
5. Schulpsychologe erhält zusätzliche Informationen von den Eltern (Eltern-Fragebogen, **s. Punkt 2.1.1,** S. 20).
6. Enge Zusammenarbeit der Legasthenie-Kontaktlehrkraft, mit dem Schulpsychologen, den Deutsch- und Fremdsprachen-Lehrkräften eines bestimmten Schülers, für den die Anerkennung einer Legasthenie/Lese- und Rechtschreibschwäche beantragt wurde und mit dessen Eltern. Fachlehrkräfte füllen den Kurzfragebogen für Lehrkräfte aus (**s. Punkt 2.1.2,** S. 22). Der Schulpsychologe bezieht diese Informationen bei seinen Entscheidungen mit ein.
7. „Informelle Gespräche im Lehrerzimmer" zwischen Legasthenie-Kontaktlehrkraft und Fachlehrkräften über Legasthenie und die Haltung gegenüber dieser Entwicklungsstörung. **Ziel:** Bei den Fachlehrkräften Bereitschaft zur Förderung stärken, ggf. Vorurteile abbauen.
8. Enge Zusammenarbeit zwischen Legasthenie-Kontaktlehrkraft, Schulpsychologen und Beratungslehrkraft. Sie bieten Fortbildung für Lehrkräfte an.
9. Legasthenie-Kontaktlehrkräfte führen einen Förderkurs für Schüler mit Lese- und Rechtschreibschwäche durch: max. 6 Schüler, 1 Doppelstunde pro Woche. Enger Kontakt mit den betroffenen Deutsch-Lehrkräften.
10. Legastheniker besuchen außerhalb der Schule eine gezielte Therapie. Schulpsychologe und/oder Legasthenie-Kontaktlehrkraft helfen bei der Suche nach einem Therapieplatz.
11. Zur gezielten Förderung wird der Kontakt und Austausch zwischen den unterrichtenden Lehrkräften und dem Therapeuten gesucht. Die Eltern entbinden die Kooperationspartner hierfür von ihrer Schweigepflicht.
12. Schulpsychologe und/oder die Legasthenie/Kontaktlehrkraft halten Kontakt mit dem Jugendamt (Finanzierung der Therapie – § 35a KJHG).

a) Förderung durch die Schulleitung

Für eine ganzheitliche Förderung ist die Einstellung der Schulleitung zum Thema Legastheniker an Gymnasium und Realschule von entscheidender Bedeutung. Dieser Punkt darf nicht unterschätzt werden. Wenn das Kollegium weiß, dass die Schulleitung Legasthenikern gegenüber positiv eingestellt ist, so wird sich diese Sicht langsam auch unter den Lehrkräften durchsetzen. Hilfreich ist in weiterführenden Schulen die Information, dass Legastheniker – legt man die Definition der Weltgesundheitsorganisation WHO zugrunde (s. **Abb. 2**) – zwar Schwierigkeiten im Lesen und/oder Rechtschreiben haben, dass sie jedoch intelligent sind und deshalb zu erwarten ist, dass sie an Gymnasium und Realschule bei entsprechender Förderung erfolgreich sein werden. Wenn sich diese Tatsache darüber hinaus auch noch in guten Noten in Mathematik, Physik, Chemie äußert, das heißt in Fächern, bei denen die Schriftsprache nicht so sehr im Vordergrund steht, fällt die Überzeugungsarbeit leichter.[8]

Lese- und Rechtschreibstörung
Definition:
Das Hauptmerkmal ist eine umschriebene und eindeutige Beeinträchtigung in der Entwicklung der Lesefertigkeiten, die nicht allein durch das Entwicklungsalter, durch Visusprobleme oder unangemessene Beschulung erklärbar ist.
Mit Lesestörungen gehen häufig Rechtschreibstörungen einher.
Die Lese- und Rechtschreibleistungen müssen unter dem Niveau liegen, das aufgrund des Alters, der allgemeinen Intelligenz und der Beschulung zu erwarten ist (F81.0 ICE 10 – WHO).

Abb. 2: *Definition der Lese- und Rechtschreibstörung der WHO nach ICD 10*

Eine positive Einstellung der Schulleitung zeigt sich z. B. bereits bei Aufnahmegesprächen. Aus bestimmten Äußerungen der Eltern kann der sensible Zuhörer erkennen, dass bei dem Kind vielleicht eine Legasthenie vorliegen könnte: „Mein Kind schreibt nicht gern, mündlich ist es viel besser, es ist sehr interessiert an vielem, vor allem an Mathematik und an Themen in Heimat- und Sachkunde – nur Schreiben mag es nicht." In diesem Beispiel wäre es sinnvoll, dass der Schulleiter den Eltern empfiehlt, sich mit dem Schulpsychologen in Verbindung zu setzen, damit eine genauere Untersuchung in die Wege geleitet werden kann und entsprechende Fördermaßnahmen frühzeitig vereinbart werden.

8 Sollte der Schulpsychologe feststellen, dass die Leistungen auch in diesen Fächern nicht dem Intelligenzniveau des Schülers entsprechen, wird er in Beratungsgesprächen mit Schüler, Eltern und Lehrkräften nach den Gründen dieses „underachievements" suchen und gemeinsam mit dem Schüler und den anderen Betroffenen entsprechende Lernstrategien erarbeiten. Häufig spornt den Schüler schon die Information an, dass er in diesen Fächern viel besser sein könnte.

Es stellt für Lehrkräfte, besonders in Deutsch und in den Fremdsprachen, eine besondere Belastung dar, wenn in einer Klasse viele Legastheniker zu unterrichten sind. Eine Unterstützung der Schulleitung kann dadurch zum Ausdruck kommen, dass diese Lehrkräfte bei anderen Gelegenheiten eine Entlastung erfahren (z. B. weniger Vertretungsstunden o. Ä.). Es ist ein großer Unterschied, ob die Lehrkraft vielleicht einen schlechten Deutschschüler in der Klasse hat oder z. B. fünf Legastheniker, die bis zu 150 Fehler und mehr im Deutschaufsatz schreiben. Die Anerkennung der Mehrbelastung durch die Schulleitung führt bei den betroffenen Kollegen auch eher zu einer akzeptierenden Haltung den legasthenen Schülern gegenüber, was wiederum die Anstrengungsbereitschaft und die Motivation bei den Schülern stärkt.
Die Haltung der Schulleitung ist auch für die Umsetzung des Nachteilsausgleichs von Bedeutung. Gerade auf dem Gebiet der Lese- und Rechtschreibschwäche bietet die KMBek viele Möglichkeiten, die gewährt werden können. Die Lehrkräfte werden eher den Empfehlungen des Schulpsychologen entsprechen, wenn sie wissen, dass die Schulleitung diese unterstützt. Selbst wenn der Nachteilsausgleich gewährt werden muss, die Einstellung der Lehrkraft und der Schulleitung gegenüber der Legasthenie spielt stets eine wichtige Rolle. Die Haltung drückt sich z. B. darin aus, ob die Lehrkraft den Schüler ermutigt, am Ball zu bleiben oder ob er ihn eher abwertet und kritisiert.
Und schließlich ist die Unterstützung der Schulleitung bei der Ernennung, Ausbildung und Unterstützung von Legasthenie-Kontaktlehrkräften vonnöten.

b) Förderung durch Legasthenie-Kontaktlehrkräfte

Wünschenswert ist es, dass es an jeder Schule zwei Legasthenie-Kontaktlehrkräfte, vorzugsweise eine Deutsch- und eine Fremdsprachenlehrkraft, gibt. Wenn eine dieser Personen eine qualifizierte Ausbildung als Beratungslehrkraft hat, wäre dies eine glückliche Fügung. In Fortbildungslehrgängen in der *Akademie für Lehrerfortbildung und Personalführung in Dillingen* werden Lehrgänge angeboten, die zu einem Zertifikat für Legasthenie-Kontaktlehrkräfte führen. Diese KollegInnen sind dann in ihrer Schule Ansprechpartner für alle Fragen, die Legasthenie oder Lese-Rechtschreibschwäche betreffen.
Sie halten engen Kontakt zum Schulpsychologen. Sie sind gewissermaßen das Bindeglied zwischen dem betroffenen Schüler, seinen Eltern und Lehrkräften, dem Schulpsychologen und der Schulleitung.
Schließlich führen sie die Förderkurse zur Verbesserung der Lese- und Rechtschreibfähigkeit durch, wenn die Schüler keine Therapie außerhalb der Schule besuchen können.
Die Kontaktlehrkräfte wissen über den Nachteilsausgleich und die vereinbarten Fördermaßnahmen bei den Legasthenikern und Schülern mit Lese-Rechtschreibschwäche Bescheid. Sie sind im Konfliktfall die ersten Vermittler und Ratgeber, die sowohl vom Schüler als auch von den Eltern oder den Lehrkräften eingeschaltet werden können. Es empfiehlt sich, dass die Kontaktlehrkräfte eine begleitende Supervision mit dem Schulpsychologen vereinbaren,

damit schwierige Situationen rechtzeitig reflektiert und gelöst werden können.
Ein Ziel der Legasthenie-Kontaktlehrkräfte ist es zunächst einmal, potentielle Legastheniker so früh wie möglich zu erkennen. In Grund- und Hauptschulen ist nach der Erfahrung der Autorin die Sensibilität für dieses Thema in letzter Zeit insgesamt gestiegen, jedoch noch sehr unterschiedlich ausgeprägt. Um eine Ungleichbehandlung der Schüler in Gymnasium und Realschule zu vermeiden, ist es wichtig, dass möglichst frühzeitig alle betroffenen Schüler erkannt werden, damit sie über eine fachgerechte Diagnostik eine gezielte Förderung und gegebenenfalls außerschulische Therapie erhalten.
Aus diesem Grund werden die Kontaktlehrkräfte – wenn möglich bereits unmittelbar nach dem Probeunterricht im Juni – alle Schüler der künftigen 5. Klassen zu einem Rechtschreib-Screening (Grobuntersuchung) in die weiterführende Schule einladen. Die Schüler lernen auf diese Weiseihre neue Schule schon einmal kennen und die Schule erhält frühzeitigeinen Überblick über die Rechtschreibleistung der neuen Schüler.
Bei der anschließenden Klasseneinteilung werden die Ergebnisse dieser Untersuchung insofern berücksichtigt, als die vermutlichen Legastheniker möglichst zahlengleich auf die verschiedenen Parallelklassen verteilt werden. **Es hat sich herausgestellt, dass in einer Klasse von 25 bis 30 Schülern die Zahl der Legastheniker nicht größer als vier sein sollte, da sonst vor allem die Deutsch- und Fremdsprachenlehrkräfte zu stark belastet sind.** Und: stark belastete Lehrer können den einzelnen Schülern nur schwer gerecht werden.
In der begrenzten Aufnahme von Legasthenikern zeigt sich also letztlich eine Wertschätzung diesen Schülern gegenüber.

c) Förderung durch Kooperation mit den Eltern

Wird bei einigen der künftigen Real- und Gymnasialschüler aufgrund des o. g. Rechtschreib-Screenings und eines Elternfragebogens (vgl. **2.1.1**, S. 20 f.) der Verdacht auf eine Legasthenie vermutet, können die Legasthenie-Kontaktlehrkräfte in Zusammenarbeit mit dem Schulpsychologen noch im Juli desselben Schuljahres – die Schüler besuchen immer noch die 4. Klasse Grundschule – die Eltern dieser Schüler zu einem Elternabend in die neue Schule einladen, bei dem auch die Eltern teilnehmen werden, bei deren Kindern eine Legasthenie bzw. Lese- oder Rechtschreibschwäche bereits in der Grundschule festgestellt worden ist.
Die Eltern erhalten auf diese Weise bereits zu diesem frühen Zeitpunkt wichtige Informationen über die Problematik der Legasthenie, über die besonderen Bestimmungen für Legastheniker an Gymnasien und Realschulen, über Möglichkeiten der schulischen Förderung und der außerschulischen Therapie (vgl. auch **Punkt 3.2.2 – Tipps für Eltern**, S. 72 ff.).
Der Schulpsychologe und die Legasthenie-Kontaktlehrkräfte besprechen mit den Eltern den Weg der Anerkennung einer Legasthenie oder Lese- und Rechtschreibschwäche.

Der Weg der Anerkennung
einer Legasthenie bzw. Lese- und Rechtschreibschwäche

1. Die Eltern stellen Antrag an die Schulleitung auf Anerkennung einer Legasthenie bzw. Lese- und Rechtschreibschwäche.
2. Die Eltern füllen Kurzfragebogen aus (**s. 2.1.1, S. 21**).
3. Die Eltern geben das ausführliche Gutachten einer anerkannten Fachkraft an den zuständigen Schulpsychologen (bei Legasthenie) oder aber – wenn der Schulpychologe anhand des Screenings und über das Anamnesegespräch erkennt, dass es sich um eine Lese- und Rechtschreibschwäche handeln könnte – der Schulpsychologe führt selbst die Untersuchungen durch, um dies abzuklären.
4. Nach der 1. Schulaufgabe in Deutsch und in den Fremdsprachen füllen die unterrichtenden Lehrkräfte den Kurzfragebogen aus (**s. 2.1.2**, S. 22).
5. Der Schulpsychologe erkennt Legasthenie bzw. Lese- und Rechtschreibschwäche an.
6. Er informiert die Schulleitung. Die Eltern und Lehrkräfte erhalten das Anerkennungsschreiben.
7. Die Schule/Lehrkräfte gewähren Nachteilsausgleich.
8. Der Schulpsychologe bespricht mögliche und nötige Fördermaßnahmen mit den Legasthenie-Kontaktlehrkräften der entsprechenden Schule bzw. mit den Lehrkräften des betroffenen Schülers.

Abb. 3: *Der Weg der Anerkennung einer Legasthenie bzw. einer Lese- und Rechtschreibschwäche*

Die Eltern können sich auch in Einzelgesprächen bei den Kontaktlehrkräften, beim Klassenleiter, bei den Fachlehrkräften Deutsch und Fremdsprachen, bei der Beratungslehrkraft und beim Schulpsychologen Rat und Unterstützung holen.

d) Förderung durch Kooperation aller Personen und Instanzen, die an der Feststellung einer Legasthenie beteiligt sind

Die Eltern werden Auskunft über die anerkannten Fachkräfte haben wollen, die eine Legasthenie feststellen können. Das sind (in Bayern) vor allem Kinder- und Jugendpsychiater, aber auch sozialpädiatrische und psychologische Fachkräfte.
Eine fundierte Diagnose ist wichtig. Zum einen stellt sie die Grundlage für eine gezielte Förderung und Therapie dar. Andererseits hängt davon die Übernahme der Therapiekosten durch Jugendhilfe oder Krankenkasse ab, und schließlich ist die Diagnose Voraussetzung für die Gewährung besonderer Hilfen und Maßnahmen bei der Leistungsfeststellung und -bewertung (Nachteilsausgleich) (vgl. **Kapitel 6**, S. 303).

Die Untersuchung einer Legasthenie orientiert sich an der „Multiaxialen Diagnostik“[9]:

Multiaxiale Diagnostik zur Feststellung der Legasthenie	
Zur Erstellung der Diagnose „Legasthenie“ sind folgende Bereiche zu untersuchen:	
Achse 1:	Untersuchungen und Angaben zum „Klinisch-psychiatrischen Syndrom“
Achse 2:	Angaben über „umschriebene Entwicklungsstörungen der schulischen Fertigkeiten“
Achse 3:	Angaben zum Intelligenzniveau
Achse 4:	Angaben zur körperlichen Symptomatik
Achse 5:	Angaben über „aktuelle abnorme psychische Umstände“
Achse 6:	Globalbeurteilung der psychosozialen Anpassung

Abb. 4: *Multiaxiale Diagnostik zur Feststellung der Legasthenie*

In einer ausführlichen Anamnese werden die Eltern zum bisherigen Entwicklungsverlauf befragt. Es ist abzuklären, ob die Lese- und Rechschreibstörungen möglicherweise andere Ursachen haben. Liegt vielleicht eine Aufmerksamkeitsstörung vor? Gibt es andere Familienmitglieder mit legasthenen Anzeichen? Gibt es andere Auffälligkeiten in der Familie? Wie verlief die schulische Entwicklung bisher?
Anschließend wird die Lese- und Rechtschreibfähigkeit untersucht, wozu auch die basalen Fähigkeiten, die für Lesen und Schreiben wichtig sind, gehören, wie z. B. die visuelle und auditive Wahrnehmung, die Sprachentwicklung, die Feinmotorik, das Kurzzeitgedächtnis. Die Untersuchung der Intelligenz des Kindes oder Jugendlichen gehört notwendig dazu (vgl. Definition der WHO, S. 88). Eine körperliche Symptomatik, wie Insuffizienz des Sehens und Hörens, muss ausgeschlossen werden. Und schließlich muss der emotionale und soziale Entwicklungsstand des Kindes untersucht und beurteilt werden.
Die Kosten dieser Untersuchung werden von den Krankenkassen übernommen. Die Kosten für das Gutachten, das Voraussetzung ist für die Bewilligung einer Therapie und Übernahme dieser Kosten, werden vom zuständigen Jugendamt getragen. Ein zusätzliches Attest für die Schule müssen die Eltern selbst bezahlen.
Der Schulpsychologe erhält das Attest und im Regelfall auch das Gutachten von den Eltern. Er wird sich nun mit den Legasthenie-Kontaktkräften der entsprechenden Schule in Verbindung setzen. Die unterrichtenden Lehrkräfte für Deutsch und Fremdsprachen füllen den Kurzfragebogen aus (vgl. **Punkt 2.1.2**, S. 22), sobald sie sich ein Bild von dem Schüler machen konnten. Das wird im Regelfall nach der ersten Schulaufgabe möglich sein.

9 Diese multiaxiale Diagnostik ist inzwischen für die Legastheniediagnose in Bayern vorgeschrieben (KMBek vom 11. 8. 2000).

Da die Legasthenie bis zum Schulabschluss anerkannt bleiben kann, ist der Schulpsychologe bemüht, sämtliche zur Verfügung stehenden Daten gemeinsam zu betrachten und zu bewerten:

1. Gutachten einer anerkannten Fachkraft
2. Elternfragebogen
3. Kurzfragebogen der Lehrkräfte
4. Schulhefte des Schülers
5. Anamnesegespräch mit den Eltern
6. Gespräch mit dem Schüler.

Die Anerkennung einer Lese- und Rechtschreibschwäche nimmt der Schulpsychologe allein vor. In diesem Fall führt er die erforderlichen Untersuchungen selbst durch und berät Eltern und Schüler. Er bescheinigt je nach Untersuchungsergebnis der Schule die Lese- und/oder Rechtschreibschwäche mit dem erforderlichen Förderbedarf.
Der Schulpsychologe informiert schließlich den zuständigen Schulleiter, dass bei einem bestimmten Schüler eine Legasthenie oder auch eine Lese- und Rechtschreibschwäche vorliegt und anerkannt worden ist. Der Schulleiter seinerseits unterrichtet alle Lehrkräfte über die in der Bescheinigung des Schulpsychologen aufgeführten Fördermaßnahmen und achtet auf deren Umsetzung sowie auf die Anwendung des Nachteilsausgleichs (vgl. **Punkt 6**, S. 303). Die Legasthenie-Kontaktlehrkräfte sind hierbei eine wichtige Unterstützung.

e) Förderung durch Kooperation mit den unterrichtenden Lehrkräften

Die wichtigste Säule der Förderung von Legasthenikern sind die Lehrkräfte, die den Schüler unterrichten. Und hier wiederum ist es nicht nur der vorgeschriebene Nachteilsausgleich, der bei der Leistungsfeststellung und -bewertung gewährt werden muss (vgl. **Kapitel 6**), sondern entscheidend ist auch die Haltung und die Einstellung gegenüber dem Thema Legasthenie und gegenüber den Legasthenikern.
Den Legasthenie-Kontaktlehrkräften kommt hier wiederum eine wichtige Rolle zu. Sie sind es, die zum Kollegium allgemein und zu den unterrichtenden Fachlehrkräften im Besonderen einen persönlichen Kontakt herstellen. Sie werden sich für die Leistungen des betroffenen Schülers interessieren und vor allem auch das Augenmerk der Lehrkräfte auf die Stärken des Legasthenikers lenken. Eine Gelegenheit zur Klärung von Fragen bieten die so genannten „Tür-und-Angel-Gespräche" z. B. in den Pausen im Lehrerzimmer: eine nicht zu unterschätzende Möglichkeit, um kurzfristig miteinander in Kontakt zu kommen und sich gegenseitig zu unterstützen.
Hierbei ist Gesprächsführungskompetenz von Bedeutung. Die Kontaktlehrkräfte werden jegliches besserwisserisches Verhalten vermeiden und bei allem den Schwerpunkt auf unterstützende Kooperation legen. Diese Bemerkung erscheint möglicherweise selbstverständlich, jedoch ist diese Haltung von zentraler Bedeutung, deshalb sei hier besonders darauf verwiesen.

Die Kontaktlehrkräfte werden in Zusammenarbeit mit dem Schulpsychologen Fortbildungen für das Kollegium organisieren. Fortbildungen über Ursachen und Erscheinungsformen der Legasthenie, über so genannte Sekundärsymptome, wie z. B. Motivationsprobleme, Ängste, Resignation, aber auch über die Stärken von Legasthenikern und nicht zuletzt über den Nachteilsausgleich bei der Leistungsfeststellung und -bewertung werden angeboten, und der Besuch von der Schulleitung dringend empfohlen. **Anlage 2** (S. 101) zeigt den möglichen Ablauf eines pädagogischen Tages.
Ein weiteres Thema der Fortbildung wird auch die Einstellung der Lehrkräfte gegenüber Legasthenikern sein. Legastheniker sind weder dumm noch faul – selbst wenn das gelegentlich so erscheinen mag. Die mangelnde Anstrengungsbereitschaft ist häufig schon eine Folge der vielen Misserfolgserlebnisse und der Erfahrung, dass alles Lernen sich ja doch nicht in einer besseren Note auswirkt.
Die Haltung der Lehrkräfte zeigt sich deutlich in den Bemerkungen, die sie unter Schulaufgaben schreiben. Im Folgenden werden einige Beispiele aufgeführt, die dem Schüler konstruktive Rückmeldung über seinen Leistungsstand geben und ihn trotzdem ermutigt „am Ball zu bleiben". Grundsatz sollte sein: Vergleiche die Leistungen eines Schülers immer mit seinen früheren, nie mit denen der anderen Schüler in der Klasse (**Anlage 1**).

Beispiele für Bemerkungen unter Schulaufgaben von Legasthenikern

- Deutsch-Aufsatz, Persönlicher Brief, 5. Klasse Gymnasium:
„Du bemühst dich zwar um verschiedene Themen, allerdings wäre da noch einiges auszubauen gewesen. Auch die äußere Form deines Briefes wird den Empfänger sicher verstören. Erfreulich dagegen ist, dass du deine niedrigste Fünft-Klass-Fehlerzahl (35 R!) erreicht hast. Jetzt geht es darum, deine prima Entwicklung durch regelmäßige und beharrliche Arbeit in der 6. Klasse weiterzuführen. Alles klar, M.? Ohne Berücksichtigung der Rechtschreibfehler ist die Gesamtleistung ausreichend."

- Deutsch-Aufsatz, Vorgangsbeschreibung, 6. Klasse Gymnasium:
„Abgesehen von kleinen Ungenauigkeiten erweist du dich als wahrer Küchenprofi, das ist schön! Inhaltlich gibt es also wenig zu kritisieren, die äußere Form deiner Arbeit ist manchmal etwas merkwürdig.
Im Bereich der Sprachrichtigkeit heißt die Devise nach wie vor: Kampf dem Rechtschreibfehler! Es kommen wieder sehr viele zusammen (80 % der Gesamtfehlerzahl), aber eines hat sich im Lauf des Schuljahres verändert: Dein Schreibstil ist präziser geworden, prima!
Fazit: Auch im kommenden Schuljahr gilt es, möglichst genau hinzuschauen und beharrlich zu trainieren, in Ordnung?
Ohne Berücksichtigung der Rechtschreibfehler ist die Gesamtleistung zufrieden stellend. Schön, D.!"

- Deutsch-Aufsatz, Erörterung, 9. Klasse Gymnasium:
„Deine Gliederung ist formal weitgehend in Ordnung, hätte jedoch an ein

paar Stellen präziser formuliert werden können. An deinen Ausführungen fällt als Erstes auf, dass sie arg kurz sind. Zudem versäumst du es weitgehend, die Themafrage ausreichend zu beantworten, und so kann man lediglich eine gelungene Passage registrieren. Auch die Einleitung und der Schluss sind schreibtechnisch noch nicht in Ordnung.
Mit der Rechtschreibung (Fehleranteil 50%) bin ich gar nicht unzufrieden, ins Auge sticht vielmehr dein Hang zu Wiederholungen. Aber es sind keine sprachlichen Gründe, sondern die erheblichen inhaltlichen Schwächen, die zu dem Gesamturteil ‚mangelhaft' führen.
Das ist kein Beinbruch, B., wenn man daraus die richtigen Konsequenzen zieht, in Ordnung?"

- Der gleiche Schüler: Englisch-Schulaufgabe, 9. Klasse Gymnasium, Note 6:

„B., keine Ausflüchte: du hast nicht einmal deine Vokabeln gelernt!!"

- Der gleiche Schüler, ½ Jahr später: Englisch-Schulaufgabe, 9. Klasse Gymnasium, Note 4:

„Ein gewaltiger Schritt nach vorne, prima!"

- Englisch-Schulaufgabe, 7. Klasse Gymnasium:

„Du blickst eigentlich durch, also lerne jetzt mal die Wörter gründlicher!"

- Französisch-Schulaufgabe, 9. Klasse Gymnasium, Note 5 (vorher 2×6):

„Trotz der Note: deutliche Verbesserung (Fehleranzahl). Weiter so, T.!"

- Der gleiche Schüler, Englisch-Schulaufgabe, Note 2 (vorher 3):

„You have made some progress!"

- Deutsch-Aufsatz, Begründete Stellungnahme, 8. Klasse Gymnasium, Note 4:

„M., dein Aufsatz zeigt, dass du dich um eine sachgerecht ‚Begründete Stellungnahme' bemüht hast, es gelang dir jedoch nur teilweise, sinnvolle Argumente in der richtigen Reihenfolge zusammenzustellen. Bezüglich der Gliederung wären Ergänzungen nötig, um Unklarheiten zu beseitigen. Deine Ausführung enthält auch gelungene Passagen, wurde aber vor allem bezüglich der Einleitung und des Schlussteils ungeschickt abgefasst. Einige Grammatik-, Ausdrucks-, Satzzeichen- und Rechtschreibfehler beeinträchtigen den sprachlichen Gesamteindruck, wobei die zuletzt genannten Fehler wegen der LEG-Regelung nicht gewertet werden. Schade, dass diesmal etliche inhaltliche Schwächen vorliegen, obwohl du dich so fleißig vorbereitet und deine sprachlichen Schwächen weiter verbessert hast!"

Manche Deutsch-Lehrkräfte lassen Legastheniker ihre „Lieblingsfehler" im Aufsatz suchen, die die Schüler trainieren sollen. In manchen Aufsätzen gibt es bis zu 150 Fehler, die sich bei Legasthenikern aufgrund der Besonderheit dieser Störung auch bei nochmaligem Abschreiben des Aufsatzes nicht verringern würden. Die Fehlerverbesserung muss gezielt sein, sie muss die Grundsätze des Schriftspracherwerbs berücksichtigen (vgl. **Punkt 1.1**, S. 8 ff.) und nach lernpsychologischen Gesichtspunkten aufgebaut sein.

Besonders effektiv ist es, wenn die Deutsch- und Fremdsprachenlehrkräfte mit den Legasthenikern Sondervereinbarungen für schriftliches Üben treffen. Wenn der Schüler eine außerschulische Therapie besucht, ist es trotzdem wichtig, dass er mindestens an 4 Tagen pro Woche selbstständig etwas schreibt, z. B. einen Punkt aus einer Gliederung, die im Unterricht erarbeitet worden ist, schriftlich ausarbeitet. Hintergrund dieser Maßnahme ist, dass gerade legasthene Schüler an Gymnasium und Realschule besonderes Training beim schriftlichen Formulieren brauchen. Schonung ist hier der falsche Weg. Selbstverständlich ist pädagogisches Geschick hierfür unabdingbar. Anerkennung der Mühe und Ermutigung dürfen nicht fehlen (vgl. auch **Punkt 3.2.2**, S. 72 ff., – Tipps für Lehrkräfte).
Last but not least – der Klassenleiter, aber auch jede andere Lehrkraft, die in der Klasse unterrichtet, wird darauf achten, dass Legastheniker gut in die Klasse integriert sind und nicht ausgelacht werden. Manche Eltern verzichten auf die Anerkennung einer Legasthenie aus Angst, dass dies ihr Kind zum Außenseiter stempeln könnte (!). Auch in der Literatur wird beschrieben , dass Legastheniker öfter ausgelacht werden, sich einsam fühlen und keine Freunde finden (*Schenk-Danzinger* 1984, 81).
Es gibt viele Gelegenheiten im Unterricht, um hier gegenzusteuern. Bereits beim ersten Screening-Verfahren im Juni (noch im 4. Schuljahr), das alle Schüler mitschreiben, kann über Legasthenie gesprochen werden. Hilfreich ist, wie schon erwähnt, der Hinweis auf die Stärken der Legastheniker, also auf ihre meist gute bis überdurchschnittliche logische Denkfähigkeit. Je offener über das Thema gesprochen wird, desto selbstverständlicher wird es. Wer z. B. kurzsichtig ist, braucht eine Brille, Legastheniker und lese-rechtschreibschwache Schüler brauchen verstärktes Training im Lesen und Rechtschreiben. Das ist keine Schande. Zur Versachlichung kann auch der Hinweis beitragen, dass etwa 3–5 Prozent aller Schüler davon betroffen sind. Es ist gut, wenn man es erkannt hat, damit die richtigen Maßnahmen eingeleitet werden können. Und mit Dummheit oder sonstigen negativen Ereignissen hat das nichts zu tun. Bei den Schülern kann so von Anfang an Verständnis für die Verschiedenartigkeit der Mitschüler geweckt werden.
Wenn die Legastheniker erleben, dass sie von den Mitschülern und von den Lehrkräften trotz ihrer Legasthenie akzeptiert werden, wirkt sich das positiv auf ihr Selbstwertgefühl aus, das häufig aufgrund der langen Misserfolge beeinträchtigt ist. Und: **Selbstbewusste Kinder lernen besser** (*Endres* u. *Bernhard* 1992, 79).
Selbstverständlich hat jedes legasthene Kind – wie jeder andere Schüler auch – jederzeit die Möglichkeit, sich beim Beratungslehrer oder Schulpsychologen einen Termin für Einzelgespräche zu holen. Häufig geht es hier auch um das Thema Prüfungsangst, die aufgrund der bisherigen Misserfolgserlebnisse meist höher ist als bei anderen Schülern. Der Schüler lernt ein Entspannungstraining gekoppelt mit einem mentalen Training, das er zu Hause und in den Prüfungen einsetzen kann. Hier ist eine Tonkassette hilfreich, die speziell für Schüler zur Bewältigung von Nervosität bei Klassenarbeiten entwickelt wurde (*Richter* u. *Pieritz* 1996).

f) Förderkurs für lese- und rechtschreibschwache Schüler

Wenn keine Therapie durch das Jugendamt bewilligt worden ist, ist es sinnvoll, dass der lese-rechtschreibschwache Schüler an einem Förderkurs teilnimmt, der von einer Legasthenie-Kontaktlehrkraft gehalten wird. Er sollte für jeweils 6 Schüler pro Kurs angeboten werden, damit individuelles Arbeiten möglich ist.
Da hierüber an anderer Stelle dieses Buches Näheres geschrieben wurde (s. **Punkt 3.2**, S. 62 ff.), kann ich mich hier kurz fassen. Schöne Anregungen für den Stundenaufbau finden sich auch bei *Reuter-Liehr* und *Wagner* (s. **Punkt 4.1**, S. 192 ff.). An dieser Stelle sei lediglich noch einmal darauf hingewiesen, dass auch hierfür der enge Kontakt zwischen Förderkurslehrkraft und Deutsch-Lehrkraft absolut unabdingbar ist, damit die Schüler von den gelernten Kursinhalten im Unterricht profitieren können und sie erkennen, dass sich ihr Einsatz lohnt.

g) Förderung durch Kooperation mit dem Jugendamt

Wird eine außerschulische Therapie für notwendig erachtet, so muss für die Kostenübernahme vom Kinder- und Jugendpsychiater oder einer anderen sozialpädiatrischen oder psychologischen Fachkraft ein Gutachten erstellt werden (vgl. **Punkt d**, S. 91). Da die Kosten nur übernommen werden, wenn eine seelische Behinderung als Folge der Legasthenie vorhanden ist oder droht, muss im Gutachten zu dieser Frage Stellung bezogen werden. § 35a Abs. 1 des Kinder- und Jugendhilfegesetzes KJHG besagt: „Kinder und Jugendliche, die seelisch behindert oder von einer solchen Behinderung bedroht sind, haben Anspruch auf Eingliederungshilfe. Die Hilfe wird nach dem Bedarf im Einzelfall in ambulanter Form (oder) in Tageseinrichtungen für Kinder ... geleistet" (KJHG 1996, 1998).
Zur Frage der „seelischen Behinderung" sei angeführt, dass bei Legasthenikern durch die Diskrepanz zwischen Intelligenz- und Rechtschreibleistung in der Regel hohe emotionale Spannungen bestehen. Das Kind erlebt sich einerseits als intelligent, versteht vieles sehr schnell, vielleicht schneller als andere, und andererseits erlebt es ständig Misserfolge im schriftlichen Bereich. Die Gefahr einer seelischen Behinderung ist also groß.
Die therapeutische Indikation ist dabei im Einzelfall nicht ausschließlich auf die im bayerischen Erlass eng definierte Legasthenie beschränkt, auch bei Schülern mit einer Lese- und Rechtschreibschwäche kann ein „soziales Integrationsrisiko" bestehen, d. h. die Therapiekosten werden in diesem Fall i. d. R. ebenfalls übernommen.

h) Förderung durch Kooperation mit dem Legasthenie-Therapeuten

Bei der Suche nach einem geeigneten Legasthenietherapeuten muss der Schulpsychologe die Persönlichkeit und den methodischen Schwerpunkt des Therapeuten mit der Persönlichkeit des Schülers und mit dessen besonderen Schwierigkeiten in Einklang bringen. Der Schulpsychologe sollte mit dem Therapeuten in enger Verbindung stehen, damit ein fortlaufender Austausch über die kogni-

tive, soziale und emotionale Entwicklung des Kindes und über den Fortschritt der Therapie erfolgen kann.
So erhalten die Therapeuten oft wichtige Informationen über den Schüler aus schulischer Sicht, umgekehrt bekommt der Schulpsychologe auch wertvolle Hinweise über das Kind und die familiäre Situation, die sich erst aus einer intensiven Arbeit mit dem Kind und seiner Familie erkennen lassen. Diese Informationen bilden eine ergänzende Grundlage für Beratungsgespräche, die der Schulpsychologe mit Lehrkräften und Eltern führt. Im Mittelpunkt steht stets das Wohl des Kindes, wobei es selbstverständlich ist, dass hierbei die Fragen des Amtsgeheimnisses und der Schweigepflicht beachtet werden müssen.
Eine weitere Voraussetzung für den Erfolg der Therapie ist die gute Zusammenarbeit des Therapeuten mit den Lehrkräften, die den Schüler unterrichten. Die Legasthenie-Kontaktlehrkräfte können hierfür in Zusammenarbeit mit dem Schulpsychologen zu einem Rund-Tisch-Gespräch einladen, bei dem je nach Fragestellung der Klassenleiter und/oder die Deutsch- und Fremdsprachenlehrkraft, der Schüler, die Eltern und der Therapeut teilnehmen und so gezielte Interventionen vereinbart werden können.

i) Netz der Förderung durch Kooperation

Für eine sinnvolle Betreuung der Legastheniker und für den schulischen Erfolg sollten also alle beteiligten Personen, Personengruppen und Institutionen zusammenarbeiten, um gemeinsam eine adäquate Förderung für den Schüler zu erreichen. Das nachfolgende Netz soll dies veranschaulichen.

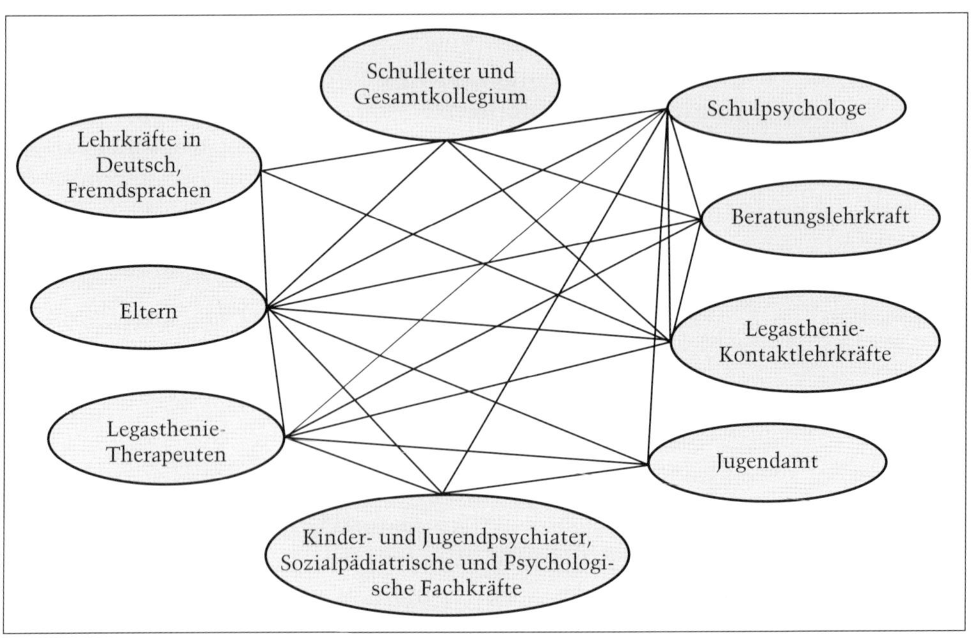

Abb. 5: *Netz der Förderung durch Kooperation*

3.3.4 Resümee

Wenn die Rahmenbedingungen in der Schule günstig sind, der Nachteilsausgleich bei der Leistungsfeststellung und -bewertung gewährt wird, die Haltung gegenüber Legasthenikern in der ganzen Schule förderlich ist und schließlich geeignete Förderung und Therapie eingeleitet und durchgeführt werden, dann haben Legastheniker und lese-rechtschreibschwache Schüler am Gymnasium und in der Realschule die besten Chancen. Diese Menschen können Berufe erlernen, die ihren Fähigkeiten und Stärken entsprechen. Rechnet man die gesellschaftlichen Langzeit-Folgekosten bei nicht erkannter und nicht behandelter Legasthenie mit ein – die Arbeitslosenquote und Zahl der Gesetzesübertreter ist bei dieser Gruppe signifikant höher (*Esser* 1999) –, dann beinhaltet die KMBek letztendlich eine große Chance zur Kostenreduzierung. Die Mehrkosten, die durch Therapie und z. B. durch zusätzliche Planstellen für Schulpsychologen und Legasthenie-Kontaktlehrkräfte entstehen, werden so gesamtgesellschaftlich wieder eingespart.

Schulinterne Fortbildung zum Thema „LEGASTHENIE“

Das Wichtigste für legasthene Kinder ist, dass allmählich wieder das Selbstbewusstsein stabilisiert wird, und sie Zuversicht schöpfen können.

SIE WOLLEN, ABER KÖNNEN NOCH NICHT

Sie können sich verbessern, wenn sie – aber gleichermaßen auch die Eltern und Lehrer – davon **überzeugt** sind, dass es viel bringt, regelmäßig und über einen langen Zeitraum hinweg zusätzlich gezielt zu arbeiten (d. h. **auch** therapeutische Hilfe in Anspruch zu nehmen). Auf diesem Weg müssen sie mit viel Frustrationen fertig werden, da sie zusätzlich arbeiten, ohne dass sich dies zunächst auf die Noten niederschlägt.

Was kann ich als Pädagoge für Legastheniker tun?

(als Ergänzung zur Arbeit von *Günther Will* – vgl. **Punkt 3.7**, S. 162 ff.)

Hier einige Anregungen für

den pädagogischen Bereich

- gezielt nach Stärken schauen
- fördern, loben
- im Elterngespräch vorhandene Fähigkeiten ansprechen:
  Was selbstverständlich klingt, ist oft notwendig, da nicht selten in den Familien die schriftlichen Misserfolge des Kindes und die daraus resultierenden Enttäuschungen den Blick für seine Stärken zugestellt haben.
- Leselust wecken, z. B. durch Berichte von eigenen spannenden Leseerfahrungen (vgl. Lesespaß – **Punkt 3.4,** S. 102 ff.).
- Ist der Kontakt zu dem Schüler sehr gut, kann auch seine Legasthenie/LRS direkt ein Thema sein (oberstes Ziel: dazu motivieren, dranzubleiben).

Lehrkräfte im Fach Deutsch

- sich den Blick auch für kleinste Fortschritte bewahren und diese *im Kommentar ansprechen.*
- sollte einmal nichts festzustellen sein oder Sie haben das Gefühl, der Schüler fängt an zu schlampen, formulieren Sie eine Enttäuschung und verweisen dann auf frühere Fortschritte.

Ermunterung, dass es sich lohnt am Ball zu bleiben

- Immer wieder dazu anhalten, die Fehlerschwerpunkte zu analysieren und zu studieren.
- Ab und zu (nicht regelmäßig) Lob für die vom Schüler geleistete Zusatzarbeit.
- (Sollte es nötig sein), im Elterngespräch eingangs genannte Zusammenhänge darlegen.
- Ab und zu den Kontakt mit dem jeweiligen Therapeuten halten.
- Sehr bewährt hat sich die Übertragung „semi-literarischer“ Sonderaufgaben an Legastheniker z. B.:
  - Assistent in der Freiarbeit
  - Bibliothekar der Klassenbücherei
- Legastheniker sind dankbar für Leseanreize und Empfehlungen!
- Legastheniker und LRS-Kinder lechzen besonders danach, im Kommentar von Dingen, die sie gut gemacht haben, zu lesen (im Übrigen auch deren Eltern!). Die Besprechung der (oft katastrophalen) Rechtschreibung sowie die Verbesserungsratschläge sollten also nicht mehr als die Hälfte des Kommentars ausmachen.
- Wenn Sie das Gefühl haben, da verschanzt sich einer hinter seinem Gutachten („ich brauch's ja gar nicht können!“), sprechen Sie das erst mit ihm durch, auch mit den Eltern, den Legasthenie-Kontaktlehrkräften und den Schulpsychologen.
- Genügend Zeit beim Schreiben lassen!

Anlage 1: Autor: Heijo Marx

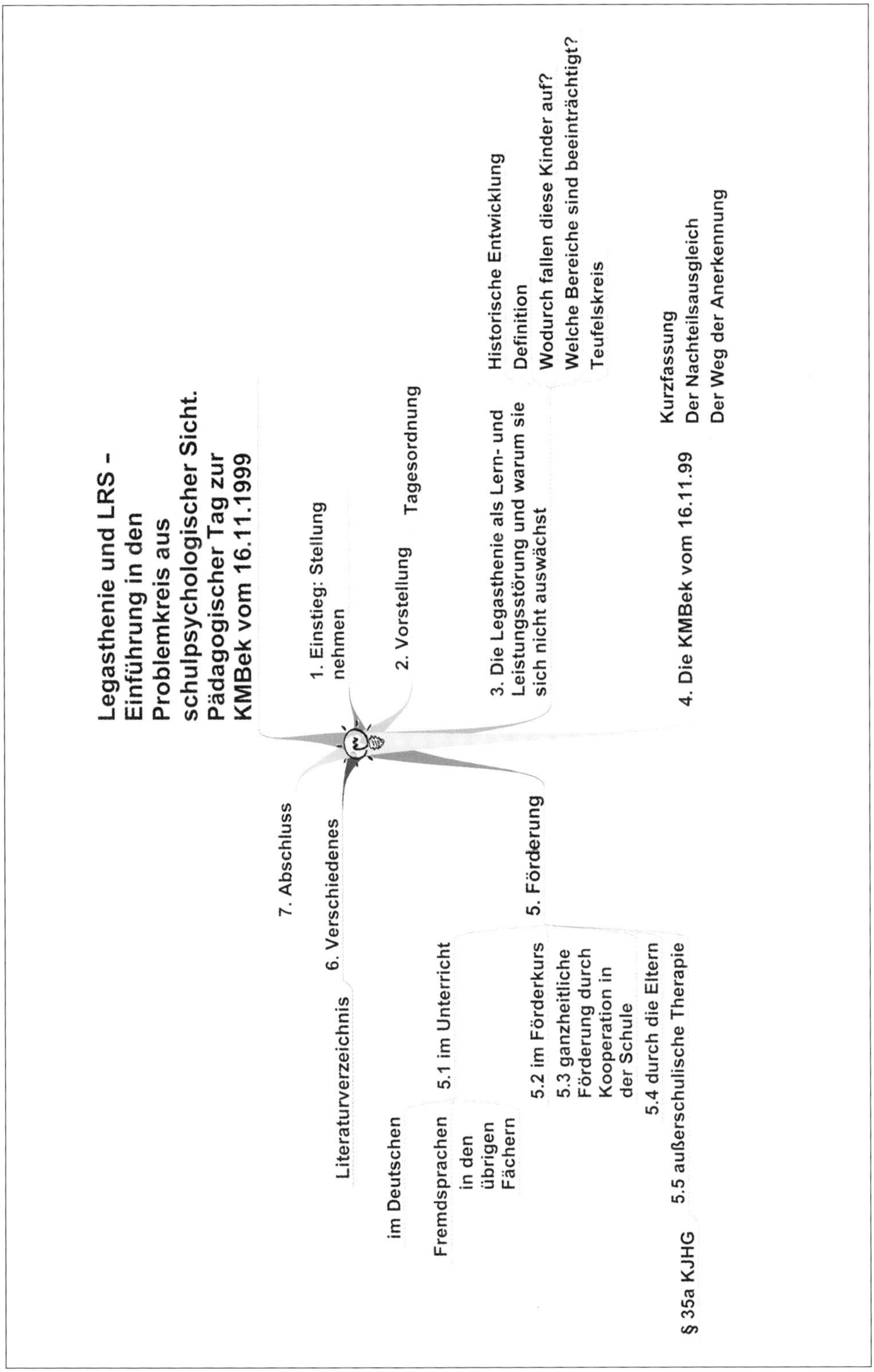
Legasthenie und LRS -
Einführung in den
Problemkreis aus
schulpsychologischer Sicht.
Pädagogischer Tag zur
KMBek vom 16.11.1999
1. Einstieg: Stellung nehmen
2. Vorstellung
Tagesordnung
3. Die Legasthenie als Lern- und Leistungsstörung und warum sie sich nicht auswächst
Historische Entwicklung
Definition
Wodurch fallen diese Kinder auf?
Welche Bereiche sind beeinträchtigt?
Teufelskreis
4. Die KMBek vom 16.11.99
Kurzfassung
Der Nachteilsausgleich
Der Weg der Anerkennung
5. Förderung
5.1 im Unterricht
im Deutschen
Fremdsprachen
in den übrigen Fächern
5.2 im Förderkurs
5.3 ganzheitliche Förderung durch Kooperation in der Schule
5.4 durch die Eltern
5.5 außerschulische Therapie
§ 35a KJHG
6. Verschiedenes
Literaturverzeichnis
7. Abschluss

Anlage 2

Dr. Gero Tacke

3.4 Wie bringt man Kinder und Jugendliche zum Lesen?

Die PISA-Studie (*Artelt, Stanat, Schneider & Schiefele,* 2001) hat ergeben, dass fast 10 Prozent der 15-jährigen Schüler nicht in der Lage sind, selbst einfachste Texte zu lesen. Zusätzliche 12 Prozent liegen unter dem Niveau, das von Experten als Minimum der Lesekompetenz eingeschätzt wird. Auf diesem Hintergrund kann es für die Schule und die betroffenen Eltern kaum etwas Dringlicheres geben als die Förderung des Lesens.

3.4.1 Die Ausgangslage

Ein wesentlicher Grund für schwache Leseleistungen dürfte ein zu geringes Lektüreaufkommen sein. In der PISA-Studie haben 42 Prozent der deutschen Schüler angegeben, sie würden in ihrer Freizeit nicht zum Vergnügen lesen. In einer Befragung der *Stiftung Lesen* (2002) stellte sich zudem heraus, dass die Häufigkeit des Lesens (nicht nur bei Jugendlichen) in den letzten Jahren abgenommen hat. Während 1992 noch 16 Prozent der Bevölkerung angaben, täglich in einem Buch zu lesen, waren es 2001 nur noch 6 Prozent. Besorgnis erregend sind vor allem die Unterschiede zwischen Viel- und Weniglesern. Wie dramatisch die Differenzen sind, zeigt eine amerikanische Erhebung (*Anderson, Wilson & Fielding,* 1988). Demnach lesen die lesefreudigsten (zehn Prozent der Fünftklässler) außerhalb der Schule etwa fünfzigmal soviel wie die zehn Prozent, die am wenigsten lesen. Überträgt man dieses Verhältnis auf die Geschwindigkeit, mit der man sich fortbewegen kann, so entspricht das dem Unterschied zwischen einem Fahrradfahrer und jemandem, der mit einem Flugzeug unterwegs ist, das schneller fliegt als der Schall.
Erfreulicherweise hat sich eine Reihe von Institutionen zum Ziel gesetzt, dem Problem abzuhelfen. Eine der bedeutendsten, die *Stiftung Lesen,* bemüht sich darum, „Kindern und Jugendlichen verstärkt das Erlebnis des Lesens zu vermitteln". In ähnlicher Weise versucht die *Bertelsmann Stiftung* die Schüler „ans Buch zu bringen". Dieselbe Absicht verfolgen weitere Einrichtungen wie der **Börsenverein** des **Deutschen Buchhandels**, die **Arbeitsgemeinschaft Jugendliteratur und Medien der Gewerkschaft Erziehung und Wissenschaft** und viele auf lokaler Ebene tätige Initiativen. Sie alle offerieren eine Vielzahl von Veranstaltungen: Buchausstellungen, Lesewettbewerbe, Autorenlesungen, Bibliotheksführungen, bei denen die Bücherei als Erlebnisraum entdeckt werden soll, Lesenächte, literarische Ausflüge usw. (vgl. z. B. *Stiftung Lesen*, 1996).
So löblich und begrüßenswert diese Bemühungen sind, sie gehen an den eigentlichen Adressaten vorbei: den Schülern, denen das Lesen schwer fällt. Der Grund dafür liegt in der Konzeption, mit der Neuleser gewonnen werden sollen. Die Leseförderung wird weniger von den Fähigkeiten der Schüler als von ihrer Motivation her begriffen.
Dementsprechend legt man den Schwerpunkt der Maßnahmen nicht auf die Verbesserung der Lesefertigkeit, sondern das Lesen soll als ein Mittel zur Kommuni-

kation erfahrbar gemacht werden. Lesen und Schreiben eignen sich Kinder aus dieser Perspektive durch eine persönliche Auseinandersetzung mit der Schriftsprache an. Wenn Schüler nicht zu Büchern greifen, liegt das daran, dass ihnen einschlägige Erfahrungen fehlen. Will man sie zum Lesen bringen, so muss man sie neugierig auf Texte machen, zu denen sie einen individuellen Bezug aufbauen können (vgl. z. B. *Widmann*, 1995).
Dass es Schüler gibt, die nicht lesen, weil sie Bücher für langweilig halten, ist unbestreitbar. Insofern sind Veranstaltungen zur Anregung der Lesemotivation durchaus angemessen und hilfreich. Wie aber verhält es sich mit Nicht-Lesern, deren Lesefertigkeit nur unvollkommen ausgebildet ist? Auch diese Kinder und Jugendliche sollen über die Inhalte von Büchern angesprochen werden. Macht man ihnen – so die Annahme – Lektüreangebote, die ihrer Interessen- und Bedürfnislage entsprechen, so werden sie die zum Entziffern der Texte erforderliche Mühe und Anstrengung auf sich nehmen.
Diese an sich sehr schöne Idee erweist sich in der Realität jedoch als zu optimistisch. Eine Untersuchung der Universität Wien (*Klicpera, Gasteiger-Klicpera & Schabmann,* 1993) macht deutlich, dass Lesen für die betroffenen Schüler Schwerarbeit ist. Es stellte sich heraus, dass die 15 Prozent der schlechtesten Leser am Ende der vierten Klasse in etwa so gut lesen konnten wie durchschnittliche Schüler am Ende der ersten Klasse. Noch ungünstiger sieht es in der achten Klasse der Hauptschule aus. Hier liegen die schwächsten Leser etwa sechs Jahre in der Leseentwicklung zurück, d. h. sie sind kaum über das Niveau von Zweitklässlern hinausgekommen. Dementsprechend ist es nicht verwunderlich, dass ca. 60 Prozent der leseschwachen Achtklässler angaben, Bücher seien oft zu schwierig geschrieben und das Lesen sei ihnen auf die Dauer zu anstrengend. Macht man diese Schüler auf Texte neugierig und greifen sie dann tatsächlich zu einem Buch, so ist der Misserfolg vorprogrammiert. Nach kurzer Zeit geben sie das ganze Unterfangen als zu mühevoll und als aussichtslos auf. Der Mangel an Lektüre geht bei solchen Kindern und Jugendlichen nicht primär auf eine zu geringe Motivation zurück, sondern auf das Unvermögen, flüssig lesen zu können. Durch das ständige Scheitern wird das Interesse an Büchern immer wieder untergraben. Um nicht fortwährend mit ihrer Beeinträchtigung konfrontiert zu werden, versuchen die Kinder alles zu vermeiden, was auch nur entfernt mit Lesen zu tun hat. Dadurch fehlt es ihnen an der Übung, die notwendig ist, um ein kompetenter Leser zu werden. Man kann diesen Sachverhalt auch so ausdrücken: Die Schüler lesen nicht, weil es ihnen schwer fällt und es fällt ihnen schwer, weil sie nicht lesen.

3.4.2 Forschungsergebnisse zur Verbesserung der Leseleistung

In den letzten Jahren hat die Forschung zum Schriftspracherwerb wichtige neue Erkenntnisse hervorgebracht und vor allem auch mit einigen weit verbreiteten Irrtümern aufgeräumt (vgl. z. B. *Scheerer-Neumann,* 2001; *Valtin,* 2000). Früher hat man angenommen, die Lese-Rechtschreibschwäche hinge wesentlich mit Störungen der Raumwahrnehmung, der visuellen Unterscheidungsfähigkeit und

Diktatleistungen entsteht bei Eltern und Schülern ein Druck, der zu einer Bündelung der Kräfte auf die Orthographie führt. **Für das schulische und später das berufliche Fortkommen ist das Lesen aber sehr viel bedeutsamer. Die Eltern darauf immer wieder aufmerksam zu machen, sollte ein wesentliches Element der Leseförderung sein.**

Im Verlauf der Schulzeit spielt neben speziellen Leseübungen und dem lauten Vorlesen die selbstständige Lektüre eine zunehmend wichtige Rolle. Um die Schüler möglichst wenig Misserfolgserlebnissen auszusetzen, sollten sie mit Büchern versorgt werden, die leicht zu lesen sind. Forschungsarbeiten haben ergeben, dass sich die Leseschwierigkeit von Texten vor allem an drei Merkmalen bemisst (vgl. *Bamberger* & *Vanacek*, 1984):

- Häufigkeit von seltenen Worten
- Häufigkeit von langen Wörtern
- Länge der Sätze

Ein Text ist umso leichter zu lesen, je weniger seltene und lange Wörter er enthält und je kürzer die Sätze sind. Bedauerlicherweise gibt es solche Bücher kaum. Sehr oft hat man den Eindruck, dass die Autoren sich um genau das Gegenteil bemühen: Ihre Texte sind vollgestopft mit schwer lesbaren Wörtern. So kommen z. B. in einer Kinderbuchreihe mit dem Titel „Erster Lesespaß" Wörter vor wie „inspizieren, Dutt, hager, schrillen, ausgezehrt, (er) spann, schlaksig, panisch, johlend, Dynamit". Noch schwieriger wird es bei Komposita: geistesgegenwärtig, Spinnwebenbett, Plastikfläschchen, Schmollwinkel, Verdauungsschlaf, Tintenvorräte, Rüschenkleid. Die Häufung solcher Wörter ist keineswegs eine Ausnahme. In einem anderen, ebenfalls für Leseanfänger vorgesehenen Buch finden sich: Hexenlexikon, Riesenwünsche, phantastisch, Fußballclown, papperlapapp, herumwimmelte. Der weitaus größte Teil der Bücher für Leseanfänger ist in diesem Stil geschrieben. Für leseschwache Schüler sind sie bis hinauf in die Sekundarstufe unlesbar. Zu den wenigen leicht lesbaren Büchern, die ich gefunden habe, gehören folgende:

Meier, J. und *Henze, D.*, Kleine Detektivgeschichten. arsEdition, München **(geeignet für Zweit- und Drittklässler)**;
Sharmat, M.W., Nick Nase und die Geister. Ravensburger Buchverlag, Ravensburg **(geeignet für Dritt- und Viertklässler)**;
Lembcke, M., Die Nacht der sieben Wünsche. Gabriel-Verlag, Wien **(geeignet für Fünftklässler)**;
Thenior, R., Bleichgesicht. Ravensburger Buchverlag, Ravensburg **(geeignet für Sechst- und Siebtklässler)**

► Weitere Hinweise auf geeignete Texte finden sich in Bibliographien zu leicht lesbaren Büchern (*Drecoll* & *Kuhlmann*, 1989; *Budweg* & *Schins*, 1992; *Wespel*, 1998).

Autoren, vor allem von belletristischen Texten, bevorzugen ungewöhnliche und seltene Wörter, weil man dadurch einer Geschichte oder einer sachlichen Darstellung Farbigkeit und eine individuelle Note verleihen kann. Dennoch: Will man leseschwache Kinder und Jugendliche erreichen, muss man konsequent darauf verzichten. Als Faustregel kann gelten: Die Rate der falsch gelesenen Wörter sollte bei der Zielgruppe eines Buches fünf Prozent nicht überschreiten, d. h. ein Lesefehler sollte im Schnitt bei höchstens jedem 20. Wort auftreten.

Noch etwas ist zu beachten, wenn man Kinder zum Lesen hinführen möchte: Der Geschmack Erwachsener unterscheidet sich ganz erheblich von dem, was Kinder mögen. Anspruchsvolle Erwachsene bevorzugen Literatur, die nachdenklich macht und die die Welt aus einer ungewöhnlichen, möglicherweise gebrochenen Perspektive schildert. Beliebt sind auch feinsinniger Humor und Anklänge von Ironie. All das kommt bei Kindern nicht an. Beschreibungen, Reflexionen und Personencharakterisierungen finden sie langweilig und ihr Humor ist eher einfacher Natur. Sie finden es komisch, wenn jemand stolpert, in ein Loch fällt oder sich den Kopf anstößt. Subtile Pointen und Anspielungen brauchen Kinder nicht, denn sie verstehen sie oft gar nicht. Besonders attraktiv ist ein Buch für Kinder und Jugendliche, wenn es spannend ist. Zu diesem Zweck muss es handlungsstark sein und gleich zur Sache kommen. Gedankenreiche Umwege sollten nach Möglichkeit vermieden werden.

Wohlgemerkt: Kinder und Jugendliche sollen anspruchsvolle, zum Nachdenken anregende Bücher lesen. Aber das ist das Ziel. Der Weg dorthin führt über leicht zu lesende, spannende, unmittelbar ansprechende Texte. Berührungsängste mit Trivialliteratur sind dabei völlig fehl am Platz.

Was ist zu tun, um die außerschulische Lektüre von Kindern und Jugendlichen zu fördern, die sich mit dem Lesen schwer tun?

Zielführend wäre eine Art Offensive zur Lesequalifizierung, bei der Institutionen wie die *Stiftung Lesen* und ähnliche Einrichtungen eine wichtige Rolle übernehmen könnten. Im Einzelnen erscheinen folgende Aktivitäten Erfolg versprechend:

1. Bücher für Kinder und Jugendliche sollten systematisch auf ihre Leseschwierigkeit hin analysiert werden. Für leicht zu lesende und gleichzeitig motivierende Bücher sollte verstärkt Werbung getrieben werden. Die wenigen bisher erschienenen einschlägigen Bibliographien liegen teilweise schon recht weit zurück. Zudem sind sie kaum bekannt. Weil Kinder- und Jugendbücher sehr schnell aus dem Handel genommen werden, sind viele der aufgeführten Bücher nicht mehr erhältlich. Die Bibliographien sollten ständig aktualisiert und vor allem stärker im Bewusstsein der interessierten Öffentlichkeit verankert werden.
2. In einer Untersuchung konnte lediglich sechs von 210 analysierten Texten das Attribut „sehr gut geeignet" zugesprochen werden (vgl. *Bamberger* & *Vanacek,* 1984). Die Auswahlmöglichkeiten an brauchbaren Titeln sind insbesondere für ältere Kinder und für Jugendliche stark eingeschränkt. Deswegen sollten Kinderbuchautoren durch entsprechende Anreize (z. B. durch die Ausschreibung von Preisen) animiert werden, gezielt Texte für leseschwache Kinder zu schreiben.

3. Die Eltern der betroffenen Schüler sollten verstärkt darauf hingewiesen werden, dass spezielle Leseübungen und die Lektüre von Texten so lange erforderlich sind, bis die Kinder ohne große Mühe flüssig lesen können.
4. Wenn Eltern Bücher für ihre Kinder kaufen oder ausleihen, lassen sie sich oft von Buchhändlern bzw. Bibliothekaren beraten. Die Empfehlungen, die sie bekommen, sind in der Regel ausschließlich am Inhalt der Bücher und nicht an der Leseschwierigkeit orientiert. **Aus diesem Grund sollten Buchhändler und Bibliothekare mit den Problemen leseschwacher Schüler vertraut gemacht und mit Bibliographien geeigneter Bücher versorgt werden.**
5. Manche Eltern sind (aus welchen Gründen auch immer) nicht dazu in der Lage, ihren Sprösslingen eine ausreichende Leseförderung angedeihen zu lassen. Um auch diese Kinder zu versorgen, könnte man versuchen (möglicherweise mit ehrenamtlichen Helfern) eine kontinuierliche Lesebetreuung zu organisieren. Wenn leseschwache Schüler vier- bis fünfmal pro Woche jeweils 10 bis 15 Minuten mit einem solchen Helfer üben bzw. ihm vorlesen, so wäre schon viel erreicht. Die Erfolgsaussichten einer solchen Unternehmung wären sehr gut. Eine Studie (*Vellutino* et al. 1996) zeigt, dass leseschwache Schüler durch eine systematische Förderung von vier bis sechs Monaten Dauer zu zwei Dritteln auf ein Niveau gebracht werden können, das dem Durchschnitt der Altersgruppe entspricht oder sogar darüber liegt.
6. Die Einrichtung einer Lesehilfe käme vor allem auch Schülern zugute, die zu Hause nicht Deutsch sprechen. Die sprachliche Förderung dieser Kinder und Jugendlichen ist besonders dringlich, weil nur so die Voraussetzungen für ihre gesellschaftliche Integration und ihren beruflichen Aufstieg geschaffen werden können.
7. Ein großes Vorbild für eine Offensive zur Lesequalifizierung könnte der *America Reads Challenge Act* (ARC) sein, der im Jahre 1997 von der Regierung der USA initiiert worden ist. Das Ziel: Am Ende der dritten Klasse soll jedes Kind in der Lage sein, Texte flüssig und mit Verständnis zu lesen. Erreicht werden soll das Ziel durch die Einbindung der Eltern und die Unterstützung von freiwilligen Helfern.

Die Befunde der PISA-Studie machen deutlich, dass ein Hauptaugenmerk der Leseförderung bei den schwachen Grundschülern, den Hauptschülern und den schwachen Realschülern liegen muss. Will man diese Schüler für die Anforderungen des Berufslebens und für das lebenslange Lernen fit machen, so ist die Vermittlung einer ausreichenden Lesefähigkeit unabdingbare Voraussetzung.

Alexander Geist

3.5 Rechtschreibunterricht an weiterführenden Schulen – Probleme und Lösungsmöglichkeiten

Der Autor ist Deutschlehrer und Schulpsychologe zugleich. Das bewirkte von zwei Seiten her sehr früh eine Sensibilisierung für die enormen Rechtschreibprobleme von Schüler Grundlage der folgenden Ausführungen sind meine Erfahrungen als Schulpsychologe im Rahmen der Begutachtung und Förderung rechtschreibschwacher Schüler (und zwar nicht erst seit Erscheinen der bayerischen Legasthenie-Verordnung 1998, sondern schon seit ca. 1993) und zugleich die Erfahrungen als Deutschlehrer in allen Jahrgangsstufen eines Gymnasiums, insbesondere jedoch die in 5. und 6. Klassen gesammelten und reflektierten Erfahrungswerte.

Der Aufsatz besteht aus drei Teilen:

- (I) Zunächst werden die Ergebnisse von Rechtschreibreihenuntersuchungen dargestellt, die belegen, dass die Rechtschreibkenntnisse von Schülern tatsächlich wesentlich schlechter sind als vor vierzig Jahren.
- (II) Danach werden Hypothesen formuliert, wie das desaströse Absinken der Rechtschreibleistungen zu erklären sein könnte. (Dabei trete ich vielen auf die Füße, aber ich denke, dass hier monokausale Erklärungen nicht greifen.)
- (III) Schließlich wird ein Unterrichtsversuch vorgestellt, den ich zwei Jahre lang in einer 5./6. Klasse durchgeführt habe. Ich versuchte hier, neue (in gewissem Sinne auch uralte!) Wege des Rechtschreibunterrichts zu wählen. Der insgesamt positive Verlauf wird über Evaluationsdaten aus Rechtschreibreihenuntersuchungen belegt.

Ich beziehe mich bei meinen Darlegungen zwar zunächst primär auf das Gymnasium, cum granu salis gelten sie natürlich aber auch für die Realschule.

3.5.1 „Die Rechtschreibleistungen von Schülern werden immer schlechter" – tumbe Kulturkritik oder beweisbarer Erfahrungswert?

Zum Standardrepertoire der Klagen von Deutschlehrkräften gehört die Aussage, dass die Rechtschreibleistungen von Schülern immer schlechter würden. Lange Zeit wertete ich dies als Teil der weit verbreiteten allgemeinen Kulturkritik, wonach einfach alles bergab gehe. Solche Aussagen, denen ich eigentlich stets sehr kritisch-ablehnend gegenüberstehe, sowie meine eigenen Erfahrungen mit den schlechten Rechtschreibleistungen in fünften Klassen animierten mich dazu, das Problem wissenschaftlich anzugehen: Ich entschloss mich, in allen fünften Klassen meiner damaligen Schule sowie einer Nachbarschule eine Rechtschreib-Reihenuntersuchung durchzuführen und wiederholte das später nochmals (zur Überprüfung der Repräsentativität) an der Schule, an die ich inzwischen gewechselt war, sowie wiederum an deren Nachbarschule.

Zum Einsatz kamen zwei Tests:

- Zum einen wurde der RST 4+ verwendet. Es handelt sich um einen Rechtschreibtest, der ca. 40 Jahre alt ist. Er bot (über die Normierung) die Möglichkeit, die Rechtschreibleistungen der Schüler von heute an den Leistungen jener Schülergeneration zu messen, die orthographisch angeblich wesentlich sicherer war. Schon bei der bloßen Durchsicht des Tests, der die Form eines Lückendiktats hat, und der einzusetzenden 100 Wörter erkennt man ein hohes Anspruchsniveau. Die Leistungen der Schüler der Normstichprobe aus der Zeit der frühen Sechzigerjahre verteilten sich allerdings normal – zu damaligen Zeiten war der Test mithin keinesfalls zu schwierig. Dabei bestand die Vergleichsstichprobe aus Schülern am Ende der 4. Jahrgangsstufe, also vor dem Übertritt an weiterführende Schulen. Bei der aktuellen Untersuchung wurden Gymnasiasten zu Beginn der 5. Jahrgangsstufe (im Oktober bzw. November dieser Jahrgangsstufe) getestet.
- Der zweite Test war der auch heute noch in der Einzelfalldiagnostik regelmäßig eingesetzte WRT 4/5, der zu Beginn der Achtzigerjahre normiert wurde. Bei diesem Test müssen 34 Wörter in Lücken eingesetzt werden. Als Vergleichswert wurden die Prozentränge herangezogen, die für Gymnasiasten zu Beginn der 5. Jahrgangsstufe gelten.

Zum Verständnis noch eine Erklärung des Begriffs Prozentrang: Es handelt sich um ein statistisches Maß, das die Einordnung der Leistung eines Kindes in die Vergleichsgruppe erlaubt. Ein (extremer) Prozentrang von 0 würde bedeuten, dass alle anderen Kinder der Vergleichsgruppe besser abgeschnitten hätten, ein Prozentrang von 100, dass alle anderen Kinder schlechtere Leistungen gebracht haben. Ein Prozentrang von z. B. 40 bedeutet: 39% der Kinder haben schlechter abgeschnitten, 60% besser. Oder ein anderes Beispiel: Ein Prozentrang von 70 bedeutet: 29% haben besser abgeschnitten, 70% schlechter.
Da sich die von mir gewonnenen Ergebnisse zwischen den einbezogenen Gymnasien und Testjahrgängen nicht wesentlich unterscheiden, wird hier nur die der letzten und damit aktuellen Testung vorgestellt (s. **Tab. 1a und 1b**; Anmerkung: Aus Gründen des Datenschutzes wurden die Klassenkennbuchstaben [5a, 5b usw.] verändert.).

Gymnasium A Herbst 2001 Rechtschreibreihentestung 5. Jahrgangsstufe (N = 231 Schüler)				
Klasse	RST 4+		WRT 4/5	
	Fehlerzahl	Prozentrang	Fehlerzahl	Prozentrang
5a	27,63	53,47	6,07	48,38
5b	30,83	48,2	6,59	46,21
5c	27,54	56,39	6,11	52,71
5d	27,59	55,17	6,67	49,94
5e	31,68	49,61	9,07	40,93
5f	32,97	45,23	6,52	46,94
5g	30,28	49,44	7,53	40,28
5h	30,04	49,32	7,26	42,85
Gesamt (Durchschnitt)	**29,85**	**50,79**	**6,97**	**45,84**

Tab. 1a

Gymnasium B Herbst 2001 Rechtschreibreihentestung 5. Jahrgangsstufe (N = 168 Schüler)				
Klasse	RST 4+		WRT 4/5	
	Fehlerzahl	Prozentrang	Fehlerzahl	Prozentrang
5a	35,79	40,50	9,82	28,66
5b	36,00	48,68	9,68	39,24
5c	35,81	40,85	10,00	25,41
5d	39,65	37,16	7,35	42,00
5e	35,87	41,97	8,20	39,63
5f	35,65	41,62	9,04	33,50
Gesamt (Durchschnitt)	**36,10**	**41,11**	**8,85**	**34,54**

Tab. 1b

Die Ergebnisse verdeutlichen einiges:

- Zwischen den beiden Schulen besteht zwar ein gewisser Unterschied, er ist aber statistisch noch nicht bedeutsam. Die hier skizzierte Bandbreite in Bezug auf die durchschnittliche Leistung der Jahrgänge (zwischen den Prozenträngen 40 und 50 beim RST) bzw. Klassen (zwischen den Prozenträngen 37 und 56 beim RST) entspricht dem, was bei sämtlichen Testungen der letzten Jahre beobachtet werden konnte.
- Die Tabellen verdeutlichen, dass die Leistungen der Schüler von Gymnasien tatsächlich innerhalb von 40 Jahren erheblich gesunken sind. Der Mittelwert ihrer Leistungen im RST liegt in etwa zwischen den Prozenträngen 40 und 50 und die Bandbreite bei den einzelnen Schülern umfasst sage und schreibe das ganze Spektrum von 0 bis 100; die Verteilung der Werte entspricht einer Normalverteilung. Das heißt: Die Gymnasiasten, von denen man eigentlich erwarten würde, dass sie sich wenigstens im oberen Drittel der Leistungsbandbreite konzentrieren, verteilen sich heute über das ganze mögliche Leistungsspektrum der Zeit von vor 40 Jahren.
- Gegenüber der Vergleichsgruppe vom Anfang der Achtzigerjahre (WRT 4/5) ist ebenfalls ein Absinken der mittleren Leistung festzustellen, wenngleich ein weniger starkes.
- Betrachtet man beide Ergebnisse zusammen, kann man schlussfolgern, dass der eigentliche Einbruch der Rechtschreibleistungen zwischen ca. 1960 und ca. 1980 erfolgte; seither sinken die Leistungen zwar noch ab, aber weniger gravierend.

Die Ergebnisse decken sich im Übrigen mit denen einer anderen Studie, die mir erst später bekannt wurde (*Zerahn-Hartung* u. a., o. J.). Dort bediente man sich des Rechtschreibtests R-T Form C „Moselfahrt" (*Althoff* u. a., 1974) und überprüfte 1995 die Leistung an 592 16–30-Jährigen.
Nun könnte man einwenden, dass Rechtschreibleistungen und Intelligenz nicht miteinander korrelieren würden, wie es regelmäßig in der Fachliteratur zu lesen ist, dass also auch bei Gymnasiasten zu erwarten ist, dass sie sich über das ganze Leistungsspektrum verteilen. Das heißt, der Verfall der Rechtschreibkenntnisse sei über den oben beschriebenen Weg nicht beweisbar, denn auch Anfang der Sechziger- bzw. Achtzigerjahre sei anzunehmen, dass sich die Rechtschreibleistungen der Gymnasiasten über das ganze mögliche Spektrum verteilt habe. Aber schon ein Blick auf die unterschiedlichen Normentabellen der Schüler verschiedener Schularten bei Tests (z. B. WRT 4/5, WRT 6+, RST 6-7) macht deutlich, dass die orthographischen Leistungen je nach Schulart extrem voneinander abweichen. Beispielsweise darf beim WRT 6+ ein Schüler des Gymnasiums am Ende der 5. Jgst. nur 11 Fehler machen, um einen Prozentrang von 50 in seiner schulartbezogenen Vergleichsgruppe (d. h. den Gymnasiasten) zu erhalten, ein Realschüler 14 (Vergleichsgruppe Realschüler), während ein Hauptschüler immerhin noch mit 24 Fehlern als „Mr. Durchschnitt" (= Prozentrang 50) gilt (Vergleichsgruppe Hauptschüler).

Fazit: Die Leistungen von Gymnasiasten sind tatsächlich deutlich niedriger als vor 40 Jahren. Natürlich müsste man – um die These des allgemeinen Verfalls der Rechtschreibleistungen zu verifizieren – streng genommen nun auch Realschüler und Hauptschüler mit einem Sechziger-Jahre-Test wie dem RST 4+ testen, aber dies konnte nicht nur aus materiellen Gründen bislang nicht durchgeführt werden, sondern auch aus einem anderen Grunde: Bei Kontakten mit unterrichtserfahrenen Kollegen aus diesen Schularten zu dem Thema wurde schnell deutlich, dass der RST 4+ die Schüler von Haupt- und Realschulen massiv überfordern würde. An normalen Hauptschulen sei die Administration dieses umfangreichen Tests überhaupt nicht denkbar, so einige Kollegen, die in dieser Schulart unterrichten.
Wie kommt es nun, dass die orthographischen Leistungen von Schüler immer mehr absinken, die in Intelligenztests aber immer mehr steigen (vgl. *Zerahn-Hartung* u. a. [o. J.]; dort auch weiterführende Literatur zu diesem Schereneffekt)? Systematische Studien zum Thema „Gründe für den Verfall der Rechtschreibkenntnisse" sind mir nicht bekannt. Von daher verstehen sich die folgenden Ausführungen im **Punkt 3.5.2** auch ganz bewusst nur als Hypothesen. Ihre Plausibilität beweist sich allerdings über die Schlussfolgerungen und Erfahrungen, die ich in **Punkt 3.5.3** referiere.

3.5.2 Mutmaßungen über die Gründe für den Verfall der Rechtschreibkenntnisse

Angenommen, die durchschnittlichen Rechtschreibleistungen der gesamten Altersgruppe der 10–11-Jährigen wäre noch niedriger als die der Gymnasiasten, wie sie in den **Tabellen 1** dokumentiert sind (und diese Annahme ist sehr plausibel!): Das würde bedeuten, dass nach den üblichen diagnostischen Kriterien und gemessen am Leistungslevel der Sechzigerjahre ca. 30–40 % eines heutigen Jahrgangs als Legastheniker bzw. rechtschreibschwache Schüler zu klassifizieren wären. Heißt das nun, dass in den letzten vierzig Jahren eine genetische Negativ-Revolution stattgefunden hat? Das ist sicher nicht anzunehmen. Die Gründe für die Probleme sind nicht genetisch, sondern „hausgemacht", d. h. in der Schule produziert, die freilich auch Opfer politischer und gesellschaftlicher Forderungen und Erwartungen ist.
Soweit es Bayern und seine Grundschulen betrifft, bedürfen die folgenden Ausführungen freilich einer Einschränkung: Die Aussagen beziehen sich auf die bisherige didaktische Situation an den Grundschulen. Seit dem Schuljahr 2001/02 gilt nämlich ein völlig neuer Lehrplan, der den Rechtschreibunterricht völlig neu und in einer mindestens von der Idee her sehr überzeugenden Weise gestaltet.
Um dem Leser einen Überblick zu verschaffen, sind die im Folgenden ausführlicher erläuterten Hypothesen in **Tabelle 2** zusammengefasst:

A) Reduzierte Bedeutsamkeit des Rechtschreibunterrichts
Hypothese 1: Der quantitative Anteil des Rechtschreibunterrichts hat in den letzten Jahrzehnten an Grundschulen wie Gymnasien erheblich abgenommen.
Hypothese 2: Rechtschreibung hat in der veröffentlichten Meinung einen immer geringeren Stellenwert.
Hypothese 3: Da richtiges Schreiben an der Grundschule nur im Rechtschreibunterricht bewertet wird, sind es die ans Gymnasium übertretenden Schüler nicht gewohnt, auch in Aufsätzen auf die Orthographie zu achten.
B) Didaktische und methodische Fehlentwicklungen
Hypothese 4: Die bisher dominierende Unterrichtsmethodik an Grundschulen (Grundwortschatz, Üben nach dem Paradigma der Wortbildtheorie) ist lernpsychologisch unzulänglich und vermittelt den Kindern keine Orientierung im Urwald der Wörter.
Hypothese 5: Die an den Gymnasien dominierende kontrastive Rechtschreibmethodik ist gedächtnispsychologisch unzulänglich und überfordert die Kinder.
Hypothese 6: Ein lern- und gedächtnispsychologischer systematischer Rechtschreibkursus ist der kommunikativen Didaktik zum Opfer gefallen.
Hypothese 7: Ein lern- und gedächtnispsychologisch sowie sachstrukturell unreflektierter Einsatz der Spielmethodik verschlechtert Rechtschreibkenntnisse statt sie zu fördern.
Hypothese 8: Der übermäßige Einsatz von Arbeitsblättern reduziert die Schreibpraxis der Kinder und damit die Möglichkeit, richtiges Schreiben zu trainieren.
Hypothese 9: Die bislang an Grundschulen dominierende Nachschriftenmethodik lässt Rechtschreibschwächen nicht erkennen.
Hypothese 10: Die Zusammenführung der für einen durchdachten Rechtschreibunterricht relevanten Befunde aus den einschlägigen Wissenschaften erfolgt nicht; der Praktiker kann dieses Defizit nicht ausgleichen.
Hypothese 11: Gymnasiallehrkräfte wurden nie darin ausgebildet, Kindern mit Rechtschreibproblemen wissenschaftlich fundierte und zugleich praktikable Ratschläge zu geben. Die auf den psychologischen Alltagstheorien der Lehrkräfte fußenden Tipps wirken oft genug sogar kontraproduktiv.

Tab. 2

a) Reduzierte Bedeutsamkeit des Rechtschreibunterrichts

Zu Hypothese 1

Der quantitative Anteil des Rechtschreibunterrichts am Gesamtunterricht hat in den letzten Jahrzehnten sowohl an Grundschulen als auch an Gymnasien erheblich abgenommen. In den Grundschulen wurden über Jahre die Stunden für den sog. grundständigen Unterricht reduziert (eine sehr schwache Gegenbewegung wurde erst vor kurzem eingeleitet). An Gymnasien gab und gibt es zwar keine vorgeschriebene Stundenaufteilung innerhalb des Faches Deutsch auf die verschiedenen Teilgebiete (Rechtschreibung, Grammatik, Aufsatz, Literatur), aber de facto (gesteuert über die Erwartungen von Ausbildern im Referendariat wie später über die der Schulleiter bei der Regelbeurteilung) und erkennbar am quantitativen Anteil entsprechender Kapitel in den Sprachbüchern von früher und heute spielt etwas Unspektakuläres und gängigen didaktischen Forderungen nicht Entsprechendes wie der systematische Rechtschreibunterricht eine untergeordnete Rolle.

Diese Situation ist Teilaspekt des allgemein zu Recht beklagten Umstandes, dass Lehrpläne sich seit zwei Jahrzehnten nicht mehr auf das Wesentliche konzentrieren, sondern überfüllt sind. Das gilt für das Gymnasium genauso wie für die Grundschule. Man betrachte nur einmal, wie viele Dinge die Kleinen in Heimat- und Sachkunde zu lernen haben – vieles davon tauchte eine Generation vorher erst in höheren Klassen auf. Natürlich wird das Wissen ständig umfangreicher, aber die Lösung dieses Problems kann sicher nicht darin bestehen, die Lehrpläne immer früher mit immer mehr Gegenständen vollzustopfen. „Multum, non multa" wäre das Gebot der Stunde, aber das scheitert spätestens immer dann, wenn Politiker – aufgescheucht durch Klagen eines Wirtschaftsvertreters oder durch Studien wie TIMS und PISA – im Schnellschussverfahren reagieren und wieder einen neuen Gegenstand in die schulischen Lehrpläne drücken. Anschaulich wird dies, wenn man einmal die sog. zweite Lehrplanebene für bayerische Gymnasien betrachtet – was sollen die Schulen nicht alles gleichzeitig und nebenbei (beschönigt über die Vokabeln „lehrplanübergreifend" bzw. „integriert") vermitteln.

Schule wird den Wettlauf mit der Wissensexplosion nie gewinnen können; die bewusste Reduktion auf Grundfertigkeiten und -wissen tut Not und ist der einzige Ausweg.

Zu Hypothese 2

Die Einstellung der Öffentlichkeit gegenüber Rechtschreibleistungen hat sich erheblich geändert. Gehörte früher (in sicher übertriebenem Maße) die orthographische Sicherheit zum Ausweis gymnasialer Bildung (bzw. von Bildung überhaupt), so wird sie inzwischen in der veröffentlichten Meinung als bedeutungslos abgetan; die von mir ansonsten sehr geschätzte Rechtschreibreform tat hier ihr Übriges. Ich betone „veröffentlichte Meinung", weil ich aus meiner schulpsychologischen Arbeit im Rahmen der Berufswahlvorbereitung sehr wohl weiß, dass Arbeitgeber in den vielen Berufen, die einen starken schriftlichen

Kundenkontakt aufweisen, sehr wohl auf orthographische Sicherheit Wert legen.
Die zahlreichen Rechtschreibfehler in Zeitungen und Zeitschriften spiegeln dabei die herabgesetzte Bedeutsamkeit der Orthographie wider.

Zu Hypothese 3

Für Gymnasiasten ergibt sich noch eine spezielle Spannung daraus, dass die Bedeutung von Rechtschreibung zwischen Grundschule und Gymnasium erheblich divergiert. Das richtige Schreiben wird in der Grundschule nur im Rahmen des Rechtschreibunterrichts erwartet; Rechtschreibfehler in Aufsätzen zählen bei der Bewertung nicht mit. Wechselt ein Grundschüler ans Gymnasium, muss er plötzlich und unvermittelt feststellen, dass richtiges Schreiben auch in Aufsätzen – als zentraler Prüfungsform des Deutschunterrichts am Gymnasium – erwartet wird. Wie soll ein kleiner Kopf sich innerhalb von zwei Monaten so massiv umstellen? Dazu kommt, dass eben auch an Gymnasien der umfassende und systematische Rechtschreibunterricht eher ein randständiges Dasein fristet; die Fünftklässler sollen einfach die Fähigkeit richtig zu schreiben mitbringen, so die Erwartung vieler gymnasialer Deutschlehrkräfte. Die Schuldzuweisung erfolgt nun nach dem üblichen Muster: Die Gymnasiallehrkräfte verlangen von Grundschullehrern, dass diese den Kleinen mehr Rechtschreibfähigkeiten beibringen; und die Grundschullehrkräfte meinen, dass sie nicht dazu da seien, die Kinder auf die (orthographischen) Anforderungen am Gymnasium vorzubereiten, das solle das Gymnasium selbst erledigen. Den Kindern hilft dies alles nicht, sie ernten nur schlechte Noten und sind bezüglich des Faches Deutsch verunsichert und frustriert.

b) Didaktische und methodische Fehlentwicklungen

Zu Hypothese 4

In der Grundschule orientiert(e) man sich an einem Grundwortschatz. Die Vermittlung erfolgt (in Bayern: bis jetzt) – betrachtet man das übliche Unterrichtsmaterial – dergestalt, dass man die Wörter in kleinen Gruppen zusammengefasst trainiert; Hinweise auf Regeln und Gesetze der Rechtschreibung erfolgen in der Praxis (nicht vielleicht in der Theorie) allenfalls am Rande, wenn überhaupt. Beweisbar ist diese Aussage dadurch, dass man die Schüler in der 5. Klasse eines Gymnasiums nach bisher gelernten Regeln fragt – das Ergebnis ist im Regelfall eine große Leere.
Für den Durchschnittsschüler (also den, der sich dank einer speziellen Begabung nicht jedes Wort automatisch einprägt) entsteht bei der Grundwortschatzmethode der Eindruck: „Wie man schreibt, ist zufällig und willkürlich. Man muss sich jedes Wort einzeln einprägen." Dahinter steht didaktisch-psychologisch die längst überholte Theorie, dass man sich die Schreibung eines Wortes über ein Wortbild einprägt, also auf dem symbolisch-visuellen Kanal. Wenn ein Schüler nun auf diesem Kanal nicht stark ist, wird er zwangsläufig in orthogra-

phische Kalamitäten kommen. Dass man ein ck nur nach einem kurzen Vokal schreibt, erfährt er (meist) nicht. Wenn er es wüsste, könnte er jedoch nicht nur die k-Laute in Wörtern des Grundwortschatzes richtig schreiben, sondern auch die in anderen Wörtern.
Die Erwartung, einen breiten Wortschatz anzuwenden und richtig zu schreiben, besteht aber an höheren Schulen. Weder wissen die Schüler, wie sie diese nicht im Grundwortschatz enthaltenen Wörter schreiben sollen, noch kennen die Lehrkräfte, die die Aufsätze beurteilen, den Grundwortschatz. Wie auch immer – die Schüler zahlen die Zeche.
Als jemand, der in den 60er-Jahren die Grundschule besuchte, erinnere ich mich noch sehr gut, dass Rechtschreibunterricht damals in der Vermittlung von Regeln bestand, nicht in der Vermittlung eines Grundwortschatzes. Damit war ich zweifellos besser für den Besuch des Gymnasiums präpariert, als Grundschüler es heute sind.
Nun ist der Einwand sicher gerechtfertigt, dass die Mehrzahl der Grundschüler damals wie heute nicht über das Ausmaß an abstraktem Denken verfügt, das erforderlich ist, Regeln bewusst zu verstehen und anzuwenden. Aber ein mindestens implizites Regelwissen lässt sich ebenso zweifellos dadurch erreichen, dass man schon in der Grundschule den Grundwortschatz systematischer vermittelt, zum Beispiel dadurch, dass in einer Unterrichtseinheit gezielte Wörter mit ck behandelt werden – und nicht ein buntes Sammelsurium von Wörtern mit allen möglichen Rechtschreibschwierigkeiten.
Gott sei Dank haben die in Bayern für die Grundschule Verantwortlichen die dargestellten didaktischen Fehlwege erkannt und den Grundschullehrplan einer gründlichen Revision unterzogen.

Zu Hypothese 5

Doch die didaktischen Irrwege sind (waren) nicht nur an Grundschulen zu finden, sondern auch an Gymnasien.
Dem im Gymnasium dominierenden rationalen Menschenbild folgend und sicher von der Didaktik der Fremdsprachen geprägt, herrscht beim Rechtschreibunterricht der kontrastive Ansatz vor, und zwar nicht nur bei der Einführung eines Rechtschreibthemas, wo dieses Vorgehen ja sinnvoll und notwendig ist, sondern auch und gerade bei den Übungen. Diese bestehen dann – am Beispiel der Frage „k oder ck?“ – im Regelfall aus Texten, in denen man entscheiden muss, welche der beiden Schreibweisen korrekt ist. Ohnehin rechtschreibsichere Kinder haben damit kein Problem – das Gros aber, dem die Rechtschreibung nicht einfach zufällt, oder gar die rechtschreibschwachen Kinder kommen jetzt erst recht durcheinander. Als Lehrer macht man doch häufig die Erfahrung, dass nach solchen Übungseinheiten eher größere Unsicherheit herrscht (ablesbar an gehäuften Fehlern zu dem behandelten Rechtschreibthema in Aufsätzen), mindestens aber keine deutlichen Fortschritte bei der Mehrzahl der Schüler zu erkennen sind.
Dieser Erfahrungswert ist nicht verwunderlich, wenn man gedächtnispsychologische Befunde berücksichtigt. Der Einsatz der kontrastiven Didaktik nicht nur

bei der Einführung eines Themas, sondern auch beim Üben bewirkt nämlich die sog. Ähnlichkeitshemmung im Gehirn: Dinge, die einander ähnlich sind, werden leicht verwechselt. Wenn nun in der Lernphase, in der man die Wissensstrukturen im Gehirn erst aufbaut, bereits fortlaufend das einander Ähnliche und Verwechselbare präsentiert wird, wird eben der Aufbau sicheren Wissens verhindert. Gefeit davor scheinen nur diejenigen zu sein, die in einem Gebiet eine ganz besondere Begabung aufweisen.
Kontrastiv aufgebaute Übungen sind mithin bei genauem Hinsehen keine Übungen, bauen keine Wissensstrukturen auf, sondern sind bereits Tests: Ich muss ja als Lernender schon wissen, wie ich ein Wort zu schreiben habe, lerne es nicht erst systematisch. Aus diesem Grunde sind übrigens auch Diktate keine sinnvolle Übungsform, denn hier teste ich Wissen statt es aufzubauen. Die einfach erscheinende und bei Lehrern wie Eltern beliebte Diktatübungsmethode hält lern- und gedächtnispsychologischen Grundsätzen nicht stand; man kann bei ihr allenfalls auf „Mitnahme-Effekte" hoffen, d. h., dass das Kind sich nebenbei das eine oder andere Wort merkt. Um einen systematischen Wissensaufbau handelt es sich jedenfalls nicht.
Fazit: Die kontrastive Didaktik mag auf den ersten Blick noch so vernünftig sein, lern- und gedächtnispsychologisch ist sie es nicht. Dass eine Methodik, die die Ähnlichkeitshemmung berücksichtigt, zu einem größeren Lernertrag führt, zeigt das unten (**Kap. III**) beschriebene Vorgehen. Außerdem achten auch neuere Rechtschreibtrainings für rechtschreibschwache Kinder und Legastheniker auf die Vermeidung der Ähnlichkeitshemmung.

Zu Hypothese 6

Im Zuge einer Deutschdidaktik, die den kommunikativen Aspekt von Sprache in den Vordergrund stellt, wurden viele Lehrpläne und der übliche Unterricht dahingehend gestaltet, dass Rechtschreibung nicht in einem systematischen Kurses gelehrt wird, sondern im Anwendungszusammenhang, also en passant eingeführt wird. Das mag motivational vordergründig von Vorteil sein, ist gedächtnispsychologisch allerdings wieder nicht durchdacht. Zum Aufbau sicheren orthographischen Wissens gehören nun einmal die systematische Vermittlung und vor allem auch das gezielte Trainieren und Einschleifen. (Als Beleg hierfür lese man nur einmal die einschlägigen Kapitel über die Transformation kategorialen Wissens in prozedurales Wissen in Lehrbüchern zur allgemeinen oder pädagogischen Psychologie.) Was den motivationalen Aspekt betrifft, ist festzustellen, dass Kinder natürlich langfristig schon deshalb keine Motivation zum Erlernen der Rechtschreibung aufbauen, weil viele diese – als Folge des beschriebenen didaktischen Vorgehens – nie sicher beherrschen; mangelnder Erfolg bei etwas führt jedoch immer zu einer verringerten Motivation. Hinzu kommt, dass die Orthographie in einer kommunikativ ausgerichteten Didaktik stets als etwas letztlich Nebensächliches dasteht; ihre tatsächliche Bedeutsamkeit wird erst deutlich, wenn es für die Schule zu spät ist: nämlich dann, wenn man im Beruf plötzlich erhebliche Schwierigkeiten bekommt, weil z. B. ein Kundenbrief fehlerübersät ist.

Zu Hypothese 7

Auch nur vordergründig motivierend ist der umfassende Einzug des spielerischen Elements in die Methodik und Didaktik auch des Deutschunterrichts. Hier zeigt sich einmal wieder, was die Redewendung „Das Kind mit dem Bade ausschütten" bedeutet: Natürlich ist die klassische Drillpädagogik motivationspsychologisch sehr problematisch, aber statt nach einem gesunden Mittelweg zu suchen, springt man gleich vom einen in den anderen Straßengraben und propagiert den umfassenden Einsatz von Spielen; die Verlagsprogramme spiegeln diese Entwicklung eindrucksvoll wider.
Das Problem der Spielmethodik besteht häufig darin, dass zum einen ein erheblicher Anteil der Energie des Lernenden auf das Spiel und seine Regeln gerichtet ist, zum anderen davon ausgegangen wird, dass man Lerngegenstände wie die Orthographie (oder Grammatik) so lernen könnte, wie ein Kind sich andere Lerngegenstände (z. B. soziales Verhalten, motorische Geschicklichkeit etc.) aneignet. Dabei übersieht man, dass die Voraussetzung für den Erfolg spielerischen Lernens ist, dass „Übungsform" und Lerngegenstand strukturell zusammenpassen müssen. Für das Erlernen von sozialem Verhalten in Rollenspielen (sei es mit Puppen oder als direktes Rollenspiel) oder von motorischer Geschicklichkeit beim Basteln oder zum Zerlegen von Geräten gilt das zweifellos. Beim Erlernen der orthographischen „Spielregeln" wird dieser Zusammenhang jedoch oft übersehen. Sicherlich gibt es Sprachspiele, die förderlich sind, bei vielen spielerischen Übungen aber wird nur ein Spielsystem übergestülpt. Viele der am Markt erhältlichen Computerspiele müssten hier genannt werden. Im Übrigen sind zahlreiche Rechtschreib-Lernspiele auch deshalb sehr problematisch, weil sie – wie die Übungen in Sprachbüchern – die Gefahr der Ähnlichkeitshemmung ignorieren.
Aus der Praxis der Legasthenietherapie weiß man sogar, dass gerade diese leidgeplagten Kinder Spiele oft ablehnen: zum einen, weil sie merken, dass es letztlich ja doch nur ums Üben geht, zum anderen und vor allem, weil die Spiele ihrem Bedürfnis nach systematischem Vorgehen widersprechen. Gerade Kinder, denen die Rechtschreibung nicht zufliegt, brauchen eine solche klare Struktur – und nachvollziehen kann das jeder in Bereichen, in denen er selbst sehr unsicher oder wenigstens Neuling ist.
Um nicht missverstanden zu werden: Wenn die Spiele sinnvoll durchdacht sind und lern- und gedächtnispsychologische Umstände berücksichtigen, haben sie durchaus ihren Platz und sind auch ein Fortschritt. Der multisensorische Zugang im Rahmen von Lern- und Übungszirkeln beispielsweise im grundlegenden Schreibunterricht der 1. und 2. Jahrgangsstufe ist zweifellos von Vorteil, weil er die Unterschiedlichkeit der Kinder in Bezug auf den bei ihnen dominierenden Lernkanal ebenso berücksichtigt wie den Umstand, dass multisensorisches Lernen insgesamt zu einer Erhöhung der Lerneffizienz führt. Aber was für den Erstschreibunterricht gilt, muss und kann für das Erlernen von orthographischen Regeln nicht automatisch gelten; die sachstrukturellen Unterschiede sind einfach zu groß. Mindestens müsste die Effizienz erst einmal nachgewiesen werden, entsprechende Untersuchungen aber sind mir nicht bekannt. Außerdem unter-

stützen viele Spiele nur den visuellen Kanal, und dass der gerade bei Kindern mit Rechtschreibschwierigkeiten wenig gut ausgeprägt ist, wissen alle, die regelmäßig mit diesen Kindern arbeiten.

Zu Hypothese 8

Das Problem der mangelnden Berücksichtigung aller am Erlernen der richtigen Schreibung beteiligten Lernkanäle zeigt sich auch an einer weiteren unterrichtlichen Fehlentwicklung, die übrigens gerade Eltern auffällt, für die Lehrer jedoch oft betriebsblind sind: wie wenig in Schulen heutzutage geschrieben wird. Eltern erkennen natürlich oft nicht, dass die Überfrachtung der Lehrpläne und der Stoffdruck Lehrkräfte nachgerade zwingen, mit einer Vielzahl von Kopien und Arbeitsblättern zu arbeiten, in die die Kinder nur mehr ein paar Begriffe einzusetzen haben. **Dass eine solchermaßen reduzierte Schreibpraxis natürlich zu einer Reduktion von Übungs- und Lerngelegenheiten führt, bedarf keiner näheren Erläuterung.**
Aus lern- und gedächtnispsychologischer Sicht ist festzustellen, dass die Arbeitsblatt-Unkultur natürlich den motorischen Lernweg ausspart. Wieder wird mit Arbeitsblättern (über das Lesen) nur der symbolisch-visuelle Kanal bedient. Auch viele Übungsformen, wie sie in der Grundschule üblich sind, heben vor allem auf diesen Weg ab; dabei weiß man längst (wie oben schon erwähnt), dass die Wortbildtheorie nicht greift.
Zur Veranschaulichung noch ein Beispiel aus meiner Beratungspraxis: Weil viele rechtschreibschwache Kinder gegen das Schreiben als solches eine Aversion entwickelt haben, empfahl ich lange, dass die Kinder einen größeren Teil der notwendigen Übungen am Computer oder sogar bloß mündlich machen sollen. Es stellte sich heraus, dass ein erheblicher Teil der Kinder zwar am Computer oder mündlich in der Lage war, Wörter richtig zu schreiben, nicht aber wenn sie mit der Hand schrieben. **Das verdeutlicht, dass beim Trainieren eben – mindestens bei einem Teil der Lernenden – die graphomotorische Umsetzung mit der Hand gezielt geübt werden muss;** selbst das Tippen von Buchstaben ist etwas anderes als das Schreiben derselben Buchstaben mit der Hand. Richtiges Schreiben umfasst eine Menge von Teilvorgängen, die zusammenspielen. Bei rechtschreibunsicheren Kindern (und wir haben ja selbst am Gymnasium sehr viele davon) ist offensichtlich das Zusammenspiel gestört. Umgekehrt unterstützt der motorische Lernkanal das ganze Lernen bzw. bedeutet das Weglassen dieses Kanals eine Verringerung der Möglichkeit, das orthographische Wissen im Kopf zu sichern.

Hypothese 9

Dass viele Kinder am Gymnasium rechtschriftlich sehr unsicher sind, obwohl sie doch eigentlich in der Grundschule gut waren, hängt bis jetzt auch mit der in der Grundschulpraxis dominierenden Nachschriften-Methode zusammen. Auch wenn die Lehrpläne eigentlich vorschreiben, dass Diktate die Basis für die Rechtschreibnoten bilden müssen, ist (in Bayern hoffentlich: war) es doch oft so, dass primär die Nachschriften herangezogen werden. Die intelligentesten Grundschüler, die später ins Gymnasium kommen, verstehen es nun aber oft, die eigentlich vorhandene Rechtschreibschwäche zu kompensieren, solange sie nur

Nachschriften schreiben müssen; die wenigen Wörter werden ja lange gezielt geübt, so dass sie ein paar Tage später bei der Nachschrift noch richtig geschrieben werden. Den Eltern fällt jedoch oft auf, dass wieder ein paar Tage später die vermeintliche Schreibsicherheit dahin ist.
Nun könnte man in Aufsätzen beobachten, dass es mit der rechtschriftlichen Sicherheit nicht weit her ist. Dort aber zählt die Rechtschreibung bei der Benotung in der Grundschule nicht. Die Fehler werden zwar für die Reinschrift ausgebessert, doch das Ausmaß dieser Fehler wird letztlich nicht wahrgenommen bzw. nicht als Hinweis darauf gesehen, dass ein Kind wohl orthographisch (trotz guter Noten in Nachschriften) sehr unsicher ist. Oft genug werden die Fehler mit „mangelnder Konzentration" seitens des Kindes erklärt; so verschiebt man natürlich den schwarzen Peter auf die Kinder und braucht nicht das didaktisch-methodische System des Unterrichts in Frage zu stellen. Notabene: Die Kinder erlernen implizit über die Grundschuljahre hinweg natürlich auch, dass die Rechtschreibung in Aufsätzen unwichtig ist. Am Gymnasium gibt es dann das böse Erwachen ...
Beruhigend ist die Tatsache, dass durch die Lehrplanrevision in den bayerischen Grundschulen die Nachschriften als Testmethode abgeschafft werden.

Zu Hypothese 10

Am Beispiel des Rechtschreibunterrichts lässt sich auch gut ein allgemeines Problem der heutigen Wissenschaftslandschaft bzw. der Praxis des Unterrichts aufzeigen: das der mangelnden Kommunikation und Verzahnung zwischen verschiedenen Disziplinen bzw. zwischen Wissenschaftlern und Praktikern. Schuld sind für mich hier alle: die Wissenschaftler, die sich bei ihren Publikationen bzw. in ihren Lehrveranstaltungen oft so unverständlich und so praxisfern äußern, dass Praktiker (bzw. werdende Lehrer) für den Rest ihres Berufslebens abgeschreckt sind; und die Praktiker, die mit dem Totschlag-Argument der Praxisferne übersehen, wie viele Anregungen die Wissenschaft – gerade wegen ihrer Distanz zur Praxis! – liefern kann.
Problematischer ist noch die fehlende Zusammenarbeit zwischen den Disziplinen. In meiner Doppelfunktion als Deutschlehrer und Schulpsychologe konnte ich erst erkennen, wie viele Wissenschaften sich mit dem Problem der Rechtschreibung bzw. Rechtschreibschwäche beschäftigen und Beiträge leisten, die für die Unterrichtspraxis bedeutsam sein können: Deutschdidaktiker, Linguisten, klinische Linguisten (gibt's auch!), Gehirnforscher, Psychiater, Psychologen, (Legasthenie-)Therapeuten, Pädagogen ... Eine Zusammenführung der Befunde aller Beteiligten aber übersteigt natürlich die Möglichkeiten eines praktisch tätigen Lehrers. Ohne diese Zusammenführung jedoch ist es nicht verwunderlich, dass der Rechtschreibunterricht oft so uneffektiv ist.

Zu Hypothese 11

Gymnasiallehrkräfte werden im Rahmen ihres Studiums bzw. Referendariats kaum ausgebildet, Kinder im Rechtschreiben zu unterrichten. Man beschäftigt sich mit der Konstituentenstrukturgrammatik, Goethes früher Lyrik oder spätmittelalterlicher geistlicher Dichtung, die Vorbereitung auf die Praxis aber bleibt auf der Strecke. Selbst der vernünftigste Seminarlehrer kann das Ganze nicht ausgleichen. Unabhängig davon findet eine Ausbildung in der Lernberatung überhaupt nicht statt: Was sagt man als Lehrer einem Kind bzw. dessen Eltern, wenn sich Lernprobleme auftun? Vermittelt werden Allgemeinplätze („mehr üben" – ja gerne, aber wie, damit etwas herauskommt?) oder tradierte unbewiesene bzw. widerlegte Ratschläge.

Zu Letzterem zwei Beispiele:

- Der Ratschlag „Mehr lesen!" hilft gerade rechtschreibschwachen Kindern gar nicht. Er geht von der längst widerlegten Wortbildtheorie aus und setzt außerdem voraus, dass die Wörter überhaupt bewusst aufgenommen werden. Wenn jemand nur gezwungenermaßen (um die Rechtschreibung zu lernen) liest, wird er die Wörter sicher nicht bewusst aufnehmen. Wie wenig dieser Ratschlag greift, zeigen die folgenden Erfahrungswerte: Es gibt unter den rechtschreibschwachen Kindern am Gymnasium nicht wenige, die wirklich viel lesen, aber trotzdem Rechtschreibprobleme haben. Auch bei Oberstufenschülern (selbst im Leistungskurs Deutsch) trifft man nicht selten auf Jugendliche, die viel und bewusst lesen und das Gelesene auch verstehen, aber erhebliche Rechtschreibprobleme haben; umgekehrt gibt es viele Schüler (z. B. in Grundkursen), die kaum etwas oder nichts lesen, aber rechtschreibsicher sind.
  Zur Psychologie des sich hartnäckig haltenden Lerntipps „Mehr lesen!": Der Ratschlag stammt von Deutschlehrkräften, also von Menschen, die rechtschreibsicher sind und es meist von Haus aus waren. Von Haus aus rechtschreibsichere Menschen speichern die Wörtern – so eine Hypothese, die ich in den Jahren der Beratung von rechtschreibschwachen Kindern gebildet habe – tatsächlich optisch, weil bei ihnen der visuelle Kanal der dominante ist (erkennbar auch an der bei Deutschlehrern häufig zu findenden Aussage: „Dass das Wort falsch geschrieben ist, sieht man doch!"); rechtschreibschwache Menschen jedoch sind auf diesem Kanal schwach, dafür häufig auf dem akustischen stark – wenn man aber mit diesem Kanal die Orthographie erlernen will, tut man sich sehr schwer. Der Ratschlag, mehr zu lesen, hilft einem Rechtschreibschwachen, der die Welt akustisch wahrnimmt, nicht, sondern hilft allenfalls den visuellen Lerntypen – die aber haben ohnehin weitaus weniger Rechtschreibprobleme.
- Der ebenso beliebte Ratschlag „Regelmäßig Diktate schreiben!", von dem im Übrigen viele Verlage mit ihren Diktatbänden profitieren, hilft der breiten Mehrheit rechtschreibunsicherer Kinder nicht, weil Diktate, wie bereits erwähnt, keine Übungen sind, sondern Tests; sie setzen das Wissen um das richtige Schreiben voraus, statt es zu vermitteln. Diese Übungsmethode wurde von allen rechtschreibschwachen Kindern, die ich zu begutachten hatte, in der Grundschulzeit angewendet – der Erfolg war minimal, das Ergebnis oft eine absolute Demotivation und teilweise auch eine verzweiflungsbedingte Belastung der Eltern-Kind-Beziehungen.

Aus den bisherigen Ausführungen wird deutlich, dass aus verschiedenen didaktischen und politischen Gründen und aufgrund einer Herabsetzung der Bedeutsamkeit gesicherten orthographischen Wissens die systematische Vermittlung des Rechtschreibens und das intensive Einschleifen und Üben auf der Strecke geblieben sind. Zugleich herrscht allüberall Verwunderung darüber, dass die Kinder und Jugendlichen nicht mehr richtig schreiben können. Weil natürlich nur wenige Beobachter sich die Mühe machen oder dazu in der Lage sind, das Problem umfassend zu analysieren, kommt es zu den üblichen Kurz-Schlüssen (man greift eine einzige Ursache heraus und propagiert diese als Hauptgrund der Malaise) und Projektionen (die Gymnasiallehrer schimpfen auf die Grundschullehrer, die Grundschullehrer auf die Gymnasiallehrer, die Eltern auf die Lehrer, die Lehrer auf die Eltern). In Wirklichkeit verderben viele Köche den Brei. Hinzu kommt, dass in der didaktisch-methodischen Diskussion und Praxis zu oft zu schnell neue Konzepte aus dem Hut gezaubert werden, um ein isoliertes Problem zu bewältigen; eine umfassende Analyse und Evaluation unter Berücksichtung aller Haupt- und Nebenwirkungen unterbleibt meistens.

Um, was den Bereich des Rechtschreibunterrichts betrifft, weiterzukommen, ist aus meiner Sicht einiges nötig:

- die Bereitschaft der Lehrkräfte, selbstkritisch ihren Unterricht auf den Prüfstand zu stellen – ohne sogleich den Anklagefinger gegen andere zu richten;
- der Mut und die Weisheit, sich gegen modische und politisch forcierte Trends zu stellen und nach dem bewährten Grundsatz „multum non multa" zu verfahren;
- die Solidarität und vor allem die Zusammenarbeit der Lehrkräfte und Fachschaften, wenn sie so verfahren;
- die Unterstützung durch Vorgesetzte und Politiker, wenn Lehrkräfte diesen Weg beschreiten.

Nach meiner Erfahrung lassen sich Eltern übrigens ohne Weiteres für eine Didaktik nach dem Prinzip „multum non multa" gewinnen, wenn man sie nur umfassend informiert (z. B. im Rahmen von Elternabenden).

3.5.3 Zwei Jahre alternativer Rechtschreibunterricht in einer 5. und 6. Klasse – Konzept und Erfahrungen

In einer Klasse, die ich als Deutschlehrer in der 5. und 6. Klasse unterrichtete, versuchte ich es einmal umfassend anders zu machen. Ich berichte im Folgenden von dem (Achtung: teilweise sehr altmodischen!) Konzept und meinen Erfahrungen. Um die empirisch-statistische Absicherung der Effekte nachzuweisen, referiere ich auch die Ergebnisse aus der Rechtschreibreihenuntersuchung, an der die Kinder teilnahmen.

a) Konzeptionelle Grundlagen

Die Überlegungen zur Gestaltung des Unterrichts basieren auf den aus meiner Sicht bestehenden Missständen, wie ich sie in **Punkt 3.5.2** beschrieben habe, stellen also den Versuch dar, zu jedem Kritikpunkt, soweit ich eine Veränderung in der Hand habe, einen positiven Neuansatz zu finden.

Baustein 1

Getreu dem Grundsatz „multum non multa" habe ich mich von vorneherein entschieden, den Grundlagenbereichen Aufsatz, Grammatik und Rechtschreiben die absolute Hauptaufmerksamkeit zu schenken. Für die Rechtschreibung (inkl. Zeichensetzung) wurden ca. 30% der Stunden aufgewandt.
Andere Lehrplanbereiche (Gedichte, Lektüren, Kommunikationstheorie etc.) habe ich im Minimalverfahren abgehandelt. Ich gehe dabei von folgender Überlegung aus: In der 5. und 6. Jahrgangsstufe sind Kinder noch dazu bereit und dahin zu bringen, sich mit so unattraktiven Dingen wie Rechtschreibung und Grammatik systematisch zu beschäftigen. „Was Hänschen nicht lernt, lernt Hans nimmermehr" gilt schon deshalb, weil „Hans" in der Pubertät Rechtschreibung und Grammatik gar nicht mehr systematisch lernen mag. Die schönen, motivierenden Inhalte des Deutschunterrichts in den Bereichen Literatur und mündlichem Sprachgebrauch kann man ohne Langzeitschaden auf die 7. Jahrgangsstufe verschieben.
Das Ganze soll nicht heißen, dass ich den motivationalen Aspekt für das Fach Deutsch im Ganzen völlig ausgeklammert hätte. Natürlich gab es dazwischen die „schönen" Stunden, natürlich versuchte ich die Rechtschreib- und Grammatikstunden motivierend zu gestalten. Hauptmotivationsfaktor aber sollte das Erfolgsgefühl sein – das Gefühl, die scheinbar so unberechenbare und undurchschaubare deutsche Rechtschreibung in den Griff zu bekommen. (Näheres zu den motivationserhaltenden Maßnahmen innerhalb des Rechtschreibunterrichts siehe unten im **Baustein 9**!)
Im Übrigen bin ich überzeugt, dass für die Motivation eines Schülers daneben ganz entscheidend ist, ob es der Lehrkraft gelingt, eine menschlich gute Beziehung aufzubauen; gerade Kinder lernen ja weniger für eine Sache, sondern um der Beziehung willen.

Baustein 2

Der Rechtschreibunterricht fand in Form eines gezielten Kurses statt, also nicht en passant. En passant wurde allenfalls im Aufsatzunterricht bei der Besprechung von Arbeiten auf bereits behandelte Rechtschreibthemen eingegangen. Außerdem mussten die Schüler bei der Verbesserung von Rechtschreibfehlern in Aufsätzen in einer Weise verfahren, die dem Vorgehen im Rechtschreibunterricht entsprach: also kein unsystematisches Verbessern der Fehler oder gar die ineffektive Methode, jedes Wort dreimal richtig schreiben zu lassen – dabei denken die Kinder ja gar nicht mit. **Vielmehr sollten sie die Fehlerwörter nach dem Rechtschreibproblem geordnet verbessern** (z. B. alle Groß- und Kleinschreibungsfehler in einem, dann die Wörter mit Schärfungsfehlern usw.), **und bei bestimmten Rechtschreibproblemen sollten sie Wortfamilienmitglieder suchen, um sich das Wortfamilienprinzip in Erinnerung zu rufen**.

Baustein 3

Beim Aufbau der Unterrichtseinheiten vermied ich, wo irgend möglich, die Ähnlichkeitshemmung. Die Struktur einer Einheit entsprach immer folgendem Muster, das ich am Beispiel der Schreibung von k bzw. ck veranschauliche:

(1) Einführung und Regelerarbeitung (hier durchaus kontrastiv)
(2) Übungen zu der einen Seite des Problems (d. h. hier Übungen mit k-Wörtern)
(3) Übungen zur anderen Seite des Problems (d. h. hier Übungen mit ck-Wörtern)
(4) Testung (Einsatzübungen, Lückendiktate etc.; das Kind muss zwischen k und ck entscheiden)
(5) formelle Lernzielkontrolle

Was ich heute verändern würde, sind zwei Punkte:

- Zum einen würde ich die Regelerarbeitung nicht nur gelegentlich, sondern regelmäßig nach den Prinzipien des entdeckenden Lernens gestalten (also nach dem Motto „Wir spielen Sprachforscher!").
- Zum anderen würde ich eine Individualisierungsphase zwischen den oben beschriebenen Abschnitten (4) und (5) einbauen, bei der ich den (allerdings wenigen) Kindern, die in den Testungen noch erhebliche Probleme aufweisen, gezielt zusätzliche Übungshinweise, Übungsmaterial und vor allem Übungszeit geben würde; hier wäre auch der Platz, um Freiarbeitsphasen einzuschalten.

Unter Umständen ist das der Weg, um ein Dilemma zu lösen, das sich bei einem so intensiven Rechtschreibunterricht natürlich stellt: dass nämlich rechtschreibsichere Kinder unterfordert sind und sich langweilen. Wenn die Streuung der Rechtschreibkenntnisse in Klassen sehr groß ist (bei der Versuchsklasse war das Gott sei Dank nicht der Fall), stellt sich das Problem natürlich umso mehr. Ein Patentrezept als Lösung weiß ich leider (noch) nicht.

Baustein 4

Dem Prinzip der Vermeidung der Ähnlichkeitshemmung folgend verzichtete ich auch auf die sonst so beliebten Unterrichtseinheiten, in denen man gezielt alle Sonder-, Ausnahme- und Spezialfälle behandelt (z. B. Listen mit leicht zu verwechselnden Wörtern wie mahlen/malen, denen/dehnen). In früheren Jahren hatte ich nämlich den Eindruck, dass die Kinder nach einer solchen Einheit erst recht Fehler machen (außer die paar ohnehin sehr rechtschreibsicheren Schüler). In den Aufsätzen der Versuchsklasse stellte ich fest, dass die Kinder nicht mehr, sondern eher weniger Fehler bei diesen leicht verwechselbaren Wörtern haben. Zum einen waren sie nicht durch die unmittelbare Gegenüberstellung verwirrt worden, zum anderen wurden diese Wörter (ohne auf die Verwechslungsgefahr hinzuweisen) indirekt intensiv geübt: Wenn wir uns mit den Dehnungs-h-Wörtern beschäftigten, wurden z. B. Übungen zu *mahlen* und *dehnen* (samt Wortfamilienmitgliedern) gemacht; erst deutlich später, als Wörter mit langem Stammvokal ohne Dehnungsmarkierung an die Reihe kamen, wurden ebensolche Übungen zu *malen* und *denen* absolviert.

Baustein 5

Wenn man beim Übungsmaterial die Ähnlichkeitshemmung vermeiden will, ist das natürlich ein recht schwieriges Unterfangen, denn man muss ja darauf achten, dass die Übungen nicht mechanisch erledigt werden. Zur Veranschaulichung sind im Anhang Übungen aus der Unterrichtseinheit „k/ck bzw. z/tz" abgedruckt (es sind zum Teil dieselben Übungen, die auch im Erdinger Rechtschreibtraining vorkommen).

Folgende Übungsformen kamen zum Einsatz:

- Wörter zu einer bestimmten Regel in einem Text suchen und unterstreichen bzw. herausschreiben (Weg zur Sammlung von Wörtern zu einer Regel; Schärfung der Wortwahrnehmung, Bewusstmachen der Regelhaftigkeit des Schreibens);
- Wortfamilienmitglieder finden (laufendes Bewusstmachen des Wortfamilienprinzips der Rechtschreibung, d. h. laufende Vermittlung einer grundlegenden Rechtschreibstrategie);
- Worträtsel (Kreuzworträtsel, Silbenrätsel) als Weg zur Sammlung von Wörtern zu einer Regel;
- Wortschlangen zerlegen (Weg zur Sammlung von Wörtern zu einer Regel; Schärfung der Wortwahrnehmung);
- Reimwörter finden (Weg zur Sammlung von Wörtern zu einer Regel; Förderung phonetischer Bewusstheit);
- mit den gefundenen Reimwörtern kleine (Unsinns-)Gedichte verfassen (macht Schülern sehr viel Spaß und fördert wiederum die phonetische Bewusstheit);
- mit gefundenen Wörtern Sätze bilden (möglichst viele dieser Wörter in einem Satz) und sich diktieren lassen (bzw. in Form eines Laufdiktats einsetzen); Methode dient gleichermaßen der Wiederholung des erarbeiteten Wortmaterials als auch dem verstärkten Bewusstmachen der behandelten Regel sowie der Erweiterung des Wortschatzes;
- Konjugations-, Deklinations- und Steigerungsübungen (z. B. Stammformen zu Verben bilden); Zweck: Einschleifen der Schreibweise, wiederum auch Bewusstmachen des Wortfamilienprinzips, nebenbei außerdem eine grammatikalische Übung;
- „Wortbastelmaschinen" (Tabelle z. B. mit Vorsilben, Wortstämmen und Nachsilben; Schüler müssen möglichst viele Wörter bilden) als Weg zur Sammlung von Wörtern zu einer Regel und zugleich wieder zum Bewusstmachen des Wortfamilienprinzips sowie der morphologischen Struktur der Wörter;
- Wortfamilienmitglieder einander zuordnen, die sich infolge von Umlautung oder Ablautung im Stammvokal unterscheiden (Bewusstmachen des Wortfamilienprinzips sowie seiner zum Teil systematischen Abweichungen);

Man erkennt dabei, dass hier durchaus spielerische Elemente enthalten sind, die aber dem Zweck der Förderung des orthographischen Bewusstseins dienen und insgesamt die bei Unterstufenschülern zu beobachtende Liebe zu kreativen Sprachspielen berücksichtigen. Außerdem passen Spiel und Lerngegenstand strukturell zusammen.

Bei der Gestaltung von Übungen griff ich teilweise auf Übungen aus den von mir nach denselben Prinzipien verfassten Rechtschreibtrainingsbüchern zurück (s. Literaturverzeichnis), teilweise verfasste ich neue, die auch in dem Erdinger Rechtschreibtraining enthalten sind (s. dazu meinen Artikel in diesem Handbuch auf den S. 246 ff.).

Baustein 6

Die Art der Übungen korrespondiert außerdem mit den Rechtschreibstrategien (vulgo Regeln), die vermittelt wurden. Insgesamt basiert das Unterrichtskonzept auf einem regelorientierten und einem morphologischen Ansatz. Die deutsche Rechtschreibung hat ja nun einmal (im Gegensatz zur englischen) den Vorteil, auf weiten Strecken regelhaft zu sein. Im Zentrum stehen also (1) das Wortfamilienprinzip und (2) die Fähigkeit zur Zerlegung der Wörter in Vorsilben, Wortstamm und Endungen/Nachsilben. Die Vermittlung dieser Grundsätze bzw. das Training entsprechender Analysetechniken bildet deshalb den Anfang des Rechtschreibunterrichts. In allen Trainingseinheiten, in denen das möglich ist, werden diese Prinzipien immer wieder aufgenommen (d. h. bei der Schärfung und Dehnung, der s-Schreibung, der Schreibung schwieriger Laute).
Diktate kamen als Trainingsform bewusst nicht zum Einsatz; sie wurden nur in den Testphasen bzw. als Lernzielkontrolle eingesetzt.
Die Wortfamilienmethode hat noch den Nebeneffekt, dass die Kinder ihren aktiven Wortschatz erweitern, wenn sie weitere Wortfamilienmitglieder suchen und damit zur Übung der Schreibweise Sätze oder kleine Texte verfassen müssen. Als Lernstrategie ist die Methode wichtig, weil Kinder oft ein Wort aus einer Familie sicher zu schreiben wissen; wenn sie immer wieder erkennen, dass Wortfamilien in der Regel gleich geschrieben werden, tun sie sich bei ihren Überlegungen und Selbstkorrekturen deutlich leichter. Notabene: Natürlich vermitteln viele Lehrkräfte dieses Prinzip, aber die Vermittlung allein genügt nicht – man muss das Prinzip laufend einschleifen und dadurch bewusst machen.

Baustein 7

Die Vermittlung von Regeln reicht natürlich nicht – Kinder dieser Altersstufe sind von ihrer Intelligenzentwicklung her selbst am Gymnasium nur teilweise in der Lage, die abstrakten Regeln sofort zu verstehen. Deshalb nahm das gezielte einschleifende Üben zeitlich einen großen Raum ein, wie aus den bisherigen Ausführungen schon ersichtlich geworden sein dürfte.
Dies war, denke ich, für den Erfolg auf Dauer von ganz entscheidender Bedeutung. Als Gymnasiallehrer neigt man nämlich dazu, die kognitiven Möglichkeiten von Kindern und Jugendlichen zu überschätzen. Natürlich ist die bei Gymnasiasten vorhandene höhere Intelligenz ein Potential, auf das man bauen kann, aber auch Gymnasiasten bedürfen der intensiven Übung.
Freilich reicht die rein unterrichtliche Übungszeit selbst dann, wenn man 25–30% der Zeit mit der Rechtschreibung verbringt, nicht aus. Die Schüler bekamen deshalb relativ viele Hausaufgaben. (Die Reaktionen muss man als Lehrer eben aushalten …)
Orientierung an Regeln und intensive Einschleifübungen dienten insgesamt dem Zweck, bei den Kindern ein starkes Sprachbewusstsein aufzubauen. Betrachtet man die einschlägigen Rechtschreibtrainings (z. B. *Reuter-Liehr* 1992 und 1997; *Geist* 2000), entdeckt man immer wieder, dass dies der didaktische Kern ist.

Was die Reihenfolge der Rechtschreibeinheiten betraf, ging ich wie in **Tabelle 3** dargestellt vor:

5. Klasse

(1) Einführung in das Wortfamilienprinzip
(2) k oder ck, z oder tz (ermöglicht den Kindern, mit einem sehr klaren Regelpaar zu arbeiten, erleichtert also den Einstieg in den Umgang mit Regeln; außerdem wird das für die Rechtschreibung so wichtige und bei vielen Kindern, insbesondere solchen mit Rechtschreibschwächen wenig ausgebildete Bewusstsein um die Länge und Kürze eines Vokals bzw. überhaupt um die Bedeutsamkeit des vor einem Problemlaut stehenden Lautes geschärft)
(3) Schärfung/Doppelkonsonanz (baut auf der vorherigen Einheit organisch auf)
(4) Groß- und Kleinschreibung (Grundlagen, keine Spezialfälle)
(5) s-Rechtschreibung
(6) Dehnung (die Dehnung behandelte ich nicht unmittelbar nach der Schärfung, um eine Ähnlichkeitshemmung zu vermeiden)
(7) Ansonsten wurde noch sehr intensiv und nach denselben didaktisch-methodischen Prinzipien die Zeichensetzung eingeführt.

6. Klasse

(1) systematische Wiederholung der behandelten Einheiten, Ergänzung um einige Sonderregeln (z. B. bei der Groß- und Kleinschreibung), das Ganze aber schön verteilt über das Jahr
(2) Schreibung problematischer Laute (z. B. f/v, auslautendes b/d/g, end-/ent-, e/ä)
(3) Grundlagen der Zusammen- und Getrenntschreibung

Tab. 3

Im Kern hat sich diese Reihenfolge meines Erachtens bewährt. Was man als Lehrkraft natürlich braucht, ist Geduld. Man muss einfach aushalten können, dass gewisse orthographische Themenbereiche eben lange Zeit falsch geschrieben werden, bevor man sich ihnen systematisch widmet. Ich plädiere hier sehr für eine Wiederentdeckung der Langsamkeit ... Je nach Umständen verschiebe ich im Übrigen beim nächsten Durchlauf die Dehnungseinheit auch auf die 6. Jahrgangsstufe.

Baustein 8

Dies führt zum Thema „Stellenwert der Wiederholung“. Manche Kollegen verfahren so, dass sie alle Rechtschreibthemen in der 5. Klasse behandeln und in der 6. gezielt alles wiederholen. Das klingt auf den ersten Blick plausibel, hat aber den Nachteil, dass für die große Zahl der eher rechtschreibunsicheren Kinder der Kursus in der 5. Jahrgangsstufe zu schnell geht. Zum Vergleich: Lehrkräfte der 1. Klasse, die sich mit dem Erstlese- und -schreibunterricht Zeit lassen und den Stoff über das ganze Jahr verteilen, erzielen bessere Ergebnisse als Lehrkräfte, die – aus welchen Gründen auch immer – bis Weihnachten alle Buchstaben „durch-

haben"; die Zahl der Kinder mit langfristigen Lese- und Rechtschreibschwierigkeiten ist bei Letzteren deutlich höher als bei Ersteren.
Was meinen Unterrichtsversuch betrifft, würde ich im Nachhinein die Zahl systematischer Wiederholungsübungen in der 5. und 6. Klasse erhöhen. Besonders geeignet erscheint mir dazu die Form der das Lernen individualisierenden Freiarbeit.

Baustein 9

Um die Motivation zu erhalten, griff ich auf verschiedene Methoden zurück. Sie waren schon deshalb nötig, weil natürlich der Arbeitsaufwand für die Kinder recht groß war.

(1) Intrinsisch wurden die Kinder über das steigende Kompetenzbewusstsein motiviert; sie erfuhren Rechtschreibung als etwas Erlernbares und Durchschaubares. Dass das nicht nur Spekulation ist, sondern Kinder diese Erfahrung sehr bewusst machten, zeigten entsprechende immer wieder fallende Äußerungen.

(2) Der Ermutigung diente auch die Art, wie ich im Rahmen von Lernzielkontrollen und Schulaufgaben mit dem Rechtschreibthema umging. Insgesamt lag dem Vorgehen das Prinzip maximaler Berechenbarkeit zugrunde; das bedeutet im Übrigen beileibe nicht, es den Kindern einfach zu machen.
In Schulaufgaben wurden nur die Rechtschreibfehler in die Bewertung einbezogen, die sich auf bereits behandelte Themen bezogen; um das mir und den Schülern deutlich zu machen, machte ich um das R am Rand einen Kreis, wenn hier ein Verstoß gegen eine bereits behandelte Regel vorlag. Die anderen Fehler wurden zwar markiert, aber bei der Benotung bewusst ignoriert. (In gleicher Weise verfuhr ich bei der Zeichensetzung.)

(3) Generell zerlegte ich den Rechtschreibunterricht in kleine Teileinheiten, die jeweils in der oben unter Baustein 3 beschriebenen Weise aufgebaut waren. Am Ende jeder Teileinheit stand eine Lernzielkontrolle in Form eines (Schulordnung hin, Schulordnung her: angekündigten) Extemporales. Ziel war es, den Schülern durch Berechenbarkeit des Prüfungstermins Sicherheit zu geben. Dass die Kinder am Lernen dranbleiben, kann und muss man anders erreichen als über unangekündigte Prüfungen. Die Vielzahl der Kurzprüfungen (im Schnitt acht bis zehn pro Jahr) hatte auch den Vorteil, dass die Kinder, wenn sie einmal etwas noch nicht so gut konnten und eine schlechte Note kassierten, wussten, dass sie den Schnitzer auch wieder ausgleichen können. – Übrigens beschwerten sich nur ganz wenige Kinder und überhaupt keine Eltern über dieses dichte Prüfungsnetz.

(4) Die Lernzielkontrollen selbst bestanden im Regelfall aus Einsetzübungen oder Lückendiktaten, d. h., die Kinder mussten sich nicht (bzw. kaum) auf alle möglichen Rechtschreibprobleme konzentrieren, sondern primär auf das behandelte Gebiet. Außerdem wurde regelmäßig gefordert, eine der behandelten Regeln zu notieren bzw. zu begründen, warum man beispielsweise ein Wort an einer Stelle so und nicht anders schreibt. In diesem Bereich expliziter Regelkenntnis unterschieden sich die Schüler übrigens markant voneinander.

(5) Bei der Fehlerwertung in solchen Lernzielkontrollen verfuhr ich analog zu den Schulaufgaben: Als ganze Fehler wurden Verstöße gegen eine bereits behandelte Regel behandelt (wenn z. B. in Lückendiktaten ganze Wörter einzusetzen waren), andere Fehler wertete ich als halbe Fehler. Ich bin mir heute unsicher, ob es nicht besser wäre, solche anderen Fehler gar nicht zu werten – doch so radikal wollte ich damals nicht sein. Umgekehrt wertete ich bei Lückendiktaten alle Einzelfehler, d. h., wenn ein Schüler in einem Wort gegen zwei behandelte Regeln verstieß, waren das eben zwei ganze Fehler.

(6) Natürlich versuchte ich auch die Übungen in sich motivierend zu gestalten (auch durch den Einsatz unterhaltsamer Übungstexte), wobei dem Ganzen aber allein durch den Arbeitsaufwand Grenzen gesetzt sind, der mit dem Erarbeiten der Übungen verbunden ist. Letztlich ist Übung immer zu einem gehörigen Teil schlichtweg harte Arbeit – eine recht altmodische, aber wohl kaum bezweifelbare Position!

Baustein 10

Den Kontakt mit den Eltern zu halten und ihnen mein Vorgehen zu erläutern und einsichtig zu machen, ist meines Erachtens sehr wichtig. Ich würde diesbezüglich sogar heute noch mehr als damals investieren. Das gilt vor allem für die Vermittlung sinnvoller Übungsstrategien.

b) Evaluation des Unterrichtsversuchs

An meiner Schule führe ich seit Jahren in meiner Funktion als Schulpsychologe und in Zusammenarbeit mit den Kollegen der Deutsch-Fachschaft Rechtschreibreihenuntersuchungen durch, und zwar zu drei Messzeitpunkten: zu Beginn der fünften Klasse, am Ende der fünften Klasse und am Ende der sechsten Klasse. (Näheres zu diesem Projekt und seinem Hintergrund in dem Artikel über das Erdinger Rechtschreibtraining auf S. 246 ff. in diesem Band!)

Diese Reihenuntersuchung ermöglicht, das Ergebnis des Unterrichtsversuchs mit der Entwicklung in Klassen zu vergleichen, in denen die Kollegen nach herkömmlichen Grundsätzen (und das heißt im Übrigen auch sehr unterschiedlich im Hinblick auf Quantität und Didaktik/Methodik des Rechtschreibunterrichts) unterrichten.

Die folgende **Tabelle 4** enthält die Ergebnisse von zwei Testzeitpunkten (Anfang 5. und Ende 6. Jahrgangsstufe). Bei beiden Testzeitpunkten kam der RST 4+ zum Einsatz, beim zweiten Testzeitpunkt auch der WRT 6+ (er erlaubt, die Klassen mit einer repäsentativen Stichprobe von Sechstklässlern zu vergleichen). Zu den Tests sowie zu dem Begriff „Prozentrang" siehe S. 110 dieses Artikels!

Klasse	Ersttestung (Anfang 5. Jgst.) RST-Fehlerzahl	Zweittestung (Ende 6. Jgst.) RST-Fehlerzahl	Verbesserung in %	Testung mit WRT 6+ (Ende 6. Jgst.) durchschn. Prozentrang der Klasse (Gymnasial-norm)
Experimental-klasse	***29,1***	***8,2***	***71,8 %***	***64,7***
Vergleichsklasse 1	24,6	13,6	44,7 %	50,9
Vergleichsklasse 2	24,9	13,5	45,8 %	52,8
Vergleichsklasse 3	29,2	17,7	39,4 %	37,6
Vergleichsklasse 4	35,0	17,6	49,7 %	46,6
Vergleichsklasse 5	36,6	18,6	49,2 %	39,4
Vergleichsklassen – Durchschnitt	***30,1***	***16,2***	***46,2 %***	***45,5***
Jahrgang – Durchschnitt	***29,9***	***14,9***	***50,2 %***	***48,7***

Tab. 4

Die Ergebnisse verdeutlichen den positiven Effekt des Unterrichtsversuchs. Die Fehlerreduzierungsquote ist bei der Versuchsklasse am größten, und die Versuchsklasse, die vorher im unteren Mittelfeld lag, erzielte am Ende die beste Leistung. Die relative Leistung (in Bezug auf Gymnasiasten der 6. Jgst., erfasst über den WRT 6+) aller Klassen liegt zwar, wenn man dem statistischen Sprachgebrauch folgt, im Durchschnittsbereich, aber der Unterschied zwischen Experimentalklasse und Vergleichsklassen ist evident (ca. 20 Prozentrangpunkte).
Erwähnenswert ist dabei noch folgender Umstand: In der Klasse gab es vier mit Gutachten anerkannte rechtschreibschwache Kinder (allerdings keine Legastheniker im engeren Sinne); sie übten zu Hause zusätzlich mit dem Material des Erdinger Rechtschreibtrainings, das dem Konzept des Unterrichts entsprach. Durch diese Koppelung wurde erreicht, dass heute – die Kinder befinden sich in der 8. Jgst. – keines mehr des Schutzes eines Rechtschreibeschwächegutachtens bedarf. Das macht deutlich, dass eine enge Verzahnung von Unterricht und speziellem Training den Erfolg der Bemühungen rechtschreibschwacher Kinder um eine Verbesserung ihrer orthographischen Leistungsfähigkeit deutlich erhöht.
Die Evaluation erlaubt natürlich kein Urteil darüber, welche Komponente des ganzen Konzepts die entscheidende war. Ich vermute: Die Kombination war entscheidend. Streng genommen müsste man natürlich – um wissenschaftlichen Evaluationskriterien nachzukommen – verschiedene Versuchsvariationen durch-

führen, aber das ist nicht nur organisatorisch in der Praxis nicht machbar; wichtiger ist mir noch, dass ich nicht um der reinen Wissenschaft willen ein erprobtes und bewährtes Konzept über den Haufen werfe und riskiere, dass Kinder weniger lernen.

3.5.4 Fazit

Der Rechtschreibunterricht bedarf einer gründlichen Reform unter Berücksichtigung didaktischer, psychologischer und pädagogischer Erkenntnisse. Das hier vorgestellte Konzept erhebt wahrlich nicht den Anspruch, der Weisheit letzter Schluss zu sein; natürlich bedarf es weiterer Versuchsdurchläufe (auch mit anderen Lehrkräften, denn der Faktor „Lehrperson" muss natürlich zur Beurteilung des Konzepts neutralisiert werden). Aber immerhin ist es möglich, auch unter den gegebenen Lehrplanbedingungen und Gesamtumständen (z. B. Klassengröße – die Versuchsklasse hatte 33 Kinder!) Veränderungen vorzunehmen.
Trotzdem wünsche ich mir von Seiten der Politik und der Kultusverwaltung sehr viel mehr an Unterstützung – durch offenere und wesentlich schlankere Lehrpläne (multum, non multa!), durch die Möglichkeit von Lehrerfortbildungen, in denen auch so etwas „Banales" wie der Rechtschreibunterricht behandelt wird, und durch kleinere Klassen, denn der Arbeitsaufwand bei diesem unterrichtlichen Verfahren ist natürlich sehr groß, und Deutschlehrer zahlen im Korrekturbereich ohnehin schon die Zeche großer Klassen.

Anhang: Ausschnitt aus dem Übungsmaterial zur Unterrichtseinheit „k/ck bzw. z/tz"

I. Erarbeitung der Regeln

Übung 1

In der Wortwolke findest du Wörter mit *k* oder *ck*, *z* oder *tz*. Sortiere sie in die Tabelle ein!

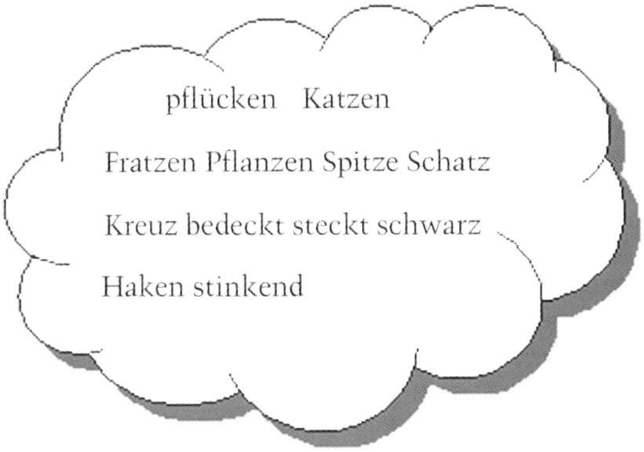

Wörter mit ck	***Wörter mit tz***

Wörter mit k	***Wörter mit z***

Übung 2

Überlege jetzt einmal so scharf wie Alice, die kluge Kommissarin: Was haben die Wörter mit *ck* bzw. *tz* gemeinsam? Tipp: Schaue auf den Laut vor dem *ck* bzw. *tz*! Kreuze an, welche der folgenden Aussagen stimmt:

- ○ Der Laut vor dem *ck* bzw. *tz* ist ein Vokal.
- ○ Der Laut vor dem *ck* bzw. *tz* ist ein Diphthong.
- ○ Der Laut vor dem *ck* bzw. *tz* ist ein Konsonant.
- ○ Der Laut wird kurz gesprochen.
- ○ Der Laut wird lang gesprochen.

Mache nun dasselbe für die Wörter mit *k* bzw. *z*.

- ○ Der Laut vor dem *k* bzw. *z* kann ein Vokal sein.
- ○ Der Laut vor dem *k* bzw. *z* kann ein Diphthong sein.
- ○ Der Laut vor dem *k* bzw. *z* kann ein Konsonant sein.
- ○ Der Vokal wird kurz gesprochen.
- ○ Der Vokal wird lang gesprochen.

Zur Erinnerung: Ein Diphthong ist ein „Zwielaut" (*ei, ai, au, eu, äu*) und gilt „rechtschreibtechnisch" immer als langer Selbstlaut!

Jetzt hast du sicher die Lösung und damit die Regel entdeckt.

Übung 8

Wie du aus dem Vorkurs weißt, kannst du dir nach dem Wortfamilienprinzip die Schreibung der Wörter einer Wortfamilie in den meisten Fällen erschließen, wenn du ein Mitglied dieser Familie kennst. Das gilt auch für die Wörter mit *ck* bzw. *tz*. Suche zu den folgenden Ausgangswörtern die Familienmitglieder und schreibe jeweils die ganze Familie (also einschließlich Ausgangswort) in dein Heft! Arbeite dabei übersichtlich, d. h., beginne nach jeder Wortfamilie eine neue Zeile!

- backen: der B…er, die B…ei, die B…w… (Überbegriff für das, was gebacken wird)
- die Brücke: über…en, das B…lein, die Donaubr…
- die Decke: entd…en, bed…en, aufd…en, verd…en, die D…farbe, das Ged…
- dick: der D…e, die D…e, die Verd…ung, d…lich, eind…en
- drucken: der D…, die D…ei, der D…knopf (Vorsicht bei diesem Wort!)
- drücken: bed…t, sich verd…en
- die Ecke: e…ig, ane…en
- erschrecken: der S…(en), s…haft, s…lich, abs…en, die Abs…ung, aufs…en, vers…en
- der Fleck(en): f…ig, verf…t, f…rein
- die Glocke: das G…lein
- das Glück: g…lich, beg…en, verung…en, das Ung…, ung…lich
- gucken: das …loch, der …kasten (Vorsicht bei diesem Wort!)
- packen: das …chen, be…t, an…en
- das Stück: das …chen, …weise, zer…eln
- der Rücken: der R…sack
- rücken: ver…en, ver…t, die Ver…heit
- rucken: der…, …weise, …artig
- schicken: ab…en, zu…en, das …sal, …lich („Das ist nicht …lich." = altmodisch für: „Das gehört sich nicht.")
- schmecken: der Ge…, …haft, ge…los, ge…voll

- hetzen: die …e, die …jagd
- erhitzen: die …e, …ig, über…en
- der Platz: …ieren
- platzen: auf…en, zer…en
- schwätzen: der …er
- setzen: be…en, die Be…ung, ent…en, ent…lich, ab…en, die Ab…ung
- sitzen: der …, be…en, der Be…er, der Be…, ab…en, auf…en
- spitzen: der …er, an…en
- stützen: unter…en, ab…en, die …e

Anhang: Ausschnitt aus dem Übungsmaterial zur Unterrichtseinheit „k/ck bzw. z/tz“

I. Erarbeitung der Regeln

Übung 1

In der Wortwolke findest du Wörter mit *k* oder *ck*, *z* oder *tz*. Sortiere sie in die Tabelle ein!

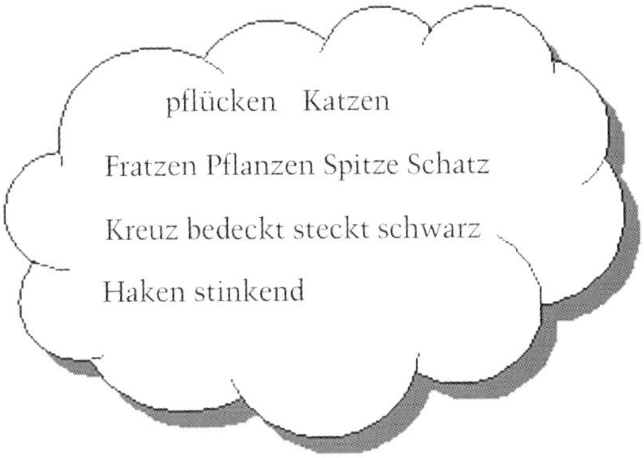

Wörter mit ck	***Wörter mit tz***

Wörter mit k	***Wörter mit z***

Übung 2

Überlege jetzt einmal so scharf wie Alice, die kluge Kommissarin: Was haben die Wörter mit *ck* bzw. *tz* gemeinsam? Tipp: Schaue auf den Laut vor dem *ck* bzw. *tz*! Kreuze an, welche der folgenden Aussagen stimmt:

○ Der Laut vor dem *ck* bzw. *tz* ist ein Vokal.
○ Der Laut vor dem *ck* bzw. *tz* ist ein Diphthong.
○ Der Laut vor dem *ck* bzw. *tz* ist ein Konsonant.
○ Der Laut wird kurz gesprochen.
○ Der Laut wird lang gesprochen.

Mache nun dasselbe für die Wörter mit *k* bzw. *z*.

○ Der Laut vor dem *k* bzw. *z* kann ein Vokal sein.
○ Der Laut vor dem *k* bzw. *z* kann ein Diphthong sein.
○ Der Laut vor dem *k* bzw. *z* kann ein Konsonant sein.
○ Der Vokal wird kurz gesprochen.
○ Der Vokal wird lang gesprochen.

Zur Erinnerung: Ein Diphthong ist ein „Zwielaut“ (*ei, ai, au, eu, äu*) und gilt „rechtschreibtechnisch“ immer als langer Selbstlaut!

Jetzt hast du sicher die Lösung und damit die Regel entdeckt.

Übung 8

Wie du aus dem Vorkurs weißt, kannst du dir nach dem Wortfamilienprinzip die Schreibung der Wörter einer Wortfamilie in den meisten Fällen erschließen, wenn du ein Mitglied dieser Familie kennst. Das gilt auch für die Wörter mit *ck* bzw. *tz*. Suche zu den folgenden Ausgangswörtern die Familienmitglieder und schreibe jeweils die ganze Familie (also einschließlich Ausgangswort) in dein Heft! Arbeite dabei übersichtlich, d. h., beginne nach jeder Wortfamilie eine neue Zeile!

- backen: der B...er, die B...ei, die B...w... (Überbegriff für das, was gebacken wird)
- die Brücke: über...en, das B...lein, die Donaubr...
- die Decke: entd...en, bed...en, aufd...en, verd...en, die D...farbe, das Ged...
- dick: der D...e, die D...e, die Verd...ung, d...lich, eind...en
- drucken: der D..., die D...ei, der D...knopf (Vorsicht bei diesem Wort!)
- drücken: bed...t, sich verd...en
- die Ecke: e...ig, ane...en
- erschrecken: der S...(en), s...haft, s...lich, abs...en, die Abs...ung, aufs...en, vers...en
- der Fleck(en): f...ig, verf...t, f...rein
- die Glocke: das G...lein
- das Glück: g...lich, beg...en, verung...en, das Ung..., ung...lich
- gucken: das ...loch, der ...kasten (Vorsicht bei diesem Wort!)
- packen: das ...chen, be...t, an...en
- das Stück: das ...chen, ...weise, zer...eln
- der Rücken: der R...sack
- rücken: ver...en, ver...t, die Ver...heit
- rucken: der..., ...weise, ...artig
- schicken: ab...en, zu...en, das ...sal, ...lich („Das ist nicht ...lich." = altmodisch für: „Das gehört sich nicht.")
- schmecken: der Ge..., ...haft, ge...los, ge...voll

- hetzen: die ...e, die ...jagd
- erhitzen: die ...e, ...ig, über...en
- der Platz: ...ieren
- platzen: auf...en, zer...en
- schwätzen: der ...er
- setzen: be...en, die Be...ung, ent...en, ent...lich, ab...en, die Ab...ung
- sitzen: der ..., be...en, der Be...er, der Be..., ab...en, auf...en
- spitzen: der ...er, an...en
- stützen: unter...en, ab...en, die ...e

Übung 9

Ein besonderes Problem mit der *tz*-Schreibung taucht immer dann auf, wenn ein Verbum, dessen Stamm mit *tz* endet, in einer Partizip-II-Form steht, z. B.: *ver**letz**en – ver**letz**t.*

Vor lauter *t* und *z* kommt da mancher durcheinander. Du aber nicht mehr, wenn du diese jetzt folgende Übung gemacht hast!

Bilde zu den folgenden Verben jeweils die Partizip-II-Form: *absetzen, erhitzen, kratzen, patzen, platzen, schlitzen, schwitzen, spitzen, spritzen, stützen, verpetzen,* Beispiel: *absetzen – abgesetzt.*

Male dann, um dir den Wortaufbau zu verdeutlichen, den Wortstamm farbig nach! Beispiel: *ab**setz**en – abge**setz**t.*

Übung 10

Führe diese Übung zwei Tage lang durch!

Bilde mit den vielen *ck*- und *tz*-Wörtern aus den bisherigen Übungen selber Sätze, vielleicht sogar eine kleine verrückte Geschichte, die du dir dann jeweils am nächsten Tag diktieren lässt! Versuche dabei, immer möglichst viele der *ck*- und *tz*-Wörter in einen Satz zu packen!

Die Story könnte so beginnen: *Ein schicker und geschwätziger Spatz zückte entzückt und frohlockend seinen Krückstock. …*

Vielleicht kannst du ja auch ein Gedicht verfassen. Zur Anregung eines, bei dem du allerdings erst noch die fehlenden „ck" einsetzen musst!

Dre___ige, fle___ige, spe___ige Schne___en
verdre___en mit sche___igen Fle___en
die E___en von De___en und we___en damit die Ze___en,
die in ihren Verste___en
ke___ etwas Böses aushe___en.
Was für ein abgrundtiefer Schre___en!

Ich würde mich übrigens freuen, wenn du mir deine besten Werke aus der **Übung 10** zukommen ließest!

Übungen zu *k/z*

Übung 11

Wie lautet die Regel, wann muss ein *k* bzw. *z* stehen?
Mache sie dir noch einmal klar, indem du die Beispielswörter zu der Regel (erstes Übungsblatt dieses Gehefts) durchdenkst. Sage bei jedem Wort, welche Art von Laut davor steht!

Übung 12

Finde Reimwörter!

a) Auf den Balken sitzen die F..............
b) Die Ozeandampfer funken: Ein Schiff ist ges..............
c) Nur ein Schalk frisst gern K..............
d) Ihren Dank
schickt die große B..............
ganz ohne Z..............,
denn sie ist bl.............. und kr..............
und in Sachen Geld ganz r.............. und schl..............
Dringend braucht sie Nachschub für ihren Geldt..............
e) Die flinken F..............
einen Zaubertrank tr..............
Da fangen sie an zu bl..............
und zu st..............,
bevor sie sich schm..............
und im Meer vers..............
f) Im Dunkeln f.............. und m.............. und sch..............
die kranken und bl.............. Ged.............. – auweia!

Übung 13

Wieder eine Reimübung! Finde die Reimwörter!

a) Haken, L..., Kr..., qu..., Schn...
b) trinken, bl..., s..., F..., h..., Sch..., schm..., st..., tr..., vers..., w..., z...
c) dunkeln, f..., m..., sch..., verd...
d) Bank, Aussch..., bl..., D..., Gest..., kr..., r..., s..., schl..., Schr..., T..., Tr..., Z...
e) Blinker, fl..., Tr..., W...
f) ganz, Gl..., Fr..., Kr..., T...

Mit den folgenden zwei Rätselübungen kannst du eine Reihe von Wörtern mit einfachem z finden. Diese werden nämlich besonders oft falsch geschrieben!

Übung 14

a) Lieblingsgetränk eines Autos: ....
b) Der Bär hat einen braunen ....
c) Wenn ein Einbrecher kommt, ruft man die ....
d) Der Pfifferling ist ein ....
e) Die am meisten gebrauchten Gewürze sind Pfeffer und ....
f) Möbel baut man gewöhnlich aus ....
g) Wenn man sich in den Finger schneidet, verspürt man einen ....
h) Statt Doktor und Mediziner kann man auch .... sagen.
i) Nur noch selten brennen auf Weihnachtsbäumen echte ....
j) Zur Erholung macht mancher im Park einen ....

Übung 15

Trage neben jeder Ziffer das gesuchte Wort in die Kästchen ein. Die Buchstaben in der dunklen Spalte ergeben einen Begriff – ebenfalls ein Wort mit einfachem *z* und außerdem eine bekannte Märchenfigur!

1. Zeichen der christlichen Kirchen
2. Lautäußerungen von Schweinen
3. Geld gibt es nicht nur in Papierform, sondern auch in Form von …
4. Titel von männlichen Königskindern
5. Redewendung: jemanden bis aufs Blut …
6. amtlicher Verbrecherjäger und Strafzettelverteiler
7. anderes Wort für Hochmut, Eingebildetheit; es reimt sich auf „Holz"!
8. rhythmische Bewegung zur Musik, oft paarweise ausgeführt
9. medizinisches Gerät zur Entfernung z. B. von Holzschiefern unter der Haut
10. hell strahlen
11. Heilberuf
12. am Ende von Tieren befindlicher länglicher Körperteil
13. hoher Adelsrang (etwa zwischen Fürst und Graf)
14. aus Österreich stammender Tanz
15. Ergebnis der folgenden Rechnung: (18 000 : 100) : 2 = …

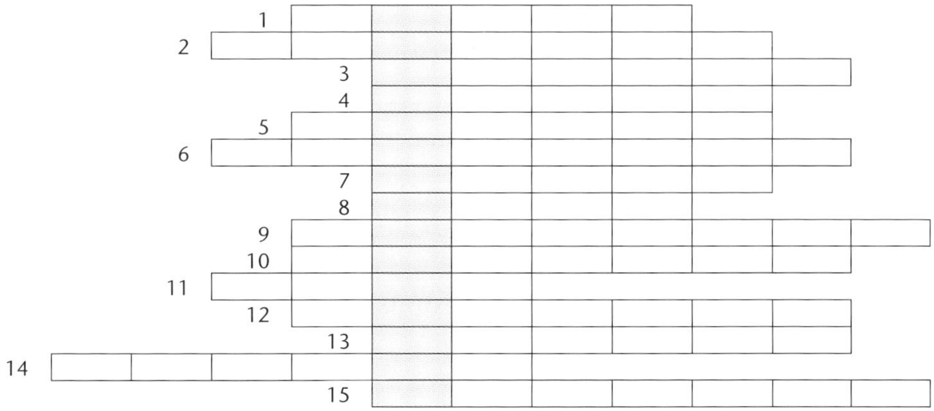

Übung 16

Im letzten Abschnitt des Alice-Lux-Krimis findest du auch noch viele Wörter mit einfachem k und z. Suche sie heraus und ordne sie in zwei Gruppen! – *k* und *z* zu Beginn eines Wortes bzw. Wortstammes brauchst du natürlich nicht zu berücksichtigen (z. B. *kichern, beknackt, zucken, entzücken*).

Übung 17

Wie du aus dem Vorkurs weißt, kannst du dir nach dem Wortfamilienprinzip die Schreibung der Wörter einer Wortfamilie in den meisten Fällen erschließen, wenn du ein Mitglied dieser Familie kennst. Das gilt auch für die Wörter mit *k* und *z*. Suche zu den folgenden Ausgangswörtern die Familienmitglieder und schreibe jeweils die ganze Familie (also einschließlich Ausgangswort) in dein Heft! Arbeite dabei übersichtlich, d. h., beginne nach jeder Wortfamilie eine neue Zeile!

- die Schaukel: ...n, das ...pferd
- der Haken: ab...en, ver...en
- häkeln: die ...nadel
- die Schnake: der ...nschwarm
- spuken: der ..., das ...schloss
- das Laken: das Bett...

- ganz: ...lich, zur ...e, ... und gar, er...en, die Er...ung
- der Geiz: ...en, ...ig, der ...kragen
- die Grenze: ab...en, be...en, die Be...ung, ein...en
- heizen: die ...ung, der ...er, der ...kessel, be...en
- das Holz: ...ig, der ...stapel, ab...en
- das Kreuz: ...en, die ...ung, ...igen, be...igen, an ...en
- kurz: ...er, am ...esten, die ...e, ...en, ...lich, ab...en, die Ab...ung, ver...en
- der Pelz: ...ig
- reizen: der ..., ...voll
- das Salz: ...en, ...ig, ge...ene Preise
- schmerzen: der ..., ...voll, ...end
- stürzen: der ..., der ...flug, ab...en, der Ab...

Übung 18

Auch bei der *z*-Schreibung taucht immer wieder ein Problem auf, wenn ein Verbum, dessen Stamm mit *z* endet, in einer Partizip-II-Form steht, z. B.: er**gänz**en – er**gänz**t.
Vor lauter *t* und *z* kommt da mancher durcheinander. Du aber nicht mehr, wenn du diese folgende Übung gemacht hast!
Bilde zu den folgenden Verben jeweils die Partizip-II-Form: *abholzen, heizen, kreuzen, kürzen, reizen, schmerzen, stürzen, tanzen. Beispiel: be**heiz**en – be**heiz**t.*
Male dann, um dir den Wortaufbau zu verdeutlichen, den Wortstamm farbig nach! Beispiel: *be**heiz**en – be**heiz**t.*

Katrin Sellin

3.6 Legasthenie und Fremdsprachen

3.6.1 Fallbeispiel

Um Nichtbetroffenen eine Vorstellung von den Mühen der Schulzeit eines Legasthenikers zu geben und das Verständnis für Legasthenie und das Erlernen von Fremdsprachen zu wecken, werden eingangs Jans Lernvoraussetzungen und seine Belastungen beschrieben.
Er besucht gegenwärtig die 9. Klasse eines Gymnasiums. Jan ist überdurchschnittlich intelligent. Seine gedanklich-sprachlichen Leistungen im Deutschen sind gut, seine Rechtschreibung wurde im 4. Schuljahr mit Prozentrang 5 bewertet, was bedeutet, dass er zu den fünf schlechtesten Rechtschreibern seines Jahrgangs gehörte. Seine Probleme liegen auf dem auditiv-sprachlich-sequentiellen Sektor, was sich in Schwierigkeiten bei der Lautunterscheidung, der Lautproduktion, der Lautverarbeitung und bei Reihenfolgenbildungen sprachlicher Inhalte niederschlägt.
Dank des in Schleswig-Holstein bestehenden Notenschutzes kann er ein Gymnasium besuchen, was seiner Gesamtbegabung entspricht. In den naturwissenschaftlichen Fächern ist er gut und bewältigt Latein als zweite Fremdsprache befriedigend wegen seines sprachlich-abstrakten Denkvermögens, wenn ihm auch in diesem Fach gelegentlich entstellende Lesefehler unterlaufen.
Im Deutschen hat sich seine Rechtschreibung durch konsequentes Üben in sechs Jahren sehr gebessert; im Englischen ist seine Rechtschreibung trotz fachlicher Unterstützung sehr schlecht, da er keine ausgeprägte Merkfähigkeit für die vom Deutschen abweichenden Laut-Buchstabenzuordnungen entwickelt hat. Er schreibt zum Beispiel „may be für maybe, biutifull für beautiful, thow für so, unof für enough". Jan fehlen zur Verbesserung der Rechtschreibung ausreichende Übungsphasen, da in der einen zur Verfügung stehenden Förderstunde pro Woche Probleme aus dem grammatischen und auf dem semantischen Sektor bearbeitet werden. Manchmal üben wir lediglich gezielt für das Gelingen der nächsten Klassenarbeit.
Er arbeitet konsequent an seinen Defiziten, bemüht sich mit mehr Einsatz als vergleichbar intelligente Schüler um die Speicherung grammatischer Strukturen, deren Besonderheiten er häufig wieder vergisst. Er muss unter fachlicher Anleitung unablässig wiederholen, wobei er sich dann an Erarbeitetes wieder erinnert; aber ohne Anstoß von außen ist das gespeicherte Wissen oft nicht abrufbereit. Eine wesentliche Basis für die gute Zusammenarbeit und für seine Fortschritte sind seine Geduld, sein Fleiß und sein Durchhaltevermögen.
Durch die früh begonnene Förderung in Deutsch und Englisch konnte Jan vor einer gravierenden Sekundärproblematik bewahrt werden, wenn er auch im 4. und 5. Schuljahr gelegentlich unter starker Entmutigung litt.

3.6.2 Neuropsychologische Voraussetzungen für das Lernen und Legastheniedefinitionen

a) Neuropsychologische Voraussetzungen

Für das Erlernen von Fremdsprachen sind die Präzision einiger Abläufe von Sinneswahrnehmungen und ihre Speicherung in exakten Gedächtnismustern unerlässlich:

- das **taktile Empfinden** im Mund gibt Rückmeldung von der Berührung im Kontakt von Zunge, Zähnen und Mundschleimhaut. Das taktile Empfinden beeinflusst unter anderem die Produktion stimmhafter und stimmloser Konsonanten wie „g" oder „k", „p" oder „b".
- das **kinästhetische System** gibt eine Rückmeldung von der Stellung der Muskeln, Sehnen und Gelenke. Bestimmte Gruppen der ungefähr 100 Mundmuskeln müssen schnell und gut koordiniert arbeiten und in der Fremdsprache in anderen Wirkungszusammenhängen funktionieren, wie z. B. bei englischem „th" oder den französischen Nasalen.
- die **Augenmotorik** muss tadellos ausgebildet sein. Es sollten möglichst keine Störungen vorliegen, die die Augen zum Überspringen von Silben, zum ungenügenden Fixieren einzelner Elemente in der Zeile und/oder zum Verrutschen in der Zeile nach oben oder nach unten veranlassen.
- die Wahrnehmung des Gesehenen, **die visuelle Wahrnehmung**, muss in allen Bereichen intakt sein. Es muss die Formkonstanz gegeben sein, so dass alle unterschiedlich geschriebenen „e" als der im Prinzip gleiche Buchstabe erkannt werden. Handschriften aus dem Ausland können manche Schüler nicht lesen, weil sie vom Deutschen abweichende Formreproduktionen enthalten und die Schüler über keine ausreichende Formkonstanz verfügen. Für Lehrerhandschriften gilt das Gleiche.
  Ein weiteres Problem sind die formgleichen, aber richtungsverschiedenen Buchstaben, wie „b, p, d, q". Die Merkfähigkeit für im Deutschen seltene Buchstaben, wie „Y, y, Qu, qu", macht sich besonders im Anfangsunterricht des Englischen und Französischen bemerkbar.
- die **auditive Wahrnehmung** spielt eine sehr große Rolle bei der Sprachverarbeitung und beim Umgang mit Fremdsprachen. Es können Probleme auftreten, bei der Unterscheidung von den hellen Vokalen, „e, i", von den dunklen „a, o, u", von Diphthongen, von den „s-Lauten", von den stimmlosen und stimmhaften Konsonanten, um nur einige zu nennen.
  Diskrete Ausfälle im Hoch- und/oder Tieftonbereich verhindern klare auditive Wahrnehmungen und können zu fehlerhaften sprachlichen Wiedergaben führen. Viele Legastheniker haben Schwierigkeiten in diesem Bereich.
- außerdem muss die **Beherrschung von Rhythmus** und **melodischer Differenzierung** gegeben sein, die in der gesprochenen Sprache eine große Rolle spielen.
- die **Speicherung alles Gelernten muss in einprägsamen Gedächtnisspuren** erfolgen, die auf Abruf verfügbar sein müssen.

- die erlernten Kenntnisse müssen automatisiert werden, um bei komplexen Aufgaben schnell zur Verfügung zu stehen.
- eine gute **Daueraufmerksamkeit** muss gegeben sein für die Umsetzung von Gehörtem in Geschriebenes (Rechtschreibung). Für semantische und grammatische Zusammenhänge gilt das Gleiche.

Lernen vollzieht sich in funktionellen Systemen, die als Wirkungsganzes aus verschiedenen Teilen bestehen, die zur Bewältigung einer Aufgabe störungsfrei zusammenarbeiten müssen.
Zum Lesen ist zum Beispiel Voraussetzung, dass die Aufrichtung gegen die Schwerkraft bewältigt wurde und dass gerades Sitzen in guter Gleichgewichtsregulation möglich ist. Die Augenblickbewegungen müssen intakt sein, so dass die Augen geschmeidig die Zeile entlanggleiten können und nicht nach oben oder unten abweichen. Die Sehschärfe muss gegeben sein, es darf kein verdecktes Schielen vorliegen, so dass das Kind schneller ermüdet; es muss klar sein, dass von links nach rechts gelesen wird.
Das Gesehene muss mit der richtigen Bedeutung versehen werden, ... sind eine oder mehrere Teilleistungen gestört, äußert sich das im fehlerhaften Arbeitsergebnis.
Man spricht von Teilleistungsstörungen, die *J. Graichen* folgendermaßen definiert: „Teilleistungsstörungen sind die Leistungsminderung einzelner Faktoren oder Glieder eines größeren funktionellen Systems, das zur Bewältigung einer bestimmten komplexen Anpassungsaufgabe erforderlich ist" (*Graichen* 1975).
Teilleistungsstörungen liegen in unterschiedlicher Zusammensetzung und Stärke einer Legasthenie zugrunde. Die Hintergründe einer Legasthenie sind multikausal. Die Lernstörung stellt sich multifaktoriell dar.
Viele Legastheniker sind sich des Musters ihrer Stärken und Schwächen nicht bewusst und setzen beim Lernen nicht zielgerichtet die für sie günstigsten Lernkanäle ein, um Defizite zu kompensieren. Daher müssen sie unnötig oft wiederholen, wobei die Energien häufig erlahmen.
Individuell muss so oft wiederholt werden, bis richtige Schreibungen und sprachliche Inhalte nicht nur wieder erkannt, sondern auch willkürlich, zum Beispiel bei Klassenarbeiten, abgerufen werden können.

b) Legastheniedefinitionen

Legastheniedefinition der WHO von 1986 sowie die Dyslexiedefiniton der ICD 10 (International Classification of Diseases):
„Die Legasthenie (Lese-Rechtschreibschwäche) bezeichnet eine umschriebene Störung im Erlernen der Schriftsprache, die nicht durch eine allgemeine Beeinträchtigung der geistigen Entwicklungs-Milieu- oder Unterrichtsbedingungen erklärt werden kann. Vielmehr ist die Legasthenie das Ergebnis von Teilleistungsschwächen der Wahrnehmung, Motorik, und/oder der sensorischen Integration, bei denen es sich um anlagebedingte und/oder durch äußere schädigende Einwirkungen entstandene Entwicklungsstörungen von Teilfunktionen des Zentralnervensystems handelt."

Legastheniedefinition des Elternselbsthilfeverbandes „Bundesverband Legasthenie e.V." (in „Legasthenie, Definition und Empfehlungen", S. 1):

„1. Legasthenie (Lese-Rechtschreibschwäche) bezeichnet eine umschriebene Störung beim Erlernen von Lesen, Schreiben und Rechtschreiben, die weder auf eine allgemeine Beeinträchtigung der geistigen Entwicklung, noch auf unzulänglichen Unterricht zurückgeführt werden können.
1.1 Kennzeichnend für Legasthenie sind weniger Anfangsschwierigkeiten beim Erwerb der Schriftsprache, als eine Diskrepanz zwischen dieser Leistung und den meisten übrigen Lern- und Leistungsmöglichkeiten, sowie dem Fortwirken der partiellen Lernschwäche auch nach Verbesserung der Lese- und Rechtschreibleistung.
Die Fähigkeiten von Schülern mit Legasthenie werden ihrer Rechtschreibung wegen nämlich häufig unterschätzt, so dass es zu Fehlentscheidungen in den Schullaufbahnen kommt."

Abgesehen von den beschriebenen Problemen, können Schüler in der Schule Schwierigkeiten haben, wenn ihr Entwicklungsalter nicht dem Lebensalter entspricht, sie unter extremer Langsamkeit, Impulsivität beim Lernen, unter Hyperaktivität und/oder Aufmerksamkeitsproblemen leiden. Mangelnde Organisation von Dingen (Ordnungsprobleme in jeder Beziehung) kann vorliegen. Sie können ein schlechtes Gedächtnis für sprachliche Sequenzen und für abstrakte sprachliche Lerninhalte haben. Alle Phänomene behindern das Lernen von Fremdsprachen.

3.6.3 Fremdsprachenproblematik

a) Erschwernisse beim Erlernen moderner Fremdsprachen und praktische Konsequenzen

Der weitgehend praktizierte **kommunikative Ansatz** im Fremdsprachenunterricht kommt zwar dem gewachsenen Bedürfnis nach internationaler Verständigung und Zusammenarbeit entgegen, entspricht aber nicht den Arbeitsvoraussetzungen von ungefähr 8 % der Schüler, die Legastheniker sind.
Etwa 80–85 % unter ihnen haben individuell abgestufte Verarbeitungsschwierigkeiten bei Sprachlauten und/oder bei der Arbeit mit sprachlichen Informationen sowie mit dem hohen Tempo des Unterrichtsgesprächs.

Besonders im Anfangsunterricht werden die **neuen Laute und Sprachstrukturen für die individuellen Bedürfnisse legasthener Schüler vielfach zu schnell vermittelt**, da sie anfänglich besonders viel Zeit brauchen, um die neuen Laute zu analysieren, zu speichern und mit bekannten Phänomenen zu verknüpfen. – Die individuelle Lautproduktion muss einwandfrei sein, weil auch eine diskret falsche Aussprache zu fehlerhaften Schreibungen führen kann. Falls die Übungsphasen in der Schule nicht ausreichen, könnten die Schüler und/oder die Eltern eine Tabelle zur Lautschrift erhalten, aus der die richtige Aussprache der Laute ersichtlich ist und häusliches Üben ermöglicht. Empfehlenswert ist für den Anfang eine tabellarische Übersicht über die wichtigsten Laute und die dazu gehörenden Schreibungen. Nach ausreichender Automatisierung der Aussprache, etwa nach einem Vierteljahr, ist diese visuell-strukturelle Stütze meistens überflüssig. Computerprogramme zum Lehrbuch sind ebenfalls hilfreich. – Ein weiteres Problem sind die vollkommen neuen, oft den Erfahrungen aus dem Deutschen zuwider laufenden Laut-Buchstabenzuordnungen, die gelernt und automatisiert werden müssen, siehe „who, mother, sun, school, oui, enfant ...", was individuell viel Zeit in Anspruch nehmen kann. Geduld bei Eltern und Lehrern ist hier unerlässlich.

Die **Bevorzugung des auditiven Kanals** (Verarbeitung von Lauten und Wörtern) im Unterricht ohne Unterstützung durch andere Sinne oder Strukturierungshilfen benachteiligt die Schüler, die bevorzugt mit den Augen, dem Tastsinn, über Nachschriften und/oder klare strukturelle Hilfen wie grammatische Erklärungen lernen. – Es wird viel mit Tonträgern gearbeitet, wobei der Mund des Sprechenden, seine Mimik und Gestik zur Unterstützung der Kommunikation wegfallen. Dies bedeutet eine große Erschwernis im Verstehen und in der Umsetzung des Gehörten für Schüler mit Hörverarbeitungsproblemen.
Als visuelle Strukturierungs- und Orientierungshilfen könnten die wichtigsten Wörter oder Gedanken an der Tafel festgehalten werden. Die Betroffenen brauchen stets ein gut gegliedertes Tafelbild, das als Stütze im kommunikativen Austausch der Klasse angesehen werden kann.
Der Grammatikunterricht wird auch in vielen Fällen in der Fremdsprache durchgeführt. Da die Fremdsprache aber nicht die „Arbeitssprache" der Schüler ist, ist ihr Einsatz eine zusätzliche, wenn auch nicht direkt beabsichtigte Schwierigkeit. Es ist empfehlenswert, wenigstens im Anfangsunterricht bis zur Automatisierung der Verständnisabläufe alle Erklärungen in beiden Sprachen anzubieten und auf klar strukturierte grammatische Darstellungen im Lehrbuch hinzuweisen. Es ist auch möglich, unterrichtsbegleitende grammatische Vorlagen zu erstellen und den Schülern als Referenzhilfe zu geben, was auch für Eltern sehr hilfreich ist.

Der **kommunikative Ansatz** sieht vor, dass das **Unterrichtsgespräch** einen großen Raum einnimmt; es vollzieht sich **fast ausschließlich in der Fremdsprache**. Viele Schüler mit Hörverarbeitungsproblemen ziehen sich zurück und nehmen nicht in gewünschter Weise aktiv am Unterricht teil, was sich wiederum negativ auf die Produktion von individuellen Gedächtnisspuren auswirkt und das zur Verfügung stehende Wissen mindert.
Eine Reihe von Aufgabenstellungen in den Büchern verlangen viele Interaktionen in der Fremdsprache, die von Legasthenikern oft eher mechanisch nachahmend, anstatt aktiv mitdenkend aufgrund gut abgespeicherter Gedächtnismuster bearbeitet werden. Daher sind die Übungen in ihrer geringen Anzahl für viele Betroffene nicht ausreichend. –
Etwa ab der 9. Klasse müssen komplexe **Texte bearbeitet** werden, die aus dem intensiven kommunikativen Austausch erwachsen sind. Sie setzen subtile Vokabelkenntnisse voraus, die bei manchen Legasthenikern mit semantisch/lexikalischen Schwierigkeiten trotz ausreichenden Fleißes nicht abrufbar sind. Die Unkenntnis einiger Wörter kann sie zum Beispiel bei der Beantwortung von Fragen zum Text und/oder bei Stellungnahmen zu Problemen aus dem Text behindern.

Die Benutzung eines Wörterbuches ist zu empfehlen oder die Möglichkeit einzuräumen, hinsichtlich einiger für den einzelnen entscheidenden Wörtern nachzufragen.

Die Schulbücher entsprechen unabsichtlich in ihrer generellen Konzeption als Unterstützung des kommunikativen Ansatzes – es soll gesprochen und gespielt werden – und den damit verbundenen Schwierigkeiten im Anfangsunterricht keinesfalls den Lernvoraussetzungen von vielen Kindern im orthographischen Bereich. Unterrichtsthemen im Englischen sind unter anderem die Zahlen, Farben und Nahrungsmittel, bei denen komplizierte Rechtschreibungen vorliegen:

„one, two, three, four, five, seven, eight, eleven, twelve, orange juice, sausages, yellow, blue".

Deren Einführung ergibt sich aus den Kommunikationsanlässen in der Klasse, nicht aus einem strukturierten Aufbau der Rechtschreibung mit Isolierung von Schwierigkeiten, wie das für Anfangsunterricht unter anderen Gesichtspunkten hilfreich wäre und wie es in den angelsächsischen Ländern praktiziert wird. (Im Deutschunterricht finden wir eine Isolierung der Schwierigkeiten im Anfangsunterricht selbstverständlich!) Wenn Lehrer und Eltern geduldig bleiben und die Kinder unterstützen, können sie das anfängliche Chaos mit der Zeit ordnen.

Viele Bücher haben einen zu kleinen Druck und sind für Schüler mit Lernproblemen unübersichtlich gestaltet. Die Seiten sind zwar oft phantasievoll entworfen worden mit Fotos zum Thema, Zeichnungen, Comics, Sprechblasen und Wörtern in Schrägdruck, aber sie sind verwirrend anzusehen.
Texte werden in Spalten, anstatt in durchgehenden Zeilen gedruckt. Schüler mit Problemen bei der Steuerung der Blickbewegungen, der Fixierung von einzelnen Punkten in der Zeile und beim vorausschauenden Lesen sowie bei der Bearbeitung der vielen dargebotenen Einzelheiten haben große Schwierigkeiten bei dieser Art von Gestaltung.
Ausreichend große Drucktypen und Zeilenabstände, durchgehende Zeilen (keine Spalten) sowie strengere Begrenzung der Informationen auf einer Seite wären wünschenswert und kämen auch Nichtlegasthenikern zugute. Eine Vergrößerung der Seiten auf 120% löst einige Schwierigkeiten.

Viele Schulbücher und „Workbooks" enthalten nicht genügend Übungen, um das Einschleifen der neuen Lerninhalte sicherzustellen. Jeder Schüler braucht eine individuell unterschiedliche Anzahl von Wiederholungen, um den Stoff zu beherrschen; Schüler mit Lernhindernissen brauchen ein besonders breit gefächertes Angebot, um Automatisierungen in allen Bereichen vollziehen zu können. Viele Legastheniker erbringen nicht deswegen schlechte Leistungen in den Fremdsprachen, weil ihre Lernvoraussetzungen nicht ausreichen, sondern weil ihnen in der Schule unabsichtlich nicht genügend adäquate Übungsangebote gemacht werden.
Viele „Workbooks", die als Unterstützung zum Textbuch angeboten werden, sind mit angemessen großem Druck und mit günstigem Layout ausgestattet. Obwohl

sie zahlreiche, das Textbuch ergänzende Übungen enthalten, reicht das Übungsangebot für Schüler mit Lernproblemen in den meisten Fällen dennoch nicht aus. Folglich ist das erworbene Wissen nicht genügend verankert, um bei späteren Anlässen tadellos abgerufen werden zu können. Die Schüler selbst und die Eltern sind meistens überfordert, wenn sie ohne Anleitung sinnvolle Übungen erstellen sollen.
Es ist ratsam, Schülern und Eltern Unterlagen zu geben oder Übungsmaterial/ Computerprogramme zur privaten Weiterarbeit zu empfehlen, da die Schule der herkömmlichen Art nicht alle genannten individuellen Probleme befriedigend lösen kann.

Unzureichende oder fehlende Lehreraus- und Fortbildung zu den Themen „Neuropsychologie“ und „Legasthenie“ belasten den Schulbesuch vieler Betroffener und bescheren den Lehrern unnötige Irritationen, da sie ohne Fachkenntnisse diesen Schülerkreis nicht angemessen betreuen können. Eltern können nicht entsprechend beraten werden, was das Vertrauen in die Schule schmälert. Fundierte Informationen über die Neuropsychologie des Lernens, über Lernstörungen und Legasthenie können dazu führen,

- dass sie zu einer gründlichen Analyse der Stärken und Schwächen – Lernfähigkeitsdiagnostik – und zu einer Legastheniediagnose bei den Schülern raten.
- dass Lehrer ihren Ermessensspielraum umfangreicher zugunsten der Schüler ausschöpfen.
- dass sie genügend Geduld bei den genannten Problemen im Schulalltag aufbringen.
- dass sie gezielt Ermutigung und Lob aussprechen, um über Hindernisse hinwegzuhelfen und um das Entstehen des Teufelskreises „Lernstörung“, einer psychischen Sekundärproblematik, zu vermeiden.

Für den Anfangsunterricht kann zusammenfassend gesagt werden, um Lernerfolge zu ermöglichen, sollte **Legasthenikern genügend Zeit zugestanden und spezielle Hilfen angeboten werden**,

- sich an die neuen Sprachlaute zu gewöhnen.
- die tadellose Aussprache der neuen Laute und Wörter zu üben.
- das Kodieren (Schreiben) und Dekodieren (Lesen) einzuschleifen.
- sich mit den neuen Strukturen und Satzbaumustern vertraut zu machen.
- die neuen Fähigkeiten zu automatisieren, ohne sich unter Druck zu fühlen oder Angst zu haben.

b) Hierarchie der Fremdsprachen entsprechend ihrem Schwierigkeitsgrad

Am leichtesten zu erlernen hinsichtlich der Rechtschreibung sind Sprachen mit konsequenten 1-zu-1-Laut-Buchstabenzuordnungen, wie sie Altgriechisch, Latein, Italienisch, Spanisch und Türkisch aufweisen.
Es folgen Sprachen mit lautgetreu geschriebenen Wörtern und mit Regel- und Ausnahmeschreibungen. Unter diesen Gesichtspunkten ist die leichteste moderne Sprache Deutsch, das einen Grundbestand an lautgetreuen Wörtern hat, eine große Menge von abzuleitendem Material (Wände, nämlich, abwägen) und von Regelwörtern (Herz, Balken, siegen, lahm ...) sowie eine begrenzte Zahl von Ausnahmebeschreibungen (Liter, Pedal, Problem, leer, Boot ...).

Englisch folgt, das wenig lautgetreues Material aufweist (his, party, wedding), kaum Regelwörter (it ocurred, to fulfil, mobbing) und viele Ausnahmeschreibungen enthält.
Französisch steht als komplizierteste moderne Fremdsprache am Ende der Reihe der schwierigen Sprachen, weil es nur relativ wenige lautgetreue Wörter hat (jouer, table), eine Anzahl von Wörtern mit Regelschreibungen (**é**col**e**, **h**iver, chauss**ée**, fen**ê**tre), aber hauptsächlich gekennzeichnet ist durch die zahlreichen grammatischen Zusammenhänge, die beim Sprechen nicht hörbar sind, sich aber in der Rechtschreibung niederschlagen.

c) Probleme beim Lernen des Lateinischen

Eine unabdingbare Lernvoraussetzung für das Lernen von Latein ist ein gutes Verständnis für sprachlich-grammatische Zusammenhänge, das heißt für ein sprachliches Beziehungsdenken auf einem relativ hohen abstrakten Niveau. Um lateinische Sätze aufzulösen und verstehen zu können, muss ein Bedeutungszusammenhang zwischen der Wortendung, der grammatischen Zuordnung und der Wortbedeutung sowie ein Zusammenhang mit anderen Satzgliedern hergestellt werden. „Roma condita est – Rom wurde gegründet", Subjekt „Roma" und Prädikatsnomen „condita" stimmen in der Endung überein. „Agricola bonus est – der Bauer ist gut", wobei die Endungen zwischen Subjekt und Prädikatsnomen auf den ersten Blick nicht übereinstimmen, da aber „agricola" männlich ist, muss die Endung für „bonus" „us" sein. Nach *Piaget* können Kinder erst ab etwa zwölf Jahren abstrakt denken, entwicklungsverzögerte Kinder vollziehen diesen Schritt entsprechend später. Manche Legastheniker bilden keine ausreichend gute sprachliche Abstraktion aus und haben daher generell Schwächen im Umgang mit abstrakt-sprachlichen Inhalten. Unter diesen Umständen ist das Lateinlernen für sie nicht empfehlenswert.
Ein gängiges Vorurteil ist, dass mathematisch-logisches Denken dem Umgang mit lateinisch-grammatischen Strukturen vergleichbar sei. In der Mathematik handelt es sich um Abstraktionen von räumlich-figürlichen Zusammenhängen und um die abstrakten Strukturen in der höheren Mathematik. Im Lateinischen geht es um linguistische Zusammenhänge, die die unter **Unterpunkt 3.6.2** genannten spezifischen Lernvoraussetzungen erfordern.
Um Latein angemessen lernen zu können, muss das Detail erfassende Lesen, das heißt, das Erkennen, Zuordnen und Speichern von visuell dargebotenen Einzelheiten, gut ausgeprägt sein. Schnelles, unaufmerksames Abtasten der Wörter beim Lesen kann zu falschen Bedeutungszuordnungen führen.

Beispiele für kleine bedeutungstragende Unterschiede sind:

de**us**	–	Gott, Maskulinum, Singular, Nominativ
de**is**	–	den Göttern, Dativ, Plural; durch die Götter, Ablativ Plural
d**es**	–	du mögest geben, von dare – geben
de**it**	–	er geht weg, von deire – weggehen

Der Schüler muss über Verständnis und Anwendbarkeit des Baukastensystems der lateinischen Sprache hinaus auch über ein gutes Detailgedächtnis und über Zuordnungsfähigkeiten verfügen.
Bedeutungsänderungen treten auf je nach Bedeutung der kurzen Vorsilbe oder der Verbendung:

esse	– sein
abesse	– weg sein
adesse	– da sein
deesse	– weg sein, nicht existieren, fehlen
prodesse	– nützlich sein
proe**runt**	– sie werden nützlich sein

Eine unerlässliche Lernvoraussetzung ist außerdem eine stabile, wache Aufmerksamkeit für mehrere Gedächtnisinhalte gleichzeitig, z. B. Vokabelbedeutung und Formbedeutung für Genus, Numerus und Kasus der Nomen, die über einen längeren Zeitraum verfügbar gehalten werden können, nämlich bis der Satz richtig übersetzt oder eine Übung korrekt abgeschlossen worden ist. Hier geht es um den Umfang des Arbeitsgedächtnisses.
Das Lateinische kann nicht durch Sprechen, Alltagshandlungen in der Klasse oder bei Schüleraustausch gehört, gesprochen oder geschrieben und somit auf verschiedenste Weise eingeschliffen werden.
Sehr oft fehlen Schülern beim Lateinlernen Übungs- und Festigungsmöglichkeiten, die sie zu befriedigenden Leistungen in der Sprache befähigen würden.
Mit dem „Psycholinguistischen Entwicklungstest", dem PET (von *Michael Angermaier*) können Lernvoraussetzungen für das Lateinlernen gut überprüft werden, um eine fundierte Beratung bei der Sprachenwahl anbieten zu können.

d) Allgemeine Probleme beim Erlernen moderner Fremdsprachen – Englisch und Französisch

Die Artikulationsbasis für diese Sprachen unterscheidet sich von deutschen Sprachlauten, wobei beim Französischlernen die Unterschiede zum Deutschen ausgeprägter sind als die zwischen dem Deutschen und dem Englischen als zwei germanische Sprachen. Zum angemessenen Sprechen werden andere Gruppen von Mundmuskeln eingesetzt und andere Stellen der Mundschleimhaut und der Zähne mit der Zunge berührt, als wir es vom Deutschen her gewöhnt sind.

Englisch, besonders Französisch, gut gesprochen setzt Folgendes voraus:
 sprechmotorische Geschicklichkeit und ein hohes Artikulationstempo,
 ein gutes Gedächtnis für Sprachlaute,
 ausgeprägte Fähigkeiten im korrekten imitierenden Sprechen,
 ein Gefühl für Sprachmelodie und Rhythmus;

weitere Lernvoraussetzungen sind:
 ein intaktes Gedächtnis für fremdsprachliche Vokabeln,
 kontinuierliche Vergrößerung des Wortschatzes in Wortfamilien und Wortfeldern,
 Zusammenhänge mit anderen Sprachen erkennen und nützen.

Das **Lesen in der Fremdsprache** bereitet oft langfristig große Schwierigkeiten, weil wegen der geringen Sprachkenntnis das vorausschauende Lesen weniger gut gelingt und die Sinnerwartung nicht ausgeprägt ist. Beim Lesen können unerkannte Sinnentstellungen entstehen, so dass eine angemessene Sinnentnahme nicht oder nicht unmittelbar möglich ist. Vielleicht sind individuell mehrere Lesedurchgänge notwendig, um eine Aufgabenstellung zu bearbeiten, was sich bei Klassenarbeiten wegen der Zeitbegrenzung nachteilig auswirken kann.
Das Schreiben ist möglicherweise sehr langsam wegen fehlervermeidender, kompensatorischer Arbeitsweise und/oder andauernd fehlerhaft wegen unzureichender Speicherung der Laut-Buchstabenzuordnungen.
Das Verfolgen des Unterrichtsgesprächs gelingt oft nur lückenhaft, weil die Verarbeitung von Sprache verlangsamt und/oder generell erschwert sein kann.
Zusammenhänge mit anderen Fremdsprachen werden nicht gesehen und daher nicht genutzt.

e) Spezielle Probleme beim Erlernen des Französischen und Englischen

Das Französischlernen gestaltet sich hinsichtlich der Lautproduktion und der Artikulationsgeschwindigkeit schwierig für Schüler, die Probleme haben, die für das Französischsprechen notwendigen Mundmuskelgruppen einzusetzen und ein angemessenes Sprechtempo zu entwickeln. Ein hohes Artikulationstempo wird für das Französischsprechen vorausgesetzt. Der melodisch geführte Lautfluss muss fließend sein – ohne die im Deutschen üblichen Knacklaute zwischen den einzelnen Wörtern. Ein ausgeprägtes Empfinden für Rhythmus und die Fähigkeit genau zuzuhören und zu imitieren, sind weitere Lernvoraussetzungen. Für das Schreiben und das Lesen ist ein gutes Gedächtnis für die vom Deutschen abweichenden Laut-Buchstabenzuordnungen unerlässlich, wobei die größten Schwierigkeiten in den vorwiegend nicht 1 zu 1 existierenden Laut-Buchstabenzuordnungen bestehen.
Eine weitere Schwierigkeit liegt in den **Akzenten**, die entsprechend ihrer Richtung einen bestimmten Lautwert wiedergeben.
Beim Akzentsetzen muss ein Zeichen im Raum richtig angeordnet werden, um einen bestimmten Lautwert zu kennzeichnen; die entsprechende Richtung des Zeichens für den Lautwert muss erinnert und beim automatisierten Schreiben schnell umgesetzt werden können. Dies ist eine komplexe intermodale, das heißt, mehrere Sinne betreffende Leistung. Schüler mit Raum-Lageproblemen und Zuordnungsschwierigkeiten haben auf diesem Gebiet viele Probleme.

> Beispiele sind:
> très, après, aber ohne Akzent und bei dem gleichen Lautwert „j'ai".
> Bei manchen Wörtern muss man sich an Betonungsverschiebungen erinnern, die sich in der Rechtschreibung niederschlagen, wie bei „se prom**e**ner" und „je me prom**è**n**e**", wo bei unbetonter Endung ein „accent grave" gesetzt werden muss; „nous nous prom**e**n**ons**" hat wieder eine betonte Endung, folglich steht kein Akzent.

Grammatische Beziehungen beeinflussen in hohem Maße die Rechtschreibung, wobei nicht alles beim Sprechen zu hören ist, was wegen der grammatischen Beziehungen geschrieben werden muss:

„Je voi**s** le**s** fille**s** bien aimé**es**". Nou**s** les avon**s** déjà vu**es** **h**ier."
Alle hervorgehobenen Buchstaben werden beim Sprechen nicht gehört. Sie gehören zu den grammatischen Zusammenhängen.

Die Formen im Satz müssen akkordiert, das heißt, aufeinander abgestimmt werden. Hierfür müssen zahlreiche Formen und Regeln gelernt und automatisiert werden, um beim Schreiben unter wacher Aufmerksamkeit präsent zu sein. Auf Abruf müssen die Kenntnisse zur Verfügung stehen. Vielen Legasthenikern gelingen aufgrund ihrer Problematik solche komplexe sprachliche Leistungen nicht oder viel zu langsam, um in der Schule erfolgreich mithalten zu können.
Für die Bewältigung des Französischen müssen Schüler auch ein gutes Gedächtnis für das Geschlecht der Nomen, die unregelmäßigen Pluralformen von Nomen und Adjektiven wie auch für die unregelmäßigen Formen der Verben in Indikativ und Konjunktiv haben und dieses Wissen bei Bedarf sicher und schnell abrufen können.

Fehler und Unsicherheiten im Anfangsstadium des Französischlernens:

- das Benützen von im Deutschen ungewöhnlichen Buchstaben, wie „Qu, qu, j"...
- das Setzen der Akzente, die etwas ganz Neues im Erfahrungsbereich der Kinder beim Umgang mit der Schriftsprache sind, Raumlage und Zuordnungsprobleme
- manche Präpositionen werden anfangs falsch gebraucht, was auf überwunden geglaubte Probleme in der Raumlage und/oder den räumlichen Beziehungen schließen lässt.
- die Unterscheidung und der Gebrauch der Personal- und Possessivpronomen; „sa" und „leurs" bedeuten beide „ihr" als Possessivpronomen, allerdings mit verschiedener Bedeutung im Singular Femininum und im Plural.
- akkordieren aller grammatischen Formen, Aufmerksamkeit und Gedächtnis
- das Geschlecht der Nomen wird falsch erinnert, Gedächtnis
- Anwendung der Frageformel „qu' est-ce que" und „qu'est-ce qui", wobei die komplizierten Laut-Buchstabenzuordnungen und die Reihenfolgen für Schüler mit Sequenzproblemen sehr schwer sind.

Fehler im fortgeschrittenen Stadium des Französischlernens:

Betroffene machen die gleichen Fehler wie alle anderen Schüler, aber sie machen sie länger und in viel größerer Zahl (nach *Lotte Schenk-Danziger*, 1991, und ihrer Definition der Fehler von Legasthenikern im Spätstadium des Deutschlernens):

- Exakte Lautbildung und Artikulationsgeschwindigkeit beim Sprechen
- Akzentsetzungen
- Gedächtnis für das Geschlecht der Nomen
- Gedächtnis für unregelmäßige Verben und unregelmäßige Konjunktivformen, Kenntnis der Verben, die mit „être" konjugiert werden, abweichend von allen anderen, bei denen „avoir" verwendet wird

- Akkordierungsprobleme
- Gebrauch der Zeiten, besonders des „passe simple", da es abweichend vom Gebrauch der Zeiten im Deutschen gebraucht wird
- allgemeine Probleme beim mündlichen und schriftlichen Ausdruck ...

Das Englischlernen spielt eine zentrale Rolle für Schüler, da Englisch in allen Schularten bewältigt werden muss.
Die vielfachen Wurzeln der Sprache (Griechisch, Latein, Angelsächsisch, Skandinavisch, Französisch), die sich in der Rechtschreibung durch komplizierte Laut-Buchstabenzuordnungen (vorwiegend nicht 1 zu 1) und einer schwierigen Aussprache des Geschriebenen spiegeln, sind für Legastheniker besonders verwirrend.

> Beispiel: [i:] (= langes „i")
> Es gibt im Englischen acht verschiedene Möglichkeiten diesen Laut zu schreiben. Im Deutschen ist das [i:]-Problem auch nicht einfach, aber mit gewissen Regeln zu bearbeiten. Im Englischen jedoch herrscht Vielfalt ohne erkennbares System:
> „e" in „even, to be, me, idea, to recede, meter",
> „ee" in „to see, seen, been, to meet",
> „ea" in „meat, mean, dream",
> „ie" in „to believe, handkerchief, mischief",
> „ei" in „to receive, to seize", von frz. „recevoir und saisir",
> „i" in „ski, kilometer",
> „eo" in „people",
> „he's", Kurzform für „he is", wobei auch grammatische Überlegungen eine Rolle spielen.
> Viele dieser Wörter kommen im Anfangsunterricht vor!

Englische Laute und Probleme bei ihrer Wiedergabe

- Reversionen von Buchstaben ohne Bedeutungsänderung durch den Fehler wie bei „waht" statt „what", „towe" statt „two"; „whit" statt „with",
- Reversionen mit Bedeutungsänderung bei „trial" statt „trail", „saw" statt „was", „eat" statt „tea".
- auditiv-kinästhetische Probleme (Hören und Mundberührungsempfinden, wie bei der Unterscheidung und Produktion von stimmhaften und stimmlosen Konsonanten)
  „dog" / „do**ck**", „**sh**op" / „**ch**op", „to ri**d**e" / „to wri**t**e" oder „righ**t**"?
- auditiv-visuelle Unterscheidungen beim Schreiben – Gehörtes muss in sinnvolle Buchstabenfolgen umgeformt werden – ist bei einigen Wörtern problematisch; manche Menschen können sie nicht nach dem Klang, sondern nur nach der Wortbedeutung unterscheiden wie bei „to walk" und „to work", „where" und „were", „their" und „there", ...
  Entsprechend dem pädagogischen Ermessensspielraum der Lehrer sollte bei Zweifeln über die Fehlerkategorie – Wort- oder Rechtschreibfehler? – für den Rechtschreibfehler entschieden werden, weil er bei dem bestehenden Noten-

schutz gar nicht wiegt, bei fehlendem Notenschutz ein leichteres Gewicht hat als ein Wortfehler. Im Deutschen würden wir bei Verwechslungen zwischen „Beine“ und „Biene“, „Marder“ und „Mörder“, „warten“ und „waten“ wegen der vorausgesetzten Sinnerwartung des Schülers auch den leichter wiegenden Rechtschreibfehler wählen.

- Die Fähigkeit, kurze und lange Vokale zu unterscheiden, ist bei vielen Schülern nicht ausreichend entwickelt, was bei folgenden Fehlern mitwirkt, „eat“ und „it“, „he's“ und „his“, „to peal“ und „pill“ ...
- Visuell-auditive Unterscheidung beim Lesen – Buchstaben und Wörter, die mit dem Auge erfasst werden, müssen in Lautfolgen umgeformt werden, die dem Sinn im entsprechenden Satz entsprechen, „shout/shoot“, „sweet/sweat“, „plan/plain/plane“ ...
- Gedächtnis für Ablautreihen der unregelmäßigen Verben, wie „to swim, swam, swum“, aber „to sit, sat, sat“ ...
- Gleichklang, aber Bedeutungsunterschied – das Problem der Homophone, das heißt gleich klingender Wörter mit unterschiedlicher Schreibung und Bedeutung – im Deutschen „Fön/Föhn, Lärche/Lerche, Stil/Stiel, Mine/Miene“, im Englischen „where, ware, to wear“, „peel/to peal“ ...

Das Wichtigste ist, dass Lehrer sich informieren und entsprechend ihrer Rolle im Leben der Schüler und deren Familien bei Legasthenie ihren pädagogischen Ermessensspielraum zugunsten der Schüler nutzen.

Fehler und Unsicherheiten im Anfangsstadium des Englischlernens:

- falsche Aussprache führt zu falscher Schreibung – wie es ebenfalls im Deutschen geschieht – siehe mögliche Verwechslungen von „to think“ und „to sink“
- die neuen Laut-Buchstabenzuordnungen werden nicht erfasst und englische Wörter nach den Lautgesetzen für das Deutsche wiedergegeben, wie „eit“ statt „eight“, „vor“ statt „four“, „nein“ statt „nine“ ...
- unter dem Einfluss der neuen Schreibungen in der Fremdsprache treten für überwunden gehaltene Rechtschreibprobleme im Deutschen wieder auf, so wird zum Beispiel statt „**v**ier“ „**f**ier“ geschrieben, da es im Englischen „**f**our“ heißt.
- Verwirrung durch irritierende visuell-auditive Eindrücke
„who“ [hu:] heißt „wer“
„where“ [w] heißt „wo“
- mangelndes Verständnis für die Bezeichnungen „Personal- und Possessivpronomen“ und deren Gebrauch. Für sehr irritierend wird gehalten, dass „her“ und „their“ beide „ihr“ heißen im Deutschen, wenn auch mit verschiedenem Sinn.
- Kurzformen und Apostrophsetzungen sind sehr schwer, wobei oft nicht erfasst wird, wofür die Auslassungszeichen stehen.
- mangelndes Strukturerfassen grammatischer Zusammenhänge, wie bei der „simple“ und „continuous form“, Gebrauch der Zeiten allgemein, Satzstellung, ..., soweit die Strukturen vom Deutschen abweichen.

Bis auf die letzte Auffälligkeit verlieren sich alle Schwierigkeiten weitgehend mit der Zeit, aber es bleibt eine Restproblematik im Englischen.

Fehlerschwerpunkte sind

- Exakte Lautbildung und Artikulationsgeschwindigkeit beim Sprechen
- Empfinden für Melodie und Rhythmus der Sprache
- Ablautreihen der unregelmäßigen Verben
- Struktur und Anwendung der Zeiten
- Präpositionen – Raum und Zeit
- Satzstellung – sequentielle Ordnung
- mündliches und schriftliches Ausdrucksvermögen – Artikulation, Semantik
- Gedächtnis für Vokabeln und grammatische Zusammenhänge

f) Lesen und Schreiben in den Fremdsprachen

Lesen

Für viele Schüler mit artikulatorisch-mundmotorischen Schwierigkeiten ist Lesen in der Fremdsprache sehr schwer. Unter Umständen sind viele Übungsphasen nötig, um das Lesen angemessen zu automatisieren.

Es kommt hinzu, dass viele Lehrbücher einen sehr kleinen Druck und enge Zeilenabstände haben. Schüler mit Problemen der Augenblickbewegungen können dazu neigen, Augensprünge innerhalb einer Zeile nach oben oder unten zu vollziehen. Je kleiner der Text ist, umso anstrengender ist das Zeilenhalten.

Es wird empfohlen, eine Kopie des Lehrbuches zu machen und den Text auf 120 % zu vergrößern.

Das Vorhandensein einer Kopie erlaubt die Bearbeitung der Vorlage. Es ist sinnvoll, mit den Schülern ihren individuellen Weg zu Lesestrategien zu suchen.

Vorschläge sind:

- Eine Karteikarte DIN A6 ist hilfreich beim Zeilenhalten, damit die Augen nicht wegrutschen.
- Die Ecke der Karteikarte kann während des Lesens von links nach rechts bewegt werden, weil das Auge einem bewegten Gegenstand besser folgt als einem ruhenden.
- Die Betonung üben und in den Text einzeichnen lassen, wie bei „hotél, idéa, ińteresting, becáuse" praktiziert.
- Silbenbögen können in den Text eingezeichnet werden, um die Überschaubarkeit beim vorausschauenden Lesen zu erhöhen. Das ist nicht bei allen englischen und französischen Wörtern möglich, würde aber zum Beispiel bei „birthday party" anwendbar sein. Es geht nicht, wenn Buchstabenfolgen beim Sprechen zusammengezogen werden und manche Buchstaben nicht als Laute erscheinen wie bei „Wednesday", „interesting", …
- Satzmelodie sprechen und zeichnen lassen. Bei Entscheidungsfragen wird die Stimme am Satzende gehoben, bei Verständnisfragen wird sie gesenkt.
- Generell fängt die englische Satzmelodie relativ tief an, steigt auf und endet noch tiefer als beim Satzanfang. Das lässt sich mit aufsteigenden und abfallenden Bögen darstellen.

Die Texte auf den Kassetten zum Lehrbuch werden meistens sehr schnell und von Muttersprachlern gesprochen. Für Schüler mit auditiven Problemen ist das oft nicht angemessen, da sie mehr Zeit zum Analysieren, Speichern und zur Umsetzung des Gehörten brauchen.

Folgendes Vorgehen bei der Unterstützung von Lesen kann hilfreich sein:

- den Text anhören, ihn dabei mit dem Auge im Buch verfolgen;
- nach einem Satz oder einer Sinneinheit die Pausentaste drücken;
- nun den Text selbstständig laut nachlesen, damit nicht nur die sprechmotorisch-artikulatorischen, sondern auch die auditiven Erfahrungen gespeichert werden;
- alle Hilfsstrategien gründlich üben, größtmögliche Automatisierung anstreben;
- Eltern zum „Einschleifen" mit einbeziehen.

Es ist sinnvoll, das Textverständnis schwieriger Passagen, Sätze oder Ausdrücke notfalls durch Übersetzen zu sichern, da bei fremdsprachlichen Texten oft die Sinnerwartung fehlt. Ein Schüler las „she it rabbit" im Buch stand aber, „she is repairing her bike". Der Schüler war über die Lehrerkorrektur nicht erstaunt, da bei ihm im Anfangsunterricht keine Sinnerwartung bestand. Er hatte es als gegeben hingenommen, wenig oder nichts zu verstehen!

Schreiben
Regeln sollten erörtert werden, soweit es sie gibt.
Viele Legastheniker kennen Regeln, haben aber beim fehlervermeidenden Arbeiten Schwierigkeiten, an alle Elemente zu denken, die sie in der Aufmerksamkeit gleichzeitig stabil halten müssen.

Beispiele für Rechtschreibregeln:

- stummes End -„e" beeinflusst die Aussprache des Stammvokals, so dass er so klingt, wie er im Alphabet gesprochen wird, „skate, recede, site, wrote, mute" ...
- Konsonantenverdopplung nach kurzem, betontem Stammvokal, „swi**mm**ing, sto**pp**ing, ru**nn**ing" ...
- Zwischen „o" und „s" steht immer ein „e", „do**e**s, go**e**s, sho**e**s" ...
- „r" wird immer verdoppelt, weil sich sonst der Wortklang ändern würde, „occu**rr**ed, blu**rr**ed" ...
- Apostrophsetzung intensiv üben durch Bewusstmachen des Bestandteils, der ausgelassen wurde, zum Beispiel „he doesn't" für „he does **not**", „he's" für „he **is**" ...
- Wörter mit dem gleichen Rechtschreibproblem zusammenfassen:
  Statt der deutschen Nomenendung „el" steht im Englischen überwiegend „le", „bott**le**, nood**le**, app**le**, tab**le**", die im Anfangsunterricht vorkommen.

Da die englische Rechtschreibung sehr viele Unregelmäßigkeiten aufweist, dauert der Anfangsunterricht in Lesen und Schreiben in den angelsächsischen Ländern vier Jahre (nicht wie in Deutschland bei der Muttersprache zwei Jahre), womit den problematischen Laut-Buchstabenzuordnungen Rechnung getragen wird. Im Anfangsunterricht des Englischen sollten wir auch nach Erleichterungen suchen. Die Methoden und die Systematik, die bei der Rechtschreib- und Leseförderung von Legasthenikern in den angelsächsischen Ländern angewandt werden, können nicht auf unseren Fremdsprachenunterricht übertragen werden, da hier nach dem kommunikativen Ansatz unterrichtet wird und der Wortschatz der deutschen Kinder entsprechend begrenzt ist.

g) Kritische Phasen im Fremdsprachenunterricht – Anfangsunterricht und Mittelstufe

I. Der **Anfangsunterricht**: Die meisten Kinder freuen sich auf die weiterführende Schule und verbinden mit dem Übergang einen Neuanfang, der sie motiviert. Oft sind sie enttäuscht, wie schwierig sich der Neubeginn gestaltet. Abgesehen von generellen Orientierungsproblemen in neuer Umgebung und mit unbekannten Menschen, brauchen manche Kinder viel Zeit, um alles Neue im Unterricht aufzunehmen und zu verarbeiten. Sie müssen sich mit einem anderen Unterrichtsstil und den allmählich abstrakter werdenden Unterrichtsinhalten auseinander setzen. Sie müssen in den Sprachen neue Bedeutungszusammenhänge erkennen, speichern und automatisieren.

Damit das angemessen gelingt, müssen viele Schüler sehr intensiv üben, um sich die fremdartigen Laut-Buchstabenzuordnungen anzueignen, um die grammatischen Bezeichnungen und Formen zu verstehen und Arbeitsanweisungen umsetzen zu können. Semantische Netzwerke müssen entwickelt, Regelverständnis muss gesichert und die Anwendungen müssen automatisiert werden.

Viele Legastheniker brauchen unsererseits eine Menge Geduld, weil sie häufig langsamer lernen als andere Schüler, oft korrigiert und zu vermehrtem Üben angehalten werden müssen.

Dabei sollten wir darauf achten, dass sie nicht entmutigt werden durch anfängliche oder länger andauernde Misserfolge und müssen mithelfen, dass sie „Boden unter die Füße" bekommen.

Die meisten Schwierigkeiten in dieser Phase lassen sich lösen,

- wenn das Kind den Anforderungen des gewählten Schultyps gerecht werden kann.
- wenn Ermutigung und Lob – auch kleinster Fortschritte – und Anerkennung für Bemühungen geäußert werden.
- wenn die Eltern und die Schule zusammenarbeiten.
- wenn rechtzeitig geeignete Fördermaßnahmen getroffen werden, um die Basiskenntnisse zu sichern und/oder um größere Einbrüche sprachlicher und/oder psychischer Art zu verhindern.

II. **Die Mittelstufe**: Hier sind die Energien oft erlahmt. Unter dem zunehmenden Einfluss der Pubertät, das ständige Eingreifen der Eltern und Lehrer ablehnend, arbeiten die Schüler oft weniger und sind daher auch weniger erfolgreich in der Schule.

Der daraus resultierenden Entmutigung begegnen sie nicht nüchtern mit erhöhtem, gezieltem Arbeitseinsatz. **Da sie häufig nicht wissen, wie sie ertragreich arbeiten könnten, kommt es oft zu völligem Leistungsversagen.**

Förderunterricht in der Schule und/oder bei außerschulischen Kräften ist sinnvoll.
Er sollte gezielt auf die Stärken und Schwächen der Schüler abgestimmt sein. Es ist günstig, wenn eine fundierte Diagnose der Stärken und Schwächen des Schülers durch eine Fehleranalyse vorliegt. Wahrscheinlich wird der Schwerpunkt des privaten Förderunterrichtes in dieser Phase bei der Wiederholung der grammatischen Strukturen liegen, die nicht ausreichend gefestigt sind. Den Unterricht kann ein geduldiger, in groben Zügen über Legasthenie informierter Mensch übernehmen.
Bei manchen Schülern liegen Entwicklungsverzögerungen vor. Bei nicht ausreichenden Leistungen ist zur Entlastung des Schülers und der Familie eine Klassenwiederholung ratsam. Sie sollte rechtzeitig in den Schuljahren geschehen, in denen die Grundlagen der Sprachen erarbeitet werden.

3.6.4 Förderung

a) Förderstrategien für unterrichtsbegleitende und außerschulische Unterstützung

Manche Kinder finden sich in der Einteilung ihres Lehrbuches nicht zurecht. Daher profitieren sie davon, wenn anfangs der Aufbau des Buches erklärt und darauf hingewiesen wird, wo sich Text-, Grammatik- und Vokabelteil befinden. Bei vielen Kindern herrscht Verwirrung, da die Unterrichtseinheiten als „units" bezeichnet und viele andere Hinweise in der Fremdsprache gegeben werden. Eine Hilfe kann sein, wenn der Aufbau der „unit" erklärt und das Auffinden bestimmter Dinge geübt wird, wie die Übungen zur Grammatik, der alphabetisch geordnete Vokabelteil …
Bei der Materialgestaltung muss darauf geachtet werden, dass Buchstaben- und Buchstabenabstände groß genug sind zum mühelosen Lesen und die Zeilenabstände ausreichen zum Einsetzen großer Schülerschriften. Arbeitsbögen sollten möglichst nicht mit Aufgaben oder Informationen überfrachtet werden, da die Schüler sich auf übersichtlich gestalteten Vorlagen mit begrenzter Information besser orientieren können.
Individuelle Handschriften können für Schüler schlecht lesbar sein, daher sollte man auf sie verzichten. Liegt eine Lernfähigkeitsdiagnose und Fehleranalyse des Schülers vor, kann die Förderung individuell optimal gestaltet werden, falls die Schule Förderunterricht in Kleingruppen anbietet.
In der Orientierungsstufe könnte der Unterricht in der Klasse vermehrt multisensorische Elemente aufnehmen, die, abgesehen von den Legasthenikern, allen Kindern als Festigungshilfe zugute kämen. In höheren Klassen stehen Strukturierungshilfen zum Lernen im Vordergrund.
Multisensorische Förderung ist ratsam, das heißt das Einbeziehen aller Sinne, wobei eine Sinnesmodalität im Vordergrund steht, aber stets mehrere Sinne mit beteiligt sein sollten:

- **haptisch** – das Fühlen betreffend – in Vogelsand schreiben, da das Fühlgedächtnis besonders einprägsame Gedächtnisspuren bietet, dabei stets begleitend laut mitsprechen
- **visuell** – Visualisierungen aller Art: Karteikarten, um Lernwörter zu notieren, Poster für Übersichten aller Art, Zeichnungen für Präpositionen, Satzstellung ...; Verwendung von Farben, Tafelbild ...
- **auditiv** – beim Schreiben laut oder leise mitsprechen
  Kassette mit Lernwörtern/Vokabeln besprechen
  Kassette zum Lehrbuch unter besonderem Einsatz der Pausentaste benutzen, **siehe „Lesen", S. 154**
- Schreibbewegungsgedächtnis – häufiges Schreiben der Wörter unterstützt ihre Speicherung
- Einsetzungsübungen in Lücken sollten mit ganzen Wörtern erfolgen, nicht mit einzelnen Buchstaben, da das ganze Wort unter begleitendem Sprechen niedergeschrieben und als Gesamtzusammenhang erinnert werden soll.

Der Unterricht sollte klar strukturiert sein. Beispielsweise ist es sinnvoll, den Schülern das Stundenthema zu nennen, um für unaufmerksame und schlecht geordnete Schüler eine deutliche Orientierung zu geben.
Ein gut gegliedertes Tafelbild ist hilfreich als visuelle und strukturelle Stütze, auf dem eine den Schülern bekannte, immer wiederkehrende Ordnung herrschen sollte, wie zum Beispiel neue Vokabeln links oben, Grammatik rechts oben ...
Für viele Schüler ist es notwendig, dass die Hausaufgaben angeschrieben werden (vielleicht auch immer auf eine bestimmte Stelle auf der Tafel) und ein Hausaufgabenheft zur Orientierung geführt wird. –

Weitere Anregungen zur Förderung in Kleingruppen oder unterrichtsbegleitend im Klassenverband:

- Die Struktur der Grammatik verdeutlichen in klaren Übersichten, die den Schülern als Arbeitsgrundlage dienen und die sie selbst erklären können.
  Man könnte die Unterlagen in einer „Grammatikmappe" sammeln.
- „Bauregeln" für die Zeiten mit begleitenden Signalwörtern und deutscher Übersetzung zur Verfügung stellen
- Beispielsätze in beiden Modi, die „if-Sätze" im Englischen mit deutscher Übersetzung anbieten.
- Gegenüberstellung von Personal- und Possessivpronomen für den Anfangsunterricht vorbereiten, eine entsprechende Übersicht von Kurz- und Langformen von „to be" und „to have" anbieten ...
- Ein gut strukturiertes Grammatikwerk nennen, falls das Lehrbuch keinen übersichtlichen grammatischen Anhang besitzt. Da es in jedem Schuljahr ein neues Lehrbuch gibt, ist die Anschaffung einer übersichtlich gestalteten, sich auf das Wesentliche beschränkenden Grammatik empfehlenswert. In den höheren Klassen ist das Arbeiten mit einer Grammatik unerlässlich.

- Falls Kenntnisse in Computerarbeit vorhanden sind, kann man die vorwiegend gute Software zum Lehrbuch einsetzen. Zur soliden Verankerung des Erarbeiteten sollte der Schüler die Lerninhalte im Anschluss an die Computerarbeit selbstständig wiedergeben können und handschriftlich niederlegen.
- Kreative Aufgaben stellen (Sketche, Dialogspiele, Hörspiele, Anfertigen von Bildgeschichten ...), um die rechte Hirnhälfte zu aktivieren. Kreative Betätigung macht den meisten Schülern Spaß. Unter solchen Umständen werden besonders einprägsame Gedächtnisspuren gelegt.
- Spiele können als eine hervorragende Lernmöglichkeit eingesetzt werden. Beim Spielen, z. B. beim Memory, muss man darauf achten, dass genügend gesprochen und nicht nur stumm beim Kärtchenumdrehen gehandelt wird.

b) Spiele

Spiele dienen dem Lernen und sind daher unverzichtbar.

Sinnvolle Spiele zum Sprachenlernen:

- **Memory** ist in jeder Form zum Vokabellernen und zur Vertiefung der Grammatik geeignet,

Beispiele:

Vorderseite	Rückseite
apple	la pomme
apple	Apfel
la pomme	Apfel
apple	
la pomme	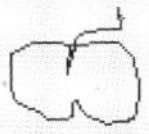

Karteikarten auch geeignet zum Erlernen von Personal- und Possessivpronomen, zur Festigung von „continuous und simple form“, zur Vertiefung der Bildung aller Zeiten, zur Bildung des Passivs, ...

- **Quartett**, was u. a. zur richtigen Übung der Frageform Anlass gibt, „do you have, have you got, can I have?“ „Est-ce que tu as?“ mit den entsprechenden Antworten auf diese Weise können Vokabeln in Wortfamilien gut geübt werden.

- **„Bingo"** lässt sich besonders nutzbringend im Anfangsunterricht einsetzen, der Lehrer kann Vokabeln diktieren und anschließend wieder vorlesen, die Kinder markieren die vorgelesenen Wörter. Hierbei müssen die Kinder schreiben und lesen.
- **Spiele mit Ereigniskarten**, wobei auf einem beliebigen Spielplan gespielt wird und bei Ankommen auf besonders markierten Feldern eine Karte gezogen werden muss, die zu einer sprachlichen Äußerung auffordert, wie, „Tell us why you especially like Elvis Presley? What would you do, if you meet a ghost?" How was it, when you had tea with Queen Elizabeth?" Man sollte Sätze wählen, auf die frei fabulierte Antworten gegeben werden können. Abfragen von Wissen scheint in diesem Kontext nicht günstig.

3.6.5 Hinweise zum Erstellen von Klassenarbeiten und Korrekturvorschläge

Klassenarbeiten

- Man sollte darauf achten, dass Kopiervorlagen für Klassenarbeiten nicht einen zu geringen Zeilenabstand haben, damit sie genau und ohne besondere Anstrengung gelesen werden können.
  Häufig bieten sie nicht genügend Platz zum Einsetzen der Antworten für Kinder mit großer Schrift oder mit graphomotorischen Problemen. Bei geringem Platz und großer und/oder „schlechter" Schrift wird eine genaue Kontrolle der Qualität des Geschriebenen erschwert.
- Vorlagen für Klassenarbeiten, die von Lehrbuchverlagen zur Verfügung gestellt werden, enthalten oft viele Informationen und Aufgaben auf einer Seite und können daher verwirrend sein (s. **„Erschwernisse beim Erwerb von Fremdsprachen"**, S. 150 ff.). Außerdem sind vielfach die Zeilenabstände bei Einsetzungsübungen zu gering, so dass Schüler mit großer Schrift ihren Text schlecht unterbringen können. Für diese Schüler wären Vergrößerungen eine Erleichterung.
- Befinden sich die Aufgabenstellungen auf einer Seite und sollen die Schüler zur Erledigung der Aufgabe stets umblättern, ist dies für Schüler mit Orientierungsschwierigkeiten ein Arbeitshindernis. Ebenso problematisch ist Abschreiben von Aufgaben an der Tafel, da auf diese Weise Fehler gemacht werden können, die die Schüler unter Umständen hindern, richtig weiterzuarbeiten.
- Manche Aufgabenstellungen sind für Kinder mit ausgeprägten Sprachverarbeitungsstörungen schwer zu lösen, wenn z. B. Wörter in Lücken eingesetzt werden sollen, wobei ein Gesamtverständnis des Textes (für diese Schüler) erst nach dem Einsetzen der entsprechenden Wörter möglich ist.
  - Einsetzungsübungen zu grammatischen Aufgabenstellungen werden anfangs als sehr schwer empfunden, wenn die Arbeitsanweisungen in der Fremdsprache sind. Es kann im Englischen im Anfangsunterricht heißen „put in the personal and possessiv pronouns". Arbeitsanweisungen in der Muttersprache wären hier vorteilhafter, weil Deutsch die „Arbeitssprache" des Schülers ist.

- Ein vom Lehrer in der Arbeit gegebener Beispielsatz würde dem Schüler in der besonderen Situation der Klassenarbeit sehr helfen und ihm Sicherheit verleihen.
  Wenn ein Schüler den Stoff wirklich nicht beherrscht, hilft auch ein Beispielsatz nicht!

Korrekturvorschläge

Im Sinne der Betroffenen sollte der pädagogische Ermessensspielraum der Lehrer zugunsten der Schüler ausgeschöpft werden.
Besteht in einem Bundesland der Notenschutz, so gehen keine Rechtschreibfehler in die Gesamtnote ein.
Manchmal gibt es Zweifel daran, was ein Rechtschreib-, ein Wort- oder ein Grammatikfehler sei, wie bei „trial/trail, how/who; where/were; he's/his". Hierbei sollte der Lehrer nach seinem Wissen um das Legasthenieproblem und nach seinem Ermessensspielraum entscheiden.

In regelmäßigen Abständen sollten der Lehrer oder die Eltern zur Unterstützung des Schülers nach Klassenarbeiten eine Fehleranalyse erstellen.
Entsprechend der Fehleranalyse könnte der Lehrer **Empfehlungen zu besonderer häuslicher Arbeit** geben. Das erscheint sinnvoller als eine lange Berichtigung anfertigen zu lassen. Der Nutzen einer umfangreichen Berichtigung, in der jeder Fehler bearbeitet wird, ist fragwürdig. Würde die Berichtigung zahlreicher Fehler wirksam sein, wäre nach mehreren solcher Anfertigungen eine Leistungssteigerung zu verzeichnen. Wir wissen, dass dies nicht der Fall ist.
Ein Vorschlag ist, etwa fünf Probleme herauszugreifen und sie bearbeiten zu lassen. Vielleicht könnte man eine individuelle Zusatzaufgabe zu den Fehlerschwerpunkten stellen, um die Lerninhalte zu sichern.
Lehrerkommentare haben eine sehr große Bedeutung. Jede Arbeit hat etwas Gutes. Daher ist es für Betroffene ermutigend, wenn die positiven Aspekte ihrer Arbeit genannt werden, seien es noch so wenig.

3.6.6 Abschluss des Fallbeispiels

Jan hat sich gegen Ende der Orientierungsstufe mit seinen erschwerten Lernvoraussetzungen abgefunden. Im Gymnasium werden seine intellektuellen Leistungen anerkannt, so dass er sich akzeptiert und gut aufgehoben fühlt. Seine schlechten Rechtschreibleistungen geben gelegentlich Anlass zu bedauern, aber wirken nicht diskriminierend, was in der Grundschule der Fall gewesen war. Da Jan sehr fleißig ist, gelingt ihm die teilweise Kompensation seiner Teilleistungsstörungen. Je nach Themenstellung in Klassenarbeiten erhält er befriedigende bis ausreichende Zensuren. Jan wird mit weiterer Anstrengung das Gymnasium mit einer Vier in Englisch abschließen können. In Latein wird er nach gegenwärtigem Stand mindestens befriedigende Leistungen erzielen.
Jans Fortschritte wären ohne seine stetigen Bemühungen und intensive außerschulische Förderung nicht möglich gewesen.
Jans Fall zeigt deutlich, dass die Schule der herkömmlichen Art eine schwere Legasthenie nicht therapieren kann, aber sie kann unterstützend helfen.

3.7 Legastheniker im Englischunterricht

Eva Gantner

3.7.1 Fördertipps für schulisches und häusliches Lernen und Korrekturempfehlungen

Begrifflichkeiten

Schüler mit Problemen im Schriftspracherwerb, je nach Schweregrad der Ausprägung auch als Legastheniker oder Lese-Rechtschreibschwache bekannt, kämpfen oft in besonderem Maße mit dem Erlernen der Fremdsprache Englisch. Durch die komplexe Struktur der Orthographie und die vielen unregelmäßigen Wortschreibungen häufen sich die Probleme für die Betroffenen, wobei englische Kinder diese Schwierigkeiten mit ihrer Muttersprache ebenfalls in großem Ausmaß zeigen. In der Literatur finden sich Begriffe wie Fremdsprachenlegasthenie oder auch Englisch-Schwäche, ich möchte aber im folgenden Beitrag von Schülern mit Lese- und Rechtschreibschwierigkeiten oder der Einfachheit halber von betroffenen Schülern sprechen.

Anforderungen an die Fremdsprache Englisch:

An eine Fremdsprache werden in folgenden Bereichen oft noch höhere Anforderungen als an die Muttersprache gestellt:

- **Merkfähigkeit** allgemein: Wörter, Strukturen und Sätze werden schlecht behalten.
- **Aussprache:** Sie ist ungewohnt und fällt schwer. Englische Laute werden oft durch ähnliche deutsche Laute ersetzt (z. B. „th" im Englischen → „f" im Deutschen).
- **Klangbild:** Gleich und ähnlich klingende Wörter werden oft nicht richtig gehört („there – their", „where – were").
- **Schreibweise:** Die unterschiedliche Schreibung **gleicher** Laute (feet – beat) fällt schwer, die Schreibung wird schlecht behalten und oft werden Wörter nach ihrem Klang (lautgetreu) geschrieben (z. B. „neis" für „nice").
- **„Strukturempfinden":** Es wird oft auch als Sprachgefühl bezeichnet. Da System und Struktur oft nicht erkannt werden, können auch Besonderheiten wie z. B. Satzbau oder orthographische Besonderheiten nicht „intuitiv" nachvollzogen werden.
- **Fähigkeit zum Üben:** Da Gelerntes oft schnell wieder vergessen wird, Hausaufgaben lange dauern, in Prüfungssituationen viel Zeit mit dem Lesen und Verstehen von Aufgaben verbracht wird, fehlt zudem noch die Lust zum Üben und Wiederholen.
- **Frustrationserfahrung:** Sie ist oft hoch und führt zu Misserfolg, Motivationsverlust und Selbstzweifeln.

> Zusammenfassend ist zu sagen, dass die Probleme im Fremdsprachenbereich vor allem darauf zurückzuführen sind, dass die optische und akustische Differenzierungsfähigkeit stark beeinträchtigt ist.

„Typische" Fehlerarten:

Es geht in erster Linie um die Verwechslung von langen und kurzen Vokalen (it – eat), von ähnlich klingenden Kurzvokalen (hat – hut), von ähnlich gebildeten Lauten (there – when), von Homophonen (know – no) von „Hör- oder Aussprachefehlern" (think – sink), von Homographen (read – read = lesen und las), um ungewohnte Buchstabenkombinationen, nicht ausgesprochene Buchstaben („stummes e"), die zahlreichen Phoneme zu einem Laut (eat, sleep, people, fever, delete, niece, ceiling), die Verwechslung von Buchstaben b/d, p/q, u/n (Raum – Lagefehler) und Speicherfehler (table – tabel).
Da die Phonem-Graphem-Zuordnung viel schwieriger ist, gibt es z. B. viele Reversions- oder Sequenzfehler mit und ohne Sinnveränderung (meat – team, waht – what, sign – sing etc.), aber auch Strukturfehler wie bei den Formen der unregelmäßigen Verben und zahlreiche andere Fehlerquellen, auf die hier nicht näher eingegangen werden soll.

Ziele dieses Beitrags:

Im Folgenden werden Tipps und Fördermöglichkeiten zusammengetragen, die zum Teil in der einschlägigen Fachliteratur erwähnt, auf Tagungen und Fortbildungsveranstaltungen diskutiert, von betroffenen Schülern „erfunden" und nicht zuletzt von zahlreichen Kollegen erprobt wurden. An dieser Stelle sei allen indirekt beteiligten Autoren herzlich gedankt.
Die Reihe der Anregungen erhebt keinen Anspruch auf Vollständigkeit und weicht sicher auch manchmal von gängigen Vorstellungen der Fachdidaktik in Englisch ab.
Kein Schüler, der mit diesen Problemen kämpft, ist mit einem anderen vergleichbar. Deshalb sollte der Lernstoff möglichst so angeboten werden, dass er alle Lerntypen berücksichtigt, das heißt, der Schüler soll vom Hören, Sprechen, Lesen und Schreiben (four skills) gleichermaßen profitieren können. So kann der Schüler den für ihn geeigneten Lernweg oder den spezifischen Lerntipp herausfinden. „Not macht erfinderisch", so heißt ein Sprichwort, dies gilt auch für so manchen Fördertipp, der unkonventionell erscheinen mag. Viele Wege führen zum Ziel. **Wichtig ist nur, das Ziel – nämlich eine Erleichterung oder gar Beseitigung der Probleme zu erreichen – im Auge zu behalten.**

a) Allgemeine pädagogische und psychologische Empfehlungen für den Umgang mit Kindern mit einer Lese- und Rechtschreibproblematik im Unterricht

Erfolgserlebnisse

Jeder Mensch braucht Erfolg, um sich für weitere Schwierigkeiten motivieren zu können. Für den Schüler mit Lese- und Rechtschreibproblemen ist das von besonderer Bedeutung. Deshalb ist es wichtig, dass man ihm erklärt, dass diese Probleme auch in Fremdsprachen nichts mit Dummheit oder Faulheit zu tun haben oder mit fehlender Begabung. Er soll seine persönlichen Stärken immer wieder neu entdecken und sich ihrer bewusst werden. Er muss begreifen – und dies ist die Aufgabe der Eltern und Lehrer, es zu vermitteln – dass ein Abbau

dieser Schwierigkeiten lange dauert, dass es immer wieder Rückschläge geben kann, dass aber trotzdem weiter geübt werden muss.
Diese Information sollte natürlich von einer Beratungsfachkraft, z. B. von einem Schulpsychologen im Einzelgespräch zusammen mit Fördertipps gegeben werden. Auch Methoden zum Selbstbewusstseinstraining sind fachlich fundiert und individuell abgestimmt zu vermitteln. Ich kann aus meiner Erfahrungspraxis beisteuern, dass positiv formulierte Affirmationen als kleines „Begleitprogramm" zu allen erforderlichen Lernstrategien und Wiederholungsübungen entspannend und motivierend wirken. So wurden z. B. mit einem sehr ängstlichen Schüler die Sätze trainiert, die wir im Gespräch gemeinsam erarbeitet haben:

- „Jeden Tag kann ich mir mehr Vokabeln merken."
- „Mir fällt alles zur richtigen Zeit ein."

Selbstverständlich ist dies nur als zusätzliche mentale Stütze gedacht, doch auch durch das tägliche Vorsagen vor dem Unterricht und vor den Hausaufgaben wird hiermit ein gewisser Automationsprozess erreicht, der zumindest eine Entspannung und den Glauben an sich positiv beeinflussen kann.

Rituale

Jedem Kind und Jugendlichen ist zu vermitteln, dass sich ohne eine bestimmte und immer gleichmäßige Lernstrategie ein dauerhafter Erfolg nicht leicht einstellen wird. Man könnte sagen, dass ein Gewöhnen an Regelmäßigkeit in der Übung, also an Rituale im Schulalltag, eine gute Möglichkeit ist, Kontinuität und damit Automatisierung im Lernprozess einzuleiten.

Lehrerkommentare

Von zentraler Bedeutung ist die Information der Lehrkräfte über die Probleme dieser Kinder, damit die Unwissenheit nicht zu demotivierenden Kommentaren unter Schulaufgaben oder Stegreifaufgaben führt wie:

- „Du könntest, wenn du nur wolltest!" oder
- „Faul und unkonzentriert!" oder
- „Diese Vokabeln standen alle im Buch und waren zu lernen!" etc.

Wenn ein Lehrer einen Kommentar unter einen Leistungsnachweis setzt, so sollte er nur aufbauend und motivierend sein. **Er sollte nie mit anderen vergleichen, sondern immer die individuelle Bezugsnorm des betreffenden Schülers berücksichtigen.** Ein so konsequent praktiziertes **Reattributionstraining** hilft dem Schüler viel mehr. Solche Kommentare könnten z. B. sein:

- „Bei dieser Schulaufgabe ist dir der Vokabelteil schon viel besser gelungen." (auch wenn immer noch Rechtschreibfehler vorhanden waren) oder
- „Ich sehe, du hast diesen Übungstyp wirklich gut verstanden."
- „Die richtige Anwendung der Frageform hat dieses Mal viel besser geklappt."

Und wenn eine Schulaufgabe wirklich ganz daneben ging, liest es sich trotzdem aufbauender, wenn der Kommentar lautet:

„Beim nächsten Mal klappt es sicher wieder besser. Nicht aufgeben!"

Es haben mir betroffene Schüler und Eltern berichtet, dass das Erkennen von kleinen Verbesserungen und das hinzugeschriebene Lob einen Riesenschub an Durchhaltevermögen oder positiver Verstärkung bewirken können und die entsprechende Note viel besser „verdaut" wird.

Ordnungsprinzipien – nicht nur für Englisch

Betroffene Kinder müssen besonders lernen, Dinge, Termine, Abfolgen von bestimmten Aufgaben zu planen und zu ordnen. Das können z. B. das konsequent geführte Hausaufgabenheft, die Ordnung in ihrer Schultasche, in den Heften, im Ordner, natürlich auch die Ordnung auf dem Schreibtisch, die Verwendung von bestimmten Farben für bestimmte Inhalte (was später noch erläutert wird), eine gleichmäßige, sinnvolle Verteilung der Hausaufgaben und die Einplanung von Wiederholungsphasen sein. Schüler haben mir berichtet, dass sie sich eher an die erstellten Pläne halten, wenn sie mit allen festen Eintragungen für eine Woche erstellt sind und täglich mit den entsprechenden Hausaufgaben ergänzt werden. So sieht z. B. der Plan von Florian am Montag aus:

Englisch: Vokabeln auf Kärtchen schreiben, Vokabeln lernen
Mathematik: S. 63/Nr. 4a) bis f)
Deutsch: Sprachbuch S. 43/Nr. 3
Biologie: Eintrag ins Heft machen
Fußballtraining 17.00 bis 18.00 Uhr
nach dem Abendessen Vokabeln wiederholen

Als weitere Hilfestellung wurden die einzelnen Hausaufgaben auf einzelne Zettel geschrieben und an eine Pinnwand geklebt. Immer wenn eine Hausaufgabe erledigt war, wurde der Zettel abgenommen und in den Papierkorb geworfen. **Das verstärkt das Gefühl:** erledigt! Abends blieb dann der Zettel „wiederholen" noch übrig und wurde noch gemacht. Damit wird die Organisation des Nachmittags mit häuslichen Pflichten für Schüler und Eltern erleichtert.

Schülerbeobachtung

Eine weitere Empfehlung für Lehrkräfte kann sein, einen betroffenen Schüler immer in die erste Reihe zu setzen, um ihn gut beobachten zu können. So kann der Lehrer z. B. für eine gezielte Förderung wichtige Verhaltensweisen erkennen. Wenn der Schüler beim Abschreiben von der Tafel nach zwei geschriebenen Buchstaben wieder an die Tafel schaut, so ist seine Merkfähigkeit gering und muss trainiert werden. Ebenso kann durch stetige Beobachtung des Arbeitstempos die Notwendigkeit und ggf. der Umfang eines Zeitzuschlags besser abgeschätzt werden. Manchmal ist es auch vorteilhaft mit dem Schüler Blickkontakt zu halten. Diese nonverbale Kommunikation kann häufig eine gewisse Sicherheit vermitteln. Ängstlichen Schülern genügt oft ein aufmunterndes Zunicken, um sie weiter zu motivieren. Der abgelenkte Schüler wird durch ein entsprechendes Wort zur Konzentration angehalten.

Elternkontaktheft

Schließlich sei noch erwähnt, dass jeder Lehrer ein gewisses Fingerspitzengefühl entwickeln muss, ob und wann ein Schüler an **Über-** oder **Unterforderung** leidet. Leider lässt der Schulalltag oft nicht die erforderliche Zeit, die ein Kind mit Lese- und Rechtschreibproblemen bräuchte. Wenn offenkundig wird, dass ein Schüler in einem Bereich noch ein Übungsdefizit hat, hat sich hier ein Elternkontaktheft bewährt. In dieses Heft im DIN-A6-Format kann die Lehrkraft z. B. spezielle Übungshinweise oder positive Äußerungen eintragen:

- „Bitte Fragebildung mit ‚to do' nochmals wiederholen" oder
- „Vokabeln von Unit 2 nochmals wiederholen" oder
- „Heute konnte Florian seine Vokabeln gut."

Die Eltern bestätigen durch ihre Unterschrift, dass sie darauf aufmerksam gemacht wurden.

b) Tipps zur Aussprache des Englischen

Viel Zeit für Sprechübungen

Lernen ist immer mit Wahrnehmung verbunden. Beim Erlernen der Aussprache in einer Fremdsprache, hier im Englischen, brauchen wir besonders die auditive Wahrnehmung und eine ausgeprägte Speicherfähigkeit für Laute. Denn eine falsche Aussprache oder falsche Nachahmung des neuen Lautes führt später auch zu einer falschen Schreibung oder zu Verwechslungen. Es lohnt sich in jedem Fall, dem **korrekten Nachsprechen** von neuen Lauten besonders viel Zeit zu widmen. Je genauer das Nachsprechen des individuellen Lautes ist, desto eher kann ein fehlerhaftes Schreiben vermieden werden.
Was läuft beim Nachsprechen ab? Die Aufnahme erfolgt über das Gehör, der gehörte Wortklang wird mit Hilfe der Sprechmotorik wieder produziert. Allerdings wird der Wortklang in der Fremdsprache noch nicht unmittelbar mit der Wortbedeutung verknüpft. Nachfolgend einige Tipps im Einzelnen:

Lehrkraft als „speaker" oder Tonträger?

Der moderne Fremdsprachenunterricht setzt sehr schnell Tonträger ein. Diese bieten zwar den Vorteil des garantierten „native speakers", haben aber oft den Nachteil eines viel zu schnellen Tempos in der Abfolge der neuen Laute und Wörter. Dies wirkt auf den Lerner oft verwirrend, er kann das Tempo nicht einhalten, hat nicht genügend Zeit, die neuen Laute richtig und lautgetreu zu differenzieren und abzuspeichern und produziert sie ungenau, falsch oder gar nicht.

- Hier empfiehlt es sich, wenn der **Lehrer** die Rolle des Sprechers übernimmt und übergenau und langsam das neue Wort oder den neuen Laut vorspricht. Die Klasse spricht zunächst **im Chor** nach, einmal oder mehrmals, eventuell geringfügig erweitert durch ein anderes Wort, z. B. a girl, a nice girl, she is a girl. Das kann vom Lehrer durch Gestik verstärkt werden. Die Klasse hat somit das neue Wort mit dem neuen Laut mindestens dreimal gesprochen. Danach werden einzelne Schüler aufgerufen, die ebenfalls nachsprechen, als vierter oder fünfter Schüler spricht erst der betroffene Schüler nach. Somit hatte er bei ausreichender Konzentration genügend Zeit, den neuen Laut zu bilden und zu üben.
- Nun kann dazu **die visuelle Unterstützung** durch Festhalten des neuen Wortes an der Tafel kommen, die wiederum kann ergänzt werden durch das in der Lautschrift vorgesehene Zeichen. Der Schüler muss die Buchstaben in Laute umkodieren und sieht gleichzeitig das Schriftbild.
- Nahe beieinanderliegende und ungewohnte Laute für das englische stimmhafte und stimmlose „th" müssen oft gesondert geübt werden. Hier kann der Lehrer das Anwenden der **„Sprechwerkzeuge"** Schritt für Schritt demonstrieren und dem Schüler empfehlen, das zu Hause vor dem Spiegel für sich alleine zu versuchen.

> Z. B.: Wir öffnen unseren Mund, legen die Zunge unter die oberen Schneidezähne und blasen Luft dazwischen durch (kräftig), so entsteht der Laut „th" z. B. bei „thing". Wenn wir nicht so kräftig durchblasen, wird der Laut viel weicher, wie z. B. in „together".

Häufiges und übertriebenes Vormachen durch den Lehrer erleichtert das korrekte Reproduzieren. Als Argument mag gelten, dass Sänger alle Laute übertrieben sprechen müssen, damit sie vom Publikum verstanden werden. Dies sollte für alle anderen andersartigen Laute genauso gemacht werden, z. B. für das englische „r". Dieser Zeitaufwand kommt damit auch allen anderen Schülern zugute.
- Schüler, die gerne mit Technik umgehen, können sich die neuen Wörter auch auf Band sprechen und sie sich dann von der Lehrbuch-CD zur Kontrolle anhören.

Lautschriftzeichen

- Als weiterer Tipp empfiehlt es sich die **Lautschriftzeichen** im Lehrbuch anzuschauen.
- Die meisten Lehrwerke verfügen über eine Zusammenstellung der wichtigsten Lautschriftzeichen. Auch die Eltern sind darauf hinzuweisen, dass das Kind die Möglichkeit hat, die Zeichen nachzuschlagen und somit sich die Aussprache zu erarbeiten. Eine Kontrolle ist aber in jedem Fall ratsam. Ein Schüler sollte die Lautschriftzeichen lesen, muss sie aber keinesfalls schreiben können.
- Für jedes Lautzeichen kann an einer seitlichen Wandtafel ein farbiges **Blatt Papier mit dem Lautschriftzeichen** aufgehängt werden und die Schüler ergänzen

die Liste durch die neu dazugelernten Wörter mit dem gleichen Laut. So wird die Differenzierungsfähigkeit und das ständige Wiederholen von Lauten in Wörtern geübt. Jedes Mal, wenn ein neues Wort hinzukommt, liest der Schüler die Liste der bereits bestehenden Wörter laut vor. Als letzte Ergänzung kommt die deutsche Bedeutung dazu. Jetzt kann der Schüler Klangbild mit Wortbild und Sinnentsprechung verknüpfen.

Zusammenfassung:

Um ein fremdsprachliches Wort sicher zu beherrschen, braucht er also drei Komponenten:

- das **Klangbild** oder wie höre ich das und wie spreche ich das aus,
- das **Wortbild** oder wie sieht der Laut geschrieben aus und
- die **Wortbedeutung** oder was heißt das englische Wort auf Deutsch.

Daraus wird klar, dass oft die Aussprache nicht von der Lesefertigkeit getrennt werden kann. Hier wird auch deutlich, dass ein inkorrekt aufgenommener Wortklang eine falsche Aussprache hervorruft und später zum Lesefehler führt, z. B. das fälschlicherweise ausgesprochene „l" in „walk".
Es ist logisch, dass die Aussprache nicht oder nur unvollkommen bewältigt werden kann, wenn die auditive Wahrnehmung oder beim Lesen die visuelle gestört ist. Dazu kommt noch eine oft nur unzureichend ausgeprägte Speicherfähigkeit. Z. B. kann ein Kind oft nicht unterscheiden zwischen „a hat" und „a hut", weil es den Unterschied nicht hört, vor allem dann nicht, wenn der Fremdsprachenlehrer beide Wörter sehr ähnlich spricht. Hier empfiehlt sich eher eine übertriebene Aussprache durch den Lehrer und ein häufiges Nachsprechen. Erst allmählich kann dann wieder der Tonträger eingesetzt werden, der aber zunehmend mit dem Training der Lesefertigkeit zum Tragen kommt.
Sollen ganze Sätze, die von der Lehrbuch-CD angehört werden, nachgesprochen werden, so empfiehlt es sich, die CD oder das Band häufig zu stoppen und genügend Zeit für das Nachsprechen einzuplanen, da auch auf Satzmelodie und Betonung geachtet werden muss. **Der Kauf eines Tonträgers ist auch den Eltern zu raten, die nach der gleichen Methode mit den Kindern üben können.**

c) Tipps zum Lesen

Kommunikativer Unterricht – nicht übertreiben

Beim Lesevorgang wird das Wortbild zunächst visuell wahrgenommen, dann erfolgt das Umkodieren in Laute, d. h. vom Wortbild wird nun ein Klangbild erzeugt, danach wird das Wort mit Hilfe der Sprechmotorik laut gelesen. Das Kind muss also ein Wortbildgedächtnis und ein Klangwortgedächtnis entwickeln und trainieren. Hier ist wiederum eine ausreichende Speicherfähigkeit von zentraler Bedeutung.
Zeitgemäßer, moderner Englischunterricht sieht eine Betonung des kommunikativen Unterrichts vor. Dieser Ansatz ist zwar nachvollziehbar und entspricht den Erfordernissen unserer Zeit im schnellen Aufnehmen und Wiedergeben von Spra-

che. Dadurch geraten jedoch Schüler mit Lese- und Rechtschreibproblemen unter „Druck". Sie haben nicht die Zeit, um die einzelnen Schritte ausreichend zu festigen. Grundsätzlich gilt:

- ausreichende **Zeit** zur **visuellen Wahrnehmung**
- das geschriebene Wort **wiederholt laut** und auch **leise** zu lesen
- ausreichende **Zeit**, den **Sinn zu entnehmen**

Erst wenn Aussprache und Lesetraining genügend geübt und automatisiert werden, kann an ein Unterrichtsgespräch in der Fremdsprache gedacht werden. Dabei sind natürlich kleinere Gespräche mit Alltagsfloskeln von Anfang an durchaus möglich.

Nachteile in herkömmlichen Lehrbüchern

Ein oft auftretender Nachteil von Schulbüchern ist der zu **kleine Druck** und eine **Überfrachtung** mit vielen unterschiedlichen Bildchen, Cartoons und Schriftarten, teilweise auch aus England oder USA stammende „authentische" Briefe, die betroffene Kinder gar nicht entziffern können, weil sie an diese Handschriftzeichen nicht gewöhnt sind und weil auf der Lehrbuchseite für sie ein Schriftchaos oder eine zu große Vielfalt von Textarten und Übungsformen herrscht. Somit kann das **vorausschauende Lesen** nicht gut gelingen. Zusätzliche Bildchen und Sprechblasen sind vom Verfasser oft gut und auflockernd gemeint, verwirren aber eher.

Nachfolgend einige Tipps zur Unterstützung des Lesevorgangs:

Lesehilfen

Der Schüler braucht Hilfen zum Einhalten der Zeilen. Manche Schüler benutzen oft nur den Zeigefinger, andere ein Lineal. Bekannt sind auch Hilfen wie das **Lesefenster**. Hier wird aus einer Karteikarte ein ca. 5 bis 7 cm langes Zeilenteil herausgeschnitten, so dass durch das entstandene Fenster nur ein überschaubarer Teil gelesen wird. Durch Weiterschieben des Fensters kommen neue Satzelemente dazu. Manche Schüler haben sich eine Karteikarte so präpariert, dass sie auf einer DIN-A6-Karte rechts und links außen ein farbiges Viereck markiert haben. Diese stellen die Begrenzung ihres Zeilenpensums dar. Die Augen wandern also von farbigem Viereck zu Viereck von links nach rechts.

Markierungen

Manchmal empfiehlt es sich, den Text aus dem Buch zu kopieren, gegebenenfalls sogar zu vergrößern und das zu markieren, was beim Lesen wichtig ist, z. B. die Betonungsstriche auf den jeweiligen Silben oder ein Ausrufezeichen bei besonders schwierigen Wörtern. Manche Schüler machen sich sogar zwei Ausrufezeichen über die Wörter, die sie immer wieder falsch aussprechen, oder deren Besonderheiten (wie z. B. das stumme „l" in „walk") sie immer wieder vergessen.

Kontrollfolie

Kann der Text nicht kopiert werden, so haben sich manche Schüler eine Folie besorgt, die sie über den Lehrbuchtext legen und auf der sie dieselben Eintragungen mit wasserlöslichem Stift vermerken. Die Folie kann nach sicherem Lesen wieder abgewaschen und für neue Texte verwendet werden. Auch Zeichen wie Pfeile nach oben und nach unten für die Satzmelodie können angebracht werden.

Tonträger

Soll als Hausaufgabe ein Text durch Lesen eingeübt werden, so kann dazu der Tonträger benutzt werden. Der Prozess wird in verschiedene Schritte aufgeteilt:

- Text von der CD anhören und ihn im Buch mit Lineal oder anderer Lesehilfe visuell und leise verfolgen.
- Text noch einmal anhören, dabei nach jedem Satz auf „Pause" drücken und diese Passage laut nachlesen, dann
- längere Passagen nachlesen und dann
- ganzen Text laut lesen.

Dieses Lesen soll so häufig wie möglich geübt werden, auch das Anhören des Textes kann auch ohne Lesen immer wieder erfolgen. So werden Hörfähigkeit und Lesefähigkeit geübt und eingeschliffen. Manche Schüler können manche Texte fast auswendig und zeigen dann auch z. B. bei der Beantwortung von Fragen zum Text größeres Geschick.

„Lesewettstreit"

Im Unterricht können Texte auch mit Wettbewerbscharakter gelesen werden. Ein Schüler darf so lange lesen, bis er den ersten Fehler macht, dann kommt der nächste. Die Reihe, die in einem Text am weitesten kommt, hat gewonnen. Das Lesen kann wiederholt werden, auch ein Schüler darf Schiedsrichter sein. Da die Klasse meistens weiß, welche Schüler Lese- und Rechtschreibprobleme haben, wird oft vereinbart, dass im ersten Lesedurchgang der betroffene Schüler ein bisschen länger überlegen darf oder z. B. eine Verbesserungsmöglichkeit hat, um nicht gleich aus dem Wettbewerb zu fliegen. Schüler sind hier erstaunlich sozial eingestellt und tragen diese Schwäche mit, zumindest ist das meine Erfahrung. Dieses Lesetraining kann dann noch erschwert werden, wenn man weiter zurückliegende Texte liest. Obwohl auch von „Wettbewerbsspielen" abgeraten wird, hat sich in der Praxis durchaus gezeigt, dass das manche betroffene Schüler gut anspornt. Pädagogisches Einfühlungsvermögen ist natürlich Voraussetzung dafür.
Im Übrigen ist diese Übung eine gute Gestaltungsmöglichkeit für Vertretungsstunden und sie kann vielfach variiert werden. Es kann das Chorsprechen eingebaut werden und es können Grammatikübungen daraus entstehen. Lesetrainings dieser Art sind beliebt in Unterklassen von der 5. bis 7. Jahrgangsstufe. In jedem Fall sind der Kreativität keine Grenzen gesetzt. Entscheidend ist das Tun und das „Einschleifen".

d) Tipps zur Vokabelarbeit

Visualisierung fördert ganzheitliches Lernen

Grundsätzlich gilt für die Vokabelarbeit, dass sie möglichst mehrkanalig sein soll, wobei bei Einführung neuer Vokabeln viel visualisiert werden sollte. Ein Kind lernt das schwierige Wort „bicycle" viel leichter, wenn es dazu ein Bild von einem Fahrrad hat.
Neue Wörter sollten dabei vom „Lerner" ganz entgegen der englischen Fachdidaktik durchaus in der Pilotsprache ausgesprochen werden dürfen („sprich es, wie du es schreibst"), um sich die Schreibung einzuprägen.

Der Vokabelteil im Lehrbuch

Zur Führung eines Vokabelheftes gibt es die unterschiedlichsten Aussagen und Methoden. **Grundsätzlich sollten Vokabeln nie nur aus dem Wörterverzeichnis des Buches gelernt werden, ohne sie zusätzlich aufzuschreiben.** Es gibt Englischbücher, die im Vokabelteil am Ende des Buches so aufgeteilt sind, dass sie in der linken Spalte das englische Wort, in der Mitte einen Beispielsatz und in der rechten Spalte das deutsche Wort haben. Dies ist für Kinder mit Lese- und Rechtschreibproblemen ungünstig, weil der „Leseweg" vom englischen zum deutschen Wort zu weit ist. Besser ist es, wenn der Beispielsatz in der rechten Spalte steht. Viele Bücher haben auch inzwischen im Vokabelteil Lerntipps für das Vokabellernen als hervorgehobenen Merkkasten dabei. Es ist gut, die Schüler immer wieder darauf hinzuweisen, falls ein spezielles Training zum „Lernen lernen" an Schulen noch nicht gemacht wird. Nun aber einige Tipps zum Vokabellernen.
Wir gehen davon aus, dass im Unterricht eine **„klassische Wortschatzeinführung"** stattgefunden hat, also:

1. eine Hör- und Nachsprechphase mit Visualisierung,
2. eine Lesephase und wenn möglich noch
3. eine Schreibphase.

Jetzt käme das häusliche Lernen.

Hausaufgabenankündigung im Unterricht

Bereits an dieser Stelle sei gesagt, dass die zu erledigende Hausaufgabe immer deutlich und rechtzeitig, also nicht erst nach dem Stundengong, möglichst immer an die gleiche Stelle der Tafel, angeschrieben werden sollte – ein mündliches Ankündigen genügt oft nicht – damit ein Kind mit diesen Problemen die so wichtige Orientierung hat. Außerdem zeigt der Lehrer damit auch ein Gespür für Rituale.

Umfang begrenzen

- Vokabeln in Portionen lernen, die Menge schwankt zwischen 5 bis 10 Vokabeln.
- Dabei beim Aufschreiben der Vokabeln laut mitsprechen. (Es wird über das Gehör und das Bild mitgelernt.) Danach noch einmal laut das englische und das deutsche Wort dazu lesen. (→ alle Lernkanäle werden benutzt: Sprechen, Lesen, Hören, Schreiben)

Karteikarten

- Vokabeln sollten auf Karteikarten geschrieben werden, dann können sie beim Lernen, vor allem aber beim Wiederholen, in unterschiedlicher Reihenfolge gelernt werden. (Karteikarten mit fünf Fächern gibt es im Handel.) Der Lernvorgang findet zu Hause statt. Wenn ein Kind beim Abfragen z. B. zwei Wörter bei jedem Durchgang nicht kann, so werden nur diese wiederholt. Um eine gewisse Ordnung zu gewährleisten, klebt in einem Englischheft ein Briefkuvert, in das die jeweils aktuellen Kärtchen eingelegt werden können. Immer am Montag (z. B.) ist Tag der „word cards", an dem die Schüler ihre Kärtchen mitbringen müssen. Sie werden kontrolliert und abgefragt. Somit weiß der Schüler, dass der Lehrer auch sehen will, ob die Kärtchen tatsächlich geschrieben werden. Gute Erfahrungen konnte die Verfasserin mit dieser Methode in den Jahrgangsstufen 5–7 sammeln. Am besten wird das System akzeptiert, wenn dann zusätzlich **kein** Vokabelheft geführt werden muss. In jedem Fall sollten die Eltern mit in diese Arbeit eingebunden werden. Eine gründliche Information über die Arbeitsweise ist Voraussetzung für deren Gelingen! Diese Mithilfe könnte so aussehen, dass die Mutter im Anfangsunterricht beim Eintragen dabei ist und vorausschauend handelt. Das heißt, das Kind spricht das zu schreibende Wort laut in Pilotsprache mit. Hört sie dann, dass jetzt ein falscher Buchstabe kommt, wird unterbrochen. **Einen Fehler verhindern können ist besser als einen Fehler verbessern müssen.**
- Auch kleinere **Sätze** können auf Karteikarten geschrieben werden, vorne englisch, hinten deutsch. Es empfiehlt sich, den Wortschatz einer „Unit" am Ende in kleine Sätze zu verpacken und diese sowohl übersetzen als sie auch auf Karteikarten schreiben und lernen bzw. wiederholen zu lassen. Diese Sätze werden in Form von Arbeitsblättern in großer Schrift mit frei bleibenden Zeilen für die Übersetzung herausgegeben. Sie werden in der Schule, allein oder in Partnerarbeit oder als Hausaufgabe (→ gründliche Besprechung nötig) erarbeitet. **Im Übrigen werden in meinem Unterricht auch die gängigen Arbeitsanweisungen auf Kärtchen geschrieben und gelernt, damit sich auch dieser Prozess des Verstehens von Aufträgen allmählich automatisiert** (z. B. „Fill in the gaps." Fülle die Lücken aus).
- Oft empfiehlt es sich auch Wortfamilien aufzubauen und diese auf Karten zu schreiben.

fortune fortunate fortunately unfortunately	Der Aufbau ist optisch zu erkennen.

- Für Schüler mit Lese- und Rechtschreibproblemen und natürlich auch für andere Schüler eignet sich ein **systemisches Wörterheft** oder eigene **Abteilungen** im Karteikartensystem für „synonyms, opposites, word families". Sie müssen ordentlich in Spalten eingetragen werden. Auch können Wortfelder angelegt werden, z. B. food: bread, butter, hamburger, jam, ice-cream …

Vokabelheft

- Kollegen haben berichtet, dass sie ein Vokabelheft führen (DIN A5 oder DIN A4), das auf jeder Seite 3 Spalten hat, die erste für das englische, die zweite für das deutsche Wort und die dritte ist dafür gedacht, dass die Kinder zu Hause die Wörter beim Lernen noch einmal schreiben. Der Lehrer kontrolliert am Ende der Woche, ob bei allen Kindern diese Spalte ausgefüllt ist. Die Vokabeln können auch hier in beliebiger Reihenfolge geübt werden. Nicht gekonnte Vokabeln sollten dann mit einem Farbstift gekennzeichnet werden. Auch hier ist die Mithilfe der Eltern willkommen.

Organisation des Vokabellernens

- Die zu lernenden Vokabeln sollten so in das Hausaufgabenpensum eingebettet werden, dass zwischen den einzelnen Lern- und Wiederholungsvorgängen andere Hausaufgaben erledigt werden. **Ein Abfragen ist erst sinnvoll, wenn nach dem Lernen ungefähr eine Stunde vergangen ist.** Dabei sollten die Vokabeln immer geschrieben werden.
- Ähnlich klingende Wörter nicht hintereinander lernen (→ z. B. Homophone: knight – night, hole – whole). Auf Ähnlichkeitshemmung achten, die sich bei diesen Kindern besonders stark auswirkt.
- Keine Forcierung kontrastiver Übungen. Z. B. keine Listen mit allen unterschiedlichen „i"-Lauten, sondern nur eine Liste mit einem „i"-Laut, z. B. dream, cream, bean, clean, mean ... Jedoch einfache korrespondierende Strukturen zwischen Deutsch und Englisch können durchaus gegenüber gestellt werden.

z. B. deutsch: ch	=	englisch: gh	
Nacht		night	
Licht		light	
Sicht		sight	
hoch		high	etc.

- **Häufiges und regelmäßiges Wiederholen kleinerer Mengen „alter" Vokabeln sichert den aktiven Wortschatz nachhaltig.** Wenn dies täglich oder wenigstens dreimal in der Woche mit jeweils 5–10 Minuten erfolgt, so ist das vernünftiger als einmal in der Woche für eine Stunde. Und sollte den Eltern die Menge der zu lernenden Vokabeln zu groß vorkommen, so sollte Rücksprache mit der Lehrkraft erfolgen.

Einprägen

- Das Einprägen der Wörter kann erleichtert werden, wenn manche Kinder noch zusätzlich alte **Schiefertafeln** verwenden könnten, auf die sie mit Griffel die Wörter richtig mit **Druck** aufschreiben (alternativ: in Sand schreiben, mit großen Schwingungen in die Luft schreiben).
- Wenn sich ein Kind ein Wort überhaupt nicht merken kann, schreibt es sich das Wort auf einen möglichst großen, eventuell auch **farbigen Zettel** und hängt ihn sichtbar auf, z. B. an die Innenseite der Zimmertüre. Das Wort wird dann immer gesehen, wenn der Raum verlassen wird.

- Ein ähnlicher Effekt wird mit **Lernplakaten** erzielt, auf denen z. B. ein Satz (er darf ruhig komisch oder unsinnig sein) mit Bildern verknüpft wird. Das Plakat hängt an einem Ort, wo es bewusst wahrgenommen werden kann, jedoch im Schnitt nicht länger als eine Woche, dann wird es nicht mehr bewusst registriert (Beliebter Standort: Innenseite der Toilettentüre). Einer meiner Schüler schrieb sich den Satz auf: „Unfortunately I never learn immediately" (Für diese Kinder fast nicht abspeicherbar). Er sprach dabei das erste und letzte Wort in **Pilotsprache** aus und entwickelte dabei noch eine bestimmte Satzmelodie. Diesen Satz wiederholte er rhythmisch oder halb singend sprechend und ging dabei in seinem Zimmer hin und her (Lernen mit allen Sinnen).
- Manche Kinder haben auch gute Erfolge und vor allem Freude dabei, wenn sie die Vokabeln zusätzlich noch auf dem **Computer** schreiben. Sie achten dabei besonders auf klare Spalten und übersichtliche Gestaltung, was natürlich auch für das eigene Schriftbild wichtig wäre.
- **Eselsbrücken:** Je nach Lerntyp bilden sich Kinder Eselsbrücken, um schwierige Wörter zu behalten. Das mag über akustische Kanäle gehen, wenn sie sich z. B. Reime bilden. So sagte sich ein Schüler in dem für ihn gefundenen Rhythmus vor: „I hear with my ear = ich höre mit meinem Ohr." Beim Aufschreiben unterstrich er sich im Englischen das „ea" und im Deutschen das „ö" und „o". Zum Auseinanderhalten von „who" und „where" sagte sich ein Schüler: Bei „who" und „where", Vokale verquer! Er konnte sich so merken, dass „who" → „wer" heißt und „where" → „wo". Ein anderer Schüler muss sich das in irgendeiner Form visualisieren und malt sich aus dem „o" bei „who" ein Gesicht (= Person) und malt sich um das „where" eine bergige Landschaft (= Ort). Wieder ein anderer konnte „who", „where" und „how" nicht auseinander halten und überlegte sich zu jedem Wort eine Illustration: bei „who" → kam das Gesicht in das „o", über das „how" machte er sich 3 Fragezeichen (= wie) und bei „where" setzte er sich unter die Buchstaben ein deutsches Wort

  w h e re
  wo hat er Recht?

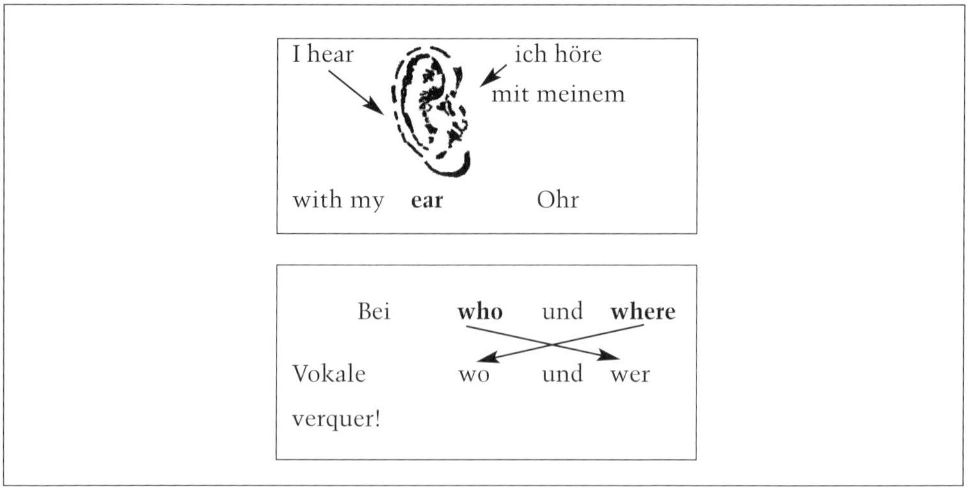

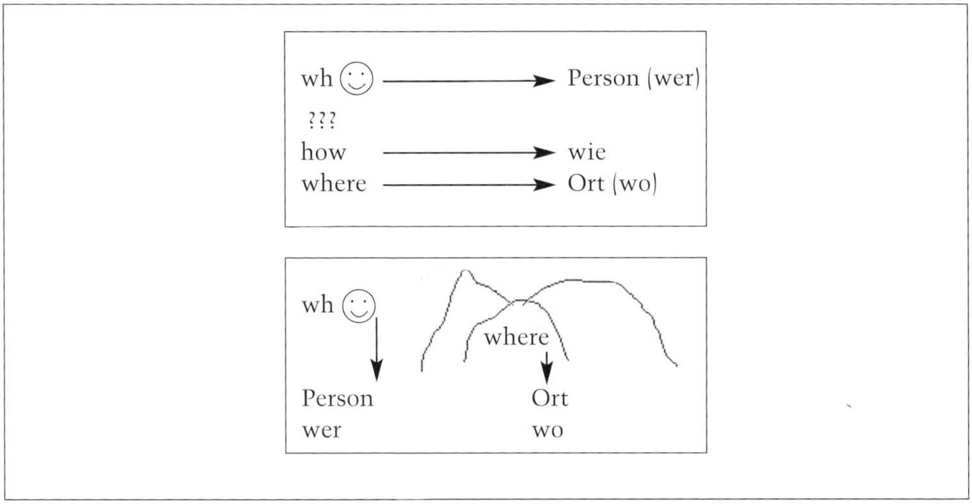

Auch wenn es nicht unbedingt sinnvoll ist, drei so schwierige Wörter gemeinsam zu lernen, so fand dieser Schüler seinen individuellen Weg.

Käufliche Übungsmaterialien

Übungsmaterial zu Vokabeln bieten viele Verlage an. Man muss selbst abwägen, inwieweit man sich dieser zusätzlichen Möglichkeit bedient, weil der Wortschatz meistens nicht lehrbuchabhängig ist und damit oft die Motivation nicht aufgebracht wird. Am besten ist es, eigene kreative Übungsformen zu finden, auch in Form von spielerischen Formen wie Vokabelmemory, Vokabeldomino, Crosswords, Bingo, Hangman etc. Erfahrungsgemäß bieten die Verlage der jeweiligen Lehrwerke genügend Material in den Lehrerhandreichungen an, oder sie verfügen über Software, CDs mit Liedern oder CD-ROMs mit Möglichkeiten zur individuellen Arbeitsblattgestaltung.

e) Tipps zur Grammatikarbeit

Grundsätzliches: Moderne kommunikative Erarbeitung versus „alte Systematik"?

Der moderne Fremdsprachenunterricht hat von einer **Überbetonung** der Grammatik zunehmend Abstand genommen. Im Vordergrund steht die **Kommunikation** und nicht das **sture Drillen** von Grammatikstrukturen. Transformationsübungen oder eher mechanisch ablaufende Einsetzübungen gelten als altmodisch. **Workbooks** bieten ihr Arbeits- und Übungsmaterial kontextualisiert an und vermeiden Einzelsätze, die nur dem Erkennen und Anwenden einer bestimmten Struktur dienen. Sprechanlässe schaffen, wo immer es möglich ist, heißt die Devise. Das heißt, unser modernes Übungsmaterial wimmelt von Sprechblasen, Rollen, die es zu übernehmen gilt, unvollständigen Briefen, die fertig gestellt werden müssen, um nur einiges zu erwähnen. Dazwischen sind Kreuzworträtsel, alle Arten von Puzzles, „Buchstabensalatwörter", Wörterschlangen und Wörter mit vertauschten Buchstaben (besonders kontraproduktiv) gestreut, um möglichst viel Abwechslung zu bieten und um den Lerner sozusagen bei Laune oder motiviert zu halten. Dass dies alles wunderbar und einleuchtend ist für den „normalen" Fremdsprachenlehrer, ist verständlich. Den Autoren dieser Übungen ist es oftmals gelungen, den Unterricht in der Fremdsprache so zu gestalten, dass er wirklichkeitsnah, im Sprechanlass natürlich (auch wenn ein englisch geführtes Einkaufsgespräch oder ein Fahrkartenkauf auf Englisch für den Muttersprachler generell unnatürlich ist) und so authentisch wie möglich ist. Daher die üppig bebilderten, mit Comics lustig illustrierten und kompakten Seiten der Lehrbücher und Workbooks, die zu Neugier und Entdeckerfreude animieren sollen und gleichzeitig das Gefühl vermitteln, dass man eine Fremdsprache ganz „easy" erlernen kann. Schließlich kann ein Kind am Ende der 5. Klasse jemanden begrüßen, sich einen Hamburger bestellen, nach dem Weg fragen oder auch einen Weg erklären, um nur einige Beispiele zu nennen. Auch hat es nicht das Gefühl, dass es mit Grammatik geplagt worden sei. Die neuen Strukturen sind mehr oder weniger kommunikativ in den Sprechanlass miteingeflossen. Wenn diesem Geschehen genügend Zeit und Raum gelassen wird, dann sind die meisten Kinder relativ sicher in der Anwendung der Strukturen.

Jedoch ein Kind mit Problemen im Lesen und Rechtschreiben braucht meiner Erfahrung nach die ganz **klare, analytische und systematische Erklärung** neuer grammatikalischer Inhalte,

- in kleinen Schritten erarbeitet,
- an vielen Beispielen geübt,
- in kleinen Schritten aufgeschrieben,
- nochmals geübt
- und erst dann in Kontext und Sprechanlässe integriert.

Ich habe erlebt, mit welcher Dankbarkeit ein betroffenes Kind sich an einem Tafelbild, z. B. zu allen Formen des „simple present tense" (an einem Verb in allen Personen aufgeschrieben mit markierten Besonderheiten, Deutsch und Englisch, auch als vorgefertigtes Arbeitsblatt präsentiert) „festhält" und diesen Hefteintrag quasi als Nachschlagewerk benutzt, viel mehr als den Grammatikanhang im Buch. Und nun stellt sich natürlich die berühmte Gretchenfrage für den Lehrer, wie er es verantworten kann, **Zeit für Einführung und Erklärung**, Fachdidaktik und Übungsmaterial so unter einen Hut zu bringen, dass er möglichst allen gerecht wird, noch ein **‚moderner' Lehrer** bleibt und, dass ihm letztlich der Erfolg Recht gibt. Zur Beruhigung sei gesagt, dass eine systematische Analyse und gründliche Übung grammatischer Strukturen allen Schülern gut tut, auch den schwächeren und sprachunbegabten Kindern. Ich denke, wir sollten zu einer verantwortungsvollen, aber durchaus selbstbewussten und durchdachten Unterrichtspraxis finden, die Leistungsfähigkeit unserer Schüler einerseits, den Zeitgeist andererseits im Auge behalten, aber nicht dessen Knecht sein.

Tipps zur Grammatikarbeit:

Klare Trennung von Heften oder Abteilungen in einem Ordner

Es hat sich bewährt, bei der Einführung der Schulhefte zu Beginn des Schuljahres eine klare Trennung der einzelnen Bereiche zu haben, d. h., es gibt ein Heft für Hausaufgaben und Übungen, die in der Schule gemacht werden, ein eigenes Heft für Grammatikeinträge und die für die Vokabelarbeit vorgesehenen Kärtchen. Es könnte auch ein Ordner mit verschiedenen Registern sein für

- systematischen Wortschatz,
- für Grammatik und
- für Arbeitsblätter.

Eine **klare Strukturierung**, auch schon bezüglich der **Hefte**, bringt Erleichterung. Das betroffene Kind weiß dann, dass in das Grammatikheft nur erarbeitete Einträge oder Zusammenfassungen vom Lehrer kommen, aber keine Übungen. So baut es sich allmählich sein eigenes, persönliches Grammatikbuch auf. Ich verwende z. B. einen Ordner mit einzelnen Abteilungen und zusätzlich ein Heft für die Hausaufgaben, das als Umschlag wenn möglich die gleiche Farbe wie das Lehrbuch hat. Das Heft wird gelocht und in den Ordner mit eingeheftet. So hat der Schüler nur einen DIN-A4-Ordner und sein Buch, eventuell noch das Workbook.

Aufbau der Grammatikeinträge

Grammatikeinträge müssen **klar gegliedert, optisch leicht durchschaubar** und dürfen vor allem **nicht mit Einzelheiten und Ausnahmen überfrachtet** sein. Jeder Grammatikeintrag hört mit einem **einfachen, klaren Merksatz** auf. Im Anfangsunterricht kann dieser durchaus noch in der Muttersprache formuliert sein, bis die Fachausdrücke geläufig und automatisiert sind. Es empfiehlt sich, für alles Neue immer **die gleiche Farbe** zu verwenden. Sollten **Ausnahmen** oder Abweichungen von der Regel erwähnt werden müssen, so bekommen diese wieder eine **eigene Farbe**. Allmählich wissen die Schüler, die rote Farbe bedeutet eine neue Struktur, die grüne Farbe eine Ausnahme – also aufpassen! Manche Schüler formulierten oft leise stöhnend, dass jetzt wieder eine „verbotene grüne Liste" käme.
Z. B. werden die Formen des „present tense" in der „simple form" so aufgeschrieben:

Das present tense = die Gegenwart

I	come	home.	Ich	komme	heim.
You	come	home.	Du	kommst	heim.
He	comes	home.	.		
She	comes	home.	.		
It	comes	home.	.		
We	come	home.	.		
You	come	home.	.		
They	come	home.	.		

Note (Merke): Bei ‚he, she, it' das ‚s' muss mit!

Dabei sind die Überschrift, der Merksatz und die angehängten ‚s' rot zu schreiben. Dies ist die einfachste Form eines Eintrags. Er kann natürlich alternativ mit unterschiedlichen Verben gestaltet werden. Auch können allmählich die deutschen Übersetzungen weg bleiben, obwohl sie anfangs immer hilfreich sind, vor allem dann bei wesentlich schwierigeren Grammatikstrukturen wie z. B. den „if"-Sätzen.

Beispiele für Eselsbrücken als Merksätze:

- Zur Verwendung des „simple present" finden wir in einem Lehrwerk folgende Eselsbrücke als Merksatz:

„Machen wir etwas alle Tage, ‚simple present' keine Frage."

Wie man an dem Beispiel sieht, erleichtert es, die neuen Strukturen im Gedächtnis zu verankern, wenn Regeln in Reime gefasst werden können. Dabei sind der Erfindungsgabe und Kreativität keine Grenzen gesetzt.
Einige andere Beispiele aus Schülererfahrungen möchte ich hier erwähnen.

- Das Verb ‚to be' wird in der Frageform nicht mit ‚to do' umschrieben → Reim: **„Am, are, is → ‚to do' vergiss!"**
- Kinder, die sich nie merken konnten, wann sie bei der Uhrzeit die Wörtchen ‚to' und ‚past' dazu setzen mussten, formulierten folgenden Reim: Fängst du mit den Minuten an, brauchst du ‚to' und ‚past', denk dran! (ten to three) **Ist die Stunde vorne gut, steck dir ‚to' und ‚past' an (den) Hut!** (6:15 = six fifteen)
- Beim Anhängen von ‚-es' im present tense an Verben mit Zischlauten am Ende, formulierten wir: **Wenn's am Ende zischt, wird ‚-es' aufgetischt! (watch → watches)**
- Oder Merksätze aus einem Lehrwerk zur Stellung von Ort- und Zeitadverbiale: **Willst du sagen „wo" und „wann", Ort geht stets der Zeit voran.**

Auch hier sei noch einmal erwähnt, dass Sätze mit bestimmten grammatischen Strukturen, die irgendwie vom „Normalen" abweichen, nicht unbedingt als Ausnahme zur Regel gelernt werden müssen, sondern auf eine Karteikarte geschrieben werden (vorne englisch und hinten deutsch) und wie Vokabeln gelernt werden. Es würde sich auch im Ordner eine eigene Abteilung mit diesen Besonderheiten eignen. Name der Abteilung z. B. „Mixed Pickles" oder „Eternal List".
Gute Lehrwerke geben im Anhang Grammatikerklärungen und im Teil der ersten Units Arbeitsanweisungen in beiden Sprachen an.

Grammatik deutsch erklären – kein starres Prinzip:
Englisch ist Unterrichtssprache

Dem Schüler mit Lese- und Rechtschreibproblemen hilft es, wenn die Grammatik deutsch erklärt wird, auch wenn vorher gesagt wird, was jetzt behandelt wird.

Erfahrung eines Therapieinstituts

Laut den Erfahrungen eines Legasthenieinstituts, das speziell für den Englischunterricht trainiert, bietet es sich bei der Grammatikvermittlung an, die im Augenblick leichten Strukturen mit den dazu korrespondierenden schweren, im Lehrplan oft viel später vorkommenden Strukturen zu kombinieren. Z. B. „Where **do** you go **now**?" kombinieren mit „Where **did** you go **yesterday**?" (Ich würde lieber den umgekehrten Weg gehen und bei der Behandlung der neuen Struktur die bereits bekannte gegenüberstellen, um sie damit zu wiederholen.)

Unregelmäßige Verben

Beim Erlernen der unregelmäßigen Verben empfiehlt es sich gleich alle drei Formen lernen zu lassen zur besseren Schulung des Sequenzgedächtnisses. Es wäre ratsam, wenn die unregelmäßigen Verben in Blöcken nach gleichen Lauten geordnet würden. Der Vorteil dieser Blöcke ist, dass sich die Kinder die Zuordnungen leichter merken können,

z. B. to bring – brought – brought;
to buy – b**ou**ght – b**ou**ght;
to fight – f**ou**ght – f**ou**ght (alle Verben mit **ou**);
eine andere Gruppe enthält z. B. alle Wörter mit **ew** und **own**
to fly – fl**ew** – fl**own**;
to grow – gr**ew** – gr**own**.

Alle Blöcke werden systematisch in Spalten untereinander geschrieben und sind so gut lernbar. Eine gute Zusammenstellung der unregelmäßigen Verben für Fremdsprachenlegastheniker findet man im Buch von *Mechthild Firnhaber* (Legasthenie und andere Wahrnehmungsstörungen, Frankfurt am Main, 1996). In diesem Buch finden sich auch verschiedene Vorschläge zu Spielen im Vokabel- und Grammatikbereich, z. B. zum Lernen der unregelmäßigen Verben.

Präpositionen

Präpositionen sollten gut visualisiert werden mit Bildern oder Plakaten oder man kann durch entsprechende Anweisungen zum Anwenden anregen: Stand **up**, climb **on** your chair, now sit **under** your desk, put your book **into** your bag etc. (→ Körperübungen, Lernen mit allen Sinnen, dazu sprechen: I put my book into my bag).

Pronomen

Personal- und Possessivpronomen können in einem System eingeführt werden in Form einer Tabelle:

Look!	**I**	open	**my**	book.	
	You	open	**your**	book.	
	He	opens	**his**	book.	etc.

Diese Sätze werden von den betreffenden Personen mit Handbewegungen und Gesten verstärkt und im Unterrichtsgespräch geübt. Die Erfahrung zeigt, dass Pronomen immer gut geübt werden müssen und, dass Legastheniker immer dann Schwierigkeiten haben, wenn sie aus einer Auswahl von Pronomen das richtige einsetzen sollen.

Grammatikanhang im Buch

- Es hilft den Schülern auch, wenn man ihnen den Grammatikteil im Buch erklärt und ihnen sagt, dass er zum Nachschlagen gut geeignet ist. Sie nur mit dieser Darbietung der Grammatik allein zu lassen, wäre unverantwortlich, da sie so nie nachvollziehen können, **wie** eine Struktur entstanden ist.
- Die in den Grammatikanhängen der Lehrwerke verwendeten Beispielsätze können übersetzt werden, zuerst vom Englischen ins Deutsche. Nach ein paar Tagen können diese Sätze wieder rückübersetzt werden. Dies ist auch mit Lehrbuchtexten möglich. Dabei können fremdsprachliche Texte durchaus Wort für Wort übersetzt werden, z. B.: „What do you do?" Was tust du tun? Dieses Wort-für-Wort-Dekodieren erhöht auch das Regelbewusstsein. Die Methode des Wort-für-Wort-Dekodierens stammt von *Vera Birkenbihl.* Es ist mir bekannt, dass einige Legasthenietherapeuten damit schon erfolgreich gearbeitet haben, was nicht heißt, dass alle Kinder damit arbeiten können. Grundsätzlich sollten auch alle Arbeitsanweisungen und die zu beantwortenden Fragen zu einem Text übersetzt werden, damit die Sinnentnahme sichergestellt ist.

Zusätzliches Übungsmaterial

- Lehrwerkergänzende Computerprogramme dienen dem „Einschleifen" von Strukturen und bringen zusätzliches Übungsmaterial. Das andere Medium bringt Abwechslung und erzieht auch zum genauen Hinschauen.
- Jede Form von zusätzlichem Übungsmaterial, die dem momentanen Schwierigkeitsgrad und dem Leistungsstand des Kindes angepasst ist, erscheint sinnvoll, und die verschiedenen Verlage bieten viele derartige Lernhilfen an. Auch hier sind kreative Übungen immer willkommen.

f) Tipps zur Vorbereitung auf eine Schulaufgabe

Wiederholung und Routine

Die Vorbereitung auf eine Schulaufgabe ist im Wesentlichen nichts anderes als die gezielte Vorbereitung auf den nächsten Schultag. Denn wer gewissenhaft und kontinuierlich Hörverstehen, Leseverstehen und Anwendung im schriftlichen Bereich trainiert, kann davon ausgehen, dass er sich so die beste Basis für eine Prüfungsvorbereitung geschaffen hat. Somit kann auch der Prüfungsstress und die Angst auf ein Minimum reduziert werden. Was im speziellen Fall einer Leistungsüberprüfung hinzukommt, ist die Tatsache, dass der Schüler nun den erlernten Stoff über einen längeren Zeitraum hinweg abrufen können muss. Und das bedeutet, dass der Wiederholung ein breiter Raum eingeräumt werden muss. Eigentlich gelten für einen lese- und rechtschreibschwachen Schüler dieselben

Voraussetzungen wie für jeden anderen Schüler auch. **Allgemeine Lerngesetze wie rechtzeitig Pausen machen, auf Ähnlichkeitshemmungen achten, kein Überlernen, Vergessenskurve beachten, am Tag vor der Schulaufgabe keinen neuen Stoff mehr lernen etc., vor allem einen gezielten Prüfungsvorbereitungsplan erstellen, müssen berücksichtigt werden.** Trotzdem sei noch auf ein paar zusätzliche Tipps hingewiesen.

Organisation der Vorbereitung

- Rechtzeitig, d. h. ungefähr 7–10 Tage vorher mit dem zusätzlichen Wiederholen beginnen, d. h. sich zuerst einen Überblick über die Stoffmenge, das vorhandene Übungsmaterial und die täglich zur Verfügung stehende Zeit verschaffen.
- Jeden Tag lieber eine kleine Menge an Stoff mit viel Abwechslung wiederholen als am Wochenende über viele Stunden alle Vokabeln.
- Die Aufgabenformen der Schulaufgabe sollten bekannt sein. Und da meistens der Aufgabentyp der Schulaufgabe identisch ist wie der in Hausaufgaben, im Lehrbuch oder im Workbook vorkommende, muss hier noch einmal genau auf die Arbeitsanweisungen eingegangen werden. Wie schon früher erwähnt, sollte auch beim Wiederholen die Aufgabenstellung grundsätzlich übersetzt werden. Es muss sichergestellt sein, dass der Schüler weiß, was er tun muss.

Zeitgefühl entwickeln

Der Schüler muss beim Lösen einer Aufgabe ein Gefühl für die Zeit bekommen. Das kann man wunderbar vorher trainieren, indem man den Schüler die Zeit, die er für eine Aufgabe brauchen will, zunächst schätzen lässt und ihn dann mit einer Uhr überprüft. „Schätzfehler" lassen sich so noch gut korrigieren und bewirken noch keinen Druck und Zeitstress.

Übungsmaterial für die einzelnen Prüfungsaufgaben in Schulaufgaben

Das Material für das Üben auf die Schulaufgabe kommt aus den gleichen Quellen wie das sonst verwendete Übungsmaterial. In jedem Fall ist es sinnvoll und wichtig, die im Unterricht gemachten Übungen und die besprochenen Hausaufgaben und Arbeitsblätter zu wiederholen. Dabei müssen die Lösungen vorher entfernt werden (Kopieren und dann auslöschen, Original bleibt zur Kontrolle). Spätestens jetzt stellt sich heraus, ob die Hausaufgaben ordentlich gemacht und gut verbessert wurden, denn nur so kann eine sichere und fehlerfreie Wiederholung garantiert werden. Es müssen also bei jeder Hausaufgabe Seitenzahl, Übungsnummer oder Arbeitsblatt (es empfiehlt sich, diese zu nummerieren) angegeben werden.

Zu beachten bei der Schulaufgabenerstellung

- Lehrer sollten darauf achten, dass die Kopiervorlagen groß genug sind und ausreichenden Platz für die Beantwortung haben. Müssen Fragen zum Text beantwortet werden, so sollten die Fragen nicht auf der Rückseite des Textes sein, damit der Schüler umblättern muss. Das führt zu Orientierungs- und Merkproblemen. Der Schüler wird nervös, weil er ständig nachschauen muss, wie ein Wort geschrieben wird.

- Die Schwierigkeiten reduzieren sich, wenn die Arbeitsanweisung noch zusätzlich in der Muttersprache angegeben wird, vor allem im Anfangsunterricht, oder wenn bei Grammatikübungen ein Beispielsatz vorgegeben ist.
- Aus einer Auswahl von Wörtern das richtige Wort in die richtige Lücke einzusetzen, ist für solche Kinder sehr schwierig, weil sie so schnell den Sinn nicht erfassen können. Daher sollte oder könnte man auf andere Überprüfungsmöglichkeiten ausweichen oder andere anbieten.
- In den so genannten Comprehension-Tests müssen Fragen zum Text beantwortet werden. Es ist gute Praxis, wenn sich das Kind diese Frage zunächst übersetzt, anstatt gleich nach der entsprechenden Textstelle zu suchen. So kann das Verständnis der Frage gesichert werden. Beim Üben für die Schulaufgabe sind Betreuer von Vorteil, die eventuell auch zusätzliche Fragen stellen können und dabei erkennen, wo noch Fehlerquellen oder Verständnislücken vorhanden sind.

Vokabelteil in Schulaufgaben und Diktat

Vokabelarbeit in Schulaufgaben ist immer mit Schreiben verbunden. Die schwierigste Aufgabe ist es, ein Wort im **Diktat** zu schreiben. Was läuft an Gehirnprozessen ab?

- Das Wort wird über die auditive Wahrnehmung, das Gehör, aufgenommen.
- Das Kind speichert den Wortklang und wandelt ihn in Buchstaben, also in ein Wortbild um.
- Es muss nun dieses Wortbild mit Hilfe der Schreibmotorik wiedergeben. Dabei muss das Kind in der Lage sein, die gehörten Laute **ohne Verwechslung ihrer Reihenfolge** so lange im Gedächtnis zu behalten und sie wiederum ohne Verwechslung der Buchstabenreihenfolge **zu Papier** zu bringen.

Erst wenn **Wortklang, Wortbild** und **Wortbedeutung** sicher beherrscht werden, **„sitzt“** ein neues Wort. Kinder mit Speicherproblemen oder mit Raumlageproblemen haben hier extreme Schwierigkeiten, die sich noch verstärken, wenn durch das Vertauschen der Buchstaben Wörter mit neuem Sinn entstehen und so den (unkundigen) Lehrer verständnislos rätseln lassen.

Sollte eine der Prüfungsformen ein Diktat sein, wobei das an Realschulen wenig praktiziert wird, so muss das Diktat auch zu Hause geübt werden, eine oft frustrierende Aufgabe. Die **Diktatportionen** sollten **fünf Minuten beim Üben nicht übersteigen**, sie sollten grundsätzlich **gleich verbessert** werden.

Mit viel Fingerspitzengefühl kann man dem Kind zunächst vermitteln, dass auch viele richtige Wörter geschrieben wurden. Es könnte seine Fehler selbst suchen und vielleicht gelingt ihm dann im Gespräch auch die Korrektur, welche auch zu loben ist. Anschließend sollte das Wort so richtig verbessert werden, dass das falsche dabei ausgelöscht wird und nicht mehr gesehen werden kann (Tintentod oder Radiergummi).

Oft sind auch **Fehleranalysen**, die gemeinsam mit dem Kind durchgeführt werden, sinnvoll und lassen erkennen, in welchem Bereich noch Grundlagen aufgefrischt werden müssen. Dies alles stellt hohe Anforderungen an die Gewissenhaftigkeit und Ausdauer beim Lernen und meistens an die elterliche Betreuung oder falls das nicht möglich ist, an einen anderen Betreuer. Es muss gesagt werden, dass es oft ohne Betreuung oder ohne gezielte Nachhilfe, speziell zur Prüfungsvorbereitung, nicht geht.

„Checklisten" zur Selbstkontrolle

- Weiß ein Kind über die Art von Fehlern Bescheid, die es häufig macht, sei es in der Grammatik, beim Übersetzen oder in der Schreibung von Wörtern, so kann es sich eine persönliche „Checkliste" erstellen. Und immer wenn eine Übung gemacht wurde, darf es diese zur Hand nehmen und überprüfen, ob es selbst noch Fehler korrigieren kann.
- Dies hat sich in der Praxis gut bewährt, vor allem, wenn Textteile selbstständig zu verfassen sind. Auf der „Checkliste" steht dann z. B.:

> Ich kontrolliere:
> 1. das „s" bei he, she, it,
> 2. die englische Satzstellung S – P – O,
> 3. do/does in der Frage,
> 4. Signalwörter für den Gebrauch der Zeiten etc.

  Jeder Schüler erstellt sich seine individuelle „Checkliste" auf dem PC geschrieben und laminiert und wie eine Scheckkarte im Mäppchen.
- Manche Lehrer erlauben auch, dass sich die Schüler ihre wichtigste Fehlerquelle vor dem Beginn der Schulaufgabe auf das Angabenblatt schreiben oder die „Checkliste" noch einmal kurz anschauen.

Stellenwert von Schulaufgaben und Noten

Ganz wichtig ist aber, dass man Schulaufgaben und Noten nicht überbewertet und dass die Eltern ihre Sorgen und Ängste nicht in Form von zu hoher Erwartungshaltung auf das Kind übertragen, z. B. in der oft gehörten Äußerung: „Jetzt haben wir so viel geübt, jetzt muss es klappen." (Ungeduld und „Kurznervigkeit" sind kontraproduktiv.) Es hat vielleicht zu Hause geklappt, aber es muss bei geänderter Wortwahl nicht unbedingt in der Schulaufgabe klappen. Dann sollte man lieber das Kind beruhigen, zeigen, dass man geduldig ist und nicht aufgibt und Mut machen. Das Kind kann sich z. B. an Tagen mit Schulaufgaben vorher selbst mental beeinflussen, indem es sich sagt: **„Ich bin ruhig und gelassen und gebe mein Bestes."**

g) Tipps zur Korrektur und Bewertung von Leistungserhebungen

Da wir wissen, dass bei Lese- und Rechtschreibproblemen in der Fremdsprache Fehler entstehen wegen

> - Schwierigkeiten in der akustischen Erfassung,
> - Schwierigkeiten in der visuellen Erfassung,
> - Schwierigkeiten in der Sinnerfassung beim Lesen,
> - Schwierigkeiten mit der Raumlage und mit der Reihung und vor allem
> - Schwierigkeiten in der Speicherung von Gelerntem,

kann man sich vorstellen, wie schwierig die Korrektur ohne Kenntnis dieser Probleme sein kann. Für einen Lehrer ist es oft nicht möglich zu unterscheiden, was nun ein „typischer" Fehler dieser Kinder ist, weil sie vermutlich dieselben Fehler machen wie andere Schüler auch.

Sie unterscheiden sich aber insofern, als dass sie

- die Fehler in weitaus größerem Umfang machen,
- viel mehr Zeit brauchen, um sie zu entdecken und aus ihnen zu lernen,
- und sich viel stärker konzentrieren müssen,
- viel öfter von vorne anfangen,
- viel mehr wiederholen müssen
- und viel mehr Belastung und Frustration in Prüfungen erfahren als andere Schüler.

Wie lässt es sich sonst erklären, dass trotz regelmäßigen Übens dasselbe Wort immer wieder erneut völlig unterschiedlich falsch geschrieben wird.

Wo liegen nun die Probleme in der Korrektur?

Abgesehen von den schon erwähnten Fehlermöglichkeiten und Korrekturproblemen sei noch einmal darauf hingewiesen, dass Kinder mit diesen Problemen z. B. anfangs so schreiben wie sie hören, also hören sie ein „a" im Wort „run" und schreiben „ran", was ein Lehrer als Grammatikfehler interpretieren kann, obwohl er keiner ist. Lange besteht auch die Unfähigkeit, Wortbilder visuell abzuspeichern, wie bei „see", obwohl „sea" gemeint war. Hier ändert sich sogar der Inhalt und damit der Sinn. Mit viel begleitendem Training und großer Geduld verschwinden in der Fremdsprache Englisch diese Fehler allmählich, so dass ein allmählicher Erfolg abgewartet werden kann.

Grundsätzliche Überlegungen zu jeder Korrektur

Es gibt keine Korrekturschablone, die objektiv messen könnte, ob der Fehler aufgrund der Rechtschreibproblematik oder aus anderen Gründen gemacht wurde. Einigermaßen messbar ist nur der individuelle Lernfortschritt des Schülers, aber diese individuelle Bewertung hängt vom Problemverständnis des Lehrers ab.
Daher sollte zum Wohle der Schüler, die eine durch Gutachten bestätigte Legasthenie oder Lese-Rechtschreibschwäche haben, der pädagogische Ermessensspielraum auch wirklich ausgeschöpft werden und im Zweifelsfall zugunsten des Schülers entschieden bzw. korrigiert werden. Der Erlass vom 19. 11. 1999 gibt dem Lehrer auch die Legitimation dazu. Dabei sind immer die Empfehlungen des zuständigen Schulpsychologen zu berücksichtigen.
Besteht nun ein Zweifel, ob es sich um einen Rechtschreib- oder einen Grammatikfehler handelt, so **muss** der Lehrer in jedem Fall selbst entscheiden. Er sollte dabei den betreffenden Schüler mit dem individuellen **Grad seiner Beeinträchtigung** und seiner **Arbeitshaltung**, die Notwendigkeit ihn zu mehr Lernerfolg ständig zu **motivieren**, indem er die Korrektur an den Entwicklungsstand des

Schülers angleicht (d. h. dass Fehler auch gewertet werden können, wenn sich der Lehrer sicher ist, dass der Lernfortschritt schon erreicht war), seine **eigenen Kenntnisse** über diese Problematik und seinen legalen **Ermessensspielraum** vor Augen haben.

Wertung erkennbarer Strukturprobleme

Wenn Fehler in der Struktur einfach zu erkennen sind, z. B. **falsche Zeiten**, so sind sie zu werten. Meistens sind Phänomene wie **Pluralbildung, Steigerung, Adverb** oder Zeitstrukturen der **indirekten Rede** oder der **„if-Sätze"** auch relativ eindeutig zu erkennen und entsprechend zu bewerten.

Keine Angst vor Entscheidungen

- Schwierig wird es bei Verwechslungen, die nicht mehr eindeutig eingestuft werden können. Immer wenn noch ein erkennbar richtiger **Inhalt**, z. B. in der Übersetzung oder in einem selbst verfassten Text oder bei der Beantwortung der Fragen hergeleitet werden kann, so würde ich für den Schüler entscheiden.
- Es bleibt aber die Gewissensfrage eines jeden Kollegen selbst. In jedem Fall gilt, dass fast immer davon ausgegangen werden kann, dass ein Kind, das diese Problematik anerkannt hat, sich gründlich vorbereitet und mehr „lernt" oder wiederholt als ein anderer Schüler. Es ist also nicht faul oder macht gar provokante Fehler. Es wäre ja nicht anerkannt, wenn es nicht eine gute Intelligenz hätte. Das sollte man sich immer wieder bewusst machen, dann schwindet auch die „Angst des Lehrers", vielleicht zu großzügig zu sein.
- Für einen Schüler ist es jedoch frustrierend, wenn seine Arbeit einem roten Schlachtfeld gleicht, wenn er sehen muss, dass er praktisch alles falsch hat. In so einem Fall wäre es ratsam, dann eben die richtigen Wörter hervorzuheben und aus dem Fehlergewirr am Ende der Arbeit die Hauptfehlerschwerpunkte anzuführen und sie mit der Bemerkung zu versehen, dass er sie noch einmal bearbeiten muss. Auf die Bedeutung der Lehrerkommentare habe ich in **Punkt a)** (S. 163) schon hingewiesen.

Korrekturvorschläge und Möglichkeiten an ausgewählten Beispielen

Ein Kind soll den Satz **schreiben**:	Does the dog like his **meat**?
Es schreibt:	Does the dog like his **team**?

- Die Wörter „meat" und „team" zeigen, dass das Kind entweder einen Reversionsfehler gemacht hat oder auch keine Vorstellung von der Wortbedeutung hatte. Der Lehrer kann nun, da der Sinn entstellt ist, dafür einen Punkt für einen Vokabelfehler abziehen oder er kennt die Fehlerart, die bei den betroffenen Schülern auftauchen können und interpretiert einen Rechtschreibfehler, den er dann aufgrund des Erlasses nicht wertet.

Viele Lehrer fühlen sich hier allein gelassen und ratlos und müssten über diese Problematik eigentlich informiert werden. Der Lehrer kann aber durchaus von seinem pädagogischen Spielraum Gebrauch machen und muss keinen Fehler werten. Es empfiehlt sich stattdessen, den Fehler zu verbessern und ihn zu kennzeichnen. Man könnte z. B. (sp) für „spelling" (Rechtschreibung) dazu setzen, dann weiß der Schüler, dass er nicht gewertet wurde (wird mit ihm vorher vereinbart).

Anders verhält es sich, wenn der Schüler z. B. folgende **Frage beantworten** muss:

„Does the dog like his meat?"

Er antwortet schriftlich: „Yes, he likes his team."

Mögliches Korrekturverhalten der Lehrkraft:

- Sie streicht alles durch und zieht inhaltlich und sprachlich alle Punkte ab.
- Sie erkennt, dass „team" für „meat" **gelesen** wurde und gibt einen Vokabelfehler. Sie weiß, dass diese Kinder zu Reversionsfehlern neigen und akzeptiert den Versuch einer Antwort, da der „Folgefehler" des Verwechselns (= nicht gewerteter Rechtschreibfehler) noch zu einer inhaltlich „logischen" Antwort geführt hat, → also volle Punktzahl.

Ich möchte noch einmal darauf hinweisen, dass Lehrer nach jetzigem Stand keine oder nur wenige Kenntnisse über Lese- und Rechtschreibproblematik und im Besonderen über die in Fremdsprachen haben können, da dieses Phänomen in den einzelnen Ausbildungsabschnitten meines Wissens nicht oder kaum thematisiert wird. Jedoch um sich in der Verantwortung als Lehrer und auch dem Kind gegenüber gerecht zu werden, empfiehlt es sich, bei Zweifelsfällen für das Kind zu entscheiden.

- Ein Schüler muss folgenden Dialog übersetzen (Anfang 5. Klasse RS):

Hallo, ich heiße Susi, ich komme aus England und ich lebe in London. → 3 Punkte

Er schreibt: Hello, my **neim** is Susi, I'm **English** and I live in London.
- neim → Rechtschreibfehler (sp) = nicht gewertet
- I'm English → müsste korrekt heißen: I'm from England → ergibt einen Punkt Abzug als Vokabelfehler (= strenge Wertung, da genau behandelt im Unterricht) → also bleiben: 2 von 3 Punkten

Hi, ich bin Tom. Wie geht es dir? → 2 Punkte

Er schreibt: Hi, I'm Tom. How are **ju**?
- ju → Rechtschreibfehler (sp) = nicht gewertet also bleiben 2 Punkte

Danke, gut. Hast du Geschwister? → 3 Punkte

Er schreibt: Sangs good. Have got brothers and sisters?
- sangs → Rechtschreibfehler (sp) = nicht gewertet,
- good → Vokabelfehler, es müsste heißen „I'm fine". → 1 Punkt Abzug
- Have got → hier fehlt das Wort „you" → 1 Punkt Abzug also bleibt 1 von 3 Punkten

- Ein Schüler muss anhand einer Zeichnung den Weg von seinem Standort zu der Bücherei beschreiben. Er soll dabei kurze Sätze formulieren, aus denen hervorgehen soll, dass er einmal links abbiegt, einmal rechts abbiegt, dann geradeaus geht und dann noch einmal rechts abbiegt. Alle Floskeln wurden im Unterricht gezeichnet, gesprochen, im Rollenspiel geübt, als Hausaufgabe schriftlich formuliert und korrigiert.

vergeben werden → 4 Punkte

Er schreibt folgenden Text:
„First you tern lift and go in Winston Road, you go winder at a krosrod at go reiht here, at you go winder and go reiht and is it on you lift road sate."
Natürlich wurde der Text katastrophal wiedergegeben. Aber es ist erkennbar, dass „to turn left" am Anfang gemeint wurde, dann hat der Schüler das Wort ‚geradeaus' nicht gewusst und schreibt „winder" (weiter), die falsche Rechtschreibung für „crossroads", left, turn, right, side könnte unberücksichtigt bleiben, Präpositionen und Pronomen sind nicht richtig und wahrscheinlich wurde „and" und „at" verwechselt und die Satzstellung „is it" statt „it is" ist ebenfalls falsch. Inhaltlich ist der Weg richtig nachvollzogen. Es ist jetzt pädagogische Entscheidung hier zu werten. Ich könnte mir vorstellen, dass **1 Punkt** für die inhaltliche Wiedergabe gegeben wird.

Schlussbemerkung und Ausblick

Abschließend sei gesagt, dass für diese Schüler vom Kultusministerium ein Nachteilsausgleich vorgesehen ist. Vom Sprachverständnis her muss der Begriff Nachteilsausgleich so verstanden werden, dass er **kein Privileg** für eine besondere Schülergruppe darstellt, sondern ein echter Ausgleich sein soll für Schüler mit dieser Teilleistungsstörung oder Beeinträchtigung, die sich bei einem Kind massiv und bei einem anderen weniger ausgeprägt darstellen kann. **Der Lehrer ist nicht nur Fehlerdetektiv, sondern hat einen pädagogischen Auftrag und eine pädagogische Verantwortung und muss in manchen Fällen sein Kontrollbedürfnis trotz seiner großen Sprachkompetenz etwas zurückstellen.** Ziel des Erlasses ist es, jemand am Scheitern zu hindern und nicht darüber zu entscheiden, ob er die Note zwei oder drei bekommt. Deshalb kann der Ermessensspielraum mit gutem Gewissen zugunsten des Schülers ausgeschöpft werden. In jedem Fall aber sollen sich Eltern, Lehrer und Schüler darüber einigen, welche gemeinsamen Ziele sie für den Unterricht und den persönlichen Erfolg des Kindes formulieren, und dieser Unterrichtserfolg kann einfach auch die Note ‚ausreichend' sein. Zwei Extreme sollen vermieden werden, der Glaube an die schnelle ‚Machbarkeit' von Erfolg in jedem Fall und der übertriebene Ehrgeiz, der zu Lasten des Kindes geht. Eine gesunde Einstufung der Leistungsfähigkeit, unendlich viel Geduld und das Vermitteln des Gefühls der Wertschätzung des Kindes trotz dieser Beeinträchtigung sind unverzichtbar.
Wir sollten uns freuen über jeden Erfolg, auch wenn er noch so klein ist.

Günther Will

3.7.2 Legastheniebedingte Probleme beim Erlernen der englischen Sprache

Dieser Beitrag möchte einen Einblick in legastheniebedingte Schwierigkeiten beim Erlernen der englischen Sprache geben. Die Informationen sollen Eltern und Pädagogen für die besonderen Probleme lese- und rechtschreibschwacher Kinder sensibilisieren sowie Hilfestellung leisten bei der Unterstützung therapeutischer Maßnahmen. Im Wesentlichen handelt es sich bei dem Text um ein Exzerpt aus dem Buch „Legasthenie" von *Mechthild Firnhaber*, ergänzt durch eigene Erfahrungen mit Legasthenikern im Unterricht. Es wird kein Anspruch auf Vollständigkeit oder wissenschaftliche Exaktheit erhoben.

Zur Erinnerung für Eltern:

- Eltern sind nicht schuld an der Legasthenie ihres Kindes, da diese organische Ursachen hat, die sie nicht beeinflussen konnten.
- Legasthenie ist keine allgemeine Beeinträchtigung der geistigen Entwicklung, sondern eine Teilleistungsschwäche des Gehirns bei normaler bis überdurchschnittlicher Intelligenz.
- Jedes Kind hat seine eigene Legasthenie, sowohl was Erscheinungsbild als auch Verlauf angeht.
- Ein Legastheniker **bleibt** sein Leben lang Legastheniker, kann aber lernen, damit erfolgreich umzugehen.

Zur Erinnerung für Pädagogen:

- In manchen Fällen wird eine Legasthenie erst durch unerklärliche Fehler in der Fremdsprache entdeckt, denn manche Legastheniker können durch großen Fleiß ihre Legasthenie jahrelang ausgleichen, sind aber dann mit der Fremdsprache und den anderen neuen Fächern im Gymnasium überfordert.
- Legastheniker können ihr erlerntes, vorhandenes Wissen oft aus Zeitmangel nicht anbringen. Sie sind deshalb trotz gleichen Wissensstandes ihren Klassenkameraden gegenüber stets im Nachteil.
- Mit Ausnahme der besonders mathematisch-naturwissenschaftlich begabten Kinder deutet vieles darauf hin, dass sich Legastheniker im Englischen als erster Fremdsprache leichter tun als im Lateinischen. Latein wirft zwar weniger Ausspracheprobleme auf, aber die Satzstrukturen sind schwerer und gerade der logische Aufbau der Sprache erfordert eine hohe Konzentrationsfähigkeit, wie sie viele Legastheniker nicht aufbringen.

Die häufigsten Legasthenie-Fehler im Englischen:

1. Verwechslung von Vokalen und Vokallängen infolge einer akustischen Erfassungsschwäche:
   [uː – u – ɔ – ɔː] [i – e – æ – ə]
   food – foot – fog – fork bid – bed – bad – better
2. Verwechslung ähnlich aussehender Buchstaben wie m – n, k – h, d – b, i – j und Schwierigkeiten bei der Unterscheidung von groß- und kleingeschriebenen Wörtern.
3. Schwierigkeiten bei der Zerlegung von Wörtern in Silben. Relevant wird dies z. B. bei der Steigerung der Adjektive mit -er/-est oder more/most.
4. Probleme mit der Zuordnung von Funktionsbezeichnungen der Wortarten: Substantiv als Subjekt oder Objekt.
5. Fehler infolge lautgetreuer Schreibweise: ran statt run. Vermeintliche Grammatikfehler sind oft Legastheniefehler, besonders auch bei Übersetzungsfehlern infolge Leseschwäche, etwa bei den Zeitformen oder beim Plural.
6. Verwechslung ähnlicher Wörter:
   think – thing, to – too, there – their, where – when, with – which
7. Visuelle Differenzierungsschwäche und Hörfehler:
   a elephant statt an elephant
   this is a hause statt this is a house
   peopel statt people
   heared statt heard
8. Das s-Problem im Plural und in der dritten Person Singular und besonders wenn der Genitiv auch noch erfordert, dass ein Apostroph richtig gesetzt wird.
9. Verwechslung der räumlichen Präpositionen infolge der Raumlagelabilität:
   at – in up – of – off behind – in front of

Darüber hinaus:

- Unregelmäßige Verben sind für den Legastheniker willkürliche Reihungen und daher schwer zu behalten. Überhaupt ist Vokabellernen für den Legastheniker Schwerstarbeit.
- Legastheniker haben ein Transferproblem. Trotz gelernter Regeln fällt ihnen die Anwendung in neuen Zusammenhängen schwer.
- Legastheniker neigen zu undeutlich ineinander verkeilter Schreibweise, weil sie hoffen, ihre Fehler so „vertuschen" zu können.
- Ein legasthenes Kind weiß im Moment des Lesens eines Wortes noch nicht dessen Bedeutung. Hieraus erklärt sich eine falsche Betonung beim Vorlesen und eine Überforderung bei unmittelbar folgenden Fragen zum Text.
- Legastheniker haben oft Schwierigkeiten beim Fixieren von Textstellen. Wenn er/sie aufgerufen wird und die Stelle nicht sofort findet, ist das nicht unbedingt ein Zeichen von Unaufmerksamkeit.

- Da ein Legastheniker ein Vielfaches der Konzentration eines Nicht-Legasthenikers verbraucht, schreibt er oft dasselbe Wort in einem Diktat unterschiedlich falsch: Er muss nämlich jeweils **neu** überlegen, wie es geschrieben wird.

Das heißt unter anderem:

- Legastheniker sind bei Klassenarbeiten weit stärker belastet als ihre Klassenkameraden.
- Wenn ein Legastheniker sich im Gymnasium halten kann, spricht dies für eine überdurchschnittliche Intelligenz.
- Legastheniker brauchen mehr Zuwendung: Chancengleichheit heißt nicht Gleichbehandlung (vgl. **S. 309**)!

Hilfen für Englisch-Legastheniker:

1. Was kann der Lehrer tun?

- Er kann den Eltern Kassetten zum Buch empfehlen. Die Kinder können sich damit besser in einen bereits geübten Text einhören.
- Er muss größtes Gewicht auf die Aussprache legen, da eine schlechte Aussprache alle anderen Bemühungen des Kindes zunichte macht.
- Er sollte wissen, dass ein englischer Satz als Erklärung neuer Vokabeln Legastheniker völlig überfordert.
- Lehrer sollten Legastheniker stets am Anfang der Stunde mehr fördern, wenn sie sich noch besser konzentrieren können.
- Legastheniker sollten ihre Vokabeln in Blöcken von je drei Vokabeln schreiben, dann eine Zeile frei lassen.

2. Was können die Eltern tun?

- Ihr Kind sollte das Vokabellernen von der übrigen englischen Hausaufgabe trennen, um eine Überforderung zu vermeiden.
- Lassen Sie Ihr Kind keine ähnlich klingenden Wörter hintereinander lernen. Kaufen Sie z. B. kein alphabetisch geordnetes Grundwortschatz-Buch.
- Als Information für Eltern, die ihren Kindern bei der Grammatik helfen wollen, eignet sich „Langenscheidts Kurzgrammatik".
- Sprechen Sie den Stundeninhalt zu Hause noch einmal mit Ihrem Kind durch.
- Vorschlag zum Vokabellernen:
  drei bis fünf Wörter täglich Englisch – Deutsch
  zunächst Vernachlässigung der Wörter mit unbekannten Buchstabenverbindungen wie ght – ue – wn …
  Das Kind sieht sich das Wort genau an, liest es dann laut, sagt dann laut die Buchstabenfolge. Sie verbessern es, dann erst schreibt das Kind das neue englische Wort.
- Achten Sie auf exakte Aussprache!
- Gegen Schreiben auf dem Computer ist nichts einzuwenden.

- In der achten und neunten Klasse treten bei Legasthenikern oft infolge der Schwäche des Langzeitgedächtnisses Lücken im Grundwortschatz auf:
  Diese Lücken lassen sich mit dem „Vokabelkarteikasten" (Klett-Verlag) und der Arbeitsanleitung von *Frederic Vester* schließen. Nützlich sind auch die *„Manz-Lernhilfen"* Englisch 5. Klasse/Englisch 6. Klasse/Englisch Mittelstufe. In der 5. und 6. Klasse sind die Hefte für Legastheniker zu schwierig.

4. Fördermaterialien und Trainingsprogramme

C. Reuter-Liehr

4.1 Die „Lautgetreue Lese-Rechtschreibförderung" als Basistraining im schulischen Förderunterricht der Sekundarstufe

Spätestens nach der PISA-Studie wissen wir, dass sich bereits lang anhaltende Befürchtungen über vergleichsweise sinkende Leistungen bei Schülern bewahrheitet haben. Zahlen und Studien sowie eigene Beobachtungen belegen auch insbesondere die mangelnde Schriftsprachkompetenz von Schülern. Die Anzahl diagnostizierter Kinder mit „umschriebener Lese-Rechtschreibstörung (Legasthenie)" stieg, damit auch die Zahl der Hilfesuchenden im außerschulischen Bereich und somit die **Anträge auf Kostenübernahme nach § 35a KJHG** bei den örtlichen Jugendhilfeträgern. Der bayerische Erlass sieht Notenbefreiung für betroffene Schüler in allen Schulformen vor und fordert zum Glück gleichzeitig eine verstärkte Hilfe innerschulischer Art für betroffene Schüler. Neben einer durchdachten Organisation von Förderunterricht für Kinder mit Lese-Rechtschreibproblemen, was erfahrungsgemäß bereits schon vielfach am Schulalltag scheitern kann, ist nach wie vor eine Qualitätssteigerung des Förderunterrichtes notwendig, d.h. es sind brauchbare, Erfolg versprechende Förderkonzepte und Materialien gefragt und ebenso wichtig ist die entsprechende Qualifizierung der Förderlehrkraft im Umgang mit diesen Konzepten. Für die beiden letztgenannten möglichen Erfolgskriterien soll hier ein kleiner Beitrag geleistet werden.

(Eine noch ausführlichere Darstellung des Förderkonzeptes ist veröffentlicht in *Reuter-Liehr*, 2001, Bd. 1)

Das im Folgenden dargestellte Konzept beschreibt ein differenziert-sprachsystematisches und im Schwierigkeitsgrad steigendes Fördervorgehen, dessen erstes Ziel es ist, die alphabetische Strategie (lautgetreues Lesen und Rechtschreiben) zu festigen, um auf dieser Basis die orthographische Strategie (Regel- und Speichertraining) systematisch aufbauen zu können. Es propagiert ein konsequent strategiegeleitetes Lernen, das sich am Entwicklungsprozess des Schriftspracherwerbs orientiert. Dementsprechend berücksichtigt es den schriftsprachlichen Entwicklungsstand der Schüler bei Beginn der Förderung und verfolgt einen konsequenten Strategieaufbau. Inzwischen wird diese Kombination als die zur Zeit wissenschaftlich fundierteste Grundlage in der Unterstützung lese-rechtschreibschwacher Kinder bezeichnet (*Mannhaupt* 1999).

Der Beitrag soll u.a. zeigen, dass es selbst bei lese-rechtschreibschwachen Schülern der 5./6. Klasse einer weiterführenden Schule notwendig und möglich ist, analog zur Schriftsprachentwicklung zunächst die alphabetische Strategie zu sichern, bevor Rechtschreibregeln und Ausnahmeschreibungen trainiert werden.

4.1.1 Einsatz und Überprüfung des Förderkonzeptes

Das Konzept wurde in mehreren Versuchsdurchgängen im Rahmen des schulischen Förderunterrichts 5. und 6. Schuljahrgänge eingesetzt und empirisch an der Universität Göttingen überprüft (*Reuter-Liehr* 1993, 2001). Die Förderung wurde von ausgebildeten Legasthenietherapeuten und nach dem 1. Versuchsdurchgang auch von fortgebildeten Lehrkräften einmal wöchentlich in Kleingruppen (4–6 Schüler) durchgeführt und umfasste 40–55 Schuldoppelstunden. Insgesamt konnten die Testergebnisse der Rechtschreibung von 57 Förderkindern mit 60 Kontrollkindern vor und nach der Förderung verglichen werden. Es ergaben sich bedeutsame Unterschiede. Die signifikanten Verbesserungen der geförderten Kinder konnten quantitativ (PR 4.5:37) und qualitativ (Abbau der einzelnen Fehlentscheidungen um 86,1 % bezogen auf die unterschiedliche Anzahl der Testwörter) nachgewiesen werden. Dagegen waren die Verbesserungen der Kontrollkinder gering (PR 5:9, Abbau der einzelnen Fehlentscheidungen um 9,4 %; **s. Tab. 1**).

Auswahlkriterien für beide Gruppen: Anfangstest WRT 4/5 – PR ≤15
Fehleranalyse/Fehlerart: Phonemfehler ≥9

Förderkinder							
n = 57	Mittelwerte		qualitative Fehleranalyse (Mittelwerte)				
	TW	**PR**	**Phon.f.**	**Regelf.**	**Fehlentscheidg.** Abbau der Σ		
						der Fehlentsch.	
WRT 4/5	33	4.5*	17.2	17.2	Σ 43.0	um	
WRT 6+	47	37.0*	03.9	10.8	Σ 25.4	**86.1%**	

Kontrollkinder						
n = 60	Mittelwerte		qualitative Fehleranalyse (Mittelwerte)			
	TW	**PR**	**Phon.f.**	**Regelf.**	**Fehlentscheidg.** Abbau der Σ	
						der Fehlentsch.
WRT 4/5	34	5	16.7	16.6	Σ 41.6	um
WRT 6+	35	9	12.0	20.6	Σ 45.2	**9.4%**

* Die Unterschiede zwischen den einzelnen Testuntersuchungen der geförderten Kinder sind signifikant (99 %) nach *Scheffé*

Tab. 1: *Vergleich der Rechtschreibleistungen der Förderkinder (5. und 6. Klasse) im Vergleich zu Kontrollkindern (Anfangstest WRT 4/5 – Endtest WRT 6+)*

Gefördert wurden Schüler, die zu Beginn der 5. Klasse noch gehäuft Verstöße gegen die lautgetreue Schreibung (Phonemfehler) zeigten. Wir gingen davon aus, dass Schüler mit mehr als 8 Phonemfehlern im Anfangstest noch grundlegende Probleme in der Rechtschreibung aufweisen und diese vor einem Regeltraining anzugehen sind. Wir sehen diese Überlegung durch die Ergebnisse des Forschungsprojektes bestätigt. Die Kontrollkinder machten immer noch durchschnittlich 12 Phonemfehler im Endtest und erzielten keine Fortschritte im Regelbereich, obwohl mit Sicherheit in der 5. und 6. Klasse verstärkt Recht-

schreibregeln im Deutschunterricht durchgenommen wurden. Dagegen sind die Erfolge der Förderkinder in dem hauptsächlich trainierten Bereich der lautgetreuen Schreibung eindeutig (17.2:3.9 Phonemfehler) und auch im Regelbereich ist eine klare Entwicklung abzulesen (17.2:10.8 Regelfehler).
Die Förderkinder wurden in zwei unterschiedlichen Lerngruppen zusammengesetzt, dies geschah nach der Häufigkeit der Verstöße gegen die lautgetreue Schreibung:

Lerngruppe I: PR ≤8 – ≥15 Phonemfehler im WRT 4/5 40 Schuldoppelstd. Basistraining
Lerngruppe II: PR ≤15 – 9–15 Phonemfehler im WRT 4/5 20 Schuldoppelstd. Basistraining

Die *Lerngruppe I* setzte sich zusammen aus Schülern mit ausgeprägten Lese-Rechtschreibproblemen. Ihre Rechtschreibleistung im Anfangstest lag durchschnittlich bei PR 2.5. Mit mehr als 15 Phonemfehlern hatten sie eine noch grundlegende Schwäche im basalen Bereich der lautgetreuen Schreibung gezeigt. Für das Festigen dieses Bereiches benötigten sie 40 Sitzungen. Der Regelbereich konnte im vorgesehenen Zeitraum nur in Ansätzen trainiert werden. Ein Training im Speicher- und Restfehlerbereich konnte gar nicht erfolgen.

(Die exakten Stundenabläufe und das eingesetzte Material für das Basistraining sind veröffentlicht in *Reuter-Liehr* 2001, Bd. 2)

In der *Lerngruppe II*, wo Schüler gefördert wurden, die im Anfangstest einen Prozentrang <15 und zwischen 9–15 Phonemfehler im WRT 4/5 aufwiesen, wurden nur 20 Sitzungen als Basistraining benötigt. Sie wurden nach der Festigung der lautgetreuen Lese-Rechtschreibkompetenz auch im Regelbereich gefördert, was sich auch fehleranalytisch im Ergebnis niederschlägt. Der erreichte Prozentrang 55 (**s. Tab. 2**) dokumentiert eine bereits gut durchschnittlich entwickelte Rechtschreibkompetenz.

(Die exakten Stundenabläufe und das eingesetzte Material für das Basistraining dieser Lerngruppe II wurden inzwischen von 20 auf 30 Sitzungen erweitert, da in der therapeutischen Praxis und auch in laufenden Schulprojekten in weiterführenden Schulen – beispielsweise im privaten Gymnasium Paul-Gerhardt-Schule in Dassel/Niedersachsen – die Notwendigkeit einer längeren Festigungsphase zunehmend auffiel. Ferner wurde das Wort- und Textmaterial anspruchsvoller gestaltet, so dass es auch für ältere Schüler geeignet ist. Dieses Programm ist veröffentlicht in *Reuter-Liehr* 2001, Bd. 3)

Auswahlkriterien		Anfangstest WRT 4/5 – PR ≤15	
	Lerngruppe I	Fehleranalyse/Fehlerart:	Phonemfehler ≥15
	Lerngruppe II		Phonemfehler 9–15

Lerngruppe I sehr schwache Rechtschreiber **n = 28** Mittelwerte					Σ	**Lerngruppe II** schwache Rechtschreiber **n = 29** Mittelwerte					Σ
WRT	TW	PR	Phon.f.	Regelf.	Fehlentsch.	**WRT**	TW	PR	Phon.f.	Regelf.	Fehlentsch.
4/5	29.5	**2.5**	21	20	50	**4/5**	36	**8**	13	14	36
6+	42	**21.0**	5	15	33	**6+**	52	**55**	2	6	18

Tab. 2: *Vergleich der Rechtschreibleistungen – Lerngruppe I im Vergleich zu Lerngruppe II*

4.1.2 Grundprinzipien des Förderkonzeptes

Das Förderkonzept beherzigt einige grundlegende Prinzipien, die sich besonders beim Motivationsaufbau und auch insofern bezüglich Erfolgssicherung bewährt haben.

„Erfolge von Anfang an"

Das bedeutet den Schüler von Erfolg zu Erfolg zu führen und Misserfolge weitgehend zu vermeiden. Denn letztlich helfen erst konkrete nachweisbare Erfolge beim Lesen und Schreiben sein Minderwertigkeitsgefühl zu überwinden und seine Lernmotivation zu erhalten. Es gilt prinzipiell in der Übungssituation die Überforderung, in der sich der Schüler in der Regel bisher befand, zu beenden (vgl. auch *Löffler* u. a. 2000). Dies bedeutet möglichst auf der „Nullfehlergrenze" zu starten, Fehler nicht zu provozieren, sondern durch konsequente Anwendung von hilfreichen Strategien zu vermeiden.

„Vom Leichten zum Schweren"

Schüler mit Lese-Rechtschreibstörungen bemühen sich zunächst so zu schreiben, wie sie sprechen. Sie werden in der Schule jedoch schon frühzeitig mit Abweichungen von der Lauttreue konfrontiert. Ihr Gedächtnis ist bald überlastet, alles Üben und Auswendiglernen nützt ihnen wenig. Die Vielschichtigkeit von Rechtschreibregeln oder gar ihre Ausnahmen verwirren sie, zudem sind in der für sie extremen Stresssituation des Schreibens wichtige Teilaspekte von Regeln nicht immer abrufbar. Außerdem widersprechen insbesondere die Ausnahmen oft ihrer Fähigkeit logisch zu denken. Alles zusammen behindert ihren vergleichsweise verlangsamten Lernprozess (*Dumont* 1991). Sie benötigen verlässliche Strategien, um das Systematische der deutschen Orthographie für sich entdecken zu können.
Das Leichte und sofort Einsehbare ist, so zu schreiben wie sie korrekt sprechen. Diese Schreibstrategie des korrekten Mitsprechens beim Schreiben wird als Erstes vielfältig trainiert. Abweichungen von dieser Schreibstrategie werden Stück für Stück integriert.

„Vom Häufigen zum Seltenen"

Eine eigene Auszählung des niedersächsischen Grundwortschatzes (1419 Wörter) hat eine Untersuchung von *Naumann* (1983) bestätigt, dass die deutsche Sprache ungefähr zu 60 % aus rein lautgetreuem Wortmaterial besteht. Wörter – in denen Regelprobleme enthalten sind – existieren nach unserer Auszählung ungefähr zu 30 %. Ausnahmen und kognitiv schwer zu erfassende Restprobleme findet man ungefähr zu 10 %. Diese Häufigkeiten lassen sich für einen sprachsystematischen Aufbau nutzbar machen. So berücksichtigt ein Start auf der phonetischen Ebene mit rein lautgetreuem Wortmaterial nicht nur das „Leichte" sondern auch das „Häufige"; denn mit dem Basistraining würde bereits 60 % der deutschen Orthographie erfasst sein.
Letztlich sichert auch dies die Erfolgsvermittlung. Denn ist das Leichte auch zugleich das Häufige, so zeichnen sich Erfolge nicht nur in der Trainingssituation

ab, sondern können durch einen gelungenen Transfer in der Schule und zu Hause zunehmend sichtbar werden.

„Alles dient der Strategievermittlung!“

Die Herangehensweise bei der Vermittlung von Schriftsprache und seinen Gesetzmäßigkeiten wird bestimmt vom Grundsatz, ein konsequentes strategiegeleitetes Lernen zu ermöglichen. **Dieses strategiegeleitete Lernen wird am ehesten erreicht, wenn der Schüler handlungsorientiert und vielfältig über eigene Erfahrungen die Prinzipien der Schriftsprache so weit wie möglich selbst entdecken kann, die Richtigkeit wiederholt erfährt, sie reflektiert und verbalisieren lernt, zunehmend verinnerlicht und schließlich automatisiert** (vgl. *Mannhaupt* 1999).
Nichts darf diesen wichtigen Lernprozess stören oder behindern.
Das beim Sprechen, Lesen und Schreiben eingesetzte Wort- und Textmaterial verlangt vom Lernenden konsequent nur den Einsatz der bisher im Übungsablauf trainierten Strategien. Dazu ist eine exakte Auswahl des Wortmaterials unter sprachanalytischen Gesichtspunkten notwendig. Die Wörter sind quasi „Turngeräte“, an denen Strategien eingeübt werden. Sie schaffen die Sicherheit, dass bei richtiger Anwendung derselben keine „Unfälle“ (Fehler) passieren können. Auch die verschiedenen Übungsformen dienen der Festigung bereits eingeführter Strategien, der besseren Erfassung neuer Strategien und bieten darüber hinaus ausreichend Möglichkeiten durch Variationen zur Strategieanwendung. Lernspiele werden ebenso bewusst ausgewählt und gezielt eingesetzt. Lerntherapeutische Verstärker visualisieren die notwendigen Strategien, motivieren zum Erlernen der Strategien und regen eigenständigen Einsatz an.
Ein „Gegentraining“ durch zusätzliches, von den gelernten Strategien abweichendes Üben wird möglichst vermieden.

4.1.3 Aufbau lautgetreuer Lese-Rechtschreibfähigkeit

Gestartet wird also mit dem Training geeigneter Strategien zur Erfassung des phonologischen Prinzips der Schriftsprache. *Kossow* empfahl bereits 1972 mit vornehmlich lautreinen Wörtern zu beginnen, weil dadurch das phonologische Hauptprinzip der deutschen Schriftsprache aufgezeigt würde. Zusätzliche Schwierigkeiten, die durch Beachtung weiterer Prinzipien der Schriftsprache entstehen, sollten zunächst vermieden werden. Ziel dieses Basistrainings ist, die lautgetreue Lese-Rechtschreibfähigkeit so zu automatisieren, dass der Kopf frei wird für das Erfassen und durchgängige Anwenden von kognitiven Rechtschreibregeln.
Anstelle des Begriffes lautgetreues Lesen- und Schreibenlernen wird in der Literatur vom Aufbau der alphabetischen Schrift (*Scheerer-Neumann* 2001) gesprochen. Im Folgenden soll jedoch der umgangssprachlich verständlichere Begriff des lautgetreuen Lese-Rechtschreibtrainings weiter verwandt werden. Beim lautgetreuen Schreiben gilt es die gesprochenen Laute (Phoneme) heraus-

zuhören, diesem Laut den am häufigsten vorkommenden Buchstaben zuzuordnen und schließlich mit dem entsprechenden Zeichen (Graphem) zu verschriften.
Allerdings besteht kein Einvernehmen über Lauttreue in der deutschen Schriftsprache. Die Angaben über die Häufigkeit variieren in der Literatur je nach Definition erheblich. Um das hier vorgestellte Konzept in der Strategievermittlung praktisch umsetzen zu können, ist es jedoch notwendig, sich mit der Definition von Lauttreue, die diesem Konzept zugrunde liegt, auseinander zu setzen.

a) Zur Definition von Lauttreue

Linguisten erklären, dass weder eine eindeutige Phonem/Graphembeziehung bestehe, noch es eine eindeutige Beziehung zwischen bestimmten Graphemen und Phonemen gäbe (*Eichler* 1978). Sie machen darauf aufmerksam, dass ein Graphem (Schriftzeichen) je nach Stellung im Wort verschiedene Lautnuancen abbildet. So haben beispielsweise die Vokale – je nachdem ob sie lang oder kurz ausgesprochen werden – auch unterschiedliche Lautzeichen. Dies erschwert dem Pädagogen die Vorstellung, den Lese-Rechtschreibunterricht nach einer festgelegten Phonem-Graphem-Zuordnung aufbauen zu dürfen. *Alliger* (2000) fordert demnach eine klare Abgrenzung von lautgetreuen und nicht-lautgetreuen Schreibweisen. Er sieht sonst die Gefahr, dass beim Einsatz im Unterricht nur unklare Hilfen gegeben werden könnten.
Die Buchstaben werden als lautgetreu definiert, die der häufigsten Verschriftung von Phonemen entsprechen.

> Zum Beispiel wird der Laut /f/ in der Regel als „**f**“ verschriftet und seltener als „v“, also gilt „f“ als lautgetreu und „v“ als Abweichung vom Lauttreuen.

Neben der Häufigkeit des Vorkommens eines Buchstabens in der deutschen Orthographie muss bei der Einteilung in lautgetreu oder nicht lautgetreu auch die Mitsprechbarkeit dieses Buchstabens innerhalb des Wortes gewährleistet sein, dazu ist die Beachtung der Silbengliederung notwendig.
So sind beispielsweise die weich auszusprechenden **Stoppkonsonanten g/d/b** zu Beginn einer Silbe deutlich akusto-motorisch erfassbar (Beispiele: Ga-**b**el, **D**ro-**g**e, **B**er-**g**e). Geraten sie hingegen ans Ende einer Silbe – also in den Auslaut – so werden sie hart ausgesprochen (Auslautverhärtung/Beispiele: Ber**g**, Her**d**, Er**b**-sen).
Das Gleiche gilt für das scharfe (stimmlose) „**ß**“ zu Beginn einer Silbe; denn nur dort ist es akustisch vom summenden (stimmhaften) „**s**“ zu unterscheiden. Im Auslaut wird jeder s-Laut gleich scharf (stimmlos) ausgesprochen.
Mitsprechbar ist auch die hörbar zu machende Doppelung von Konsonanten zwischen den Silben: ne**t**-**t**e, schwi**m**-**m**en, dies besonders wenn das rhythmische Syllabieren Grundlage des Trainings ist. Nicht mitsprechbar ist hingegen der doppelte Konsonant im Auslaut: ne**tt**, schwi**mm**t.
Die rhythmisch-silbierende Methode erlaubt auch das häufige „**ie**“ einzubeziehen, dies jedoch nur in der offenen Silbe, was am Ende einer Silbe bedeutet (s**ie**-gen, W**ie**-se; **s. Tab. 3**).

Einteilungen von Wortbeispielen	
mitsprechbar:	**nicht mitsprechbar:**
ei **Ei**mer	**ai** K**ai**ser
e/eu freche leuchten beschleunigen	**ä/äu** l**ä**cheln R**äu**ber S**ä**bel
f/w Fabel Fernseher Wagen	**v** **V**ater **v**erkaufen **V**ase
h/g/d/b/z *nur zu Beginn einer Silbe* Ru-**h**e **G**a-**b**el **D**o-se **B**lu-me **Z**un-ge	**h/g/d/b/z** *im Auslaut* Re**h** Ber**g** Hun**d** Her**b**st scher**z**-haft
k/t/p/s *auch im Auslaut* es sin**kt** es hu**pt** Hal**s**	 er sin**g**t Hu**b**-schrauber Sal**z**
ß *zu Beginn einer Silbe* Fü-**ß**e	**ß** *im Auslaut* Fu**ß**
Doppelung *des Konsonanten zwischen den Silben* gekni**f**-**f**en we**t**-**t**en schwi**m**-**m**en ho**f**-**f**entlich pa**c**-**k**en he**t**-**z**en	**Doppelung** *des Konsonanten im Auslaut* Kni**ff** We**tt**-lauf schwi**mm**t Ho**ff**-nung pa**ck**t ge-he**tz**t
ie *am Ende einer Silbe* r**ie**-chen	**ie** *innerhalb einer Silbe* es r**ie**cht
/a:/e:/o:/ö:/u:/ü:/ Wal Tal	**Dehnungs-h, dopp. Vokal** Wa**h**l S**aa**l *Fremdwörterbesonderheiten* **x / y / th / ph / rh** He**x**e, Z**y**linder, **Th**eater **Ph**ysik, R**h**y**th**mus

Tab. 3: *Übersicht zur Definition von „Lauttreue“*

Lauttreue ist folglich kein Merkmal von Buchstaben, sondern eine Eigenschaft, die Wörtern zugesprochen werden kann, wenn diese beim Schreiben unmittelbar mitsprechbar sind. Ob ein Wort lautgetreu zu verschriften ist, wird zum einen durch die Häufigkeit des Vorkommens des Buchstabens in der deutschen Schriftsprache und zum anderen durch die Stellung des Buchstabens innerhalb der Silbe bestimmt.

b) Aufbau der Phonemstufen 1–6

Das lautgetreue Wortmaterial wird in sechs aufeinander aufbauende Schwierigkeitsstufen – im Folgenden als Phonemstufen bezeichnet – eingeteilt, erste hundertprozentige Regelhaftigkeiten werden Stück für Stück integriert. Die nachfolgende tabellarische Übersicht der einzelnen Phonemstufen mit Wortbeispielen soll einen Einblick in den sprachsystematischen Aufbau des Basistrainings geben:

Der Phonemstufenaufbau in tabellarischer Übersicht

Phonemstufe 1

Es werden auf dieser Phonemstufe nur Dauerkonsonanten eingesetzt, denn sie sind vom lernenden Kind durch die Möglichkeit der lang anhaltenden Sprechweise leichter akusto-motorisch zu erfassen. Es gibt keine Konsonantenhäufung zu Beginn einer Silbe, da die sofortige Synthese mit einem Vokal das Mitsprechen erleichtert.

Vokale: **a e i o u**
Diphthonge: **au ei eu**
Umlaute: **ö ü**
Dauerkonsonanten: **m l s n f r w** und **sch**

Wortbeispiele:

offene Silben	geschlossene Silben	Silben mit Vokalbeginn, Doppelung
Na-se	Wal	In-sel-for-scher
Ro-se	Maus	Men-schen-mas-sen-auf-lauf

Phonemstufe 2

Das Wortmaterial der Phonemstufe 1 wird erweitert durch Dauerkonsonanten, die schwieriger in der akusto-motorischen Erfassung sind als die Dauerkonsonanten der Phonemstufe 1 und durch Stoppkonsonanten, die nicht dauerhaft mitsprechbar sind. Die weichen Stoppkonsonanten kommen jedoch nur zu Beginn der Silbe vor.

schwierige Dauerkonsonanten: **h z j ch**
Stoppkonsonanten: **d b g / t p k – ck** zwischen Vokalen

Wortbeispiele:

schwierige Dauerkons.	weiche Stoppkons.	harte Stoppkons.
Heu-hau-fen	Re-gen-bo-gen	Ta-pe-ten-mus-ter
Le-se-zei-chen	Ba-de-wan-ne	Per-len-ket-te

Phonemstufe 3
Das Wortmaterial der Phonemstufe 2 wird erweitert durch Konsonantenhäufungen innerhalb einer Silbe.
Zu Beginn eines Wortes oder einer Silbe müssen beide Konsonanten dauerhaft sprechbar sein, so dass diese erste kompakte Lautfolge bewusst beim Schreiben mitgesprochen werden kann.

Dauerkonsonantenpaare: **schm schl schn schr schw / fl fr / zw wr**

Wortbeispiele:	Schmet-ter-lin-ge	Ku-gel-schrei-ber	Fra-ge-bo-gen
	Schlan-gen-bis-se	Schwei-ne-schnit-zel	Zwet-schen-ku-chen

Phonemstufe 4
Das Wortmaterial der Phonemstufe 3 wird erweitert durch Konsonantenhäufungen mit einem Stoppkonsonanten.

Konsonantenhäufungen: **dr / bl br / gl gn gr / tr / pl pr pf pfl pfr / kl kn kr**

Wortbeispiele:	Dro-gen-han-del	Tril-ler-pfei-fe	Wein-krü-ge
	Klet-ter-blu-me	gna-den-los	Pflau-men-ku-chen

Besonders schwer haben es Schüler aus Regionen, in denen umgangssprachlich alle Stoppkonsonanten weich ausgesprochen werden.

Phonemstufe 4a
Nach dem Training dieser Lautverbindungen ist es möglich, weitere Lautverbindungen zu integrieren, die in ihrer Buchstabenfolge von der normalen Lautbildung abweichen. Wichtig ist, dass diese Abweichungen keine Ausnahmen haben.
Immer gültige Regel: Die Lautverbindung /*kv*/ wird immer als **Qu/qu** verschriftet.

Wortbeispiele: be-quem Quel-le Quit-tun-gen Feu-er-qual-le

Phonemstufe 4b
Immer gültige Regel: Die Lautverbindung /*scht*/ und /*schp*/ wird zu Beginn einer Silbe als St/st oder Sp/sp verschriftet. Zum Erfassen dieser Regelhaftigkeit ist es notwendig, die Silbengliederung sicher zu beherrschen, was nach dem silbengliedernden Training der vorherigen Phonemstufen 1–4 gelingen sollte.

Wortbeispiele:	**St/st**	**Str/str**	**Sp/sp**	**Spl/spl**	**Spr/spr**
	Stei-ne	Strei-fen	Spei-se-plan	Split-ter	Spros-sen

Diese Regelhaftigkeit in Verbund mit der Silbengliederung wird in der Hochlautung eingehalten. Dialektale Einflüsse besonders im Süden Deutschlands ergeben dagegen beispielsweise Sprechweisen wie „Wurscht" statt „Wurst", „ischt" statt „ist". Schüler dieser Regionen sind damit konfrontiert, dass die Schriftsprache von ihrer Alltagssprache deutlich abweicht, was das Erlernen der Rechtschreibung zusätzlich erschwert. Sie müssen gleichzeitig lernen, wie diese dialektal eingefärbten Wörter in der hochsprachlichen Form lauten, was eigentlich schon zu Beginn ihres Lese- und Schreibaufbaus hätte geschehen sollen (vgl. *Brenn* 2000).

Phonemstufe 5

Das Wortmaterial der Phonemstufe 4 wird erweitert durch Wörter mit /*i:*/ verschriftet als **ie**. Es werden aber nur Wörter benutzt, bei denen die ie-Silbe offen bleibt, das bedeutet, dass die Silbe nicht mit einem nachfolgenden Konsonanten endet. Insofern kann das Förderkonzept auch an dieser Stelle auf das oft aufwändige Training der akustischen Differenzierung von kurzen und langen Vokalen verzichten.
Mindestens 70% (*Naumann* 1987, *Alliger* 2000) der Wörter mit langem /*i:*/-Laut werden am Silbenende mit „ie" verschriftet. Es handelt sich dabei um eine Mehrheitsregel, die inzwischen als lautgetreu gilt (*Alliger* 2000).

Während des Aufbaus der Phonemstufen 1–4 wurde bereits mit Wörtern umgegangen, die mit einem einfachen „i" am Silbenende verschriftet werden (Beispiele: Ti-ger, Ma-schi-ne, we-ni-ge). Diese Wörter dürfen ab der Phonemstufe 5 nicht mehr vorkommen; denn **Interferenzen mit /*i:*/ – verschriftet als „i" – müssen bei konsequentem Strategieaufbau vermieden werden**.

Wortbeispiele: Kar-ten-spie-le te-le-fo-nie-ren Lie-der-macher krie-chen

aber nicht: Li-ter !

Phonemstufe 6

Das Wortmaterial der Phonemstufe 5 wird erweitert durch Wörter mit **ß** zu Beginn einer Silbe.

Wortbeispiele: Stra-ßen-la-ter-ne au-ßer-ir-disch Bra-ten-so-ße Os-ter-grü-ße

Die akusto-motorische Differenzierung des stimmlosen „ß" vom stimmhaften „s" bereitet manchen Schülern Probleme. Ihre bisher gelernte Sprache unterscheidet die s-Laute nicht deutlich genug. Wieder kann hinzukommen, dass durch dialektale Einflüsse gar keine Unterscheidung vorgenommen wird. Beim Aufbau der Phonemstufe 6 ist insofern ein besonderes Artikulationstraining notwendig. Die Verschriftung des scharfen /*s*/-Lautes als ß existiert jedoch in der deutschen Orthographie im Vergleich zum doppelten ss und auslautenden scharfen /*s*/ als s – beispielsweise in Haus, Maus, los – recht selten (vgl. *Naumann* 1987), so dass hier die wichtigsten vorkommenden Wörter auch durch häufiges Wiederholen, vielfaches Lesen und Sprechen, was das Gedächtnis entlastet, eingeschliffen werden können.

c) Rhythmisches Syllabieren

Es könnte bisher der Eindruck entstanden sein, dass der methodisch-didaktische Umgang mit rein lautgetreuem Material leicht bzw. sogar zu einfach für lese-rechtschreibschwache Schüler der 5./6. Klasse sei, besonders wenn diese eine weiterführende Schule besuchen. Zunächst sollte jedem klar sein, dass sich ein so konzipierter Förderunterricht mit dem Häufigsten, nämlich bereits mit 60% der deutschen Schriftsprache beschäftigt. Neben lautanalytisch ausgewähltem Wort- und Textmaterial bedarf es besonderer Methoden zur Erfassung der Silbengliederung im Wort und einer lang andauernden bewussten Trainingsphase, um die nötige korrekte Artikulation von Wörtern aufzubauen, zu speichern und schließlich als inneres Sprechmuster zu automatisieren, parallel dazu gilt es, das genaue Lesen zu fördern. Beides dient dem bewussten und kontrollierten Rechtschreiben. Es gilt Methoden einzusetzen, die Handlungsabläufe ermöglichen und eigenes Erleben von Sprache und Sprachrhythmus fördern, um so kognitive Prozesse zunächst auf der Handlungs- und Erfahrungsebene anzubahnen. Dies erfordert eine Herangehensweise, die nicht „kopfgesteuert" versucht die Silbengliederung zu durchdringen, sondern dies über Einsatz von Körpermotorik im Sprachrhythmus ermöglicht.

Beobachtungen und Ergebnisse der Lese-Rechtschreibentwicklung so geförderter Kinder haben deutlich gezeigt, dass der integrierende Ansatz des rhythmisch-melodischen Sprechschreibens nach *Heide Buschmann* (1986) eine Korrektur fehlerhafter Schreibstrategien ermöglicht. Dieser Ansatz – der Körpermotorik, Sprechmotorik, Sprache und Atmung gleichermaßen aktiviert und integriert – fördert zunächst sowohl das spontane als auch das deutliche und rhythmische Sprechen. Der so gewonnene Sprechrhythmus wird übertragen auf genaues silbengliederndes Lesen und synchrones rhythmisch-silbierendes Sprechschreiben. Auf diese Weise ergibt sich beim rhythmischen Syllabieren eine ganzheitliche Förderung von Sprechen, Lesen und Schreiben.

Inzwischen liegen viele Erfahrungen mit der Methode des rhythmischen Syllabierens vor, die subjektiven Beurteilungen der Anwender sind fast durchgängig positiv (vgl. *Brezing* 1997). **Sie bildet bei Anwendung des hier vorgestellten Konzepts die unerlässliche Grundlage für den Strategieaufbau im lautgetreuen Bereich und gewinnt nach unserer Beobachtung besonders für die Förderung von lese-rechtschreibschwachen Schülern mit motorischen und sprechmotorischen Beeinträchtigungen und mangelndem Sprachrhythmusgefühl zunehmend an Bedeutung.** Ihr Gewinn ist, dass Regelhaftigkeiten (wie beispielsweise die Kürzung und Dehnung von Vokalen) mit Hilfe der Körpermotorik erfasst werden können. Lesen und Schreiben lautgetreuer Wörter gelingt wesentlich einfacher über das rhythmische Sprechen und ihre Schreibweisen belasten nicht mehr das Gedächtnis. Dem Lernenden wird kein kognitives Durchdringen von Regelhaftigkeiten abverlangt, sondern es gewinnt beim rhythmisch-synchronen Sprechschreiben durch die Verinnerlichung des erfahrenen Silbenrhythmus automatisch Sicherheit. Ein Wort-für-Wort-Erarbeiten entfällt, da die richtige Anwendung der Methode Transfermöglichkeiten auf unbekannte Wörter gleicher Stufe eröffnet. Es gilt letztlich durch die Koordination von Sprache und Bewegung so viele Informationen wie möglich aus der gesprochenen Sprache zu ziehen, um sie fürs Schreiben nutzbar zu machen.

Heide Buschmann bezeichnet Legastheniker als Schreiber mit flacher, asynchroner und/oder arrhythmischer Sprechweise. Ihre gesprochene Sprache verlaufe nicht synchron zum Schreibvorgang. Es sei anzunehmen, dass die innere Sprache beim Spontanschreiben ähnlich asynchron ist. Es bestehe ein „Steuerungsmangel" und eine regulierende Lese-Rechtschreibförderung müsse eine „Steuerungshilfe" bieten.

Diese setzt dort ein, wo sich die „rhythmische" Störung zeigt, im beobachtbaren und kontrollierbaren Sprech-Schreibbewegungsablauf. Die richtige Steuerung wird durch eine *rhythmisch-melodische Sprech-Schreibbewegung* erfahren. Dabei interagieren Sprache, visuelle und akustische Wahrnehmung sowie motorischer Bewegungsablauf mit dem Ziel der Regulation von Artikulation, Schreibrichtung, Wahrnehmungskontrolle, Synchronisierung und Bewegungsfluss.

Rhythmisch-silbierendes Schwingen und Schreiten

Erstes Trainingsziel ist die Rhythmusvertiefung bis in den Körper, um ein sicheres Gefühl für die Silbensegmentierung zu erlangen. Dies bedeutet die Einbeziehung des **gesamten Körpers** in einen Bewegungsablauf, um die gesprochene Sprache rhythmisch erfahrbar zu machen. Die intensive Einbeziehung rhythmischer Körperbewegungen lassen gesonderte Kurz-Lang-Unterscheidungsübungen von Vokalen überflüssig werden. Diese auch im Forschungsprojekt wie in nachfolgenden Behandlungen gemachten Beobachtungen wurden durch vergleichende Fehleranalysen von Anfangs- und Endtests bestätigt.
Das rhythmisch-melodische Sprechen mit tiefen Bogen schwingenden Armbewegungen und in Schreibrichtung seitwärts tanzendem Körper aktiviert die gesamte Regulation der Atmung und lässt die Melodie der Sprache erkennen. Lange Wörter werden im Silbenrhythmus der Sprache seitwärts in Schreibrichtung „getanzt". Ein tiefer Armschwung mit der Schreibhand, der in Augenhöhe über der linken Schulter beginnt, bis unter das Zwerchfell reicht und in gleicher Höhe über der rechten Schulter wieder endet, unterstreicht deutlich den Anfang und das Ende der Sprechsilbe. Dabei spricht der Schüler synchron mit. Das bewusste und genaue Einhalten der Silbenpausen beim Sprechen wird durch das Schließen der Füße beim Seitwärtstanzen und Innehalten nach dem beendeten Armschwung zusätzlich unterstützt.
Beim Schwingen sollte auch bei jeder weiteren Silbe die Körpermitte überkreuzt werden. Dazu wird der Schwungarm – der sich bei Silbenende über der rechten Schulter befindet – nach dem bewussten Innehalten zur Kennzeichnung der Silbenpause direkt mit neuem Schwung über die linke Schulter geleitet, um dann wieder unter dem Zwerchfell die Körpermitte zu kreuzen. Die wiederholte Überkreuzung der Körpermitte aktiviert deutlich beobachtbar eine noch genauere Artikulation und scheint bei regelmäßigem Training eine noch tiefer gehende Korrektur ihrer zu Beginn der Förderung häufig unkoordinierten Bewegungen zuzulassen.
Linkshänder benutzen beim Schwingen ihre linke Hand, müssen aber – obwohl es ihnen zunächst schwer fällt – nach rechts in die normale Schreibrichtung „tanzen". Der Bogen des Armschwunges darf weder flach noch unregelmäßig ausfallen, sonst wird er wiederum begleitet von einem flachen, monotonen Sprechen und einer ebenso flachen Atmung. Beides macht weder die Melodie noch den Rhythmus der Sprache erfahrbar. Der vollendete Silbenbogen – symbolisiert durch den Armschwung – muss klar zu erkennen sein. Neben dem tiefen ausholenden Armschwung ist **das betonte Innehalten mit der Schwunghand in der Silbenpause** unbedingt erforderlich. Analog dazu muss auch beim Sprechen bewusst innegehalten werden, so dass kein Überziehen von Lauten in die nächstfolgende Silbe möglich wird.
Die Beinbewegungen unterstützen ebenfalls den Silbenrhythmus; denn das sau-

bere Schließen der Füße erfolgt jeweils in der Silbenpause. Zu Beginn des Trainings kommt es durchaus vor, dass Kinder über ihre Füße stolpern, sie über Kreuz setzen oder sogar plötzlich die Richtung wechseln. Diese motorischen Ungeschicklichkeiten verschwinden überraschend schnell, so dass bald allen das „Silbenbögentanzen" (für ältere Schüler die Formulierung „Techniktraining" wählen) Spaß macht. Die Koordination der Körperbewegungen kommt in Einklang mit dem Sprechen, dem Sprechrhythmus. Als beobachtbare Folge wird die Artikulation immer deutlicher.

Aus der Sprachheilbehandlung ist bekannt, dass eine aufrechte Haltung die Atmung aktiviert und dadurch die Stimmgebung unterstützt (vgl. *Bahnemann* 1979, *Gundermann* 1987). Das „Tanzen" begünstigt im Gegensatz zu einer schlaffen Körperhaltung automatisch eine aufrechte Haltung. „Haltung und Atmung stehen in direkter Beziehung, in ständiger Wechselwirkung zueinander" (*Bahnemann* 1979). Diese aufrechte Haltung ist wiederum nötig, um der Muskulatur der Zunge als Artikulationsorgan die nötige Spannung zu verleihen, so dass eine deutliche Aussprache die Folge sein kann.

Trainingsziel ist, den Bewegungsablauf parallel zur gesprochenen Sprache in einen harmonischen Fluss zu bekommen, ein spontan rhythmisch-silbierendes Sprechen zu erreichen, um den Sprachrhythmus bewusst zu machen.

Synchrones Sprechschreiben (Mitsprech-Strategie)

Der entscheidende Schritt in der Therapie ist, die gewonnene „Melodiesprache" ins Schreiben zu übertragen (*Buschmann* 1986). Das Training des rhythmisch-silbierenden Sprechschwingens ist die notwendige Grundlage für das synchrone Sprechschreiben. Zur grundsätzlichen Schreibstrategie wird: „Ich schreibe jedes Wort rhythmisch-silbierend, dabei spreche ich laut synchron mit!" Oberzeichen werden dabei grundsätzlich in der Silbenpause gesetzt, damit der Schreibfluss nicht unterbrochen wird. Grundlage bei allen Übungen ist die Sprechsilbe, Abweichungen zur Trennsilbe (beispielsweise nach der neuen Rechtschreibung keine Trennung mehr von „ck") werden unberücksichtigt gelassen.

Der Transfer vom Sprechen zum Schreiben gelingt nur, wenn beim Schreiben völlig synchron mitgesprochen wird und der Silbenrhythmus der Sprache erhalten bleibt. **Völlig synchrones Mitsprechen bedeutet, dass der jeweils zu schreibende Laut solange ausgehalten wird, wie der Schreibvorgang des entsprechenden Buchstabens andauert**. Das Prinzip des synchronen Mitsprechens ist am ehesten mit dem klingenden Wortmaterial der Phonemstufe 1 zu vermitteln, da auf dieser Phonemebene alle Konsonanten dauerhaft mitsprechbar sind.

Das bewusste Einhalten der Silbenpause ist auch beim Schreiben von größter Bedeutung. Elementarfehler wie Auslassungen, Vertauschungen und auch falsch verschriftete Laute verschwinden bei diesem Vorgehen. Sie nehmen in dem Maße rapide ab, wie das rhythmisch synchrone Sprechschreiben verinnerlicht wird. **Dieses rhythmisch gesteuerte Mitsprechen ist die wichtigste Kontrollstrategie beim Schreiben! Nur bei tatsächlich synchronem Sprechschreiben gehen keine Buchstaben verloren und wird der Transfer auf lautgetreues Schreiben auch ungeübter Wörter trainiert und automatisiert.**

Silbenbögenlesen

Silbenbögenlesen unter alles lautgetreu Geschriebene vertieft das Erfassen des Silbenrhythmus, trainiert das Erkennen der Silbengliederung beim Lesen und erhöht die Lesegenauigkeit. Nach jedem Schreibvorgang liest der Schüler laut silbierend und malt dabei gleichzeitig Silbenbögen unter die Wörter. Dabei werden wie beim Schwingen/Schreiten und Sprechen die Silbenpausen ganz bewusst eingehalten. Die Bögen enden klar zwischen den Silben, praktisch werden die Silben damit getrennt. Die Auge-Hand-Koordination wird trainiert, der Schreiber nimmt noch einmal Blickkontakt mit seinem Geschriebenen auf. Er weiß, was er geschrieben hat und vollzieht diese Leseübung in der Regel relativ stressfrei.

Das Silbenbögenlesen bietet jedoch auch in jeder Phase des Phonemstufenaufbaus die Möglichkeit, unbekannte Phonemstufentexte leichter und genauer zu lesen. Bedeutsam für die Trainingssituation ist dabei – ebenso wie beim synchronen Sprechschreiben – stets laut rhythmisch-silbierend mitzusprechen.

Im Forschungsprojekt zeigte die Beobachtung beim Lesen und der Vergleich mit Verschriftungen deutlich, dass die Fähigkeit zum genauen und flüssigen Silbenbögenlesen ein Beweis für sicheres lautgetreues Schreiben der entsprechenden Phonemstufe war. Diese Lesefähigkeit ist jedoch eng gekoppelt mit der Erfahrung des Silbenschwingens und -schreitens. **Ohne dieses ganzkörperliche Training in Verbund mit Sprache ist das Silbenbögenlesen weniger wirkungsvoll.**

Eine wichtige und motivierende Lese- und Sprechübung ist das „Tanzen auf dem Brett" mit der *SpielSpirale* (*Reuter-Liehr* 2001, Bd. 4). Wortkärtchen mit ein- bis sechssilbigen Phonemstufenwörtern werden gezogen, das entsprechende Wort wird mit einer Spielfigur im Silbenrhythmus auf dem Spielbrett „getanzt", d. h. bei jedem Setzen auf einem Feld wird eine Silbe ausgesprochen, in der Silbenpause wird – wie bei allen Übungen zum rhythmischen Syllabieren – bewusst innegehalten.

Zusammengefasst wird der Einschleifprozess des synchronen rhythmisch-silbierenden Sprechschreibens durch die lautgetreuen Trainingswörter unterstützt. Das Kind trainiert eine „Lese-Rechtschreibstrategie", die sich – wenn der Schreibablauf durchgängig rhythmisch gesteuert ist – vom lauten Mitsprechen, was in der Trainingssituation grundsätzlich eingesetzt wird – über das flüsternde, was auch im Klassenverband zur Gewohnheit werden sollte – zum inneren synchronen Mitsprechen entwickelt, was letztlich das Ziel ist.

Bei erlernter Strategie zum Schreiben von lautgetreuem Wortmaterial kann sich der Schüler spontan und zum Schluss fast mechanisch aufs Schreiben einlassen. Im Phonemstufenbereich erhält er genügend Zeit für die Automatisierung dieser wichtigen Basisfertigkeit und hat jetzt Kapazitäten frei, sich Rechtschreibregeln systematisch anzueignen und zu trainieren (Hinweise für eine systematische Fortsetzung im Regelaufbau finden sich in *Reuter-Liehr* 2001, Bd. 1).

d) Genau gesteuerte Artikulation (Pilotsprache)

Der Einsatz der wichtigen Mitsprech-Strategie **„Ich spreche genau mit"** kann mit Hilfe des rhythmischen Syllabierens schon entscheidend vorbereitet werden. Nach dem „Tanzen" kann der Schüler ohne besondere Stolpersteine den erfahrenen Silbenrhythmus aufs Schreiben übertragen und so schreiben, wie er spricht. Dies ist jedoch noch nicht bei allen Wörtern ausreichend, selbst wenn sie nach unserer Definition als lautgetreu gelten.

Erweiterung der Mitsprech-Strategie

Die rhythmisch-silbierende Mitsprech-Strategie muss noch erweitert werden: **„Allerdings ist es vielfach notwendig, zunächst einmal genau so zu sprechen, wie ich schreibe, da unsere Umgangssprache oft recht verschleifend ist."**
Diese fürs Rechtschreiben notwendige Präzision der gesprochenen Sprache wird als Pilotsprache – als eine genau gesteuerte Aussprache – bezeichnet.
Die pilotsprachliche Sprechweise ist die möglichst eng an die Schriftsprache angeglichene silbengliedernde Aussprache von Wörtern. Die lautgetreue Schriftsprache muss also bei bestimmten Wörtern mit Hilfe einer pilotsprachlichen Artikulation aufgebaut werden. Welche und wie viele Wörter besonderer Beachtung bei der Artikulation bedürfen, ist von unterschiedlichen Faktoren abhängig. So ist die Lesefertigkeit und die Leseerfahrung eines Schülers mit ausschlaggebend. Älteren Schülern fehlt die Kenntnis pilotsprachlicher Sprechweise in der Regel nur noch bei ihnen ungebräuchlichen Wörtern. Gravierend sind dialektale Einflüsse in diesem Zusammenhang zu beurteilen. Der Lernende muss seine Alltagssprache entscheidend von der Schriftsprache abgrenzen können.

Beispiele von Verschriftungen für eine mangelnde Pilotsprache:

Esl / E sel	*Wüfl* / Wür fel	*gen* / ge hen
Muml / Mur mel	*Mutta* / Mut ter	*Katoffel* / Kar tof fel
intresant / in te res sant	*unruige* / un ru hi ge	*feifen* / pfei fen

Alliger (2000) spricht in diesem Zusammenhang auch vom Erlernen einer Rechtschreibsprache, die eine Überartikulation bei bestimmten Problemstellen erfordert und sich von der Alltagssprache unterscheidet. So ist für ihn das Ziel, die Kinder zu befähigen so zu schreiben, wie man Wörter in der Rechtschreibsprache spricht. Es ginge darum sich Wörter beim Schreiben zweckmäßig vorzusprechen, um damit den Merkspeicher zu entlasten.
Beim Training der pilotsprachlichen Sprechweise bzw. der Überartikulation von bestimmten Problemstellen kann vorübergehend eine Übertreibung entsprechender Schreibweisen vorkommen. Grundsätzlich zeigen solche Verschriftungen, dass die Mitsprech-Strategie eingesetzt wurde, um korrekter schreiben zu können, was auf alle Fälle positiv zu bewerten ist. Diese Übergeneralisierungen der pilotsprachlichen Sprechweise verschwinden nach einiger Zeit, wenn der Schüler immer sicherer wird im Erkennen des Sprachrhythmus, wenn ausreichend rhythmisch-silbierendes Lesetraining mit genügend Leseerfahrung erfolgt

ist, Rechtschreibprobleme und damit die richtige Silbengliederung nicht nur „kopfgesteuert" angegangen wurde. Auch *Alliger* (2000) hat die Erfahrung gemacht, dass Überartikulation im Allgemeinen und auf Dauer nicht zu Fehlern führt, sondern vielmehr bei der Vermeidung von Fehlern hilft.

Beispiele für eine Übergeneralisierung der pilotsprachlichen Sprechweise:

Farbrik / Fa brik	*herraus* / her aus	*Sofer* / So fa
lauffen / lau fen	*Pfährte* / Fährte	*bauhen* / bau en

Sprech- und Leseerfahrung als Voraussetzung zum Erkennen der pilotsprachlichen „Gefahrenstellen"

Für die Bewältigung der von uns genannten pilotsprachlichen Gefahrenstellen in Wörtern benötigt der Schüler bestimmte Fähigkeiten. Dazu sind entsprechende Überlegungen, die den Stellenwert des Pilotsprachetrainings deutlicher machen, und unterstützende Übungen zum Erwerb der notwendigen Voraussetzungen wichtig:

1. Genaues Sprechen wird aufgebaut

Bevor ein Wort – angeglichen an die Schriftsprache – korrekt aufgeschrieben werden kann, ist eine präzise Sprecherfahrung erforderlich. Diese genau gesteuerte Artikulation wird am ehesten durch das laute rhythmisch-silbierende Sprechen beim „Tanzen" der Wörter erreicht. Das bewusste Einhalten der Silbenpausen trägt dazu bei, das Wort gegliedert zu erfassen und verhindert Verschleifungen. Das anschließende synchrone Sprechschreiben muss ebenso präzise laut mitsprechend erfolgen. Die vorher beim „Tanzen" erfahrene Präzision der Sprache wird dabei aufs Schreiben übertragen. So wird dem Lernenden noch einmal die pilotsprachliche Problemstelle bewusst.
Ein Training des genauen pilotsprachlichen Sprechens wird auch beim Einsatz des Silbenschreiten-Spiels (*SpielSpirale*) erreicht (*Reuter-Liehr* 2001, Bd. 4). Der Sprechrhythmus des Wortes mit dem bewussten Einhalten der Silbenpausen wird durch Setzen der Spielfigur verstärkt. Die Spielkarte bietet die Lesevorlage, so dass sich die Sprechweise der Schriftsprache direkt angleichen kann. Die Förderlehrkraft hat die wichtige Aufgabe, das präzise Sprechen bei dieser rhythmisch-silbierenden Übung zu überwachen.

2. Das Sprechmodell wird beachtet

Neben dem korrekten Lesen des Wortes als Voraussetzung für eine korrekte Schreibweise bietet das vorherige genaue Sprechen der Förderlehrkraft eine weitere wichtige Artikulationshilfe. Diese präzise Vorgabe wird nicht von allen Schülern gleichermaßen genutzt. Lese-rechtschreibschwache Schüler schreiben bevorzugt nach ihrem inneren Sprechmuster, das in der Regel ihrer Umgangssprache entspricht und beachten den Diktierenden wenig oder gar nicht.

Zur Erhöhung ihrer auditiven Aufmerksamkeit wird der Lernende angehalten, den Sprechenden bewusst anzuschauen, um durch Vereinen von Hören des Wortes und Sehen der Mundbewegungen mehr Informationen aus der gesprochenen Sprache ziehen zu können. Wir geben den Rat, die Lehrkraft in der Schule beim Diktieren des Klassendiktates genau anzuschauen, dies auch besonders, um die grammatischen Endungen korrekt zu erfassen.

3. Lesegenauigkeit wird erhöht

Eine wichtige Voraussetzung zum Erfassen der pilotsprachlichen Sprechweise ist die Fähigkeit, Wörter deutlich silbierend lesen zu können. Eine Lesestrategie, die Wörter bevorzugt als Ganzes erfasst und Details übersieht, bringt in diesem Zusammenhang wenig Gewinn für eine korrekte Schreibweise. Auch bei relativ guten Lesern mit dieser ganzheitlichen Lesestrategie können wir lange eine Unsicherheit beispielsweise in der Bewältigung pilotsprachlicher Endungen finden.
Eine der wichtigsten Übungsformen, um diesem Problem beizukommen, ist das genaue Lesen von Wörtern und Texten mit Silbenbögen. Alles Geschriebene wird mit Silbenbögen unterlegt, dabei wird konsequent laut mitgesprochen, um die entsprechenden „Gefahrenstellen" nicht nur zu sehen, sondern auch übers Hören und der Sprechbewegung zu erfassen. Die ganzheitliche Lesestrategie, die beim lese-rechtschreibschwachen Schüler meist unzureichend entwickelt ist, verändert sich mit diesem Training hin zu einer Silben erfassenden Lesestrategie, die neben der erhöhten Lesegenauigkeit auch mehr Gewinn für eine korrekte Schreibweise erbringt.

4. Häufigere Leseerfahrung wird angebahnt

Eine Lesemotivation beim lese-rechtschreibschwachen Schüler ist erst dann zu erwarten, wenn eine gewisse Lesefertigkeit entwickelt ist. Es muss zunächst die Lesefertigkeit erhöht werden, um dem Lesen einen Freizeitwert zu geben.
Gelesen wird in der Trainingssituation ausschließlich Wort- und Textmaterial, das der jeweiligen Phonemstufe entspricht. Ziel ist eine stressfreie Lesesituation zu schaffen, zumal das Lesen mit Silbenbögen mit lautgetreuen Wörtern deutlich besser gelingt als ohne. Die Lesefähigkeit wächst mit erweitertem Wortmaterial. Ab Phonemstufe 4 können verstärkt Lesetexte zum Training des rhythmischen Syllabierens eingesetzt werden, da das mögliche Wortmaterial jetzt schon recht umfangreich ist. In der therapeutischen Praxis machen wir die Erfahrung, dass legasthene Kinder bei Erreichen der Phonemstufe 4 selbständig und relativ gern zu lesen beginnen, selbst wenn sie das Lesen vorher als sehr anstrengend oder langweilig erlebt haben.

e) Konsequenter Strategieaufbau

Strategiegeleitetes Lernen erfordert eine gut durchdachte Organisation des Lernablaufs und genügend Zeit für die einzelnen Lern- bzw. Erfahrungsschritte. Beides sollte möglichst abgestimmt auf die Lern- und Leistungsmöglichkeiten der

Schüler erfolgen. Erfolgversprechend ist in allen Fällen, dass durch die bereitgestellten Materialien und durch den methodisch-didaktischen Aufbau der Übungssequenz eigenständige Erfahrungen im Umgang mit der Schriftsprache und seinen Gesetzmäßigkeiten gemacht werden können. Die Schüler sollten dabei weitgehend handlungsorientiert Strategien einsetzen lernen. Hiermit ist selbstentdeckendes Lernen gemeint, das vielfach Handlungsabläufe integriert. Das rhythmische Syllabieren mit seinen drei wichtigen Schritten: „Tanzen", synchrones Sprechschreiben, Silbenbögenlesen bietet diese Handlungsmöglichkeiten, das rhythmisch-silbierende Lesen mit der *SpielSpirale* vertieft diese Strategie spielerisch. Die Schüler sollten zudem die Richtigkeit dieser Strategien wiederholt erfahren, dazu müssen ausreichend Vertiefungsphasen erfolgen. Weiterhin ist wichtig, dass alle Förderkinder die Strategien korrekt – am besten in der ihnen geläufigen Sprache – verbalisieren können. Hierbei helfen übersichtliche Lernplakate (*Reuter-Liehr* 2001, Bd. 2 und Bd. 3), die zu Hause aufgehängt werden. Um jedoch einen gelungenen Transfer erzielen zu können, muss der Schüler die gelernten Strategien verinnerlichen. Dieser Prozess gelingt nur, wenn die Eigeninitiative der Schüler genügend entwickelt ist, so dass sie bereit sind, diese Strategien auch außerhalb der Förderung – beispielsweise bei den integrierten häuslichen Trainingsaufgaben (Hausaufgaben) – einzusetzen. Nur so kann langfristig die notwendige Automatisierung gelingen.

Konsequenter Einsatz der Mitsprech-Strategie

Zeitsparend und erfolgssichernd ist das Einhalten eines konsequenten Strategieaufbaus beim Lernen der Schriftsprache. Je systematischer dies erfolgt und je weniger Stolpersteine den Lernprozess durch Abweichungen von gelernten Strategien behindern, desto größer ist der Erfolg. Im Phonemstufenaufbau ist die rhythmisch-silbierende Mitsprech-Strategie führend. Sie ist demnach Bestandteil jeder Förderstunde. Alle Überlegungen zum Umsetzen dieser Steuerungshilfe sollten daran gemessen werden, ob sie wirklich dem Strategieaufbau dienen. Dazu wird der genaue Ablauf des Strategietrainings beim rhythmischen Syllabieren noch einmal in einer Übersicht mit Selbstinstruktionen zur Verstärkung beim Lernenden verdeutlicht:

Aufbau der Mitsprech-Strategie beim Schreiben:

Ich **höre**!

Dann **spreche** und **schwinge** ich in Silben
und
schreibe auf, was ich gehört und gesprochen habe,
dabei **spreche** ich laut mit!

Dann **lese** ich mit Silbenbögen
und **spreche** wieder laut mit!

Das Strategietraining an der Tafel verläuft in dieser Reihenfolge. Erst nach häufiger Erfahrung durch rhythmisch-silbierendes Schwingen und Schreiten kann nach unserer Beobachtung der Übungsteil „Tanzen“ auch einmal wegfallen. Allerdings hat es gerade zu Beginn einer Übungssequenz oft eine erstaunlich regulierende und im Verlauf der Förderstunde eine aufmerksamkeitsfördernde Funktion.
Diese Übersicht zeigt klar, dass das rhythmisch-silbierende Sprechen am meisten in diesem Ablauf eingesetzt und abverlangt wird; denn korrektes Sprechen ist die Voraussetzung für sicheres lautgetreues Lesen und Schreiben. Das häufige Üben einer korrekten Sprechweise ermöglicht zunehmend ein korrektes inneres Sprechmuster und damit ein korrektes Sprechschreiben. **Auf das laute Mitsprechen beim rhythmisch-silbierenden Lesen und Schreiben sollte demnach auf keinen Fall verzichtet werden.**
Silbenübungen, die diese rhythmisch-silbierende Mitsprech-Strategie nicht einbeziehen, machen in diesem Zusammenhang wenig Sinn. Im fortgeschrittenen Stadium kann auf das „Tanzen“ verzichtet werden, aber nicht auf das synchrone Sprechschreiben. Der Anwender sollte bedenken, dass keine Chance vertan werden darf, diese Mitsprech-Strategie zu verinnerlichen bzw. zu automatisieren.

Strategietraining am Text statt Schreiben eines Diktates

Eine besondere Beachtung und Reflexion erfordert das Schreiben von Texten im Zusammenhang mit dem Einhalten des konsequenten Strategieaufbaus.
Die Arbeit mit einem Text unterscheidet sich beim strategiegeleiteten Lernen wesentlich von einer Diktatsituation, die in der Regel lediglich einen Test darstellt. Ein Test ist aber nur sinnvoll durchzuführen, wenn zum Abschluss eines Lernschrittes eine Erfolgskontrolle eingesetzt werden soll. Dies ist gelegentlich informativ, um erkennen zu können, ob ein weiterer Aufbau geplant werden kann. Voraussetzung dafür ist jedoch, dass alles, was der Text abverlangt, vorher aufgebaut wurde. Diese Überlegungen sind für einen Mathematiklehrer selbstverständlich, denn er testet jeweils nur das vorher Gelernte und Trainierte. Es wäre schön, wenn der Deutschlehrer ähnlich verfahren würde.
Die Fördersituation erfordert ein grundsätzlich anderes Herangehen an das Schreiben von Texten nach Diktat, besonders wenn der Strategieaufbau und die Lernmotivation nicht gefährdet werden soll. So wird zur obersten Prämisse: **Fehler vermeiden und nicht produzieren!**
Die Texte sind so gewählt, dass sie jeweils konsequent nur das Gelernte abverlangen. Das synchrone Mitsprechen beim Schreiben wird grundsätzlich eingesetzt, so dass dadurch eine sofortige Kontrolle des Schreibablaufs möglich ist. **Die wichtigste Schreibstrategie: „Ich spreche genau mit!“** ist somit Grundlage des Trainings am Text. Eine „Fehlerzahl Null“ in diesen Texten ist damit kein unerreichbares, sondern eher zu erwartendes Ziel.

Trotzdem müssen weitere Vermeidungshilfen von Falschschreibungen beachtet werden:

1. *Großschreibfehler* werden entweder durch Hilfen – angemessen dem Lernstand – oder durch einfaches Ansagen verhindert, solange Großschreibregeln noch nicht im Strategieaufbau integriert waren. Eine anschließende Korrektur – selbst wenn diese Fehlerart nicht mitgezählt würde – hat eher einen tröstenden Effekt. Trost braucht der lese-rechtschreibschwache Schüler jedoch weniger, sondern vielmehr das zunehmende Gefühl und die Einstellung: Ich kann es!

2. *Zusammen- und Getrenntschreibfehler* werden durch Ansagen einzelner Wörter vermieden, Satzsequenzen werden erst im Laufe der Förderung vorgegeben; denn lese-rechtschreibschwache Schüler zeigen erhebliche Verunsicherungen bei der Zusammen- und Getrenntschreibung.

3. *Verwirrungen mit regelhaften Abweichungen von der Lauttreue* oder auch Ausnahmeschreibungen – beispielsweise Verschriftungen mit v statt mit f, Dehnungs-h, Doppelung von Konsonanten oder z am Ende einer Silbe, ä statt e – werden durch sofortiges Nachfragen: „Kannst du ein *v* sprechen?" – „Kannst du das *h* an dieser Stelle mitsprechen?" „Versuche einmal beide *ll* an dieser Stelle zu sprechen!" – „Hörst du ein *ä* oder ein *e*?" unterbunden. **Diese prompte Reflexion erinnert unmittelbar an die sichere Mitsprech-Strategie und verhindert ein unnötiges Einschleifen falscher Schreibweisen dieser Art, die oft das Ergebnis von unsystematischem häufigen Üben sind.** Eine nachträgliche Korrektur ist in punkto Lernwert erfahrungsgemäß viel weniger effizient.

4. *Zeichensetzungsfehler* werden vermieden, indem Kommata oder Punkte erst nach dem vollständigen Schreiben des jeweiligen Satzteils angegeben werden.

Um Übersichtlichkeit zu gewährleisten, werden die Texte stets mit einem Zwei-Zeilen-Abstand geschrieben. Hinzu kommt, dass dadurch genügend Platz bleibt, um anschließend mühelos schön gerundete Silbenbögen unter das Geschriebene malen zu können.

Zum Abschluss erhält der Schüler die Vorlage zur Eigenkontrolle und markiert alle richtig geschriebenen Wörter. Die Anzahl der richtig geschriebenen Wörter wird unter den Text notiert. Diese Form der Verstärkung fördert die Eigeninitiative des lese-rechtschreibschwachen Schülers und visualisiert seinen Erfolg (**s. Abb. 1**).

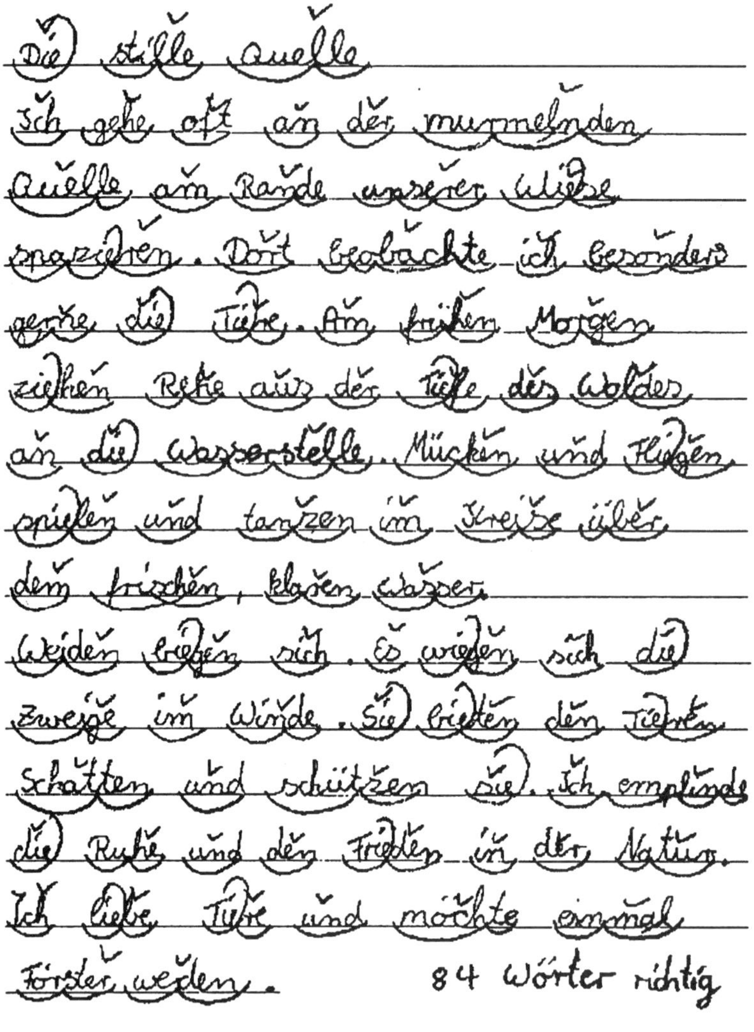

Text aus: *Reuter-Liehr* (2001) Lautgetreue Lese-Rechtschreibförderung, Bd. 3

Abb. 1: *Selbstkontrollierte Verschriftung aus dem Phonemstufenbereich (Realschülerin, 8. Klasse) – 20. Therapiestunde, Lernstand: Phonemstufe 5*

Silbenbögen als optische Marker des rhythmischen Syllabierens

Grundsätzlich werden bei diesem konzeptionellen Vorgehen, das ein konsequentes Strategietraining verfolgt, Silbenbögen nur unter lautgetreues, also korrekt mitsprechbares Wort- und Textmaterial gemalt. Das Malen von Silbenbögen, begleitet durch lautes Mitsprechen, hat in erster Linie die Aufgabe, die Silbengliederung noch einmal durch Unterstützung der Auge-Hand-Koordination rhythmisch zu erfassen. Gleichzeitig werden Wörter dadurch optisch in Silben zergliedert, das heißt, in Sprechbarkeitseinheiten zerlegt. Es wurde schon erwähnt, dass richtige Silbenbögen ein Indiz für gelingendes lautgetreues Schreiben sind. Insofern ist es notwendig, die Richtigkeit der Silbenbögen ebenso wie das Geschriebene zu überprüfen (**s. Abb. 2**).

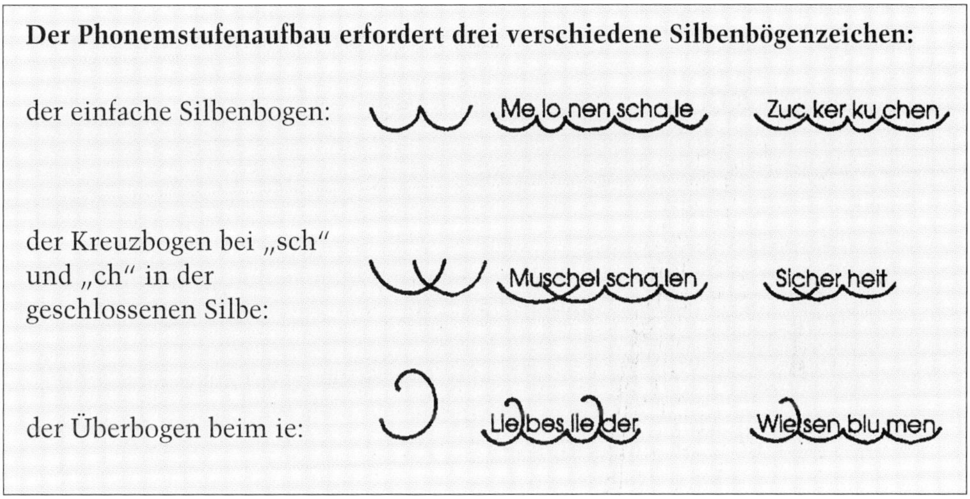

Abb. 2: *Silbenbögenzeichen*

Konsequente Verbindung von Sprachsystematik, lautanalytisch ausgewähltem Material und rhythmischem Syllabieren

Die Effektivität des rhythmischen Syllabierens steht und fällt mit dem konsequenten Verfolgen des Strategieaufbaus. Nichts sollte diesen Aufbau in seiner logischen Abfolge stören und den Lernenden verwirren. So spiegelt das eingesetzte Wort- und Textmaterial konsequent nur das bisher Gelernte wider. Neues wird Stück für Stück aufgenommen, als solches erfahren, reflektiert und in das Bisherige integriert. Altes wird stets mittransportiert, so dass isolierte Wiederholungen entfallen. Diesen eigenen Lernprozess bewusst zu erleben und auch zu verstehen, vermittelt neben einer wachsenden Schriftsprachkompetenz auch eine emotionale Sicherheit im Umgang mit dem eigenen Lese-Rechtschreibproblem.

Um diese Sicherheit beim strategiegeleiteten Lernen und beim Erleben nicht zu gefährden, wäre ein Vermengen mit von der Systematik und vom bisherigen Strategielernen abweichenden Materialien unklug. Ebenso ist beim konsequenten Strategieaufbau, der das Ziel verfolgt, die Sprachsystematik noch einmal als Ganzes verständlich zu machen, ein Verlassen des kontinuierlichen Aufbaus nicht möglich, führte quasi zum Verlust des „roten Fadens“. Einzelne Teile können eben nicht herausgenommen werden aus der logischen Gesamtheit oder in der Abfolge verändert werden, dies verunsichert und verhindert entscheidend den Lernerfolg. Das konsequente strategiegeleitete Lernen erfordert sogar im

Gegenteil, dass jede Neuheit in das bisherige Strategieerfassen bewusst aufgenommen wird. Es kann nichts übersprungen werden. Alles wird eingeführt, aber zugeschnitten auf die Fähigkeiten der Lernenden mehr oder weniger intensiv trainiert. Ziel ist immer die Automatisierung, um weitere Verknüpfungen möglich werden zu lassen.
Man sollte bedenken, dass zum einen der Deutsch-Regelunterricht und auch die professionelle Nachhilfe in Form einer Fehlerschwerpunktbearbeitung vorgeht. Beides reicht jedoch beim lese-rechtschreibschwachen Schüler in den meisten Fällen nicht aus. Es erscheint unsinnig, dies in der speziellen Förderung zu wiederholen. Dieses Vorgehen basiert auf der Hoffnung, dass nur genügend geübt werden müsse. Viel erfolgloses Üben haben aber die meisten lese-rechtschreibschwachen Schüler bereits hinter sich.
Geraten Förderlehrkräfte unter Druck neigen sie dazu, über den Lernstand hinausgehende Erklärungen zu Rechtschreibproblemen einzuschieben oder gar Abweichendes von der Lauttreue zu üben – dies häufig, da die nächste Klassenarbeit bevorsteht.
Dies sollte grundsätzlich entfallen; denn Rechtschreiberklärungen, die noch nicht in der Systematik vorkommen dürfen, wirken eher schädlich als hilfreich. Sie unterstützen ein „Gegentraining" im Strategieaufbau, was in der Regel lediglich die Neigung zu Übergeneralisierungen von Regelhaftigkeiten verstärkt.
In der Fördergruppe besteht ohnehin das Problem, dass der lese-rechtschreibschwache Schüler gleichzeitig einen Regel-Deutschunterricht besucht, der nicht diesen Prinzipien folgt. Für ihn ist erfahrungsgemäß der Deutschunterricht mit seinen abweichenden und oft unökonomischen Rechtschreibstrategien bereits ein bedeutsames Hindernis, mit dem er leben lernen muss. *Alliger* (2000 a) sieht hierin eine Schwierigkeit, an der viele außerschulische Behandlungen und auch Förderunterricht in der Schule scheitern müssen: das Gewicht der „Gegenstrategie" bleibe zu groß, es gelte diesen Haupt-Erfolgsblocker soweit wie möglich auszuschalten.
Denn in der Regel gilt: **Je mehr Gegentraining, umso länger die Förderung.**

4.1.4 Erfolgskontrollen visualisieren den Fortschritt

Das Programm setzt regelmäßig dem Lernstand entsprechende Erfolgskontrollen ein, die dem Lernenden und allen anderen Beteiligten die individuellen Fortschritte visualisieren. Eine genaue fehleranalytische Auswertung (s. *Reuter-Liehr* 2001, Bd. 1) des Klassendiktates kann zudem beweisen, dass bisher trainierte Strategien auch in der Klassensituation erfolgreich umgesetzt wurden, dies unabhängig von der Fehlerzahl und der Note.
So wie zu Beginn der Förderung ein klassenentsprechender Rechtschreibtest eingesetzt und genau ausgewertet werden sollte, so sollte auch zum Abschluss des Basistrainings (der Sicherung der lautgetreuen Lese-Rechtschreibfähigkeit mit Hilfe der Phonemstufen 1–6) eine Erfolgskontrolle mit einem normierten Verfahren erfolgen. Danach kann entschieden werden, ob und in welcher Form ein anschließendes Regeltraining notwendig ist.

Zwei Fallbeispiele sollen exemplarisch aufzeigen, wie wichtig das Basistraining ist und wie unterschiedlich die Fortsetzung zu bewerten ist. Beide Schüler besuchen eine weiterführende Schule. Beide hatten zu Beginn der Förderung Note 5 oder 6 im Klassendiktat. Beide zeigten noch gehäuft Probleme bei lautgetreuen Verschriftungen und einer ganzheitlichen Lesestrategie. Dies führte oft zu Ungenauigkeiten und Fehlern und erschwerte ein korrektes silbengliederndes Lesen.

	RW	PR	TW	Phonemstufenfehler	Regelfehler	Speicher- u. Restfehler	Σ
5. Klasse **WRT 4/5**	**21**	**40**	**47**	**14**	**1**	**4**	**19**
6. Klasse **WRT 6+**	**36**	**92**	**64**	**1**	**0**	**3**	**4**

Tab. 4: *Schüler A (Anfangs- und Endtest zum Vergleich, Teilnahme an Lerngruppe II, insgesamt 5 Schüler)*

Der Schüler A (**s. Tab. 4**) hatte aufgrund seiner für ihn unerklärlichen Probleme in der Rechtschreibung bereits einige Selbstwertprobleme entwickelt. Der Vater berichtete, er finge leicht an zu weinen, wenn etwas nicht klappe, Schularbeiten erledige er wie „Kimble auf der Flucht", er krabbele jede 2. Nacht ins elterliche Bett und verdränge alles systematisch. In der Förderung wurde deutlich, dass er Rechtschreibregeln beherrschte, er konnte sie sogar sehr korrekt erläutern, aber hatte keine Strategien entwickelt, seinen Schreibvorgang selbst zu kontrollieren, war motorisch leicht ungelenk, hatte graphomotorische Probleme, schrieb asynchron und viel zu schnell. Das silbengliedernde Lesen gelang nicht. Der durchgeführte Intelligenztest zeigte mit TW 74 eine überdurchschnittliche Begabung, damit eine hohe Differenz zu seiner Rechtschreibleistung, das erste Klassendiktat in der 5. Klasse erbrachte mit 15 Fehlern eine Note 5, was ihn sehr kränkte.
Für ihn war das Basistraining – Aufbau der Phonemstufen 1–6, nach den Vorlagen der Lerngruppe II – ein unerlässlicher Baustein in seiner Lese-Rechtschreibentwicklung. Mit zunehmender Erfahrung, dass der Einsatz des rhythmischen Syllabierens und die Beachtung korrekter pilotsprachlicher Artikulation Fehler vermeiden helfen, schrieb er fehlerfrei und analog dazu verschwanden seine emotionalen Verunsicherungen. Der Vater berichtete nach 20 Fördersitzungen von wachsender Selbstständigkeit und genügender Ausdauer. Der Junge selbst wollte trotz abgeschlossenem Phonemstufenaufbau und deutlich erreichter Erfolge (Diktatnote 2, Rechtschreibzeugnisnote 2 im Zeugnis der 6. Klasse) die Fördergruppe nicht verlassen, obwohl er nach unserer Beobachtung gelegentlich durchaus unterfordert war. Die systematische und insofern logische Herangehensweise an Rechtschreibung gefiel ihm. Er sprach davon, sich alle Materialien aufzuheben, denn damit wolle er seinem jüngeren Bruder helfen, der ebenfalls Probleme habe. Der am Ende der 6. Klasse durchgeführte Rechtschreibtest (WRT 6+) zeigte mit PR 92 seinen überdeutlichen Erfolg.

Anhand dieses Förderverlaufs soll deutlich werden, wie wichtig das Basistraining im lautgetreuen Bereich auch für einen Schüler sein kann, der mit PR 40 im Anfangstest nicht zwingend als legasthen einzustufen war, aber trotzdem noch basale Probleme aufwies, die seine Lern- und Persönlichkeitsentwicklung behinderten. Er konnte nach der Orientierungsstufe (5./6. Klasse) problemlos das Gymnasium besuchen. Eine weitere und ausführliche Darstellung der Behandlung einer stark ausgeprägten legasthenen Störung bei einem Gymnasiasten wurde in *Reuter-Liehr* (2000) veröffentlicht.

	RW	PR	TW	Phonem-stufenfehler	Regelfehler	Speicher- u. Restfehler	Σ
7. Klasse **WRT 6+**	**7**	**2**	**28**	**16**	**27**	**16**	**59**
8. Klasse **WRT 6+**	**16**	**15**	**39**	**1**	**19**	**13**	**33**

Tab. 5: *Schülerin B (Anfangs- und Zwischentest zum Vergleich, Einzelförderung nach den Materialien der Lerngruppe II, erreichter Lernstand: Aufbau der Phonemstufen 1–6)*

In der Familie der Schülerin B (**s. Tab. 5**) ist das Problem Legasthenie schon häufiger aufgetaucht. Das Mädchen hatte bereits in der Grundschule erhebliche Probleme beim Lesen- und Schreibenlernen, konnte dies aber aufgrund ihrer guten Begabungsausstattung und dem fleißigen Üben mit der Mutter lange Zeit kompensieren, zumal weitgehend nur geübte Diktate geschrieben wurden. In der 5. und 6. Klasse wurde dann beim Schreiben ungeübter Diktate das Problem unerwartet deutlich. Sie litt sehr unter ihrer Schwäche, dies besonders, da sie sich stets viel Mühe gegeben hatte, diese zu überwinden. Sie „hasste" inzwischen das Lesen und lehnte in der Schule ab, an die Tafel zu schreiben. Ihre massive Kränkung begleitet von depressiven Verstimmungen verhinderte jedoch den sofortigen Start einer gezielten außerschulischen Förderung. Diese setzte erst in der 7. Klasse der Realschule ein. Sie hatte durch ihr vielfaches Üben eine Schreibstrategie entwickelt, die ausschließlich davon ausging, ob ein Wort „richtig" aussähe, denn eine andere Möglichkeit sah sie nicht. Das Lesen erfolgte ähnlich ganzheitlich ratend, mit vielen Korrekturen, die schließlich aufgrund ihrer guten Kombinationsfähigkeit doch eine Sinnentnahme zuließen.

Das Basistraining (Aufbau der Phonemstufen 1–6) umfasste bei ihr 26 Einzelstunden. Sie lernte die steuernde Hilfe des synchronen rhythmisch-silbierenden Mitsprechens nach Erfassen einer genauen pilotsprachlichen Artikulation des zu schreibenden Wortes kennen und schätzen, der Zusammenhang von gesprochener und geschriebener Sprache wurde ihr zunehmend deutlich. Das Silbenbögenlesen hat ihre Lesestrategie und ihre Lesefähigkeit entscheidend verändert, sie liest jetzt nach eigener Aussage in ihrer Freizeit dicke Bücher. In der Trainingssituation schreibt sie auch lange Texte in der Regel fehlerfrei.

Die Erfolgskontrolle nach Abschluss der Phonemstufe 6 zeigt eindeutig die Sicherheit im trainierten Bereich, Abbau der Phonemfehler von 16:1 (**s. Tab. 5**). Selbst die Regelfehler konnten sich von 27 auf 19 verringern, denn unnötige

Übergeneralisierungen von Rechtschreibregeln blieben nun weg. Das Ergebnis zeigt jedoch klar, dass die Förderung im Regelbereich systematisch fortgesetzt werden muss, was auch erfolgte. Das Mädchen besucht jetzt die 9. Klasse der Realschule, die fehleranalytischen Auswertungen ihrer Klassendiktate und Aufsätze spiegeln jeweils den erreichten Lernstand der Förderung wider (**s. Abb. 3**). Sie ist sehr zuversichtlich auch ihre restlichen Rechtschreibprobleme zu bewältigen. Inzwischen hat sie keine Angst mehr in der Schule an die Tafel zu gehen. Sie bedauert jedoch, nicht bereits früher mit dem gezielten Training begonnen zu haben. Vermutlich hätten dann sie und auch ihre Eltern den Mut gehabt das Gymnasium als weiterführende Schulform zu wählen, wo sie nach dem Ergebnis der psychologischen Leistungsuntersuchung und meiner Einschätzung nach auch hingehört.

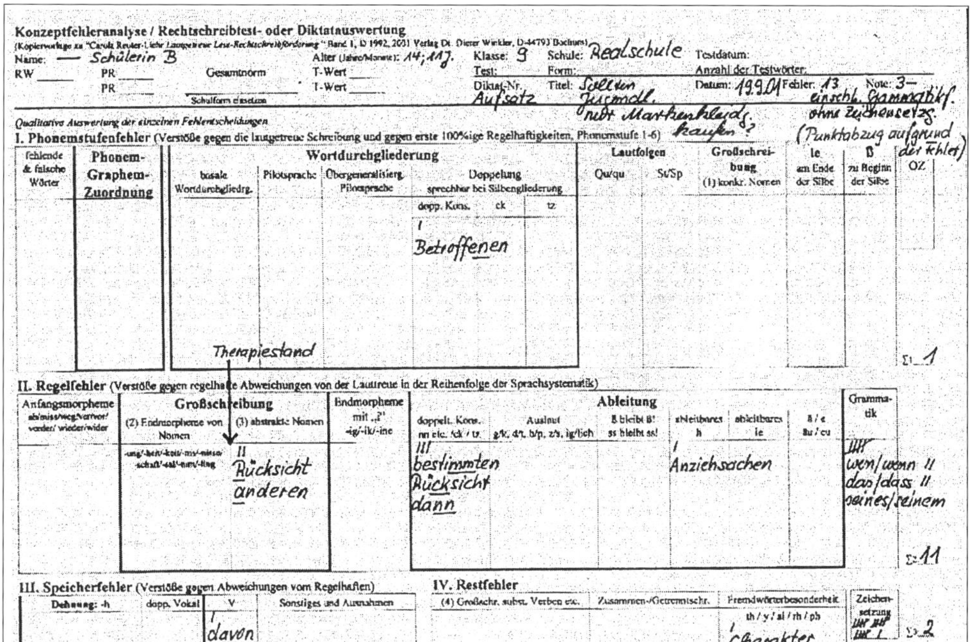
Konzeptfehleranalyse / Rechtschreibtest- oder Diktatauswertung

Name: — Schülerin B; Alter (Jahre/Monate): 14;11 J.; Klasse: 9; Schule: Realschule; Testdatum:

Diktat-Nr.: Aufsatz; Titel: Sollten Jugendl. nur Markenkleidg. kaufen?; Datum: 19.9.01; Fehler: 13 einschl. Grammatikf. ohne Zeichensetzg. (Punktabzug aufgrund der Fehler); Note: 3−

Qualitative Auswertung der einzelnen Fehlerentscheidungen

I. Phonemstufenfehler (Verstöße gegen die lautgetreue Schreibung und gegen erste 100%ige Regelhaftigkeiten, Phonemstufe 1-6)

Wortdurchgliederung – Doppelung – dopp. Kons.: I Betroffenen

Therapiestand

Σ 1

II. Regelfehler (Verstöße gegen regelhafte Abweichungen von der Lauttreue in der Reihenfolge der Sprachsystematik)

Großschreibung – (3) abstrakte Nomen: II Rücksicht, anderen

Ableitung – doppelt. Kons.: III bestimmten, Rücksicht, dann

Ableitung – ableitbares h: I Anziehsachen

Grammatik: IIII wen/wenn II, das/dass II, seines/seinem

Σ 11

III. Speicherfehler (Verstöße gegen Abweichungen vom Regelhaften)

V: I davon

IV. Restfehler

Fremdwörterbesonderheit th/y/ai/rh/ph: I Charakter

Zeichensetzung: Σ 2

Σ I-3 14

Unterschrift: C. Reuter-Liehr; Mehrfachfehlerquotient = Summe der Fehlerentscheidungen (Σ I-3) : Anzahl der falsch geschriebenen Wörter = 14 : 13 = 1,08

Abb. 3: *Fehleranalytische Auswertung eines Klassenaufsatzes der Schülerin B (9. Klasse Realschule)*

Edith Wagner

4.1.5 Ein Erfahrungsbericht zur Lese-Rechtschreibförderung in der Realschule nach dem Stundenkonzept von C. Reuter-Liehr

Richtig – Lustig: Reuter-Liehr

Denkbar ungünstige organisatorische Bedingungen stellen sich gleich vor Kursbeginn ein.
Als Folge eines Rechtschreib-Screenings für alle Eingangsklassen der 6-stufigen Realschule finden sich zu viele, aber mehr oder minder neugierige Schüler zu meinem Förderkurs nach dem Konzept von *Reuter-Liehr* ein. Augenfällig ist gleich zu Beginn, dass Frau *Reuter-Liehr* dem Spiel die Kraft und die Wertigkeit zurückgibt, die dem platten Lernspiel völlig fehlt. Ihr vielschichtiger Einstieg arbeitet multisensorisch, bündelt die Aufmerksamkeit der Kinder, trainiert ihr Gedächtnis, schafft eine feinsinnig humorvolle Atmosphäre und knüpft den roten Faden, der die weiteren Stunden trägt. Ihre Methode des „Tanzens von Sprechsilben" erwischt vor allem die Jungs an der Breitseite. Es unterminiert ihre „Coolness". Verblüffend für sie dann, wie schwierig und doch hilfreich die Bewegung im Kampf mit der Rechtschreibung ist. Das „Tanzen" spiegelt unmittelbar Aufnahmestörungen beim Lesen oder der Speicherung eines Begriffs. Es hilft zu festigen, macht aber auch den Erfolg sofort sichtbar. Die Kinder „erfahren" diese Strategie und deshalb akzeptieren sie sie auch. Meines Erachtens die Seele dieser Methode. Diese Erfahrbarkeit schafft, dass die Kinder zunehmend Eigenverantwortung übernehmen, unterstützt von „lerntherapeutischen Verstärkern". Das „Tanzen der Wörter" auf einem Brettspiel liefert einen Zeitpuffer, übt ein, bringt voran und schließt die Stunde multifunktional, so wie sie begonnen hat.

> Fazit meiner Zöglinge:
>
> Mir hat gefallen ...
>
> *„das wir viele Spiele gespielt haben, ... das wir die Wörter getanzt haben, ... auf dem Sofa sitzen und Pantomime spielen ..."*
>
> (Man sieht: Keine Rechtschreibfehler – außer dem leidigen ‚dass').
>
> Ich habe gelernt, dass:
>
> *„... ich im Zweifelsfall die Wörter zerlegen kann, ... die Hausaufgaben eigentlich leicht waren, aber nur, wenn man dazu tanzt, ... ohne Mitlautieren die deutsche Sprache ziemlich schwer ist."*

Das Erfolgserlebnis der LRS-Förderkurslehrerin: Die Teilnehmer aus dem Kurs „Lautgetreue Lese-Rechtschreibförderung" zeigen im normalen Deutschunterricht nicht nur bessere Rechtschreibleistungen, sondern auch eine erstaunlich bewusstere Auseinandersetzung mit Satzbau und Ausdruck.

Organisatorisches:

Der Kurs lief im Rahmen des freiwilligen Wahlfachunterrichts
Titel: Lese-Rechtschreibförderung
Teilnehmer: 8 Schüler der 5. Jahrgangsstufe der 6-stufigen Realschule
Zeit: jeweils wöchentlich eine Doppelstunde (90 min) am frühen Nachmittag
Raum: Klassenzimmer mit gemütlicher Plauderecke

Verwendete Materialien:

Carola Reuter-Liehr, Lautgetreue Lese-Rechtschreibförderung Bd. 3, Verlag Dr. Dieter Winkler, Bochum 2001.
(detaillierte Stundenentwürfe sowie Wochenhausaufgaben, jeweils auf 4 Tage verteilt)

Dr. Gerd Schulte-Körne, Iris Bachmann

4.2 Einsatz des Marburger Rechtschreibtrainings in der Sekundarstufe

Die Lese-Rechtschreibstörung ist eine Entwicklungsstörung, die bis ins Erwachsenenalter besteht, insbesondere die Rechtschreibschwierigkeiten bleiben bestehen. Die Betroffenen erreichen im Gegensatz zu ihren kognitiven Fähigkeiten einen geringeren Schulabschluss, ein geringeres Berufsausbildungsniveau und sind „überzufällig" häufig arbeitslos.
Die Förderung sollte so früh wie möglich erfolgen, um die Entwicklung der Betroffenen positiv zu beeinflussen. Außerdem sollte die Förderung bis ins Erwachsenenalter angeboten werden, wenn es notwendig ist.
Die Auswahl und Konzeption der Förderung hängt von dem individuellen Entwicklungsstand im Schriftspracherwerb (s. u.) ab. In den ersten Schuljahren ist der Schriftspracherwerb von der Aneignung der Buchstaben-Laut-Zuordnung bestimmt. Dazu sind grundlegende Fertigkeiten in der Lautwahrnehmung und -unterscheidung eine wesentliche Voraussetzung. Ab der dritten Klassenstufe werden zunehmend orthographische Prinzipien bedeutend. Hierzu gehören das Wissen um die Regelmäßigkeiten von Verschriftlichungen, Wissen um das Morphemprinzip und Wissen von Wortähnlichkeiten. Unterstützt wird der orthographische Wissenserwerb durch die Einführung von Rechtschreibregeln.
Das Marburger Rechtschreibtraining ist der orthographischen Entwicklungsstufe des Schriftspracherwerbs zuzuordnen. Schwächen auf dieser Entwicklungsstufe kennzeichnen rechtschreibschwache Kinder auch noch nach Abschluss der Grundschule. Daher ist dieses Programm auch für den Einsatz im Bereich der Sekundarstufe sehr gut geeignet.

4.2.1 Einsatzmöglichkeiten und Evaluation

Viele Förderstrategien sind nicht hinsichtlich ihrer Wirksamkeit überprüft (*Mannhaupt* 2002). Die Wirksamkeit des Marburger Rechtschreibtrainings konnte jedoch in mehreren Studien belegt werden. Hier liegt damit erstmals ein Förderprogramm vor, das

1. **Eltern** unter Anleitung selbst durchführen können,
2. für **Fachkräfte** sehr gut geeignet ist, z. B. in der psychologischen Praxis, in der Lernpraxis oder
3. in Kleingruppen des **schulischen Förderunterrichts** effektiv eingesetzt werden kann.

In den bereits durchgeführten Studien zur Wirksamkeit des Trainingsprogramms konnte **ein Erfolg für Kinder der 2.–5. Klasse** gezeigt werden. In den Evaluationsstudien zeigte sich sowohl eine signifikante Verbesserung der Rechtschreibleistung als auch der Leseleistung.

Der Einsatz in höheren Klassen ist bisher nicht untersucht, allerdings ist anzunehmen, dass bei Vorliegen einer ausgeprägten Rechtschreibstörung auch in höheren Klassen sinnvoll mit dem Programm gearbeitet werden kann. Die Kinder arbeiten sehr gern mit diesem Material, da das Lern- und Übungsmaterial für lese- und rechtschreibschwache Schüler entsprechend gestaltet wurde.
Die Erwartungen an ein Trainingsprogramm sind häufig sehr hoch. Die Hoffnung, bereits nach ein paar Wochen eine Verbesserung der Rechtschreibung zu beobachten, wurde immer wieder von den Studienteilnehmern unserer Evaluationsstudien geäußert. Allerdings ist es durch Forschungsergebnisse gut belegt und unsere eigenen Ergebnisse unterstützen diesen Befund, dass mindestens von einer zweijährigen Übungs- und Lernphase mit einer Stunde wöchentlich auszugehen ist, bevor eine allgemeine Verbesserung der Rechtschreibleistung erreicht werden kann. Der Grund hierfür liegt in der Schwierigkeit, die gelernten Lernbereiche auf alle Wörter anzuwenden (Transfereffekt). Auch die Festigung des Lerneffektes benötigt entsprechend Zeit.
Im Rahmen von drei Studien wurde das vorliegende Rechtschreibtraining evaluiert. Die Ergebnisse sind bisher in vier Fachartikeln veröffentlicht (*Schulte-Körne* et al. 1997, 1998, 2001, 2003).
In einer ersten Studie wurde untersucht, inwieweit Eltern in der Lage waren, unter Anleitung die Rechtschreibfähigkeit ihres Kindes zu verbessern (*Schulte-Körne* et al. 1997, 1998). Zwei Jahre wurden die Eltern regelmäßig zur Durchführung des Marburger Rechtschreibtrainings angeleitet. An Abenden, die einmal im Monat stattfanden, wurden die Eltern angeleitet, wie das Trainingsprogramm durchzuführen sei. Außerdem wurde das aktuelle Lern- und Übungsmaterial ausgeteilt und besprochen. Zusätzlich hatten die Eltern ausreichend Gelegenheit, sich gegenseitig über die aktuellen schulischen Probleme und Schwierigkeiten bei der Durchführung des Trainingsprogramms auszutauschen.
Diese Eltern-Studie erbrachte zwei wesentliche Ergebnisse: Die Eltern waren in der Lage, mit Hilfe des Marburger Rechtschreibtrainings die Rechtschreibleistung ihres Kindes signifikant zu verbessern. Nach einem Jahr zeigte sich ein signifikanter Therapieeffekt im Bereich von spezifischen Rechtschreibfehlern. Allerdings zeigte sich eine Verbesserung der gesamten Rechtschreibleistung erst nach zwei Jahren. Auch das Selbstvertrauen der Kinder wurde durch das Training gesteigert. Die Eltern lernten die Rechtschreibschwäche ihres Kindes anders zu bewerten und den Umgang miteinander zu verändern. Außerdem nahm die Motivation zum Lesen und Schreiben bei den Kindern deutlich zu.
In einer weiteren Studie wurde das Marburger Rechtschreibtraining in der **Einzelförderung** durch eine Medizinstudentin unter Anleitung evaluiert (*Schulte-Körne* et al. 2001). Zweimal pro Woche (jeweils 1 Stunde lang) wurden 10 rechtschreibschwache Kinder einzeln gefördert. Zusätzlich wurden an drei Tagen Hausaufgaben verteilt, die in direktem Zusammenhang mit den Förderthemen standen. Bereits nach 12 Wochen intensiver Förderung zeigte sich eine signifikante Verbesserung der Lese- und Rechtschreibleistung. Jedoch konnte innerhalb dieser kurzen Zeit keine Veränderung des Selbstwertgefühls und -vertrauens der Kinder nachgewiesen werden.

In einer dritten Studie wurde die Wirksamkeit des Marburger Rechtschreibtrainings in **schulischen Fördergruppen** untersucht (*Schulte-Körne* et al. 2003). Zweimal pro Woche über 2 Jahre wurden lese- und rechtschreibschwache Kinder in Gruppen bis max. 6 Kinder durch Lehrerinnen gefördert. Nach 2 Jahren Förderung verbesserte sich sowohl das Lesen als auch die Rechtschreibleistung bedeutsam. Insgesamt erreichten die Kinder in beiden Bereichen nahezu durchschnittliche Leistungen.

4.2.2 Einordnung des Trainingskonzeptes

Nach *Dumont* et al. (1990) lassen sich 3 Gruppen von Förderprogrammen bei der Lese-Rechtschreibstörung unterscheiden:

1. Training **basaler kognitiver Funktionen** (z. B. visuell-räumliche Wahrnehmung)
2. Re-Programmieren **neurologischer Defizite** (z. B. Lateralitäts- und Hörtraining)
3. **Symptomspezifische** Trainings mit direktem Bezug zur Symptomatik (z. B. Rechtschreibregeltraining oder Training der phonologischen Bewusstheit)

Im Gegensatz zu den ersten beiden Kategorien ist die Effektivität der symptomspezifischen Trainings, darunter auch das Marburger Rechtschreibtraining, gut belegt (*Dummer* & *Hacketal* 1984, *Reuter-Liehr* 1993, *Schneider* & *Springer* 1978; *Schulte-Körne* et al. 1997, 1998, 2001; Übersichten bei *Scheerer-Neumann* 1993, *Tacke* et al. 1987 und *Mannhaupt* 2002).
Die symptomspezifischen Trainings lassen sich sinnvoll nach dem Modell des Schriftspracherwerbs von *Frith* (1985) verschiedenen Entwicklungsstufen zuordnen (**Abb. 1**).

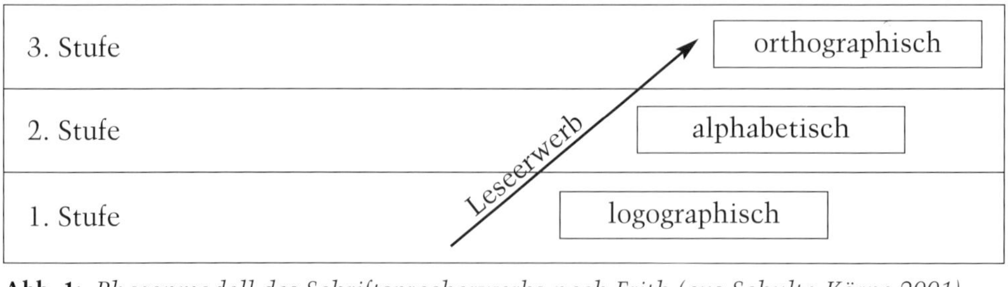

Abb. 1: *Phasenmodell des Schriftspracherwerbs nach Frith (aus Schulte-Körne 2001)*

Das Modell von *Frith*, das durch eine Reihe von empirischen Studien in seinen grundlegenden Annahmen bestätigt werden konnte, geht zunächst von einer sog. logographischen Entwicklungsstufe aus. Diese vorschulische Entwicklungsstufe der Verschriftlichung ist dadurch gekennzeichnet, dass die Kinder bereits eine Vorstellung davon haben, dass Laute bzw. Wörter in Zeichen ausgedrückt werden können, jedoch noch kein Wissen über die Buchstaben-Laut-Beziehung haben. Daher verschriftlichen sie Logogramme als Zeichen für ein Wort. Das Lesen auf dieser Entwicklungsstufe ist durch das Erkennen von besonderen Merkmalen

einzelner Wörter gekennzeichnet. Es werden einzelne Wörter aufgrund ihres Symbol- oder Zeichencharakters (z. B. Wiedererkennen des eigenen Namens an einzelnen Buchstaben) wiedererkannt, ohne dass ein Verständnis über die Buchstaben-Laut-Beziehung vorliegt.
Die darauf folgende alphabetische Entwicklungsstufe beginnt mit der schulischen Unterrichtung. Durch die Vermittlung der Buchstaben-Laut-Zuordnung wird das Prinzip der Schriftsprache eingeführt. Die Verschriftlichung ist im Wesentlichen lautgetreu. Das Lesen ist durch das Erlesen von einzelnen Buchstaben und das Verbinden der einzelnen Laute charakterisiert. Diese Stufe kennzeichnet überwiegend den Entwicklungsfortschritt in den ersten beiden Grundschulklassen.
Die orthographische Entwicklungsstufe kennzeichnet den Erwerb von Wissen über Regelmäßigkeiten von Buchstabenfolgen, Morphemen und übergeordneten grammatikalischen und semantischen Strukturen der Schriftsprache. Auf dieser Entwicklungsstufe sind die Kinder in der Lage, einzelne Wörter als Ganzes zu lesen.
Die genaue Analyse des individuellen Entwicklungsniveaus eines lese- und rechtschreibgestörten Kindes ermöglicht die Zuordnung zu einer der genannten Entwicklungsstufen. Darauf aufbauend wird dann über den spezifischen Förderansatz, z. B. Förderung von Lautbewusstheit oder orthographischem Wissen, entschieden.
Das Marburger Rechtschreibtraining setzt auf der orthographischen Entwicklungsstufe des Schriftspracherwerbs an.

4.2.3 Kognitive, metakognitive und lernstrategische Ansatzpunkte

Das Marburger Rechtschreibtraining kann konzeptionell den kognitiven Verfahren zugeordnet werden. Als kognitiv orientiertes Trainingsverfahren basiert es auf expliziten Annahmen über Teilprozesse des Lesens und Rechtschreibens sowie über die Stufen des Lernprozesses an sich.
Probleme von Legasthenikern zeigen sich neben Störungen der Teilprozesse des Lesens und Rechtschreibens auch im Bereich der zur Aufgabenlösung nötigen Metakognitionen (im Sinne von Reflexion über den eigenen Lernprozess und Nutzung strategischer Aktivitäten, *Hasselhorn* 2001): So beschreibt *Jorm* (1983), dass durch Störungen im Arbeitsgedächtnis vorhandene Metakomponenten nicht vollständig bzw. ungenau ausgeführt werden. *Klicpera* (1983) fand bei leseschwachen Jugendlichen, dass sie beim Lösen von Aufgaben weniger planvoll vorgingen und weniger Details beachteten. Zusammenfassend sind folgende metakognitive Fähigkeiten bei Kindern mit einer LRS im Vergleich zum Altersdurchschnitt als problematisch zu sehen: Die Kontrolle der Handlungsprozesse ist geringer ausgeprägt, sie greifen weniger auf vorhandenes Wissen zurück, bilden weniger häufig übergeordnete, strukturierende Handlungsweisen aus und reflektieren weniger über Lernschritte und -ziele.
Konkret sieht das so aus, dass Legastheniker aller Altersstufen häufig keinerlei Regelwissen haben oder bei ausreichender Regelkenntnis die Regeln oft nicht

anwenden können. Rechtschreiboperationen, die in Einzelprozessen richtig durchgeführt werden (z. B. Mitlautverdopplung nach kurzem Selbstlaut), können nicht auf den gesamten Schriftsprachprozess übertragen werden (z. B. wenn zusätzlich die Entscheidung über Groß- und Kleinschreibung getroffen werden muss).

Das Ziel eines Rechtschreibtrainings sollte daher zum einen die Vermittlung von Regelwissen sein, zum anderen aber auch die Vermittlung von Lösungsstrategien beinhalten (*Scheerer-Neumann* 1988). Dies trägt der Tatsache Rechnung, dass rechtschreibschwache Kinder nicht einfach nur quantitativ mehr und intensivere, sondern qualitativ andere Förderung als andere Kinder benötigen. Das mehr oder weniger „intuitive" (automatisiert ablaufende) Schreibenlernen steht ihnen nicht zur Verfügung, weshalb sie dazu angeleitet werden müssen, „bewusst" zu schreiben.

Von der Struktur her integriert das Training außerdem lerntheoretische Gesichtspunkte im Einklang mit *Scheerer-Neumann* (1979), die diesen Ansatzpunkt folgendermaßen definiert:

„... Lerntheoretisch orientierte Verfahren basieren nicht auf bestimmten Vermutungen über die Äthiologie des Versagens, sondern gehen allgemein von der Annahme aus, dass ein lerntheoretisch gut aufgebautes Verfahren zu einer Leistungssteigerung *auch bei lese-rechtschreibschwachen Kindern* führen sollte."

Zusammengefasst integriert das Marburger Rechtschreibtraining neben der inhaltlichen Vermittlung von Regelwissen (1) so außerdem die Förderung metakognitiver Komponenten durch die Vermittlung von spezifischen Lösungsstrategien (2) und die Vermittlung von Selbstinstruktion (3) sowie die Selbstüberwachung durch regelmäßige Erfolgskontrolle (4).
Lerntheoretisch fundierte Gesichtspunkte sind neben dem aktiven Üben und der unmittelbaren Rückmeldung über den Erfolg einer Übung in der Struktur des Trainings, in dem abgestuften Schwierigkeitsniveau (5) und in den regelmäßig eingebauten Wiederholungsübungen (6) eingebaut.

1. Regeln

Der erste Ansatzpunkt des Marburger Rechtschreibtrainings ist die **Vermittlung von Rechtschreibregeln**: Die Regeln (anschaulich dargestellt auf den Regelkarten) stellen ein wesentliches Grundgerüst des Rechtschreibtrainings dar. Insgesamt 8 Regeln enthält das Programm. Anhand dieser Regeln können zwar nicht alle Rechtschreibprobleme gelöst werden, da es eine Reihe von Wörtern gibt, die anhand dieser Regeln nicht richtig verschriftlicht werden können. Diese Ausnahmen sind aber vergleichsweise selten (zu den Dehnungsregeln s. *Augst*, 1980).

2. Lösungsstrategien

Die zweite Grundidee des Marburger Rechtschreibtrainings besteht darin, anhand einer klaren Struktur **neue Strategien zum Erlernen der Rechtschreibung** zu vermitteln: Um diese neuen Strategien anwenden zu können, wurden spezielle **Rechtschreib-Algorithmen** entwickelt. „Kathi" mit ihren langen Armen (**s. Abb. 2**) stellt graphisch den Algorithmus dar, anhand dessen die Kinder Schritt für Schritt zu der richtigen Verschriftlichung eines Wortes gelangen. Die Struktur der Algorithmen ist immer gleich, d. h. ausgehend von einer Problemstellung werden über einen Entscheidungsbaum mit Ja/Nein-Antworten die Lösungsschritte vermittelt. Diese Symbolik wird konsequent durch das gesamte Programm beibehalten und ermöglicht den Kindern so, sich schnell und sicher im Programm zu orientieren.

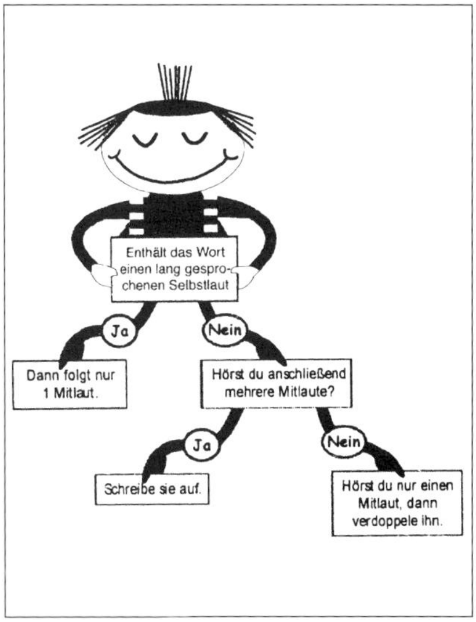

Abb. 2:
Beispielhafte Darstellung eines Algorithmus

Eine weitere Lösungsstrategie besteht in der **Visualisierung von weitestgehend auditiven Problemen**. Da eine Reihe von Kindern insbesondere Schwierigkeiten bei der Unterscheidung von lang und kurz gesprochenen Selbstlauten hat, wird eine Lösungsstrategie vermittelt, die auf Visualisierung und graphomotorischer Umsetzung aufbaut (**s. Abb. 3**). So werden für den kurz gesprochenen Selbstlaut ein Punkt, für den lang gesprochenen Selbstlaut ein horizontal verlaufender Strich unter dem Selbstlaut eingeführt. Für einen auf einen Selbstlaut folgenden Mitlaut wird ein senkrechter Strich, für 2 auf einen Selbstlaut folgenden Mitlaute 2 Striche. Auch bei den Regeln wird auf diese Techniken der Markierung der Selbstlautlänge und der folgenden Anzahl von Mitlauten zurückgegriffen.

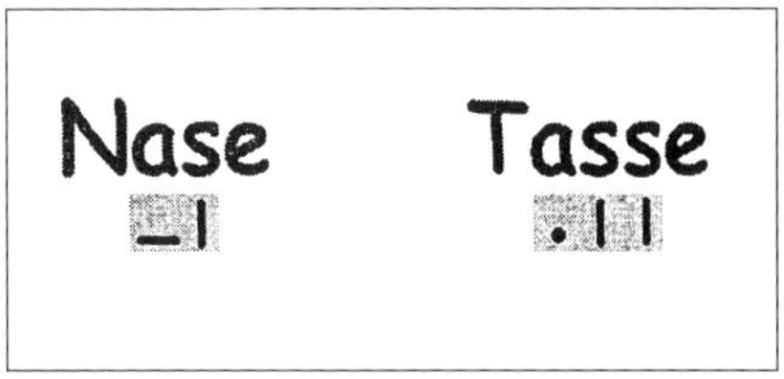

Abb. 3:
Lernstrategie zur Unterscheidung von lang und kurz gesprochenem Selbstlaut

Anhand von „Lernkästen" werden die Lernstrategien für die einzelnen Lernbereiche dargestellt. In ihnen sind sowohl allgemeine Lernstrategien als auch für die Anwendung einzelner Regeln unterstützende Informationen kurz zusammengefasst. Sie bilden zusammen mit den Regelkarten das Grundgerüst des Lernprogramms.

3. Selbststrukturierung

Erfolgreiche Rechtschreiber verwenden beim Schreiben Kontrollhandlungen, über die Legastheniker zunächst weniger verfügen. Wichtig ist deshalb neben der direkten Instruktion durch den Übungsleiter die nachfolgende Anleitung zur Selbstregulierung durch den Schüler.
Anhand von Merkkarten wird den Kindern Material zur Selbststrukturierung gegeben. Ziel ist es, die einzelnen Handlungsoperationen gemeinsam anhand der Karten mit dem Anleiter zu erlernen. Die Lösungswege sollen sowohl schriftlich als auch mündlich erarbeitet werden. Wesentlich ist dabei, dass die Kinder über das laute Vorsprechen der einzelnen Lösungsschritte in die Lage versetzt werden, sich selbst zu strukturieren und zu kontrollieren.

4. Erfolgskontrolle

Eine wesentliche Voraussetzung des Lernerfolges ist die Anwendung der Regeln beim Schreiben, was eine Transferleistung der Trainingsinhalte auf die Anforderungssituation des Rechtschreibens bedeutet. Zu diesem Zweck werden zum Abschluss der einzelnen Kapitel sog. **Erfolgskontrollen** in Form von Lückentexten angeboten. Die Auswahl der Wörter richtet sich nach den im Kapitel behandelten Lernbereichen. Zu diesen Wortdiktaten gibt es immer eine Geschichte und eine Graphik (**s. Abb. 4**), in die die Kinder die Anzahl der richtig geschriebenen Wörter eintragen. Ab **Kapitel 9** wird auch die benötigte Zeit für die Rechtschreibung protokolliert, um die Geschwindigkeit der Verschriftlichung zu fördern. Durch das Eintragen der aktuellen Ergebnisse wird die Lernentwicklung für das Kind selbst, aber auch für die Person, die mit dem Kind arbeitet, deutlich.

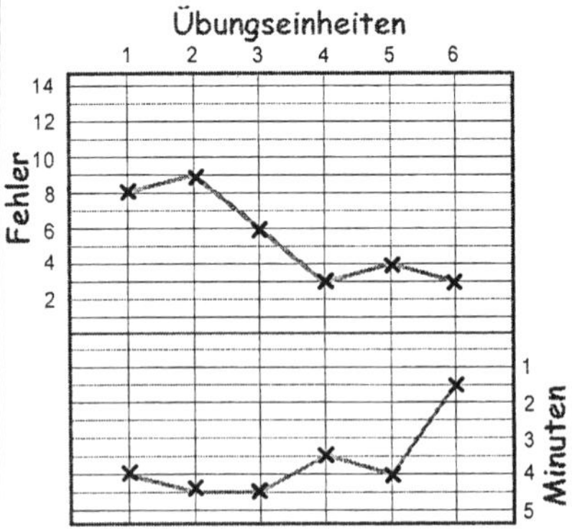

Abb. 4:
Beispiel für die Erfolgskontrolle

5. Schwierigkeitsniveau

Aus der empirischen Lernforschung abgeleitete Empfehlungen für das Übungs- und Lernverhalten betonen die Wichtigkeit cincs stufenweisen Aufbaus der Lernschritte. Im Marburger Rechtschreibtraining ist die Vermittlung von orthographischen Regelmäßigkeiten in kleinen Schritten aufgebaut (Hilfestellung beim Einblick in Regelmäßigkeiten mittels Algorithmuskarten, Einübung und Anwendung der Regelmäßigkeit, Integration mit anderen Teilprozessen, Lösungsstrategien mit materialisierten Symbolen in Form von Regelkarten und Lernkästen).

Es gibt zwei Schwierigkeitsaspekte des Trainings: Innerhalb der Kapitel sind die ersten Übungen einfach und werden zunehmend komplexer und häufig auch schwieriger.

Außerdem beginnt das gesamte Training eher mit leichteren Inhalten und wird dann zunehmend schwieriger. Allerdings wird der Schwierigkeitsgrad der einzelnen Kapitel individuell sehr unterschiedlich erlebt und hängt nicht selten von dem individuellen Lerntempo und dem Kenntnisstand der Kinder ab. Dieser Aspekt trifft natürlich auch für die Übungen zu. Daher sind in der Anleitung Hinweise aufgenommen, wie einzelne Übungen verändert werden können, um sie entsprechend zu vereinfachen oder schwieriger zu gestalten.

6. Wiederholungsübungen

Gut belegt ist die Tatsache, dass erst die regelmäßige Wiederholung von Lerninhalten zu einem andauernden Lernerfolg führt. Die Regelinhalte und deren Anwendung müssen durch günstige zeitliche Verteilung der Wiederholungen gefestigt und automatisiert werden (zunächst in kürzeren Abständen und dann durch einige spätere Auffrischungen). Dazu werden in diesem Programm regelmäßig Wiederholungsübungen angeboten, die auf bereits dargestellte Lerninhalte aufbauen. Teilweise werden in den Wiederholungsübungen verschiedene Lerninhalte gemeinsam überprüft. Diese Überprüfung entspricht der Anforderungssituation in der alltäglichen Schreibpraxis. Für die Verschriftlichung von Wörtern ist eben nicht nur die Kenntnis von einem ausgewählten Problembereich erforderlich, sondern die Beachtung recht verschiedener Schwierigkeiten (z. B. Groß- und Kleinschreibung und Mitlautverdopplung nach einem kurz gesprochenen Selbstlaut).

4.2.4 Aufbau und Übungsinhalte des Trainings

Das Marburger Rechtschreibtraining besteht aus 12 Kapiteln, die in einen Anleitungs- und einen Lern- und Übungsbereich gegliedert sind.

Abb. 5: *Struktur der Trainingsmaterialien*

Zu jedem Kapitel werden in der **Anleitung** die wesentlichen Informationen zu Durchführung, Zielen und Lerninhalten gegeben. Mögliche Schwierigkeiten bei der Durchführung werden ebenso beschrieben wie mögliche Erweiterungen bzw. Veränderungen der Übungen. Anhand von umfangreichen Farbgraphiken und dem Verzicht auf lange Textpassagen werden die Kinder langsam an die schwierige Aufgabe des Rechtschreibens herangeführt. **Im Lern- und Übungsbereich** werden die Lerninhalte anhand von umfangreichem Material geübt. Die Übungen zu den einzelnen Lernbereichen sind so konzipiert, dass zunächst nur ein Lernbereich geübt wird. Erst nach dem intensiven Üben eines Lernbereiches wird dieser einem bereits gelernten in verschiedenen Übungen gegenübergestellt. Die Kapitel enden mit einer Erfolgskontrolle in Form eines Lücken- oder Satzdiktates. Der Lernfortschritt wird zusätzlich anhand von Wiederholungsübungen regelmäßig gefestigt.

Im Anhang des „Marburger Rechtschreibtrainings" sind die Arbeits- und Lernmaterialien zusammengestellt. Diese Materialien umfassen ein Zeilenlineal, Lern- und Regelkarten, Buchstaben zum Ausschneiden und Materialien, um die einzelnen Lösungsschritte einzuüben (Kathis).

Für die Übungen, die ohne Hilfestellung nicht gelöst werden können, werden Lösungen angeboten. Diese sind in einem eigenen Lösungsbereich zusammengefasst. Außerdem sind dort die Diktattexte abgedruckt.

Das Wortmaterial des Trainings ist in einem **Wortindex** zusammengefasst. Die Wörter sind hier nach Wortarten (Hauptwörter, Tunwörter und Wiewörter) in alphabetischer Reihenfolge geordnet. Mit dieser Sammlung können einzelne Übungen mit anderen Wörtern erneut durchgeführt werden. Das Wortmaterial des Trainings ist aus dem Grundwortschatz von *Pregel* und *Rickheit* (1987) entnommen. Dies ist die zurzeit aktuellste, für den Grundschulbereich repräsentative vorliegende Sammlung. Die Wörter wurden aus dem Corpus des schriftlichen Wortschatzes für die zweiten und dritten Klassen ausgewählt.

Abb. 6:
Beispiel für graphische Gestaltung des Trainings

Durch die graphische Gestaltung des Programms wurde eine gute Strukturierung und Übersichtlichkeit der Lern- und Übungsbereiche erreicht. Z.B. leitet das Ausrufezeichen **Anton** (**s. Abb. 6**) die Kinder durch das gesamte Programm und weist auf wesentliche Lerninhalte hin.

Das Training ist so angelegt, dass es nicht allein durch das rechtschreibschwache Kind durchgeführt wird. Das Prinzip dieses Programms besteht in dem gemeinsamen Erarbeiten der einzelnen Lern- und Übungsbereiche. Nach dem Durcharbeiten der einzelnen Kapitel sollen die Kinder die Rechtschreibregeln, zunächst mit Hilfe der Lern- und Regelkarten, z. B. bei den Hausaufgaben anwenden.

Dieses Rechtschreibtraining ersetzt keine umfassende Grammatik. Daher können nicht alle Rechtschreibprobleme gelöst werden. Im Wesentlichen werden die typischen Rechtschreibprobleme von lese-rechtschreibschwachen Kindern der 2.–4. Grundschulklasse bearbeitet. Die Themen decken sich außerdem größtenteils mit den Fehlerschwerpunkten, die *Scheerer-Neumann* (1988) bei rechtschreibschwachen Hauptschülern der 5. Klasse identifiziert hat.

Die 12 Kapitel bauen aufeinander auf. Beginnend mit der Einführung der Selbstlaute wird die Unterscheidung von lang und kurz gesprochenem Selbstlaut im Wortstamm geübt. **Tabelle 1** gibt eine Übersicht über die Inhalte des Programms. Es besteht jedoch auch die Möglichkeit, dass einzelne Kapitel zu bestimmten Themen (z. B. Ableitungen) aus diesem Training genommen und zu anderen Übungsverfahren ergänzt werden.

Themen	Kapitel
Selbstlaute erkennen	1
Unterscheidung von lang und kurz gesprochenen Selbstlauten	1, 2
Mitlaute erkennen	2
Unterscheidung von Selbst- und Mitlauten	2
Verschriftlichung der Mitlaute nach lang und kurz gesprochenem Selbstlaut	2, 3, 4, 8, 12
Hauptwörter erkennen	4
Groß- und Kleinschreibung	4
Wortstamm erkennen	4
Verschriftlichung von Wortstämmen	4
Verschriftlichung von Wortendungen	4
Verschriftlichung der Mitlaute nach lang und kurz gesprochenem Selbstlaut in zusammengesetzten Hauptwörtern	5, 8, 12
Verschriftlichung von Wortendungen in zusammengesetzten Hauptwörtern	5
Verschriftlichung der Mitlaute nach lang und kurz gesprochenen Umlauten	5
Vorsilben erkennen	5
Tunwörter erkennen	6
Verschriftlichung von Endungen in Tunwörtern	6
Verschriftlichung der Mitlaute nach lang und kurz gesprochenem Selbstlaut in Tunwörtern	6, 12
Stumme-h erkennen	7
Verschriftlichung des stummen-h	7, 10
Wiewörter erkennen	7
Verschriftlichung der Mitlaute nach lang und kurz gesprochenem Selbstlaut in Wiewörtern	7, 12
Verschriftlichung der Ausnahmen von der Stumme-h-Regel bei verschiedenen Wortarten	8,12
Erkennen des lang gesprochenen Selbstlautes i	9, 10
Erkennen des Dehnungs-e	9, 10
Verschriftlichung des lang gesprochenen i mit Dehnungs-e	9, 12
Selbstlaute trennendes h bei Hauptwörtern und Tunwörtern erkennen	10
Erkennen und Verschriftlichung von Mitlauten bei Selbstlautpaaren	10, 11
Erste Ableitung zu gleich klingenden Umlauten	11, 12
Erste Ableitung zu gleich klingenden Umlauten bei Hauptwörtern	11, 12
Erste Ableitung zu gleich klingenden Umlauten bei Tunwörtern	11, 12
Erste Ableitung zu gleich klingenden Umlauten bei Wiewörtern	11, 12
Zweite Ableitung zur Auslautverhärtung	12
Zweite Ableitung zur Auslautverhärtung bei Hauptwörtern	12
Zweite Ableitung zur Auslautverhärtung bei Tunwörtern	12
Zweite Ableitung zur Auslautverhärtung bei Wiewörtern	12

Tab. 1: *Übersicht über die Lerninhalte, die in den Kapiteln bearbeitet werden*

4.2.5 Zur Durchführung des Trainings

1. Voraussetzungen beim Kind

Wir empfehlen das Training für Kinder, die besondere Schwierigkeiten beim Erlernen des Rechtschreibens haben. Diese Probleme sollten nicht nur einmalig bei einem Diktat auftreten, sondern mehrmals über einen längeren Zeitraum zu beobachten sein. Es wird in der Praxis erst dann von einer Rechtschreibstörung gesprochen, wenn die Leistung im Rechtschreibtest unter dem Klassendurchschnitt liegt. Zur Feststellung einer Lese-Rechtschreibstörung sollten standardisierte Lese- und Rechtschreibtests durchgeführt werden. Durch Überprüfung der allgemeinen kognitiven Fähigkeiten anhand eines Intelligenztests kann die Abgrenzung einer Lese-Rechtschreibstörung von einer allgemeinen Lernbehinderung erfolgen.
Ausgeschlossen muss eine Hör- und Sehstörung werden, die ursächlich für die Rechtschreibstörung sein kann.
Die Überprüfung der Voraussetzungen setzt psychologische und medizinische Spezialkenntnisse voraus. Daher wird empfohlen, dass die Kinder vor Beginn des Trainings erst eingehend untersucht werden. Untersuchungen können bei Fachärzten und in Ambulanzen in Kliniken für Kinder- und Jugendpsychiatrie und Psychotherapie und bei in der Diagnostik erfahrenen Psychologen durchgeführt werden. **Angebote zur psychologischen Untersuchung finden Sie auch in Erziehungsberatungsstellen, psychologischen Beratungsstellen und teilweise bei schulpsychologischen Diensten.**

2. Voraussetzungen, wenn Fachkräfte das Training durchführen

Generell setzt die Durchführung des Trainingsprogramms eingehende Kenntnisse über die Lese- und Rechtschreibstörung voraus. Zusätzlich wäre eine psychotherapeutische Zusatzqualifikation empfehlenswert, da nicht selten bei den betroffenen Kindern psychische Probleme vorliegen. Insbesondere kann der Einsatz von verhaltenstherapeutischen Methoden bei der Durchführung des Trainings sinnvoll sein (s. hierzu *Scheerer-Neumann* 1988).

3. Durchführungsempfehlungen

Das Programm ist sowohl für die Einzelförderung als auch für die Förderung in Kleingruppen geeignet. Die Größe einer Fördergruppe sollte 5 Kinder nicht überschreiten. Bei einer Durchführung im schulischen Förderunterricht ist die Einbeziehung des Elternhauses für die Planung der Förderung wesentlich. Die Rolle der Eltern umfasst hierbei neben der aktiven Teilnahme an den Hausaufgaben vor allem die emotionale Unterstützung des Kindes.
Die Übungs- und Lerneinheiten sollten auf zwei Einheiten pro Woche verteilt werden. Ein häufigeres Üben kann zur Überforderung der Kinder führen. Außerdem benötigen die Kinder ein ausreichendes Maß an Freizeit, deren Beschneidung auch die Motivation negativ beeinflussen würde.
Die Dauer der einzelnen Übungseinheiten sollte 45 Minuten nicht überschreiten. Allerdings bedeutet 45 Minuten nicht reine Lern- und Arbeitszeit, sondern

auch Spiel- und Erholungszeit. Die effektive Lern- und Übungszeit beträgt dann maximal 20–30 Minuten.
Generell richtet sich die Dauer der Übungseinheiten nach der individuellen Belastbarkeit des Kindes. Für manche Kinder erscheint es sinnvoll, die Lerneinheiten auf mehr als zwei Wochentage zu verteilen. Es sollte darauf geachtet werden, dass Lernzeiten nicht auf die letzten Unterrichtsstunden gelegt werden und ein ruhiger Ort zum Lernen und Üben zur Verfügung steht.
Das Programm ist so aufgebaut, dass es anhand des Anleitungstextes sehr gut durchgeführt werden kann. Eingehende Kenntnisse über die Lese-Rechtschreibstörung sollten aber unbedingt vorhanden sein. Ferner ist aus unserer Erfahrung eine Anleitung zu diesem Trainingsprogramm recht hilfreich.
Falls Probleme im Verhalten und/oder der Emotionen (z. B. das Kind ist unruhig, impulsiv, depressiv) vorliegen oder neu auftreten, sollte den Eltern geraten werden, unbedingt fachliche Hilfe (Kinder- und Jugendpsychiater/in, Psychotherapeut/in) einzuholen.
Das Training kann beendet werden, wenn die Rechtschreibung sich so verändert hat, dass von einer insgesamt durchschnittlichen Leistung ausgegangen werden kann. Natürlich kann das Trainingsprogramm auch zur weiteren Leistungsverbesserung eingesetzt werden.
Abgebrochen werden sollte das Training, wenn das Kind trotz intensiven Übens nach einem Jahr nicht in der Lage ist, kurz und lang gesprochene Selbstlaute zu unterscheiden. Möglicherweise sind einzelne Kinder (in der Sekundarstufe eher selten) auch mit den Algorithmen und den Regeln überfordert. In diesen Fällen sollte das Training nicht weiter durchgeführt werden und nach einem anderen Übungs- und Lernweg gesucht werden.

Rainer Dürre

4.3 Legasthenie-Trainingsprogramm für Kinder und Jugendliche

4.3.1 Einführung

Viele legasthene Kinder haben große Schwierigkeiten, sich beim Schreiben oder Lesen auf die einzelnen Wörter zu konzentrieren. Da sie im Laufe ihrer Schulzeit schlechte Erfahrungen bezüglich ihrer Rechtschreibung gemacht haben, ist es nicht verwunderlich, wenn diese Kinder keinen Bezug zu der Rechtschreibung, insbesondere zu ihrer eigenen bekommen. Ironische Bemerkungen bei der Rückgabe der Diktate, Vorwürfe oder auch „pädagogische Ratschläge" (wie „Du musst mehr üben" oder „Konzentriere dich etwas besser") lassen legasthene Kinder eher resignieren. Sie fühlen sich als schlechte Rechtschreiber bestätigt, bezeichnen sich selbst als „dumm" und sind teilweise fest davon überzeugt, Versager zu sein. Sie bekommen dies ja auch oft genug zu hören, nicht nur in der Schule, sondern auch zu Hause. Eltern setzen ihr rechtschreibschwaches Kind stark unter Druck und verlieren dabei die positiven Eigenschaften ihres Kindes völlig aus den Augen. **Die Rechtschreibung „bestimmt" einen Teil des Verhältnisses zwischen Eltern und Kind.** Jeden Tag müssen Diktate geschrieben werden, die nach einer gewissen Zeit für alle Beteiligten zur Qual werden können. Für viele Mütter sind diese täglichen Kämpfe mit ihrem Kind sehr anstrengend, zumal auch beiden (Mutter und Kind) bewusst ist, dass diese Art des täglichen Übens bisher überhaupt keinen Erfolg gebracht hat.
Bevor man sich aber mit gezielten Übungen der Rechtschreibung widmet, sollte unbedingt zuerst überprüft werden, wie gut das Kind lesen kann. Nur ein Kind mit ausreichenden Lesefähigkeiten ist auch in der Lage, die Rechtschreibübungen sinnvoll mitzumachen. Ein Kind, welches nicht oder nur schlecht lesen kann, ist so stark mit dem Lesen beschäftigt, dass es sich weder auf das Wort noch darauf, wie das Wort geschrieben wird, konzentrieren kann. Außerdem ist es auch schwer ein Wort zu behalten, dessen Sinn man überhaupt nicht versteht. **Von daher sollte unbedingt zuerst das Lesen eingeübt werden, bevor die Rechtschreibung trainiert wird.** In meinem Buch habe ich dem Lesen einige Kapitel gewidmet und auch beschrieben, wie Eltern zu Hause mit ihrem Kind das Lesen üben können. Ebenso wird in der **Literaturliste** auf Übungsmaterial hingewiesen.

4.3.2 Das Üben zu Hause

Das Üben zu Hause ist für viele Eltern und ihre Kinder eine gefürchtete Anstrengung geworden. Eltern können nicht verstehen, warum gerade ihr Kind so große Probleme in der Rechtschreibung hat. Sie können auch nicht nachvollziehen, warum ihr Kind z. B. das Wort „Roller" in einem Text einmal mit einem „l" schreibt, weiter unten statt dem „e" ein „a" und drei Zeilen weiter dieses Wort plötzlich klein schreibt, während es zum Schluss des Textes richtig auf dem

Papier steht. Wenn sie nun ihr Kind darauf ansprechen, erhalten sie in der Regel keine Erklärung. Dies macht einige Eltern noch ungeduldiger, da dies für sie überhaupt nicht verständlich ist. Sie machen ihrem Kind Vorhaltungen, werden laut, schimpfen vielleicht sogar, um gleichzeitig feststellen zu müssen, dass ihr Kind bockt, aggressiv wird und resigniert meint: „Ich kann halt nicht rechtschreiben!" Andere Kinder ziehen sich vielleicht zurück, werden ganz still und fühlen sich stillschweigend darin bestätigt, dass sie eben nicht gut schreiben können.

Dies sind keine guten Voraussetzungen, um zu Hause mit dem eigenen Kind zu üben. Hier fehlt die Akzeptanz der Eltern, dass das Kind große Probleme in der Rechtschreibung hat. Wie kann ich versuchen jemandem etwas beizubringen, wenn ich dessen Probleme nicht verstehe? Wie kann ich jemandem helfen, wenn ich der Meinung bin, das zu Lernende ist doch wirklich sehr einfach?

Wenn Eltern zu Hause mit ihrem Kind arbeiten, sollten sie sich im Klaren darüber sein, dass das gezielte Üben zwei Grundvoraussetzungen beinhaltet, damit überhaupt Erfolge erzielt werden können. **Die eine Grundvoraussetzung ist die uneingeschränkte Bereitschaft der Mutter, des Vaters oder einer anderen Vertrauensperson, mit dem Kind über einen längeren Zeitraum hinaus zu arbeiten.** Die Kinder spüren sofort, wenn das Üben von der Person, die mit ihm trainiert, nicht so wichtig genommen wird. Sie verlieren die Lust und arbeiten ebenfalls nur noch halbherzig mit. **Damit aber dieses Üben die Rechtschreibung verbessert, muss das Kind, und damit sind wir bei der zweiten Grundvoraussetzung, ebenso bereit dazu sein, mit Mutter, Vater oder einer anderen Vertrauensperson über einen längeren Zeitraum zu arbeiten.** Bringt eine der beiden Parteien diese Bereitschaft nicht mit, hat es wenig Sinn, mit dem Training anzufangen. In diesem Fall sollte überlegt werden, ob das Training nicht außerhalb der Familie stattfinden sollte.

In meinem Buch „Legasthenie – das Trainingsprogramm für Ihr Kind" habe ich beschrieben, wie Eltern gezielt mit ihrem Kind an der Rechtschreibung arbeiten können:

- Laufdiktat
- Der unsichtbare Fotoapparat
- Rechtschreibkartei
- Merkworttraining
- Rhythmisch silbierendes Mitsprechen

Einige Möglichkeiten werden nachfolgend mehr oder weniger ausführlich dargestellt.

Wortlistentraining

Auch heute noch wird vielmals versucht, durch Abschreiben von Texten die Rechtschreibleistung von Kindern zu verbessern. Gerade aber legasthene Kinder haben große Schwierigkeiten, sich auf die Rechtschreibung zu konzentrieren.

Dies bedeutet, dass sie höchstwahrscheinlich während des Abschreibens eines Textes mit den Gedanken sehr leicht abschweifen, eventuell mit den Augen schon weiter sind, als mit dem Schreiben. Besser ist es, anhand von einem Wortlistentraining die richtige Schreibweisen gezielt einzuüben. Dazu gibt es verschiedene Möglichkeiten, von denen ich einige nachfolgend mehr oder weniger ausführlich darstellen möchte. Die Liste der Möglichkeiten kann beliebig verlängert werden.

Laufdiktate

Bei den Laufdiktaten werden einzelne Wörter auf DIN-A4- oder DIN-A5-Blätter geschrieben und im Klassenzimmer verteilt. Diese Blätter können auf einen Tisch gelegt oder an die Wand gehängt werden. Die Schüler gehen nun zu einem Wort, lesen es, gehen anschließend an ihren Tisch zurück und schreiben das gemerkte Wort auf. Danach vergleichen sie ihr geschriebenes Wort mit dem auf dem Blatt. Ist es richtig geschrieben, wird anschließend mit diesem Wort ein Satz gebildet, der auch aufgeschrieben wird, um die Bedeutung und die Schriftweise des Wortes zu verinnerlichen. Ist es falsch geschrieben, wird es korrigiert und anschließend in einen Satzzusammenhang gestellt.

Der unsichtbare Fotoapparat

Bei dieser Art des Wortlistentrainings nimmt der Schüler einen imaginären Fotoapparat mit, wenn er zu dem aufgehängten oder ausliegenden Wort geht. Steht das Kind vor dem Wort, nimmt es den unsichtbaren Fotoapparat und „fotografiert" es. Der positive Effekt dieser Variation des Laufdiktates ist ein längeres Betrachten des Wortes.

Beides, die Laufdiktate und der unsichtbare Fotoapparat, lassen sich nicht nur in der Grundschule, sondern auch bei Schülern einer 5. bzw. 6. Klasse sehr gut durchführen. Auch sie haben große Freude an der Bewegung während des Unterrichts, aber auch an der Idee des „Fotoapparates".

Sowohl bei den Laufdiktaten als auch bei dem unsichtbaren Fotoapparat sollten die gleichen Wörter über einen längeren Zeitraum geübt werden. Dadurch prägen sich diese Wörter besser ein. Wörter, die mehrfach richtig geschrieben wurden, werden durch neue ersetzt. Es hat sich als sinnvoll erwiesen, diese Wörter nach einer gewissen Zeit erneut aufzuhängen bzw. auszulegen, um zu prüfen, ob sie immer noch richtig geschrieben werden.

Lernen mit einem Karteikasten

Das Arbeiten und Lernen mit Karteikarten hat sich vor allem beim Sprachenlernen sehr bewährt. So empfehlen viele Kollegen, die eine Fremdsprache unterrichten, die Lernkartei zum Einüben der Vokabeln. Aber nicht nur in diesem Bereich ist sie eine gute Lernhilfe.

Auch zur Verbesserung der Rechtschreibung ist diese Art zu lernen sehr sinnvoll. Dazu werden Karteikarten und ein dazugehörender Karteikasten benötigt. Diesen Karteikasten kann man kaufen oder auch mit der Klasse selber herstellen. Eine Anleitung zum Bau eines Karteikastens ist in meinem Buch abgedruckt. Die zu übenden Wörter werden auf Karteikarten geschrieben.

Hierzu sollten Wörter verwendet werden, die die Schüler in einem Diktat oder Aufsatz falsch geschrieben haben. Wichtig hierbei ist, dass das jeweilige Wort ordentlich auf die Karteikarte geschrieben und anschließend von einer anderen Person – z. B. Lehrer, Vater, Mutter oder unter Umständen auch von anderen Schülern – auf die richtige Schreibweise kontrolliert wird. Zu Beginn sollten pro Tag eine Woche lang zehn Karteikarten beschrieben werden, so dass nach einer Woche ca. 70 Wörter aufgeschrieben sind und in dem ersten Fach des Kastens stecken. Nun kann mit dem Lernen begonnen werden. Der Schüler nimmt pro Tag zehn von diesen beschriebenen Karteikarten, liest das erste Wort laut vor, legt dann die Karte verdeckt auf den Tisch, schreibt das Wort auf und bildet anschließend mit diesem Wort einen Satz. Dieser Satz kann entweder nur gesprochen oder aber auch aufgeschrieben werden. Danach wird die Karte umgedreht und mit dem geschriebenen Wort verglichen. Ist die Rechtschreibung korrekt, kommt das Wort in das zweite Fach, ansonsten wird es an die letzte Stelle des ersten Faches gesteckt. Mit den Wörtern des dritten Faches beschäftigt man sich erst wieder nach 3 Tagen. Falsch geschriebene Wörter werden wie immer an die letzte Stelle des ersten Faches gesteckt, die richtigen kommen in das vierte Fach, das wiederum erst eine Woche später bearbeitet wird. Die Wörter im fünften Fach sollen nun ca. 3–4 Wochen „ruhen", d. h. nicht bearbeitet werden. Werden sie nach dieser Zeit immer noch richtig geschrieben, kann man davon ausgehen, dass sie im Langzeitgedächtnis gespeichert sind.
Um den Überblick zu behalten, kann auf jeder Karteikarte oben rechts das Datum aufgeschrieben werden, an dem dieses Wort wieder geschrieben werden soll.
Eine andere Möglichkeit der Bearbeitung besteht darin, dass das nächste Fach erst bearbeitet wird, wenn es voll ist. Damit spart man sich das Aufschreiben des Datums.
Natürlich müssen immer wieder neue Wörter auf Karteikarten geschrieben werden. In diese Art des Einübens der richtigen Schreibweise verschiedener Wörter können auch die 100 meist falsch geschriebenen Wörter einbezogen werden. Diese 100 Wörter machen ca. 30% der Rechtschreibfehler aus.
(Abgedruckt sind sie u. a. in: *Tacke, G.* (1998): Lese-Rechtschreib-Schwäche. Diagnose, Ursachen, Fördermöglichkeiten, Hrsg.: Landesinstitut für Erziehung und Unterricht Stuttgart. Sie können aber auch komplett auf Karteikarten inklusive Karteikasten bestellt werden bei: Lernpraxis SchulLeBen, Wannenweg 6, 74670 Sindringen, Tel./Fax: 0 79 48/94 01 15.)

Merkworttraining

Eine weitere Möglichkeit, die Rechtschreibung zu verbessern, ist das Merkworttraining. Dazu ist eine Liste anzufertigen, die folgendermaßen aussehen sollte:

Merkwörter	1. Versuch	Verbesserung	2. Versuch	Verbesserung

Die zu übenden Wörter werden in die Spalte „Merkwörter" eingetragen. Anschließend wird an der gestrichelten Linie die Spalte nach hinten umgefaltet. Nun werden die Wörter der ersten Spalte diktiert und der Schüler schreibt das Wort in die Spalte „1. Versuch". Wenn fünf bis sieben Wörter diktiert wurden, wird die Spalte „Merkwörter" wieder zurückgeklappt und beide Spalten miteinander verglichen. Wird ein Schreibfehler entdeckt, wird dieser markiert. Die falsch geschriebenen Wörter werden durchgestrichen und in die Spalte „Verbesserung" richtig eingetragen. Anschließend wird an der gestrichelten Linie nach dieser Spalte das Blatt erneut nach hinten gefaltet. Die falsch geschriebenen Wörter werden wieder diktiert und in die Spalte „2. Versuch" geschrieben. Die Rechtschreibung wird kontrolliert, Fehler markiert, falsch geschriebene Wörter wieder durchgestrichen und in die 5. Spalte „Verbesserung" mit der richtigen Schreibweise eingetragen. Die falsch geschriebenen Wörter sollten auch weiterhin geübt werden.
Wörter, die richtig geschrieben wurden, erhalten ein Pluszeichen oder einen Smiley, sollten aber nach einer gewissen Zeit noch einmal diktiert werden. Hat ein Wort drei positive Zeichen, wird es in einem Satz verwendet, um sich auch den Sinn des Wortes einzuprägen.

Das rhythmisch silbierende Mitsprechen

Diese Methode eignet sich nicht nur zum häuslichen Einsatz im Rahmen eines Eltern-Kind-Trainings oder zum Einsatz in LRS-Förderkursen, sondern hat sich auch im regulären Deutschunterricht der weiterführenden Schulen bewährt.
Gelernt wird, sich intensiv und bewusst mit einem einzelnen Wort zu beschäftigen, das es jeweils aufzuschreiben gilt. Eine intensive Befragung guter Rechtschreiber ergab, dass parallel zum Schreibvorgang viele Wörter gedanklich mitgesprochen und teilweise auch als Wortbild vor dem „geistigen Auge" gesehen werden. Legasthenen Kindern waren diese Hilfsstrategien unbekannt.
Fehlt diese Synchronisation von lautem oder gedanklichem Sprechen und Schreiben, sind die Gedanken während des Schreibvorgangs von Wort „A" bereits beim Wort „B". Dies muss geradezu automatisch zu Fehlern führen.
Bei meinen vielen Vorträgen über das rhythmisch silbierende Mitsprechen wurde ich immer wieder von Eltern gefragt, ob diese Methode nicht zu einer Verlangsamung des Schreibens führen würde. Da die Kinder die Synchronisation nicht beherrschen, wird dies auch am Anfang so sein, verbessert sich jedoch mit

zunehmenden Trainingseinheiten rasch. Kinder, mit denen ich so gearbeitet habe, haben mir bestätigt, dass sie keinerlei Probleme hätten, mit ihren Diktaten fertig zu werden.

In meinem Buch „Legasthenie – das Trainingsprogramm für Ihr Kind" sind Mütter zu Wort gekommen, die von ihren Erfahrungen darüber berichtet haben. Im Folgenden möchte ich die Erfahrungen eines Kollegen wiedergeben, der dieses Training in seiner 5. Klasse Realschule, in der viele Schüler auffällige Probleme in der Rechtschreibung hatten, durchführte.
Im Rahmen eines Elternabends wurden nach Vorstellung des Trainingsprogramms mit den Eltern folgende Vereinbarungen getroffen:

- Das Training wird im Rahmen einer Deutschstunde schulisch begonnen.
- Die Eltern führen es daheim mit ihren Kindern zusammen weiter.

In der ersten Deutschstunde wurden die Schüler mit dem Trainingsprogramm vertraut gemacht und die erste Übungseinheit durchgeführt. In den nächsten drei Wochen folgte in jeder zweiten Deutschstunde eine weitere Übungseinheit mit einer Dauer von ca. 10 Minuten. Anschließend sollten die Eltern das Training zu Hause fortführen. Diese häusliche Maßnahme ist wesentlich für eine Leistungsverbesserung, denn nur mit den Übungen, die in der Schule gemacht wurden, kann das rhythmisch silbierende Mitsprechen noch nicht verinnerlicht werden. Eine andere Möglichkeit wäre, das komplette Trainingsprogramm in den Unterricht zu integrieren und pro Unterrichtsstunde eine Übungseinheit zu bearbeiten.

Nachfolgend noch einige Beobachtungen des Kollegen zur Auswirkung dieser Maßnahme auf die Klasse:

Das Training hat allen Spaß gemacht, obwohl einige es am Anfang einfach nur lustig fanden. Sobald sie aber merkten, dass ihr Lehrer es ernst, aber nicht zu ernst betrachtete, machten alle ohne Probleme die Übungen mit.
Die Silbentrennung beherrschen seine Schüler mittlerweile recht gut. Im Vergleich zu seinen früheren Klassen, mit denen er dieses Training nicht durchgeführt hat, haben sich nun auch seine schwächeren Schüler in der Silbentrennung wesentlich verbessert. Erfreulich war insbesondere der größere Erfolg bei geringerem Zeitaufwand. Außerdem hat er festgestellt, dass seither die zu schreibenden Wörter viel intensiver und genauer betrachtet werden. Wichtig für ihn war, seine Schüler auch nach Beendigung des Trainings immer wieder auf das gedankliche Mitsprechen hinzuweisen, sie immer wieder daran zu erinnern. Dies hat sich natürlich auch auf die Rechtschreibung ausgewirkt.
Für meinen Kollegen war es von Bedeutung, seinen Schülern ein Instrumentarium in die Hand zu geben, mit dem sie viele ihrer Rechtschreibfehler selbst entdecken und somit ihrer Hilflosigkeit entgegenwirken können. Dabei haben sie eine positive Erfahrung gemacht: „Ich kann selbst meine Rechtschreibung verbessern, ich kann selbst Fehler entdecken." **Hilfreich dabei war auch der Tipp, ein Diktat immer von hinten her zu kontrollieren. Durch den fehlenden Sinn-**

zusammenhang müssen die Schüler sich verstärkt mit dem einzelnen Wort beschäftigen. Allerdings muss auch dieses Vorgehen in der Klasse eingeübt werden, was zwar zeitaufwändig, aber sehr hilfreich ist.

Von den Eltern kam die Rückmeldung, dass ihnen durch den einführenden Elternabend die Angst genommen wurde, nur ihr eigenes Kind sei in der Rechtschreibung so schlecht. Somit konnten sie positiver auf die Situation ihres rechtschreibschwachen Kindes eingehen.
Die intensive und genaue Betrachtung von Wörtern ermöglichte also neben einer generellen Verbesserung der Rechtschreibleistung ein erhöhtes Maß an effektiver Selbstkontrolle und somit auch ein höheres Maß an Selbstverantwortlichkeit der Schüler für ihr Rechtschreibvermögen.
Ich selbst führte das Training mit einer 8. Realschulklasse durch. Obwohl es außerhalb des Pflichtstundenmaßes stattfand, nahmen über die Hälfte der Schüler daran teil.
Pro Unterrichtsstunde bearbeiteten wir zwei komplette Übungseinheiten bei einem Zeitbedarf von ca. 30 Minuten.
Bei denen, die dieses rhythmisch silbierende Mitsprechen auch zu Hause geübt haben, hat sich die Rechtschreibung sichtbar verbessert. So kam neulich während meiner Pausenaufsicht einer dieser Schüler zu mir und erzählte stolz, er habe im letzten Diktat die Note „Drei" geschrieben. Bisher hätte er immer nur die Note „Fünf" oder „Sechs" gehabt.
Momentan führe ich dieses Training mit meiner 9. Klasse durch, auch wieder auf freiwilliger Basis und außerhalb des regulären Unterrichts. Die Schüler sind sehr konzentriert und arbeiten fleißig mit.
Mittlerweile habe ich viele Rückmeldungen aus dem gesamten Bundesgebiet und aus Österreich bekommen, sowohl von Eltern als auch von Personen, die mit legasthenen Kindern arbeiten. Sie bestätigen die oben dargestellten Erfahrungen, dass die intensive Durchführung des Trainings deutlich zur Verbesserung der Rechtschreibung führt.
Im Folgenden möchte ich Ihnen eine Trainingseinheit genauer vorstellen.

4.3.3 Das Trainingsprogramm

Soll das gesamte Training durchgeführt werden, muss man sich auf einen Zeitraum von circa 12 Wochen einstellen, und zwar bei drei Übungseinheiten pro Woche von je 10 bis 15 Minuten – je nachdem ob Leseübungen gemacht werden oder nicht. In dieses Trainingsprogramm ist auch ein Merkworttraining mit eingebaut.
Bevor man aber mit dem eigentlichen Training beginnt, müssen fünf **Vorbereitungsstufen** durchlaufen werden. Nur wenn diese fünf Stufen beherrscht werden, sollte man mit dem eigentlichen Training beginnen. **Wichtig hierbei ist, mit der nächsten Stufe erst anzufangen, wenn die davor wirklich gekonnt wird.** Dazu sollte man sich vor jeder Übungsstunde Wörter aufschreiben, damit das Einüben der fünf Vorbereitungsstufen nicht durch ein verzweifeltes Suchen nach passenden Wörtern unterbrochen wird.

Das Kind muss die Wörter immer laut mitsprechen, sei es beim Schreiben, beim Setzen der Bögen, beim Laufen oder beim Einüben der fünf Vorstufen. Dadurch wird das Kind dazu gebracht, alle seine Sinne auf das zu schreibende Wort zu lenken. Nur wenn dieses Mitsprechen oft genug geübt wird, wird es verinnerlicht und kann dann später in Gedanken automatisch mitgesprochen werden.

Mit der **ersten Stufe** wird das Zerlegen der Wörter in Silben eingeübt. Hierbei geht es nur um das Sprechen und nicht um das Schreiben.

In der **zweiten Stufe** lernt das Kind sich zum Sprechen zu bewegen. Die Bewegung erfolgt in Form von Schritten, die seitwärts nach rechts ausgeführt werden. Rechts deshalb, weil unsere Schreibrichtung auch rechts ist. Mit jeder gesprochenen Silbe wird ein Schritt nach rechts gemacht. Hat das Wort drei Silben, erfolgen auch drei Schritte nach rechts. Hierbei ist darauf zu achten, dass das Sprechen und die Bewegung synchron verlaufen.

Bei der **dritten Stufe** werden nun die Schritte durch Bewegungen mit der Hand in Form von Bögen ersetzt. Während die erste Silbe gesprochen wird, soll gleichzeitig mit der Schreibhand ein Bogen in die Luft gemalt werden. Auch hier muss auf die Synchronisation des Sprechens der Silben und des Malens der Bögen geachtet werden.

Ab der **vierten Stufe** spielt die Aussprache eine wichtige Rolle. Neben dem synchronen Verlauf von Schreiben und Malen der Bögen muss nun auch auf die richtige Aussprache geachtet werden. Es darf kein Buchstabe verschluckt oder falsch ausgesprochen werden.
In dieser Stufe wird mit dem Schreiben begonnen. Es wird die erste Silbe des Wortes auf das Blatt oder in das Heft geschrieben und anschließend ein Bogen darunter gesetzt:

Schu le

Geübt wird dies zuerst nur an zweisilbigen Wörtern, bevor man zu mehrsilbigen übergeht.

Erst ab der **fünften Stufe** wird das Wort als Ganzes geschrieben und danach die Bögen darunter gesetzt.
Sind alle fünf Stufen erfolgreich absolviert worden, kann mit dem eigentlichen Training begonnen werden. Dazu kann man die von mir verwendeten Wörter benutzen oder sich eigene ausdenken. In diesem Fall sollten sie aber wieder vorher aufgeschrieben werden.

Das gesamte Training habe ich in drei Bereiche aufgeteilt, und zwar in das Grundtraining, das Training zum Weiterschwingen und das Training zum Einüben für die Anwendung von „ss" und „ß". Der Übungsrahmen ist für alle drei Bereiche gleich, nämlich 3-mal pro Woche mit je 15 Minuten Dauer, wenn das Training zu Hause durchgeführt wird. Wollen Sie es als Lehrer mit einer Klasse durchführen, so können Sie die Leseübungen an einer anderen Stelle Ihres Unterrichts ansiedeln und/oder das Merkworttraining zu Hause üben lassen.

Ich möchte noch einmal darauf hinweisen, dass ich es für ganz wichtig erachte, die Eltern über das Training zu informieren und diese anzuregen, das Kind zu Hause durch weitere Übungen oder durch Kontrollen zu unterstützen. Ansonsten besteht die Gefahr, dass das Training wenig Sinn macht. Darauf sollten die Eltern unbedingt aufmerksam gemacht werden. Im Folgenden möchte ich auf das Grundtraining und auf das Training zum Weiterschwingen genauer eingehen. Das Training zur Anwendung von „ss" und „ß" möchte ich hier vernachlässigen (kurzer Anriss des Themas auf S. 244). Nachgelesen werden kann es in meinem Buch.

Der Übungsaufbau für das Grundtraining ist für alle Übungseinheiten gleich. Begonnen wird, indem der Trainer ein mehrsilbiges Wort vorsagt und das Kind mit diesem Wort laut mitsprechend einschwingt. Anschließend werden dem Kind drei weitere Wörter vorgegeben, die mitschwingend und mitsprechend von dem Kind gelaufen werden. Danach werden diese drei Wörter laut mitsprechend aufgeschrieben und die Bögen darunter gesetzt, wobei auch hier laut mitgesprochen werden muss. Nun diktiert der Trainer zwei Sätze, die das Kind laut mitsprechend aufschreibt und ebenso laut mitsprechend die Bögen darunter setzt. Die Sätze können einzeln oder nacheinander diktiert werden. Sind alle Bögen unter die Wörter gesetzt, werden nun die eventuell vorhandenen Fehler besprochen. Dies kann anhand einer Folie oder durch den gegenseitigen Austausch der Hefte geschehen. Wichtig hierbei ist, dass jedes Kind, das einen Schreibfehler gemacht hat, diesen auch benennt und erklärt, wodurch der Fehler entdeckt wurde.

Im Folgenden möchte ich den Ablauf des Trainings am Beispiel von zwei Übungseinheiten aufzeigen. In meinem Buch sind weitere 12 Übungseinheiten zu dem Grundtraining aufgeführt.

Übungseinheit 1

1. Einschwingen

   S a t e l l i t e n f e r n s e h e n

2. Drei weitere Wörter schwingend und sprechend laufen.

   S a n d k a s t e n

   T i e r g a r t e n

   F e n s t e r r a h m e n

3. Die drei Wörter sprechschwingend schreiben.
4. Zwei Sätze diktieren
   Einige Kindergartenkinder spielen mit den bunten Bauklötzen auf dem Boden. Die Bauarbeiter tragen den Zement in Eimern die Treppe hinauf.
5. Fehler besprechen
6. Fünf Merkwörter nach eigener Wahl aufschreiben.
7. Leseübungen (je nach Bedarf und Zeit).

Übungseinheit 2

1. Einschwingen

   S o n n e n w e n d e

2. Drei weitere Wörter schwingend laufen.

   Sommerferien

   Inhaltsangabe

   Hochspringer

3. Die Wörter von **Punkt 2** sprechschwingend schreiben.
4. Zwei Sätze diktieren

   Viele Kinder tummeln sich in dem großen Sandkasten.

   Wenn der Vater sich einen Film im Fernsehen anschauen möchte, setzt er sich in einen Ledersessel.

5. Fehler besprechen
6. Fünf Merkwörter nach eigener Wahl aufschreiben
7. Leseübungen

Training zum Weiterschwingen

In unserer deutschen Sprache gibt es Wörter, bei denen viele Kinder und auch Erwachsene überlegen müssen, ob das Wort mit einem „d" oder einem „t" endet. Oder es stellt sich die Frage, warum das Wort „grell" mit zwei „l" geschrieben wird. Mit dem Training zum Weiterschwingen soll das Kind lernen, die Endungen der Wörter richtig zu schreiben. Dazu werden bestimmte Wörter verlängert, um so heraushören zu können, welcher Laut geschrieben werden muss. Bevor mit den einzelnen Übungseinheiten begonnen wird, sollte das Verlängern von Wörtern anhand von zwei Beispielen eingeübt werden.

Dazu wird z. B. das Wort „Held" bei gleichzeitigem lauten Mitsprechen an die Tafel oder auf ein Blatt geschrieben. Anschließend wird unter das Wort „Held" ein Bogen gesetzt und dabei laut mitgesprochen. Danach sagt man: „Ich verlängere das Wort ‚Held' zu dem Wort ‚Helden' und erweitert den Bogen mit einem Pfeil unter der Endung ‚d'." Mit der gedachten Verlängerung des Wortes ist deutlich zu hören, dass ein „d" geschrieben werden muss.

Kursiv Gedrucktes wird also nur gesprochen oder gedacht, aber nicht geschrieben.

1. Wort sagen	2. Bogen darunter setzen
Held	H e l d
3. Wort verlängern	4. Bogen erweitern
Hel d*en*	H e l d *e n*

Weiteres Einüben anhand des Wortes „heilig“:

1. Wort sagen
   h e i l i g
2. Bogen daruntersetzen
   h e i l i g
3. Wort verlängern
   h e i l i g *e*
4. Bogen erweitern
   h e i l i g *e*

Auch beim Training zum Weiterschwingen sind die einzelnen Übungseinheiten gleich aufgebaut. Der Trainer sagt zu Beginn der Übung ein Wort vor. Das Kind spricht es nach und sagt anschließend: „Ich verlängere ‚..........‘ zu ‚..........‘.“ Danach werden fünf weitere Wörter diktiert, die vom Kind sprechschwingend aufgeschrieben und anschließend mit den Silbenbögen kontrolliert werden. Beim Wortende sagt es: „Ich verlängere ‚..........‘ zu ‚..........‘“ und erweitert den letzten Bogen mit einem Pfeil. Es sagt wieder laut: „Das Wort ‚..........‘ wird am Ende mit ‚..‘ geschrieben.“ Danach werden zwei Sätze diktiert, die das Kind laut mitsprechend aufschreibt, anschließend laut mitsprechend die Bögen unter die einzelnen Silben setzt und durch die Verlängerung des Bogens seine Schreibweise überprüft. Die Fehler werden besprochen, weitere fünf Merkwörter wie bei dem Grundtraining aufgeschrieben und je nach Bedarf und Zeit noch Leseübungen gemacht.
Ich zeige zwei Übungseinheiten exemplarisch auf. Weitere Übungen dazu sowie verschiedene Satzbeispiele zum Diktieren finden Sie in meinem Buch.

Übungseinheit 1

1. Wort vorsprechen
   r a s a n t
2. Wort nachsprechen und verlängern
   r a s a n t → r a s a n t *e*
3. Fünf weitere Wörter diktieren (Verlängerung ist kursiv)
   ledig ledig *e*
   heftig heftig *e*
   Fußball Fußbäll *e*
   Kamm Kämm *e*
   Katalog Katalog *e*
4. Zwei Übungssätze diktieren
   Der Hund (*Hunde*) knurrt (*knurren*) den kleinen Jungen auf dem Spielplatz (*Spielplätze*) an.
   Das grüne Blatt (*Blätter*) fällt (*fallen*) gerade von dem hohen Baum herunter.
5. Die Fehler werden besprochen
6. Fünf Merkwörter aufschreiben und üben
7. Leseübungen je nach Bedarf und Zeit

Übungseinheit 2

1. Wort vorsprechen
   M a n n
2. Wort nachsprechen und verlängern
   M a n n → M ä n n *e r*
3. Fünf weitere Wörter diktieren (Verlängerung ist kursiv)
   Kamerad Kamerad *en*
   Bild Bild *er*
   Tritt Tritt *e*
   schwimmt schwimm *en*
   blind blind *e*
4. Zwei Übungssätze diktieren
   Das blonde Kind *(Kinder)* läuft *(laufen)* morgen ganz *(ganze)* schnell *(schneller)* in die neue Klasse.
   Die gelben Sonnenblumen auf dem Feld *(Felder)* werden von dem Landwirt *(Länder* und *Wirte)* abgeerntet.
5. Fehler besprechen
6. Fünf Merkwörter aufschreiben und üben.
7. Leseübungen je nach Bedarf und Zeit

Training für die Anwendung von „ss" oder „ß"

Nach der neuen Rechtschreibung gelten bezüglich „ss" oder „ß" folgende Regeln:

- Nach kurzem Vokal steht immer „ss"
  Beispiele: nass, Hass, musst, Kuss
- Nach Doppelvokalen steht „ß"
  Beispiele: weiß, heißen, fließen
- Nach langen Vokalen steht „ß"
  Beispiele: Fuß, bloß, aß, Straße

Wichtig hierbei ist, dass man sich bewusst macht, welche der drei Regeln zutrifft. Diese Regeln sollten auch benannt werden. Der Übungsaufbau sieht folgendermaßen aus:
Es wird ein Wort gesagt und das Kind wiederholt das Wort, wobei auf die deutliche Aussprache zu achten ist und sagt, welche Regel zutrifft. Anschließend wird das Wort rhythmisch-silbierend mitsprechend aufgeschrieben. Es werden vier weitere Wörter nach dem gleichen Schema bearbeitet. Danach werden drei Sätze diktiert, in denen verschiedene Wörter mit „ss" oder „ß" vorkommen. Auch hier sollte auf das gedankliche oder laute Mitsprechen hingewiesen werden.

Sind diese drei Trainingseinheiten, das Grundtraining, das Training zum Weiterschwingen sowie das Training zur Anwendung von „ss“ und „ß“, vollständig abgeschlossen, müsste das Kind in der Lage sein, beim Schreiben gedanklich mitzusprechen. Es bleibt dem Lehrer bzw. den Eltern überlassen, wann sie das Kind dazu auffordern, das laute Mitsprechen durch gedankliches Mitsprechen zu ersetzen. Es sollte nur nicht zu früh erfolgen. Grundsätzlich sollte das Kind dann beobachtet werden, ob es wirklich silbiert.
Auch nach Beendigung des gesamten Trainings sollten die Kinder immer wieder dazu aufgefordert werden, gedanklich mitzusprechen. Gegebenenfalls ist es sinnvoll, nach einer gewissen Zeit das rhythmisch silbierende Mitsprechen wieder aufzufrischen.
Das rhythmisch silbierende Mitsprechen wird mit Sicherheit nicht alle Rechtschreibprobleme lösen können. Den Kindern wird damit aber ein Mittel in die Hand gegeben, mit dem sie eigenständig Rechtschreibfehler vermeiden und auch entdecken können. Die intensive und konzentrierte Auseinandersetzung mit einzelnen Wörtern führt insgesamt zu einem besseren Verständnis der Rechtschreibung.
Mit dem rhythmisch silbierenden Mitsprechen werden Groß- und Kleinschreibung oder das Dehnungs-h nicht speziell geübt. Es führt aber dazu, dass sich die Schüler intensiver und damit auch konzentrierter mit dem einzelnen Wort beschäftigen. Es hat sich gezeigt, dass dadurch automatisch auch weniger Fehler in der Groß- und Kleinschreibung, beim Dehnungs-h und auch bei anderen Rechtschreibproblemen gemacht werden.

Alexander Geist

4.4 Förderung rechtschreibschwacher Kinder am Gymnasium: Das Erdinger Rechtschreibtraining (ERT) und die Begleitmaßnahmen

Ich stelle im Folgenden eine Reihe von Maßnahmen vor, die an den Gymnasien Erding und Dorfen eingeführt wurden, um rechtschreibschwache Kinder möglichst frühzeitig zu identifizieren und zu fördern:

- Der Identifizierung dient eine Rechtschreibreihenuntersuchung im Oktober bzw. November der 5. Jgst., an der sämtliche Kinder teilnehmen. Die Eltern von in der Testung sowie in den ersten Leistungsablagen besonders auffälligen Kindern werden zu einem Sonderelternabend eingeladen und über die Förderangebote und Hilfsmaßnahmen informiert.
- Kernstück der Fördermaßnahmen ist dann das „Erdinger Rechtschreibtraining“ (ERT), ein Trainingsprogramm für rechtschreibschwache Schüler ab der 5. Jgst., das im Eltern-Kind-Verfahren durchgeführt wird. Das Material kann bedingt auch im Rahmen eines Förderkurses eingesetzt werden. (Zur Verwendung bzw. zum Einbau im Unterricht vgl. meinen Artikel über den Rechtschreibunterricht an weiterführenden Schulen in diesem Band!)
- Ergänzend zu dem Training werden Begleitelternabende zum Erfahrungsaustausch durchgeführt, bei denen außerdem jeweils ein relevantes Thema im Referatsstil behandelt wird (z.B. Möglichkeiten zur Hilfe bei Aufsatzproblemen, Konzentration, Prüfungsangst).
- Der Prozess der Identifikation und auch ggf. der Nachteilsausgleich über die Anerkennung einer Rechtschreibschwäche nach den bayerischen Legasthenie-Richtlinien erfolgen nach Antrag der Eltern in enger Kooperation mit den Deutsch- und Fremdsprachenlehrkräften der Kinder.
- Am Ende der 6. Jgst. findet eine neue Reihenuntersuchung statt, die sowohl der Evaluation des Trainings (allgemein sowie speziell auf einen Übenden bezogen) als auch des Rechtschreibunterrichts dient.

Das Maßnahmenpaket kann grundsätzlich auch von Lehrkräften durchgeführt werden, die nicht Psychologen oder Beratungslehrkräfte sind. Außerdem ist es auch für den Einsatz an Realschulen geeignet.

4.4.1 Gesamtrahmen, in dem das ERT eingebaut ist

Das Trainingsmaterial des Erdinger Rechtschreibtrainings wird den Eltern natürlich nicht nur einfach in die Hand gedrückt, sondern es ist, wie schon gesagt, eingebunden in einen Gesamtrahmen. Ich beschreibe im Folgenden zunächst den Rahmen an den Gymnasien Erding (seit 1998/99) und Dorfen (seit 2000/01), dann den bei meiner früheren Arbeit mit diversen Einzelfällen an der Schulberatungsstelle Oberbayern-Ost.

Vorneweg muss ich deutlich auf einen Erfahrungswert hinweisen: Es geht wirklich nicht, dass man den Eltern das Material gibt und sie dann damit ein bis zwei Jahre allein arbeiten lässt. In irgendeiner Form müssen Fixpunkte geschaffen werden, bei denen Elternkontakte stattfinden, sei es in Form von Elternabenden, sei es in Form von Einzelgesprächen. Welche Form die ökonomischere und die pädagogisch-psychologisch sinnvollere ist, muss im Einzelfall und nach Maßgabe der lokalen Ressourcen entschieden werden. Auf Alternativen zu dem dargestellten Konzept gehe ich jeweils im Folgenden ein.

a) Beispiel Gymnasien Erding/Dorfen

- **Phase 1: Identifikation von Schülern mit erheblichen Rechtschreibproblemen**
  Basis: Reihentestung im Herbst der 5. Jahrgangsstufe (Testung erfolgt durch Lehrkräfte, Auswertung durch Lehrkräfte und/oder mich; Teilnehmer sind alle Schüler der 5. Jgst.)
  Die Deutschlehrkräfte werden gebeten, diejenigen Schüler zu nominieren, die nicht nur im Test, sondern auch in den ersten Diktaten, Übungsaufsätzen und Schulaufgaben eine sehr schlechte Rechtschreibleistung zeigen.

  Alternative: Es erfolgt keine Reihentestung (sie ist aber nicht sehr aufwändig!), sondern zunächst die Nominierung durch die Lehrkräfte; die Schüler werden dann zu einem späteren Zeitpunkt (am besten nach Phase 2) in Gruppenform getestet. Administration und Auswertung eines Rechtschreibtests in Gruppenform sind wenig aufwändig. Die Testung am Anfang und am Ende des Trainings ist aber notwendig, damit die Kinder (und die Lehrkräfte, die das Programm stützen) eine Rückmeldung über die Leistungsentwicklung erhalten. Wesentlich unökonomischer ist letztlich ein Verfahren, bei dem der Lehrkraft, die für das Programm verantwortlich ist (beauftragter Fachlehrer, Beratungslehrer, Schulpsychologe), Kinder mit erheblichen Rechtschreibproblemen im Laufe der Zeit einzeln genannt werden; dann ist nämlich in jedem Fall ein Einzelgespräch mit den Eltern und eine Einzeltestung mit dem Kind nötig.

- **Phase 2: Informieren der Eltern der betroffenen Schüler**
  Einladung zu einem Sonderelternabend; dort Information über das Problem als solches, über rechtliche Regelungen und über das Training; Verteilung des so genannten „Vorkurses" aus dem Trainingsmaterial an interessierte Etern. (Der Vorkurs ist die einführende Übungseinheit, bei der noch nicht der Erwerb der Bücher vonnöten ist. Die Eltern und Kinder können also auf diese Weise ohne Kosten testen, ob die Arbeitsform des Trainings ihnen liegt.)

- **Phase 3: Training gemäß Konzept (s. 4.4.3, S. 250); Unterstützung durch Begleitelternabende;** ggf. regelrechtes Begutachtungsverfahren (gemäß KMBek), in den meisten Fällen auch mindestens ein Beratungskontakt mit dem Kind und seinen Eltern im ersten Schuljahr; bei Bedarf weitere Beratungskontakte, wenn nämlich die Kinder, wie es nicht selten der Fall ist, im Lernbereich oder in Form von Prüfungsangst weitere Probleme haben.

Themen der Begleitelternabende: Erfahrungsaustausch (Thema auf jedem Elternabend), Lerntypen (und wie man dies für das alltägliche Lernen ausnutzen kann), Hilfen für den Umgang mit Rechtschreibproblemen in Fremdsprachen und Tipps zur Prüfungsvorbereitung, Hilfen zur Vorbereitung von Deutschaufsätzen und zum Training von Ausdrucksproblemen, Konzentration, Prüfungsangst, Zweig- bzw. Sprachenwahl.
In früheren Schuljahren stand im Mittelpunkt der Erfahrungsaustausch, d. h., im Regelfall wurden die Themen behandelt, die die Eltern einbrachten. Aufgrund der Erfahrungen veränderte ich ab dem Schuljahr 2000/2001 das Konzept und stellte die Abende gleich unter ein Schwerpunktthema.
Bislang fanden jeweils ca. drei Elternabende in der 5. Klasse und zwei in der 6. Klasse statt. Das klingt einerseits nach wenig, andererseits nach viel; faktisch ist damit die Grenze dessen erreicht, was im Rahmen der schulischen Förderung (ohne zusätzliches Personal) möglich ist.
Alternative: Bei der Übertragung auf andere Schulen bzw. der Durchführung durch Nicht-Schulpsychologen wäre folgende Konstruktion denkbar: Ein für das Gesamtpaket zuständiger Lehrer (der natürlich eine Anrechnungsstunde dafür erhalten müsste) organisiert die Elternabende und moderiert sie. Für gewisse Themen engagiert er Kollegen (z. B. Fachlehrkräfte für Deutsch und Englisch, Beratungslehrkraft, zuständigen Schulpsychologen) als Referenten.

b) Beispiel Schulberatungsstelle

Während meiner früheren Tätigkeit an der Schulberatungsstelle Oberbayern-Ost war die Lage so: Die Fälle kommen nicht gebündelt und stammen auch nicht aus einem Ort, sondern verteilen sich über die Monate und den ganzen Zuständigkeitsbezirk (das waren seinerzeit mehr als ein Dutzend Gymnasien). Von daher muss die Begleitung der Eltern in den Rahmen der normalen Beratungsarbeit eingebaut werden. Die Situation entspricht grundsätzlich der eines regionalen Schulpsychologen oder einer schulischen Beratungslehrkraft.
Im Regelfall ist der Anlass zur Kontaktaufnahme die Begutachtung gemäß bayerischem Legasthenie-Erlass. Testung und Erstberatung erfolgen an einem Vormittag; am Ende wird den Eltern auch das ERT vorgestellt und das kopierte Material mitgegeben. Im Abstand von zwei bis drei Monaten erfolgen ca. einstündige Beratungsgespräche; in diesem Rahmen erfolgen der Erfahrungsaustausch sowie die Beratung hinsichtlich anderer Gesichtspunkte, was sonst auf den Elternabenden geschieht.

4.4.2 Das Erdinger Rechtschreibtraining (ERT)

Kernstück der Förderung ist das Erdinger Rechtschreibtraining (ERT).
Das ERT wurde von mir im Laufe der letzten sechs Jahre entwickelt und erlebte – auf der Basis einer fortlaufenden quantitativen und qualitativen Evaluation – eine mehrfache Umarbeitung, zwar nicht im Hinblick auf seine Grundmerkmale, wohl aber hinsichtlich diverser Details, die für die Brauchbarkeit und leichte Handhabung bedeutsam sind.

Anlass für die Entwicklung waren Notstände:

- der Notstand, dass an dem Ort, wo ich früher tätig war, weit und breit kein niedergelassener LRS-Therapeut tätig war. Die lokale Erziehungsberatungsstelle bemühte sich zwar nach Kräften, das Defizit wenigstens ansatzweise zu reduzieren, war aber personell damit überfordert;
- der Notstand, dass auch ich als einziger Schulpsychologe für die vier Gymnasien eines 100 000 Einwohner zählenden Landkreises die Versorgung mit einer LRS-Therapie in Einzel- oder Gruppentherapie nicht gewährleisten konnte;
- der Notstand, dass das übliche Trainingsmaterial, wie es Verlage anbieten, Kindern mit erheblichen Rechtschreibproblemen aus lern- und gedächtnispsychologischen Gründen nicht oder kaum helfen kann;
- der Notstand, dass es zwar fundiertes Material für Eltern-Kind-Trainings gibt, dieses aber eher auf Grund- und Hauptschüler hin konzipiert wurde, nicht jedoch für Gymnasiasten, deren Fehlerprofil häufig anders ist und bei denen man auf andere Ressourcen (hinsichtlich Intelligenz und Arbeitshaltung) zurückgreifen kann.

Heute arbeite ich zwar in einem Landkreis (Erding) mit mehreren LRS-Therapeuten, aber selbst die haben inzwischen lange Wartezeiten. Zugleich gibt es sehr viel mehr Kinder mit einer Rechtschreibschwäche, die von Jugendämtern gar nicht gefördert werden (können), weil das Geld nicht reicht. Die Privatfinanzierung einer LRS-Therapie übersteigt aber die finanziellen Möglichkeiten der meisten Familien. Von Jugendämtern nicht gefördert werden im Übrigen häufig Gymnasiasten, und zwar aus zwei Gründen:

- Nur wenige leiden unter einer extremen Legasthenie, was Jugendämter aber immer häufiger zur Förderungsvoraussetzung erklären.
- Nur wenige befinden sich bereits in dem seelischen Notstand mit sozialen Integrationsrisiken, der gemäß Kinder- und Jugendhilfegesetz ohnehin conditio sine qua non einer Förderung ist. Die Junggymnasiasten mit einer Rechtschreibschwäche können nämlich in der Grundschule und oft auch noch einige Zeit am Gymnasium ihre Misserfolgserfahrungen im Rechtschreiben durch Erfolgserfahrungen in anderen Leistungsbereichen so gut kompensieren, dass seelische Sekundärschäden noch nicht auftreten. Mittel- und langfristig bleiben diese jedoch in den meisten Fällen nicht aus, wenn eine Sonderförderung nicht stattfindet.

All das führte schließlich dazu, das ERT systematisch zu entwickeln und einzusetzen.

Die Beschreibung des Trainingsprogramms umfasst folgende Aspekte:

(1) Trainingsaufbau: methodischer Rahmen des ganzen Trainings; Aufbau einer Übungseinheit; Abschnitte und Themenbereiche
(2) Material: Umfang; methodisch-didaktische bzw. psychologische Grundsätze
(3) Einsatzbereiche und Grenzen des ERT
(4) Evaluation

4.4.3 Trainingsaufbau

a) Methodischer Rahmen des Trainings

- Ein dafür angelernter **Elternteil** (der die Rechtschreibregeln aber nicht selbst perfekt beherrschen muss – er lernt sie zusammen mit dem Kind ...) trainiert mit dem Kind **vier- bis fünfmal wöchentlich jeweils ca. 15–20 Minuten** nach einem bestimmten System und mit Hilfe des ausgeteilten Materials. Die Höchstübungszeit darf nicht überschritten werden – das Kind muss sich darauf verlassen können, dass die Qual ein absehbares Ende hat.
  Erfahrungswert: Die meisten Familien schaffen es, im Regelfall drei- bis viermal wöchentlich zu üben. Das reicht aus, viermal erscheint aufgrund bisheriger Erfahrungen aber besser als dreimal.
- Um zu verhindern, dass die Abteilung „Sprache" im Gehirn zu stark belastet wird, sollte das Training nicht unmittelbar nach dem Erledigen von schriftlichen oder mündlichen Hausaufgaben in Deutsch oder Englisch bzw. Latein und nicht nach dem Vokabelabfragen stattfinden.
- Das Training muss grundsätzlich **auch in den Ferien** durchgeführt werden; zu lange Pausen führen zu Rückschlägen. Sollte in einer Woche sehr viel los sein (z. B. infolge von Schulaufgabenvorbereitungen), kann die tägliche Trainingszeit natürlich reduziert werden, es sollte aber nicht gänzlich auf das Üben verzichtet werden.
- Das Training verlangt von beiden Seiten viel **Geduld** und **Durchhaltevermögen**! Um dieses zu unterstützen, sollte das Kind mindestens in den ersten Monaten für regelmäßiges Trainieren (nicht für den Leistungserfolg!) in angemessenem Rahmen **belohnt** werden (der Trainer sollte sich übrigens auch belohnen!). Vorschlag: Anfänglich für fünf Übungseinheiten eine kleine Belohnung; nach einem Monat wird der Belohnungszeitraum auf zehn Übungseinheiten ausgedehnt, nach drei Monaten auf regelmäßige Übungen innerhalb eines Monates. – Belohnungen in Form gemeinsamer besonderer Aktivitäten von Elternteil und Kind sind im Übrigen besser als materielle Belohnungen.
- Die **elterliche Haltung** während des Trainings muss immer von **Geduld** und **freundlicher Zuwendung** geprägt sein. Der Elternteil-Trainer soll weder mit Worten noch durch mimische oder gestische Signale Ungeduld, Ärger o. Ä. zeigen. Für die Kinder ist das Rechtschreibtraining ohnehin anstrengend, das Thema Rechtschreibung ohnehin frustrierend; Eltern sollten ein Kind nicht durch (noch so verständlichen) Ärger über nur langsame Leistungsfortschritte (oder gar -rückschritte) entmutigen.
  Sollte ein Elternteil merken, dass es seine Gefühle nicht im Zaum halten kann, ist es besser, wenn der andere Elternteil das Training übernimmt, selbst wenn das Training dann vielleicht zu ungünstigeren Zeiten stattfinden muss. Falls das nicht möglich ist, soll die Familie mit dem Schulpsychologen, der das Training vermittelt hat, Kontakt aufnehmen, um Lösungswege zu finden.

b) Aufbau einer Übungseinheit

I) Das Kind wiederholt die zuletzt behandelte **Regel mündlich** und erklärt die Regel anhand von einem oder mehreren Beispielen (aus dem Regeltext oder aus tags zuvor durchgeführten Übungen).

II) **Bearbeiten einer (oder mehrerer) Übung(en) bzw. Einführung einer neuen Regel und Bearbeiten einer ersten Übung dazu**

- Das Kind führt die Übungen selbstständig durch.
- Am Anfang eines neuen Kapitels oder Unterkapitels zur Lautschreibung soll das Kind jedes Wort, das es schreibt, zuvor laut und deutlich, aber ohne Überbetonungen und künstliche Längungen aussprechen.
- Der Trainer beschränkt sich in dieser Phase am Anfang eines Kapitels auf positive Rückmeldungen, wenn ein Wort richtig geschrieben wird, unterlässt also Fehlermeldungen und alle Formen von Tadel, Ungeduld usw. Nebenbei behält er unauffällig den Zeitplan im Auge, d. h., wenn er merkt, dass die Fehler recht zahlreich sind, bricht er die Übung früher ab, damit genügend Zeit für Fehlerkorrektur und -besprechung bleibt. Sollte das Kind kaum Fehler machen, kann dieser Abschnitt länger dauern, weil ja weniger Korrekturzeit nötig ist. – In späteren Übungseinheiten eines Kapitels soll der Trainer während der Übungseinheit gar keine Reaktionen zeigen; das Kind soll auf diese Weise Selbstständigkeit bei der Beurteilung seiner Schreibweise erlernen.

III) **Korrigieren der Übung**

- Der **Trainer unterlegt richtige Wörter** (bezogen auf die aktuelle oder eine früher behandelte Regelthematik) mit **Textmarker** und lobt die Richtigschreibung; dabei sollte er auch öfters die Regel wiederholen („Das ist richtig, weil …").
- Sollte ein Wort einen Fehler enthalten, der sich nicht auf die Regelthematik bezieht, wird hervorgehoben, dass die eigentliche Schwierigkeit bewältigt wurde, dass aber noch ein Fehler enthalten ist. Das Kind soll den Fehler selbst entdecken; ggf. hilft der Trainer aber mit. Der Fehler wird verbessert, das Wort wird dann ebenfalls mit dem Textmarker unterlegt, denn bezogen auf die Trainingsrichtung enthält es ja keinen Fehler.
- Nun kommen die Wörter an die Reihe, die bezogen auf die Trainingsrichtung einen Fehler enthalten. Das Kind verbessert den Fehler selbst, soll dabei aber auch begründen, warum man das Wort so und so schreibt. Auch die verbesserten Wörter werden nun mit Textmarker unterlegt und das Kind durch ein ermutigendes Wort aufgebaut.
- **Die – bezogen auf die aktuell oder kurz vorher behandelte Regel – fehlerhaften Wörter** (bzw. bei Verstößen gegen die Groß- und Kleinschreibung bzw. die Zusammen- und Getrenntschreibung der fehlerhaften Wortgruppen) notiert sich der Trainer auf einem Zettel. Mit diesen Wörtern soll das Kind noch **gezielt üben**. Die Art der Übungen soll sinnvoll sein und bewirken, dass das Kind sich mit der Regel und dem Regelsystem auseinander setzt – also nicht nur das Wort dreimal schreiben lassen (das machen die meisten Kinder ohne jegliches Mitdenken)!

Übungsmöglichkeiten:

- Wortfamilien bilden, d. h. zu dem Fehlerwort verwandte Wörter finden und schreiben lassen;
- Reimwörter gleicher Schreibweise finden;
- das Wort beugen (bei Substantiven: *das Haus, des Hauses, dem Haus, das Haus;* bei Verben: *ich wohne, du wohnst, …;* bei Adjektiven: *groß, größer, am größten*)
- das fehlerhafte Wort/den fehlerhaften Ausdruck in kleine Sätze packen bzw. Sätze mit mehreren der Fehlerwörter bilden.

Hinweis: Da die Übungen so konzipiert sind, dass der Schwierigkeitsgrad nur sehr allmählich steigt (Training an der Null-Fehler-Linie), wird die Fehlerzahl nicht sehr groß sein. Von daher wird die Korrektur- und Fehlerbesprechungsphase nicht lange dauern.

IV) **Am Schluss:** Tagespunkt auf den Wandkalender kleben! Kind für sein Durchhaltevermögen loben!

Hinweis zur Trainingspraxis: Wenn der Einstieg in das Training gut geklappt hat, ist es erfahrungsgemäß – nach ca. vier Wochen – nicht mehr nötig, dass der Trainer bei jeder Übung dabeisitzt. D. h., es reicht, wenn der Trainer am Anfang (Regelwiederholung und Festlegung des zu bearbeitenden Abschnitts) und am Ende bei der Korrekturphase direkt mit dem Kind arbeitet und sich dazwischen zurückzieht.

c) Abschnitte und Themen des Trainings

Phase 1: Basistraining (Dauer: ca. 1 bis $1^1/_4$ Jahre)

Aufgrund der bisherigen Erfahrungen empfiehlt es sich, folgendermaßen vorzugehen:

I) **Vorkurs** (Erklärung der Begriffe „Wortstamm"/„Wortfamilie" und weiterer grundlegender Begriffe sowie Übungen zur Wortzerlegung in Morpheme; Schreibweise von Vor- und Nachsilben – ein überschaubares Teilkapital, durch das die Kinder die Wortzerlegung nochmals trainieren und das zugleich bereits die „Eroberung" eines sehr klar geregelten orthographischen Bereiches erlaubt).

II) **Kapitel „k oder ck, z oder tz"** (In diesem Bereich machen die Kinder zwar nicht unbedingt die meisten Fehler, aber er ermöglicht, den für viele Regeln wichtigen Unterschied zwischen kurzen und langen Vokalen zu trainieren [Förderung phonologischen Bewusstseins] und erlaubt zugleich, am Beispiel eines einfachen Regelpaars den Umgang mit Regeln generell kennen zu lernen und die Scheu vor dem Begriff „Regel" zu verlieren).

III) **Kapitel „Schärfung"** (vertieft das Bewusstsein für kurze Vokale und baut – von der Regelsystematik her – direkt auf dem vorherigen Kapitel auf)

IV) **Kapitel „Groß- und Kleinschreibung (Grundlagen)"** (Sollte in diesem Bereich das größte und drängendste Defizit bestehen, kann man auch damit beginnen.)

Ab diesem Zeitpunkt kann man die Kapitelreihenfolge nach den individuellen Fehlerschwerpunkten bestimmen. Rechtschreibkapitel, bei denen das Kind (praktisch) keine Fehler macht, brauchen natürlich nicht behandelt zu werden.

Bislang stehen folgende weitere Kapitel in der aktualisierten Version (d. h. einer, bei der bisherige Erfahrungen eingearbeitet wurden) zur Verfügung:

- Kapitel „Dehnung"
- Kapitel „*s*-Schreibung" (*s, ss* oder *ß; st*)
- Kapitel „*das* oder *dass*"
- Kapitel „*ent-* oder *end-* (Vorsilbe)"
- Kapitel „Auslautendes *d* oder *t, b* oder *p, g* oder *k* – Hilfsmittel Verlängerung"
- Kapitel „*e* oder *ä, eu* oder *äu, ei* oder *ai*"
- Kapitel „*f* oder *v*"
- Kapitel „Konsonantenschreibung – diverse schwierige Fälle"
- Kapitel „*g* oder *k* als Anlaut" (separates Trainingsmaterial ohne Bezug zu den zugrunde liegenden Büchern)
- Kapitel „Zusammen- und Getrenntschreibung (Grundlagen)"

In den zugrunde liegenden Büchern sind sämtliche Rechtschreibthemen behandelt (inkl. Zeichensetzung und Trennung). Bei Bedarf (z. B. bei einem nicht als rechtschreibschwach anerkannten, aber starke Rechtschreibprobleme aufweisendes Kind, das an Rechtschreibprüfungen teilnehmen muss) können die Teilnehmer auch Kapitel bearbeiten, für die zusätzliches Übungsmaterial noch nicht vorliegt.

Nach Herausgabe einer Schulaufgabe, eines Übungsaufsatzes oder eines Diktates soll folgendermaßen vorgegangen werden:

- Stärken- und Fehleranalyse: Trainer und Kind schauen den Text nach den Rechtschreibfehlern durch, die sich auf die aktuelle oder eine frühere Übungsrichtung beziehen.
- Bei geringer Fehlerzahl in den besprochenen Bereichen sollen die Eltern nicht mit Lob geizen. Die anderen Fehler sollen ignoriert werden. (Sollte das Kind sie, wie üblich, verbessern müssen, geschieht dies im Rahmen der Hausaufgaben in der vom Lehrer festgelegten Weise und nicht im Rahmen des Trainings.)
- Mit den Wörtern bzw. Ausdrücken, die einen Fehler enthalten, der sich auf eine bereits behandelte oder die aktuelle Regel bezieht, werden Übungen durchgeführt, und zwar in der Art und Weise, wie sie oben beschrieben wurde (s. S. 251 f.).

Phase 2: Wiederholung und Individualisierung mit Hilfe des Karteikartensystems (Dauer: ca. 1 Jahr)

Rechtschreibkapitel, bei denen das Kind zwar weniger, aber immer noch mehr Fehler als normal macht, sollen jetzt nochmals wiederholt werden. Bislang wird den Eltern empfohlen, aus dem bearbeiteten Übungsmaterial einzelne Übungen herauszugreifen, nochmals vom Kind machen zu lassen und daran die Regeln zu wiederholen. Langfristig werden allerdings Wiederholungseinheiten konzipiert, mit Hilfe derer die Kinder bereits behandelte Regelkapitel später wiederholen können. Daneben sollen sich die Kinder in einem Teil der Übungseinheiten mit ihren „Lieblings-Fehlerwörtern" beschäftigen, d. h. mit den Wörtern, die sie – trotz Regelkenntnis und bisherigen Trainings – immer noch falsch schreiben.
Die Wörter bzw. Wendungen werden aus Übungsaufsätzen, Schulaufgaben und ähnlichem Material gesammelt und auf Karteikarten notiert (je Wort/Wendung eine Karte). Das Wort wird richtig aufgeschrieben, die Stelle, an der der Fehler auftaucht, jedoch mit Farbstift unterstrichen. Auf der Rückseite der Karteikarte wird die Regel (ggf. in Kurzform) notiert, gegen die bei der Falschschreibung verstoßen wurde.
Der Karteikasten wird in sechs Fächer unterteilt.
Der Trainer entnimmt eine Karteikarte, bildet einen kleinen Satz, in dem das Wort/die Wendung vorkommt, und diktiert diesen Satz. Das Diktieren wird ca. 10 Minuten lang fortgesetzt (Dauer ist abhängig von der Fehlerzahl, die das Kind in dieser Übungseinheit macht; **s. o.**). Die Korrektur und das Bearbeiten eines falsch geschriebenen Übungswortes erfolgen wie in der Phase 1.
Auf die Karteikarten mit den Wörtern/Wendungen, die das Kind richtig geschrieben hat, malt das Kind einen Punkt.
Die bearbeiteten Karteikarten wandern dann in das entsprechende Fach des Karteikastens. (Fach 1: neu aufgenommene Wörter; Fach 2: Karteikarten mit einem Punkt; Fach 3: Karteikarten mit zwei Punkten; usw. – Fach 6: Karteikarten mit fünfmal richtig geschriebenen Wörtern, bei denen man annehmen kann, dass sie jetzt sicher gespeichert sind.)
Bei der Vermittlung der Karteikartenmethode im Rahmen eines Begleitelternabends oder eines Elterngesprächs muss den Eltern natürlich an Beispielen erläutert werden, wie sie die fehlerhaften Wörter bzw. Wendungen notieren sollen (insbesondere bei Verstößen gegen die Groß- und Kleinschreibung: Notieren der ganzen Wendung, weil oft nur aus dem Zusammenhang die Schreibweise erklärbar ist – Beispiel: *„Beim Baden wurde ich nass."* statt *„Baden"*).

4.4.4 Material

a) Umfang

Das Übungsmaterial besteht aus folgenden Teilen:

- **Basis: die in Kopienform vorliegenden oder per Mailanhang versandten und auszudruckenden Übungseinheiten;** sie enthalten die Regeln (samt Erläuterungen) und geben an, welche Übungen in welcher Reihenfolge zu machen sind; diese Übungseinheiten enthalten sozusagen auch den konkreten „Übungsfahrplan".

Das Material kann (allerdings nicht kostenlos) beim Autor bezogen werden (Anforderung per Telefon (0 89) 43 66 01 95, Post: Josef-Ritz-Weg 16, 81673 München bzw. über E-Mail: ERT Verlag@aol.com). Einzige erwünschte Gegenleistung: Mitteilung bestimmter Daten zur fortlaufenden Qualitätskontrolle bzw. Evaluation des Trainings (Rechtschreibtestergebnis zu Beginn des Trainings, nach ca. 8 Monaten sowie nach ca. 18–20 Monaten des Trainings; Ausfüllen eines Evaluationsfragebogens, z. B. zur tatsächlichen Übungsdichte, zu den Erfahrungen etc.; die strikte Anonymisierung der Daten ist selbstverständlich gewährleistet.) sowie Beachtung des üblichen Urheberrechtsschutzes und keine Verwendung im kommerziellen Rahmen.

- **Bücher:** „Rechtschreib-Krimis" Bände 1 und 2, „Diktate 5. Klasse" (jeweils von *A. Geist* verfasst und beim Mentor-Verlag erschienen; erhältlich über jede Buchhandlung; Gesamtpreis: ca. 35,– Euro); die Bücher allein enthalten zu wenige Übungen, und die Erklärungen sind auch manchmal nicht so umfangreich, wie das bei rechtschreibschwachen Kindern nötig ist. Die nötigen ergänzenden Übungen und die umfangreicheren Erläuterungen sind in den kopierten Übungseinheiten enthalten.

Aufgrund des Umstandes, dass gewöhnlich ein Buch als Basis dient und kopiertes Material nur als Ergänzung, beginnen Eltern manchmal, wenn sie nicht besonders eindringlich darauf hingewiesen werden, mit dem Buch zu arbeiten statt mit dem kopierten Material. Also noch einmal zur Verdeutlichung: Grundlage des Übens sind die kopierten Gehefte und die dort stehenden Erklärungen und Erläuterungen. In den Geheften wird vorgegeben, welche Übungen in welcher Reihenfolge zu machen sind („Übungsfahrplan"). Ein Teil der Übungen ist in den Geheften abgedruckt, ein Teil in den Büchern. Die Bücher dienen also sozusagen als „Übungs-Steinbruch".

Noch ein Hinweis: Ende 2005 erscheint eine Neuauflage, die nur noch aus einem Ordner (ohne Bücher) besteht.

Zusätzlich wird folgendes Material benötigt:

- **(Wand-)Kalender** und **Klebepunkte** oder ein Farbstift (zur Dokumentation der laufenden Übungen: am Ende jeder Übung wird der Übungstag im Kalender markiert, damit Eltern und Kind die Menge der Übungen sehen können; das wirkt verstärkend)
- **Bleistift und Radiergummi oder Füller und Tintenkiller** (Fehler sollen so ausgebessert werden können, dass sie nicht mehr sichtbar sind.)
- **farbige Filzstifte und Textmarker** (für diverse Übungen nötig)
- **Übungsheft** oder Übungsordner mit Blättern
- erst in **Phase II** des Trainings (d. h. im zweiten Übungsjahr): **Karteikasten** mit sieben Fächern und **Karteikarten** der Größe DIN A7

b) Methodisch-didaktische bzw. psychologische Grundsätze

Überblick:
- Erkennen des Systems der Rechtschreibung (Regelorientierung)
- morphologisches Prinzip
- Vermeiden der Ähnlichkeitshemmung
- Einschleifen
- begrenzter Einsatz spielerischer Elemente
- Motivation durch sukzessiven Erfolg: kleinschrittiges Vorgehen, vom Einfachen zum Schwierigen, Trainieren entlang der Null-Fehler-Linie
- Vermeidung von Übertraining durch Ad-hoc-Zwischentests
- Verzicht auf geballte Behandlung von besonderen Ausnahmefällen

Erläuterungen im Einzelnen:

- **Erkennen des Systems der Rechtschreibung (Regelorientierung)**

  Solange die Kinder nur mit Einzelwörtern üben (im Rahmen eines Grundwortschatzes), können sie nicht das System erkennen, das hinter der Orthographie steht. Sie müssen den (frustrierenden) Eindruck gewinnen, dass die abertausenden deutschen Wörter irgendwie alle anders geschrieben werden. Das verunsichert und nützt die Ressource nicht aus, über die mindestens diejenigen Kinder verfügen, die an weiterführenden Schulen sind: die (zunehmend reifende) Fähigkeit zur Regelerkenntnis und Regelanwendung.

  Die Regeln sollen dabei (das wird den Eltern eingeschärft) nicht als Keulen vermittelt werden, die einen niederschlagen, sondern als Hilfen oder – bildlich ausgedrückt – als Macheten, um Wege durch den Dschungel der Wörter schlagen zu können. Wenn die Kinder am Ende der zwei Jahre die Regeln nicht mehr kennen, ist das nicht schlimm – die Regeln sollen nur dabei helfen, das innere Lexikon mit richtigen Schreibweisen zu füllen.

  Durch die Konzeption des Trainings wird dabei das Gefühl für den Wortaufbau (Unterscheidung zwischen Vorsilben, Wortstamm und Nachsilben bzw. Endungen), der ja in vielen Fällen bereits orthographisch hilfreich ist, tief verankert.

  Bei der Formulierung der Regeln wurde auf Richtigkeit geachtet. Diese Feststellung mag trivial sein, aber ein Blick auf die Regelformulierungen in nicht wenigen Übungsbüchern zeigt, dass scheinbar vereinfachte Regelformulierungen zu falschen Regeln führen. (Negativ-Beispiel: „Nach kurzem Vokal schreibt man den folgenden Konsonanten kurz." – Dann müsste man, was nicht wenige Kinder tun, z. B. *hefftig* [statt *heftig*] schreiben. Ein solches Verfahren wird von den Regelmachern dann als unzulässige Generalisierung durch die Kinder bezeichnet – in Wirklichkeit ist schlicht die Regel verfälschend vereinfacht worden.)

- **Morphologisches Prinzip**

  Bei dem Training wird der morphologische Ansatz verwendet. Die Wahrnehmung der Kinder wird dahin geleitet, ein Wort in Vorsilben, Wortstamm und Nachsilben bzw. Endungen zu zerlegen. Das erlaubt zum einen die Anwen-

dung des Wortfamilienprinzips (verwandte Wörter werden im Regelfall gleich geschrieben), zum anderen die kompetente Regelanwendung, denn viele Regeln – insbesondere zur Lautschreibweise (Dehnung, Schärfung) – beziehen sich speziell auf die Wortstämme, die man isoliert erkennen muss.
Der silbenzergliedernde Ansatz ist lt. Fachliteratur zwar geeignet, das Lesen zu lernen und Fehler bei der Wortdurchgliederung zu vermeiden (Auslassungen, Verdrehungen), auf der orthographischen Ebene aber ist er nicht hilfreich (vgl. *Walter* 1996). Zum Training dieser Ebene greifen auch Autoren, die sonst den silbenzergliedernden Verfahren verpflichtet sind, zu einem morphologisch und an Regeln orientierten Ansatz (vgl. *Reuter-Liehr* (1992). Rechtschreibschwache Gymnasiasten haben freilich, das zeigen die Auswertungen meiner Rechtschreibreihenuntersuchungen, fast „nur" Probleme auf der orthographischen Ebene (das dafür aber heftigst!). Von daher ist – schon aus motivationalen Gründen! – das Training auf der niedrigeren Ebene der Laut-Buchstaben-Zuordnung nicht angezeigt.

- **Vermeiden der Ähnlichkeitshemmung**

Unter Ähnlichkeitshemmung versteht man das folgende gedächtnispsychologische Phänomen: Wenn man versucht, sich gleichzeitig zwei einander sehr ähnliche, aber zu unterscheidende Dinge einzuprägen, besteht die große Gefahr, dass man die beiden Dinge erst recht verwechselt. Erfahrungen in dieser Richtung macht man beispielsweise regelmäßig im Deutschunterricht bei der Behandlung von Rechtsschreibproblemen, insbesondere in den Übungseinheiten, die darin bestehen, dass das Kind ständig zwischen der einen und der anderen Schreibweise (mit *h* oder ohne *h*?) unterscheiden muss. Übungen dieser Art, wie man sie regelmäßig in Sprachbüchern, Lernhilfen und sogar in LRS-Trainingsmaterial findet, sind außerdem genau betrachtet keine Übungen, sondern laufende Tests – sie setzen die Kenntnis der Schreibweise bereits voraus. Die Ähnlichkeitshemmung scheint erfahrungsgemäß nur bei den Personen nicht zu greifen, die in einem Lernbereich eine besondere Begabung haben; rechtschreibschwache Kinder werden aber bei Rechtschreibübungen laufend verwirrt, wenn das Material die Ähnlichkeitshemmung nicht verhindert.
Im ERT wurde versucht, die Ähnlichkeitshemmung systematisch zu vermeiden. Der Aufbau einer Übungseinheit folgt deshalb folgendem Muster (am Beispiel der Unterscheidung von *k/ck*):

- Einführung des Rechtschreibthemas bzw. der Regel (die ja regelmäßig dazu zwingt, zwei ähnliche, aber nicht gleiche Fälle zu unterscheiden) und Erläuterung anhand von Beispielen
- Übung des einen Phänomens (bezogen auf das Beispiel also nur Wörter mit *ck*) über mehrere Übungseinheiten hinweg
- Übung des anderen Phänomens (hier: Wörter mit *k*)
- Testeinheit („Übungen", bei denen hier z. B. zwischen *k* und *ck* unterschieden werden muss); im Fall einer hohen Fehlerzahl Rückkehr zu den vorherigen beiden Übungsphasen

Die Schwierigkeit bei diesem Ansatz besteht in der methodischen Umsetzung, d. h. in der Konstruktion von Übungen und Übungsmaterial, das bei der Übung eines Phänomens (z. B. Wörter mit *k*) den Schüler dazu zwingt, nicht mechanisch und gedankenlos, sondern mit entsprechenden Wörtern systematisch und bewusst zu arbeiten.
Bei allen Rechtschreibkapiteln konnte das Prinzip zwar nicht in derselben konsequenten Weise umgesetzt werden, im Kern liegt es aber dem gesamten Material zugrunde.

- **Einschleifen**

Das Bewusstsein um eine Regel bzw. die Schreibweise einer Wörtergruppe allein genügt erfahrungsgemäß nicht – das gilt nicht nur für die Rechtschreibung und für rechtschreibschwache Kinder, sondern letztlich für alle Lerngegenstände und alle Lerner.
Betrachtet man den konventionellen Rechtschreibunterricht oder das übliche Material in Sprachbüchern oder Lernhilfebüchern, stellt man fest, dass orthographische Gesetze nur mit Mini-Übungen trainiert werden sollen. Für rechtschreibschwache Kinder ist dies ein ungeeignetes Verfahren.
Daher steht zu jedem Kapital ein sehr umfangreiches Material zur Verfügung – und daher reicht es auch für rechtschreibschwache Kinder nicht aus, mit den Büchern („Rechtschreib-Krimis", „Diktate") zu arbeiten, sondern ist das zusätzliche Übungsmaterial, das in Geheftform vorliegt, vonnöten.
Außerdem ist die Übungsdichte beim ERT deshalb sehr hoch (vier- bis fünfmal wöchentlich).
Um Übertraining zu vermeiden (siehe dazu auch unten) sind die Übungen noch in zwei Gruppen gegliedert:
- solche, die auf jeden Fall gemacht werden sollen (markiert durch einen Punkt neben der Anweisung),
- und solche, die dann zum Einsatz kommen, wenn sich bei Zwischentests zeigt, dass das jeweilige Kapitel noch nicht sicher genug sitzt.

- **Begrenzter Einsatz spielerischer Elemente**

Zur Erhöhung der Motivation werden bei Rechtschreibübungen häufig Spiele eingesetzt; es gibt eine Unzahl entsprechender Übungsmaterialien, CDs und Handreichungen.
Interessanterweise macht man in Trainings die Erfahrung (vgl. *Klicpera/Gasteiger-Klicpera* 1998), dass diese spielerischen Übungen bei den Kindern im Laufe der Zeit nicht motivierend wirken, sondern von den Kindern sogar abgelehnt werden. Zum einen erkennen sie sehr wohl die „Wolf-im-Schafspelz"-Methode (letztlich geht es ja doch ums Üben der Rechtschreibung), zum anderen muss viel Zeit darauf aufgewendet werden, das Spiel und seine Regeln kennen zu lernen (Zeit, die für die eigentliche Übung nutzlos ist!), **zum Dritten brauchen rechtschreibschwache Kinder gerade beim Üben klare Strukturen, die bei einem ständigen Methodenwechsel nicht gegeben sind.**
In der einschlägigen Literatur wird daher gefordert, mit klaren Strukturen zu arbeiten und nur solche spielerischen Elemente einzusetzen, die den eigent-

lichen Lernprozess fördern (z. B. einfache Wortspiele wie Reimreihen) und keine Übungszeit kosten.
Diesem Grundsatz gehorcht das ERT. Die Motivation für das Trainieren soll auf anderem Wege gefördert werden – über den stärksten Motivationsfaktor, nämlich den sukzessiven Erfolg.
Natürlich ist es möglich – bei Durchführung des Trainings in Kursform –, Spiele einzusetzen (als Belohnung bzw. zur Auflockerung). Allerdings soll klar getrennt werden zwischen Arbeitsphasen und Spielphasen.

- **Motivation durch sukzessiven Erfolg: kleinschrittiges Vorgehen, vom Einfachen zum Schwierigen, Trainieren entlang der Null-Fehler-Linie**

  Die Kapitel und Übungseinheiten sind so aufgebaut, dass ein behandeltes Rechtschreibproblem immer überschaubar bleibt **(vgl. beispielsweise den differenzierten, kleinschrittigen Aufbau des Kapitels zur s-Rechtschreibung)**. Außerdem wird vom Einfachen zum Schwierigen fortgeschritten. Insgesamt sind die Übungen so gestaltet, dass die Fehlerzahl sehr gering ist (außer ein Kind hat einmal einen besonders schlechten Tag). Das soll dazu führen, die Kinder zu ermutigen und ihnen deutlich zu machen, dass sie sich ein orthographisches Problem erarbeiten und es im Laufe der Zeit beherrschen können. Natürlich merken die Kinder auch, dass sie in ihrer sonstigen Schreibpraxis das eben Erlernte nicht gleich zu hundert Prozent umsetzen können. Hierauf werden die Kinder laufend bei Beratungskontakten hingewiesen, und besonders auch die Eltern müssen diesbezüglich vorinformiert und immer wieder daran erinnert werden, um kontraproduktive Reaktionen zu vermeiden. Erfahrungsgemäß eignet sich folgende Argumentation bzw. folgende „Computer-Metapher" zur Überzeugung: **„Dein Gehirn ist wie ein großer Computer, der insgesamt betrachtet sehr gut funktioniert – das beweisen der Intelligenztest, den du gemacht hast, und der Umstand, dass du es geschafft hast, an die weiterführende Schule zu kommen. Es gibt aber keinen Computer, bei dem nicht irgendein Teilprogramm weniger gut funktioniert. Beim Kopfcomputer ist das genauso – und es ist bei dir, bei mir, bei deiner Mama, bei deinem Papa so. Im Unterschied zum wirklichen Computer kann man aber nun nicht einfach ein fehlerhaft funktionierendes Programm löschen und neu speichern, und ich kann auch nicht einfach in deinem Kopf hineinlangen und mit einem Werkzeug ein bisschen herumdrehen, damit das Programm funktioniert. Wenn das „Rechtschreibprogramm" und Lexikon im Kopf nicht so gut funktionieren, muss man es in ganz, ganz kleinen Schritten umprogrammieren."**

- **Vermeidung von Übertraining durch ad-hoc-Zwischentests**

  Wenn Kinder mehrere Übungseinheiten hintereinander innerhalb einer Übungsrichtung (z. B. nur Wörter mit einfachem *k*) viele Übungen oft mit wenigen oder gar keinen Fehlern gemacht haben, kann es natürlich dazu kommen, dass sie in weiteren Übungen dieser Richtung keinen Sinn mehr sehen.
  Manchmal ist das ein Ausdruck von Selbstüberschätzung (d. h. das Regelprinzip ist in Wirklichkeit doch noch nicht genügend eingeschliffen worden), manchmal ist die Einschätzung der Kinder auch zutreffend. Etwas zu trai-

nieren, was man (scheinbar) schon beherrscht, ist allerdings demotivierend und nutzlos.
In einem solchen Fall sollen die Eltern aus bisher bearbeiteten Übungen bzw. den Texten zu den jeweiligen (Unter-)Kapiteln Sätze zu einem Mini-Testdiktat zusammenstellen. Wenn das Kind bezogen auf die aktuell geübte Regel tatsächlich keinen oder kaum mehr Fehler macht, kann man die Bearbeitung dieses Kapitels einstellen und sich noch vorhandene Übungen für spätere Wiederholungen aufsparen. Ist die Regel jedoch noch nicht gesichert und die Fehlerzahl daher hoch, sieht das Kind die Notwendigkeit der weiteren Bearbeitung der vorgegebenen Übungen ein.
Die bisherige Praxis zeigt übrigens, dass einige Eltern und Kinder wegen der scheinbaren Leichtigkeit ganz erheblich vom Konzept abweichen und zu schwierigen Übungsformen aus den Büchern greifen, die natürlich eine Überforderung darstellen bzw. mindestens keinen Lernschritt bewirken. Von daher ist der regelmäßige Kontakt mit den Beteiligten nötig (alle paar Monate genügt aber).

- **Verzicht auf geballte Behandlung von besonderen Ausnahmefällen**

  Der konventionelle Rechtschreibunterricht hat eine besondere Vorliebe für die geballte Behandlung von Ausnahme- und Sonderfällen, die zumal in dieser Gleichzeitigkeit in der alltäglichen Schreibpraxis praktisch nie vorkommen.
  Im ERT werden solche Ausnahmefälle – es sei denn, sie bezögen sich auf eine größere Wortgruppe – nicht trainiert. In den Büchern („Rechtschreib-Krimis") sind diese seltenen Ausnahmefälle zwar auch aufgeführt und Übungshinweise enthalten, die Eltern werden jedoch ausdrücklich darauf hingewiesen, solche Kapitel nicht zu behandeln.
  Ausnahme: Ein Kind hat nicht den Schutz eines Gutachtens und sein Lehrer behandelt (leider) gerade eine solche Ausnahmegruppe. Dann bietet das Buch eben Trainingsanregungen, um sich wenigstens ein wenig für eine absehbare Prüfung zu wappnen. Generell gebe ich den Eltern den Rat, in solche Situationen die Kinder vor allem seelisch zu stützen und auf eine schlechte Note gelassen zu reagieren.

4.4.5 Einsatzbereich und Grenzen des ERT

a) Einsatzbereich und Vorteile des Einsatzes

- Entlastung des Schulpsychologen bzw. der Schule
- preisgünstig
- nimmt die Beteiligten (Eltern und Kinder) in die Verantwortung und Pflicht
- Einsatz gleichermaßen möglich bei rechtschreibschwachen Kindern und „Grauzonen-Kindern" (= Kinder, die über den an der Altersnorm orientierten Anerkennungsgrenzwerten liegen, gemessen an gymnasialen Anforderungen jedoch gravierende, eine Notenherabsetzung bewirkende Rechtschreibprobleme haben)

- Trainingsmöglichkeit für legasthenische Kinder, die vom Jugendamt keine Förderung bekommen (weil sie nicht unter einer sekundären Neurotisierung bzw. einem sozialen Integrationsrisiko leiden) bzw. deren Förderung abgelaufen ist, die aber noch Trainingsbedarf haben
- Einsatz grundsätzlich auch im Rahmen von Kursen oder im Unterricht möglich
- erfahrungsgemäß kein grundsätzlich relevanter Faktor: Höhe des Bildungsabschlusses der Eltern (die Eltern der Kinder, die bislang teilnahmen, haben vom Hauptschulabschluss bis zum Hochschulabschluss alle Bildungsabschlüsse) (Ausnahme: **s. u.**)

b) Grenzen des Einsatzes

- erhebliche Störung der Eltern-Kind-Interaktion
- massive sekundäre Neurotisierung beim Kind
- sehr geringe kognitive Kompetenz der Eltern bzw. legasthenischer Trainer
- Dominanz von Fehlern auf Stufen des Schriftspracherwerbs unterhalb der orthographischen Stufe
- Berufstätigkeit beider Elternteile bzw. eines allein erziehenden Elternteils auch am Nachmittag/Abend
- Bei Existenz zusätzlicher bzw. basaler Probleme (z. B. Sprechstörungen, motorische Störungen) ist natürlich eine ergänzende Maßnahme (Logotherapie, Ergotherapie o. Ä.) nötig.

4.4.6 Evaluation

Das Training wurde bislang im Rahmen der am Gymnasium Erding durchgeführten Reihenuntersuchungen evaluiert. Dabei konnten nur einfache statistische Verfahren angewandt werden, da der Autor nicht über den wissenschaftlichen und technischen Apparat verfügt, der für komplexe statistische Datenauswertungen vonnöten wäre.

Die **Experimentalgruppe** bilden die Schüler, die an dem Training teilnahmen. Als **Kontrollgruppe** dienen zwei Gruppen von Schülern:

- zum einen die hinsichtlich ihrer Rechtschreibfähigkeiten im „Normalbereich" liegenden Schüler der getesteten Jahrgangsstufen,
- zum anderen diejenigen Schüler, die sowohl im Test als auch über das Lehrerurteil zwar ebenfalls als rechtschreibschwach identifiziert wurden, deren Eltern aber entweder der Einladung zum Training nicht gefolgt sind oder die zwar am Einstiegselternabend anwesend waren, sich jedoch gegen eine Teilnahme Ihres Kindes am Training entschieden. Zu dieser Gruppe gehören außerdem diejenigen rechtschreibschwachen Schüler, die nur kurz bei dem Training mitgemacht haben, es jedoch schon bald wieder einstellten, wobei verschiedene besondere und manchmal auch zufällige Gründe vorlagen (Trennung bzw. Scheidung; Umzug aus einem anderen Bundesland, der mit erheblichen emotionalen Problemen verbunden war; schwierige Familiensituationen; z. T. auch schlicht minimale Übungsbereitschaft seitens des Kindes).

Nicht in die Datenerhebung eingegangen sind die wenigen rechtschreibschwachen Kinder, die eine LRS-Therapie bei einem Therapeuten oder einem Institut absolvieren bzw. andere Intensivtrainings zu Hause durchführen. Außerdem wurden bei der Auswertung diejenigen Kinder nicht berücksichtigt, für die keine vollständigen Datensätze vorliegen (z. B. später im Jahr zugezogene Kinder, Wiederholer oder Kinder, die bei einem der Testtermine erkrankt waren).
Referiert werden die Ergebnisse der drei Trainingsjahrgänge (Kohorten), die bislang vollständig von dem Förderangebot erfasst wurden:

- Kohorte 1: 5. Schuljahr 1998/99, 6. Schuljahr 1999/2000 (Gymn. Erding)
- Kohorte 2: 5. Schuljahr 1999/2000, 6. Schuljahr 2000/2001 (Gymn. Erding)
- Kohorte 3: 5. Schuljahr 2000/2001, 6. Schuljahr 2001/02 (Gymn. Erding und Dorfen)

Die Datensätze von sieben Schülern, die aus anderen Gymnasien stammend in den letzten zwei Jahren am Training teilgenommen haben, werden zum Teil berücksichtigt (nur zum Teil, weil bei ihnen nicht der RST 4+ zum Einsatz kam, sondern nur der WRT 4/5 und der WRT 6+).
Insgesamt sind die im Folgenden berücksichtigen Experimentalgruppen natürlich noch recht klein. Von daher können die dargestellten Ergebnisse **noch keine Allgemeingültigkeit** beanspruchen, sondern nur Tendenzen beschreiben. (Andererseits wurde z. B. das Marburger Rechtschreibtraining der Uni Marburg mit einer ähnlich kleinen Gruppe evaluiert!)
In allen Kohorten wurden der RST 4+ (*Hylla* u. a. 1996), in der Kohorte 3 auch der WRT 4/5 (zu Beginn) bzw. der WRT 6+ (am Ende) eingesetzt. Es handelt sich dabei jeweils um Rechtschreibtests im Stile von Lückendiktaten (beim RST 4+ 100 einzusetzende Wörter, beim WRT 4/5 34, beim WRT 6+ 40).
Die Verwendung des RST 4+ bedarf einer Rechtfertigung, da dieser ja recht alt ist. Bei der ersten Kohorte wurde er eigentlich aus einem anderen Grunde verwendet: nämlich um zu prüfen, ob die von Lehrkräften und Eltern häufig zu hörende Klage, die Rechtschreibleistung der Kinder sei früher doch viel besser gewesen als heute, stimmt. Zur Klärung musste natürlich ein Test verwendet werden, für den Vergleichsdaten aus der „früheren Zeit" (hier Anfang der Sechzigerjahre) zur Verfügung stehen, eben der RST 4+. Die Ergebnisse habe ich an anderer Stelle dargestellt (*Geist* 2002b). In der Praxis erwies es sich jedoch aus verschiedenen Gründen für sehr vorteilhaft, mindestens bei der Evaluation diesen Test weiterzuverwenden: (1) Die große Zahl von einzusetzenden Wörtern erlaubt eine viel differenziertere qualitative Diagnose als Grundlage für die individuelle Begutachtung und Trainingsplanung. (2) Das Anspruchsniveau des Tests spiegelt sehr gut wider, was am Gymnasium erwartet wird. (3) Außerdem können die Kinder die Entwicklung ihrer Leistungen am Anfang der 5. Jgst. und am Ende der 6. Jgst. unmittelbar miteinander vergleichen, nicht nur über abstrakte Werte (Prozentrang, T-Wert), wie das beim Vergleich der Leistungen im WRT 4/5 mit denen im WRT 6+ nötig ist.
Die Kinder anderer Gymnasien, die an dem Training teilnahmen, konnten nur mit den Tests der WRT-Familie getestet werden.

Ergebnisse

Die Evaluationsdaten sind in den folgenden beiden Tabellen zusammengefasst:

	Kinder mit Rechtschreibleistungen im Normalbereich				*ERT-Trainingsteilnehmer (Experimentalgruppe)*				Rechtschreibschwache Kinder ohne Training			
	N	Anf. 5. Kl.	Ende 6. Kl.	Diff.	*N*	*Anf. 5. Kl.*	*Ende 6. Kl.*	*Diff.*	N	Anf. 5. Kl.	Ende 6. Kl.	Diff.
Kohorte 1 ED	126	25,75	13,28	12,47	*9*	*52,22*	*18,89*	*33,33*	22	49,45	28,23	21,22
Kohorte 2 ED	149	28,19	11,99	16,2	*20*	*51,95*	*23,85*	*28,1*	7	47,57	22,14	25,43
Kohorte 3 ED	150	28,78	13,64	15,14	*13*	*47,92*	*20,77*	*27,15*	10	48,4	28,2	20,2
Kohorte 3 DO	64	28,19	13,34	14,84	*11*	*51,18*	*28,36*	*22,82*	8	54,5	37,75	16,75
Schnitt	**489**	**27,74**	**13,01**	**14,74**	**53**	***50,85***	***23,19***	***27,66***	**47**	**49,81**	**28,94**	**20,87**

Tab. 1: *Ergebnisse im RST 4+; angegeben sind Fehlerzahlen („Diff." = Differenz zwischen der Leistung am Anfang der 5. Jgst. und am Ende der 6. Jgst.)*

	Kinder mit Rechtschreibleistungen im Normalbereich				*ERT-Trainingsteilnehmer (Experimentalgruppe)*				Rechtschreibschwache Kinder ohne Training			
	N	Anf. 5. Kl.	Ende 6. Kl.	Diff.	*N*	*Anf. 5. Kl.*	*Ende 6. Kl.*	*Diff.*	N	Anf. 5. Kl.	Ende 6. Kl.	Diff.
Kohorte 3 ED	150	48,71	51,06	2,35	*13*	*37,31*	*46,77*	*9,46*	10	36,1	37,8	1,7
Kohorte 3 DO	64	47,17	51,5	4,33	*11*	*35,55*	*40,18*	*4,64*	8	35,13	33	–2,13
Einzelkinder					*7*	*33,85*	*41*	*7,14*				
Schnitt	**214**	**48,25**	**51,19**	**2,94**	**31**	***35,9***	***43,13***	***7,23***	**18**	**35,67**	**35,67**	**0**

Tab. 2: *Ergebnisse im WRT 4/5 (Anfang 5. Klasse) bzw. WRT 6+ (Ende 6. Klasse); angegeben sind T-Werte (Bezugsnorm „Gymnasium", nicht Altersnorm)*

Im RST verbesserten sich alle Kinder, denn alle erleben ja den üblichen Rechtschreibunterricht in der 5. und 6. Jgst. bzw. machen Fortschritte durch eine erhöhte Schreibpraxis und die fortschreitende kognitive Entwicklung. Allerdings ist das Ausmaß der Verbesserung je nach Gruppe eindeutig unterschiedlich:

- Die Kinder ohne Rechtschreibschwäche verbesserten sich im Schnitt um 14,74 Fehler.
- Die Kinder, die zusätzlich zum normalen Unterricht intensiv mit dem ERT trainierten, steigerten sich fast um das Doppelte (27,66 Fehler weniger bei der Zweittestung).
- Kinder mit erheblichen Rechtschreibproblemen ohne Training verbesserten sich um 20,87 Fehler, d. h. weniger als die ERT-Kinder, aber mehr als die Kinder ohne Rechtschreibschwäche. Dieses Ergebnis ist natürlich statistisch erwartungsgemäß: Wer schon gut ist, kann sich nicht mehr so steigern wie der, der schlechte Werte aufweist. Außerdem ist es durchaus möglich, dass einzelne oder mehrere

Kinder in anderer Weise intensiv trainierten, ohne dass dies bekannt wurde. (Die paar Einzelfälle, wo ich zufällig davon erfuhr, nahm ich nicht in der Stichprobe auf, da sonst systematische Vergleiche nicht mehr möglich gewesen wären.)

Die Unterschiede zwischen den rechtschreibschwachen Kindern mit und ohne Teilnahme am ERT werden noch deutlicher, wenn man die Ergebnisse im WRT berücksichtigt. Hier findet der Vergleich nicht über Fehlerzahlen statt, sondern über T-Werte (Mittelwert 50, Standardabweichung 10). Die Anwendung dieser Normwerte erlaubt es, den Faktor „normale, d. h. bei allen Kindern auftretende Weiterentwicklung in einem gewissen Zeitabschnitt" herauszurechnen. Außerdem ist es möglich, die relative Stellung der Kinder in ihrer Vergleichsgruppe zu verschiedenen Zeitpunkten anzugeben.
Rechtschreibschwache Kinder, die am ERT teilnahmen, steigerten sich um durchschnittlich 7,23 T-Wertpunkte, rechtschreibschwache Kinder ohne Training gar nicht. Mit anderen Worten: **Die ERT-Kinder nahmen nicht nur an der normalen Weiterentwicklung der Rechtschreibfähigkeiten in diesen zwei Jahren teil, sondern konnten ihre Fähigkeiten ganz erheblich steigern.** Kinder ohne Training stagnierten im Vergleich zu den Gleichaltrigen und blieben – das zeigt auch ihr mittlerer T-Wert von 35,67 – im unterdurchschnittlichen Leistungsbereich. **ERT-Kinder hingegen erreichten den Durchschnittsbereich.** Sie wurden nicht zu „Rechtschreibkönigen", das ist auch gar nicht zu erwarten, aber sie verließen den für die Schullaufbahn gefährlichen unterdurchschnittlichen Leistungsbereich. – Die Kinder ohne Rechtschreibprobleme partizipierten auch nur am allgemeinen Fortschritt, verbessern also ihre relative Position in der Population nicht bzw. allenfalls minimal.
Die Ergebnisse zwischen den Kohorten differieren durchaus, was angesichts der geringen Größe der Einzelstichproben erwartungsgemäß ist; schon ein oder zwei einzelne Ausreißer in einer Gruppe von 11 oder 13 Schüler verändern die Mittelwerte erheblich. Die Gesamtstichprobengröße von 53 bzw. 31 erlaubt hingegen schon gesichertere Evaluationsdaten und liefert eindeutige Tendenzen in Bezug auf die Wirksamkeit des ERT-Trainingskonzeptes.
Insgesamt zeigen die Ergebnisse auch, dass die unter nicht wenigen Lehrkräften verbreitete Meinung, die Rechtschreibprobleme rechtschreibschwacher Kinder gäben sich schon von selber (durch normalen Unterricht plus erhöhte Schreibpraxis), so nicht haltbar ist. Durch intensives Training ist es nicht nur möglich, mit dem Leistungsfortschritt der Gesamtgruppe mitzuhalten, sondern sogar weit über deren Fortschritt hinaus zuzulegen.

Ergänzend weise ich auf zwei weitere Erfahrungen hin:

- Betrachtet man die Tests und die schulischen Prüfungsarbeiten der Trainingskinder, so fällt auf, dass sich nicht nur die Menge, sondern vor allem auch und gerade die Art der Fehler erheblich verändert hat. Aus Deutschlehrer-Sicht gravierende Fehler (z. B. Verwechslung von Dehnung und Schärfung) oder Wörter mit mehreren Fehlern (typisches Merkmal rechtschreibschwacher Kinder, worauf auch z. B. Frau *Reuter-Liehr* hinweist [mündliche Mitteilung]), tauchen fast gar nicht mehr auf. Gerade diesbezüglich unterschieden sich ja auch die

Arbeiten der leistungsschwachen Kinder erheblich von denen der „Normalgruppe" zu Beginn der 5. Jgst.

- Die meisten derjenigen Trainingskinder, die in der 5. oder 6 Klasse noch des Schutzes durch die Anerkennung einer Rechtschreibschwäche nach dem bayerischen Legasthenie-Erlass bedurften, brauchen diesen Schutz nach der 6. Jgst. nicht mehr oder allenfalls noch in der 7. Jgst.

4.4.7 Fazit

Mit dem Erdinger Rechtschreibtraining existiert ein Trainingspaket, das rechtschreibschwachen Kindern in vielen Fällen helfen kann, ohne dass die Schule personell und finanziell über die Maßen belastet wird. Natürlich kann nicht allen betroffenen Kindern geholfen werden; insbesondere die mit einer starken Legasthenie brauchen natürlich eine intensive Einzeltherapie. Und genauso natürlich ist das ERT (inkl. Begleitmaßnahmen und Rahmenprogramm) auch für Schulen nicht zum Nulltarif zu haben – ein gewisses Maß an Unterstützung (z. B. durch Zuweisung von Anrechnungsstunden für dabei engagierte Lehrkräfte) ist natürlich vonnöten.

Zugleich befindet sich das ERT zweifellos noch im Zustand der Entwicklung. Notwendig ist z. B.:

- Erweiterung des Materialpools um Einheiten zur gezielten Wiederholung einzelner Problembereiche
- Ergänzung des Materials um Einheiten, die sich auf sprachliche Problembereiche beziehen, welche oft mit einer Rechtschreibschwäche einhergehen (z. B. Satzbaufehler, spezifische Grammatikfehler, Zeichensetzungsprobleme); Fehler dieser Art werden ja selbst bei Kindern gewertet, die unter dem Schutz eines Rechtschreibschwächegutachtens nach dem bayerischen Legasthenie-Erlass stehen.

Reinhard Werth

4.5 Verminderte Leseleistung in der Sekundarstufe: Neue Möglichkeiten computergestützter Diagnostik und Therapie

Während man vor allem in den ersten Grundschuljahren das ganze Spektrum unterschiedlicher Arten von Lesestörungen beobachten kann (vgl. *Werth* 2001), stehen bei Schülern der Sekundarstufe nur noch wenige Arten von Lesestörungen im Vordergrund. Leseprobleme von Schülern der Sekundarstufe zeigen sich vor allem in häufigen Lesefehlern, stockendem Lesen mit häufigen Selbstkorrekturen und flüssigem Lesen bei eingeschränktem Sinnverständnis. Es wäre der Komplexität unterschiedlicher Lesestörungen nicht angemessen, wenn man sich hier mit der Diagnose einer Legasthenie begnügte. Stets sollte die Ursache der jeweiligen Lesestörung erkannt werden, um eine auf die Ursache bezogene Therapie einzuleiten. Natürlich sollte eine Einschränkung von Sehleistungen oder des Hörvermögens ärztlich abgeklärt werden. Dabei ist jedoch stets zu bedenken, dass allein das Vorliegen einer Minderung von Seh- oder Hörleistungen noch nicht den Schluss zulässt, es bestünde ein ursächlicher Zusammenhang zwischen der verminderten Seh- oder Hörleistung und der Lesestörung. Dieser Zusammenhang ist stets gesondert nachzuweisen. Die Untersuchung der Ursache von Lesestörungen und eine auf die jeweilige Ursache bezogene Therapie ist durch den Einsatz neu entwickelter Software (*Werth, Barner, Weser* 2001) mit einem PC problemlos durchführbar. Das Prinzip der in dieser Software realisierten Untersuchungsverfahren besteht darin, dass die verschiedenen möglichen Ursachen für eine Lesestörung sukzessive ausgeschaltet werden und die dann veränderte Leseleistung gemessen werden kann. Erst dadurch werden notwendige und hinreichende Bedingungen für das Auftreten der Lesestörung erkennbar und können durch die im Rahmen der Software angebotenen Therapieverfahren beseitigt werden.

4.5.1 Zum flüssigen Lesen benötigte Einzelleistungen

Flüssiges Lesen erfordert, dass bestimmte Hirnleistungen in ungestörter Weise zur Verfügung stehen und dass diese Hirnleistungen aufeinander abgestimmt sind. Da wir nur in einem kleinen Bereich im Zentrum unseres Gesichtsfeldes, der **Fovea**, eine hinreichend große Sehschärfe besitzen, um einen normalen Buchtext lesen zu können, muss das Wort oder Wortsegment, das zu einer bestimmten Zeit erkannt werden soll, genau fixiert werden (*Rayner* 1981). Wollen wir z. B. das Wort *Sonntag* lesen, so werden wir unseren Blick auf das erste oder zweite *n* richten. Auf diese Weise ist das zu lesende Wort optimal im Zentrum der Fovea positioniert, so dass jeder Buchstabe des Wortes gesehen werden kann. Wir lesen dabei jedoch nicht buchstabierend, sondern erkennen das ganze Wort gleichzeitig. Dennoch sehen wir jeden Buchstaben des Wortes. So können wir z. B. beim Korrekturlesen eines Textes diesen Text normal lesen und jeweils ganze Wörter erkennen.

Dennoch erkennen wir, ob das Wort einen falschen Buchstaben enthält, Buchstaben in ihrer Reihenfolge vertauscht sind oder fehlen. **Das ganzheitliche Erkennen eines Wortes ist zu vergleichen mit dem ganzheitlichen Erkennen eines Gesichts.** Auch hier betrachten wir nicht Augen, Mund, Nase und Ohren nacheinander und überlegen dann, zu wem das Gesicht mit solchen Augen, Mund und Ohren wohl gehören könnte. Wir erkennen das Gesicht als Ganzes, aber gleichzeitig sehen wir die Details, wie z. B. einen Ohrring. Aber das Erkennen gelingt nur, wenn wir genau hinschauen, d. h. wenn wir das zu erkennende Gesicht oder Wort in das scharf sehende Zentrum unseres Gesichtsfeldes verschieben. Wir tun dies, indem wir die entsprechenden Augenbewegungen ausführen und das Blickziel dadurch in die Fovea verschieben.
So selbstverständlich diese in der Regel automatisch ablaufende Tätigkeit uns erscheinen mag, so komplex ist der sie steuernde neuronale Mechanismus. Doch allein die Augen zu dem geeigneten Blickziel zu lenken reicht nicht aus, um das Wort zu erkennen. Die Augen müssen lange genug auf dem Blickziel verharren, damit das visuelle System den visuellen Reiz verarbeiten kann (*Wolverton* und *Zola* 1983). Diese Fixation wird von einem eigens hierfür zuständigen neuronalen System gesteuert (vgl. *Werth* 2001, S. 144 ff.; *Fischer* 1999, S. 81 ff.). Dieses Fixationssystem muss von dem Sehsystem eine Information darüber erhalten, wie lange die Fixation aufrecht gehalten werden muss, damit alle Einzelheiten des Wortes gesehen werden können. Wurde ein Wort erkannt, so müssen die Augen zur nächsten zu lesenden Textstelle bewegt werden. Dazu wird eine rasche Augenbewegung zum nächsten Blickziel ausgeführt. Ein solches Blickziel ist ein Wort oder, falls es sich um ein sehr langes Wort handelt, einem Wortsegment, genauer gesagt, ein Ort, der etwa in der Mitte des zu lesenden Wortes oder Wortsegments liegt (*Underwood* et al. 1990). Noch vor Beginn des Blicksprungs muss das Blickziel ausgewählt werden. Dabei kommt es darauf an, dass der Blicksprung nur so groß ist, dass keine Buchstaben und keine Wortteile übersehen werden (*Morris* et al. 1990).
Nehmen wir an, der zu lesende Satz heißt *am Sonntag ist Sommeranfang* und die Augen haben das zweite *n* von *Sonntag* fixiert. Nun führen sie einen Sprung zum *g* in *Sommeranfang* aus. Nehmen wir an, unser Proband konnte, als er das zweite *n* von *Sonntag* fixierte, die Wörter *Sonntag ist* erkennen. Ist er aber nur in der Lage, fünf Buchstaben links vom fixierten Buchstaben *g* des Wortes *Sommeranfang* zu erkennen, so wird er das Wort *Sommer* nicht erkennen können. Um den Satz richtig zu lesen, wird er entweder einen Blicksprung ausführen müssen, der etwa in der Mitte des Wortes *Sommeranfang* landet oder er wird dieses Wort in zwei Segmente einteilen und den Blick zunächst in die Mitte der ersten Hälfte des Wortes richten müssen. Dann wird er das Segment *Sommer* lesen, daraufhin einen weiteren Blicksprung in die Mitte des zweiten Wortsegments ausführen und das Segment *anfang* lesen. Nur wer in der Lage wäre, 11 Buchstaben links vom Fixationspunkt (dem *g* in *Sommeranfang*) zu erkennen, könnte einen Blicksprung zum letzten Buchstaben dieses Wortes ausführen und könnte dennoch richtig lesen. Die Größe des Blicksprungs muss folglich immer der Fähigkeit zum Erkennen von Wortsegmenten angepasst sein. Wer größere Wortsegmente erken-

nen kann, kann größere Blicksprünge ausführen, als derjenige, der nur kleinere Wortsegmente erkennen kann.
Registriert man die Augenbewegungen eines normalen Lesers, so findet man eine Abfolge von Phasen, in denen die Augen unbewegt ein Wort oder Wortsegment fixieren (Fixationsphasen) und Blicksprüngen (*Rayner* et al. 1996) (**Abb. 1**). Die Dauer der Fixationsphasen liegt, je nach Lesegeschwindigkeit, zwischen 100 und 400 Millisekunden.

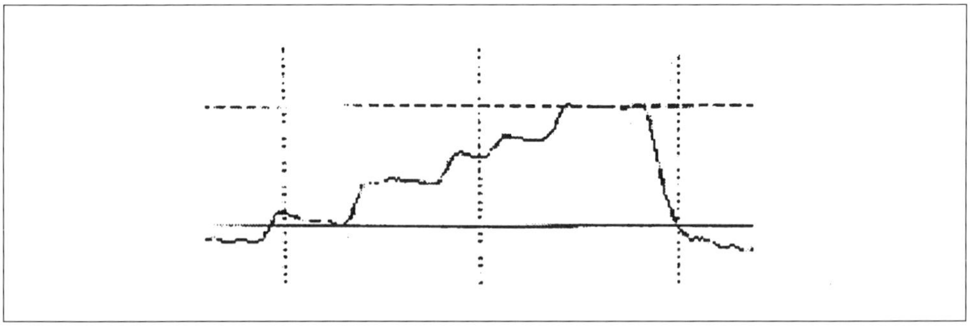

Abb. 1: *Augenbewegungen eines guten Lesers, wie sie bei der Registrierung der Augenbewegungen dargestellt werden. Die Länge einer horizontalen Linie zeigt an, dass die Augen während einer bestimmten Zeit nicht bewegt wurden, d. h. eine Stelle des Textes fixiert wurde. Eine nach oben verlaufende Linie zeigt eine Augenbewegung nach rechts an. Die Größe der Auslenkung nach oben entspricht der Amplitude der Augenbewegung nach rechts. Durch die Abfolge von Fixationsphasen und Blicksprüngen beim Lesen entsteht eine stufenförmige Linie. Ist der Leser am Ende einer Zeile angekommen, so springen die Augen nach links zum Anfang der nächsten Zeile. Dies wird durch die lange abfallende Linie am Ende der Stufenfolge angezeigt.*

Allein eine intakte Steuerung der Augenbewegungen und die Einhaltung hinreichend langer Fixationsphasen garantiert jedoch noch kein flüssiges Lesen. Während die Augen diese komplexe Blicksteuerung ausführen, müssen die Wörter oder Wortsegmente visuell verarbeitet werden, ein Prozess, der in der Netzhaut des Auges beginnt, sich im lateralen Kniehöcker des Thalamus, einer Struktur des Zwischenhirns, fortsetzt und im Hinterhauptslappen des Großhirns seinen Abschluss findet (für einen Überblick vgl.: *Werth* 2001, S. 127 ff.; *Fischer* 1999). Das Ergebnis der visuellen Verarbeitung muss mit Strukturen des Gedächtnisses in Kontakt gebracht werden. Hier müssen die Lautfolgen, die den gesehenen Buchstabenfolgen entsprechen, abgerufen werden. Zudem müssen Wortsegmente und Wörter und aus ihnen zusammengesetzte Sätze mit Bedeutungen, die im Gedächtnis gespeichert sind, verbunden werden.
Bei der Komplexität all dieser vom Gehirn gleichzeitig auszuführenden unterschiedlichen Aufgaben liegt es auf der Hand, dass jede dieser Aufgaben aufgrund der Verminderung einer oder mehrere zum Lesen notwendiger spezifischer Hirnleistungen nicht oder nur unvollkommen ausgeführt werden kann oder dass Hirnleistungen, wie das oben beschriebene Beispiel von Blicksprunggröße und Erkennensleistung zeigt, ungenügend aufeinander abgestimmt sind.

4.5.2 Ursachen für Lesestörungen

Die Schwäche simultanen Erkennens von Wortsegmenten

Kinder der Sekundarstufe haben die Fähigkeit, Wortsegmente zu erkennen, trotz einer bestehenden Lesestörung meist soweit entwickelt, dass Wortsegmente einer Größe von 4 Buchstaben, die 250 Millisekunden dargeboten werden, sicher erkannt werden. Das Erkennen größerer Wortsegmente bereitet manchen schlechten Lesern der Sekundarstufe jedoch Schwierigkeiten. Ihre Lesefehler beruhen dann oft darauf, dass sie versuchen, Wortsegmente einer Länge von 6 und mehr Buchstaben zu erkennen. Für gute Leser dieser Altersstufe stellt dies kein Problem dar, übersteigt jedoch die Fähigkeit manch schlechter Leser der Sekundarstufe. Hinzu kommt, dass die Schüler versuchen, einen Text einigermaßen flüssig zu lesen, was dazu führt, dass sie zu früh mit den Augen zum nächsten Wortsegment springen und die Fixationszeiten dadurch zu kurz werden. Ob eine solch verminderte Fähigkeit, größere Wortsegmente simultan zu erkennen, vorliegt, lässt sich mit einem PC und geeigneter Software (*Werth, Barner, Weser* 2001) feststellen. Man bietet den Schülern dazu Wörter oder Wortsegmente mit einer Länge von 4, 5 oder 6 Buchstaben bei Darbietungszeiten, die zwischen 250 und 400 Millisekunden liegen. Die Schüler werden gebeten, die Wörter oder Wortsegmente zu lesen. Um zu vermeiden, dass die Schüler nur wenige Buchstaben wirklich erkennen und stattdessen erraten, um welches Wort es sich handelt, empfiehlt es sich, sinnlose aber aussprechbare Wörter darzubieten. Der Untersucher kann so leicht feststellen, Pseudowörter welcher Länge und welcher Darbietungszeit noch sicher erkannt werden.
Stellt man z. B. fest, dass Wortsegmente einer Länge von mehr als 4 Buchstaben bei einer Darbietungszeit von 300 Millisekunden nicht mehr sicher erkannt werden, so muss dies allein noch nicht die Ursache für die Lesestörung sein. Erst wenn der Schüler während der Fixationsphasen versucht, größere Wortsegmente zu lesen, wird ihm dies misslingen. Er wird nur noch einige Buchstaben des Wortsegments erkennen und wird versuchen zu erraten, was da steht. Es gibt in diesem Fall zwei Möglichkeiten der weiteren Vorgehensweise: Man trainiert das Erkennen von Wortsegmenten, die aus bis zu 7 Buchstaben bestehen oder man korrigiert die Lesestrategie. Das Training zum Erkennen längerer Wortsegmente besteht darin, dass Wortsegmente einer Länge, die gerade nicht mehr sicher erkannt werden kann, auf einem Monitor für etwa 300 Millisekunden geboten werden und der Schüler versuchen muss, diese zu erkennen. Um einen dauerhaften Erfolg zu erzielen, ist eine über Wochen bis zu einigen Monaten täglich (mindestens 10 Minuten) durchgeführte Übung notwendig.
Die Korrektur der Lesestrategie führt dagegen in der Regel schon nach wenigen Stunden zu einer erheblichen Verbesserung der Leseleistung. Dabei übt der Schüler in jeder Fixationsphase nur so große Wortsegmente zu erkennen, wie er noch sicher erkennen kann. Dies geschieht dadurch, dass Lesetexte auf dem Monitor geboten werden. Der Ort innerhalb jedes Wortes oder Wortsegments, der während jeder Fixationsphase fixiert werden soll, ist dabei farbig (z. B. gelb) unterlegt. Die Größe des jeweils zu lesenden Wortsegments ist in einer anderen Farbe (z. B. grün) unterlegt (**Abb. 2**).

Diese farbigen Markierungen unterlegen ein Wortsegment so lange, wie dieses fixiert werden soll und springen dann zum nächsten zu lesenden Wortsegment. Auf diese Weise wird nicht nur angezeigt, welche Größe die jeweils zu lesenden Wortsegmente haben sollen. Gleichzeitig wird durch die Dauer der farbigen Unterlegung der Wortsegmente angegeben, wie lange diese fixiert werden sollen. Durch die Markierung des Fixationspunktes und das sukzessive Weiterspringen der Markierungen zum nächsten zu lesenden Wortsegment, wird ebenfalls die Größe des jeweils auszuführenden Blicksprungs angezeigt. Auf diese Weise werden der Versuch zu große Wortsegment zu lesen, und die Ausführung zu großer Blicksprünge unterbunden. Waren diese beiden Parameter gemeinsam hinreichende Bedingungen für das Auftreten der Lesestörung, so wird ein in der beschriebenen Weise angebotener Text richtig gelesen.

Lesen ist ni c ht

Abb. 2: *Um festzustellen, ob eine Lesestörung darauf beruht, dass versucht wird, zu große Wortsegmente während einer Fixationsphase zu erkennen und das Wortsegment nicht lange genug fixiert wird, wird ein zu lesender Text so aufbereitet, dass diese falsche Lesestrategie vermieden wird. Das jeweils zu lesende Wortsegment wird so markiert, dass der hellgraue Bereich (im PC-Programm ist dieser Bereich z. B. gelb unterlegt) den Fixationspunkt anzeigt und der dunkelgraue Bereich (im PC-Programm ist dieser Bereich z. B. grün unterlegt) das ganze innerhalb der Fixationsphase zu lesende Wortsegment markiert. Der Text rechts von dem gerade zu lesenden Wortsegment ist ausgeblendet, um zu vermeiden, dass die Augen zu früh zum nächsten Wortsegment springen. Das nächste Wortsegment wird erst gezeigt, wenn das zu lesende Wortsegment lange genug fixiert und richtig gelesen wurde.*

Zu kurze Fixationszeiten, zu große Blicksprünge und erhöhte visuelle Ablenkbarkeit

Leseprobleme auf dem Niveau der Sekundarstufe sind sehr häufig auf zu kurze Fixationszeiten und die Ausführung zu großer Blicksprünge zurückzuführen. Das zu frühe Weiterspringen der Augen, die dadurch entstehenden zu kurzen Fixationsphasen und zu große Blicksprünge, haben ihre Ursache oft in einer erhöhten visuellen Ablenkbarkeit. Dabei lenkt der rechts neben einem gerade zu lesenden Wortsegment stehende Text die Augen nach rechts ab. Diese ablenkende Wirkung des Textes lässt sich umgehen, indem der Text rechts vom gerade zu lesenden Wortsegment ausgeblendet wird (**Abb. 2**). Der zu lesende Text wird dann nur um das Wortsegment verlängert, das gerade gelesen werden soll. Zu frühes Weiterspringen der Augen ist dann nicht mehr möglich. Um zu üben, nicht zu früh mit den Augen weiterzuspringen, kann der Text, der sich rechts neben dem gerade zu lesenden Wortsegment befindet, mit einem so schwachen Kontrast dargestellt werden, dass er kaum eine ablenkende Wirkung hat. Der Schüler kann das Lesen des Textes zunächst unter dieser Bedingung üben.
In folgenden Übungssitzungen kann der Text rechts vom gerade zu lesenden Wortsegment stufenweise mit höherem Kontrast dargestellt werden, so dass der

Schüler übt, sich nicht von einem zunächst schwach dargestellten und später immer deutlicher werdenden Text ablenken zu lassen, bis schließlich ein normal dargestellter Text gelesen werden kann, ohne dass der Schüler sich zu früh nach rechts ablenken lässt. Kann ein Text unter Vorgabe der farbigen Markierungen fehlerfrei gelesen werden, so gilt es, die Lesehilfen Schritt um Schritt abzubauen. Dazu lässt man die beschriebenen farbigen Markierungen Schritt um Schritt verblassen, bis sie vollständig verschwunden sind. Der Schüler soll sich beim Lesen vorstellen, wie die farbigen Markierungen sich über den Text bewegen würden und die Größe der in jeder Fixationsphase zu erkennenden Wortsegmente, die Länge der Fixationszeiten und die Größe der Blicksprünge dementsprechend einrichten. In der praktischen Anwendung dieser Vorgehensweise zeigte sich, dass die Schüler die so erlernte Lesestrategie nach wenigen Therapiestunden auf das Lesen eines normalen Textes übertragen können.

Eingeschränktes Textverständnis

Eingeschränktes Verständnis des gelesenen Textes kann darauf zurückführbar sein, dass der Text sinnentstellend gelesen wurde. Wie bereits dargelegt, tritt dies typischerweise auf, wenn versucht wird, zu große Wortsegmente zu erkennen, die Fixationszeiten zu kurz sind und zu große Blicksprünge ausgeführt werden. Dann wird der Text nur unvollständig erkannt und der fehlende Text durch die Phantasie ergänzt. Diese Art fehlenden Sinnverstehens bessert sich, indem das Lesen sich durch die beschriebenen therapeutischen Schritte verbessert. Das Verständnis eines Textes kann jedoch auch eingeschränkt sein, obwohl der Text fehlerfrei vorgelesen wird. Wie oben beschrieben wurde, erfordert flüssiges Lesen die Ausführung zahlreicher komplexer Steuerungs- und Analyseprozesse. Diese Prozesse laufen bei guten Lesern automatisch ab. Schüler, denen das Lesen schwer fällt, müssen deutlich mehr Anstrengung als andere investieren, damit sie flüssig und richtig lesen. Bei ihnen erfordert der Leseprozess so viel Aufmerksamkeit, dass sie dem Sinnverständnis nur noch wenig Aufmerksamkeit widmen können. Diesen Schülern kann eine Vereinfachung des Leseprozesses helfen. Eine solche Vereinfachung besteht in einer Verkleinerung der jeweils zu lesenden Wortsegmente, einer Verlängerung der Fixationszeiten und einer Verkleinerung der Blicksprünge. Diese Lesestrategie kann wie oben beschrieben, eingeübt werden, indem die Größe der zu lesenden Wortsegmente, die Länge der Fixationszeit und die Größe der Blicksprünge durch farbige Unterlegung und, wenn nötig, durch Ausblenden von Textteilen gesteuert wird.

Neben einem durch diese Ursachen eingeschränkten Sinnverständnis, kann das eingeschränkte Sinnverständnis gelesener Texte auch als eigenständige Störung bestehen, die keine Ursache in der Lesestrategie hat. Eine solche kann durch eine verminderte Fähigkeit hervorgerufen werden, durch visuelle Reize, die im Hinterhauptslappen des Gehirns verarbeitet wurden, im Gedächtnis gespeicherte Bedeutungen abzurufen. Dieser mangelnde Abruf kann auf den visuellen Kanal beschränkt sein, wobei ein Abruf des Sinnes von Sätzen über die gehörte Sprache in normaler Weise funktioniert. Es ist auch möglich, dass das Gelesene kurzzeitig verstanden wird, jedoch nur sehr kurzzeitig und unvollkommen im Gedächtnis gespeichert werden kann.

Systematische Übung des Sinnerfassens kann hier hilfreich sein, doch können sich hier neurobiologisch bedingte Grenzen zeigen, die auch durch systematische Übung nicht zu überschreiten sind.

Für alle diese in der Sekundarstufe noch verbliebenen Lesestörungen gilt, dass ihre Ursachen in einem ersten Schritt ergründet werden müssen. Die sich anschließende Therapie sollte stets auf die Ursachen der Lesestörung zielen. Alleiniges Lesenüben, ohne Berücksichtigung der Ursachen der Lesestörung, kann sich sogar nachteilig auf die weitere Entwicklung der Leseleistung auswirken. Es besteht nämlich die Gefahr, dass unerkannte falsche Lesestrategien, wie z. B. der Versuch, zu große Wortsegmente zu erkennen, zu frühes Abbrechen der Fixationsphasen und die Ausführung zu großer Blicksprünge, durch bloßes Lesenüben weiter eingeübt werden und sich dadurch verfestigen.

► **Bezugsquelle der Software** „Richtig lesen lernen: Diagnose und Therapie von Legasthenie und anderen Lesestörungen“: celeco GmbH, Postfach 60 05 50, 81205 München; E-Mail: info@celeco.com.

WILTRUD RICHTER

4.6 Ausgewählte Fördermaterialien zu den Rechtschreibstrategien

(vgl. **Punkt 2.2**, S. 23)

Rechtschreib-Strategie (Einteilung nach Reuter-Liehr)	**(Selbst-)Instruktion** (nach Peter May)	**Fördermaterial**
1. Alphabetische Strategie **Mitsprechwörter** **Phonemfehler,** **Wahrnehmungsfehler** **lautgetreue Schreibung** – **Phonem-Graphem-Zuordnung** – **Wortdurchgliederung** u. a. Doppelung sprechbar bei Silbengliederung – **Lautfolgen:** Qu – St/Sp – **ie** am Ende der Silbe – **ß** zu Beginn der Silbe – **Großschreibung** (konkrete Nomen)	„Achte auf die eigene Aussprache – ‚Pilotsprache' – und schreibe für jeden Laut einen Buchstaben"	1. Lautgetreue Rechtschreibförderung. C. Reuter-Liehr, Bochum 2001, einsetzbar ab Jahrgangsstufe 5 (Band 3) 2. FRESCH, Hg. H.-J. Michel. AOL-Verlag Vorgegebener Einsatzbereich GS 1–4 Eignung auch für Jahrgangsstufe 5–6 (RS 7) 3. Fit trotz LRS, Hg. B. Rinderle, AOL-Verlag einsetzbar wie FRESCH 4. Damit hab ich es gelernt. B. Ganser, Auer 2001 5. Gehirn-gerechtes Rechtschreibstrategien. M. Müller, Matthias-Grünewald-Verlag 2002 6. Lese- und Rechtschreibschwäche. G. Tacke. Landesinstitut für Erziehung und Unterricht, Stuttgart 7. Rechtschreiben o.k. – trotz LRS (3.–6. Kl.). Iwansky, R., Mildenberger 2001
2. Orthographische Strategie **Merkwörter,** **Speicherfehler:** – **Dehnungs-h;** – **aa – ee – oo** – **V** – **Sonstiges, Ausnahmen**	„Merke dir die von der Lautung abweichende Schreibung der Wortstelle"	1. FRESCH (s. o.) 2. Fit trotz LRS (s. o.) 3. Lese- und Rechtschreibschw. G. Tacke (s. o.) 4. Damit hab ich es gelernt (s. o.) 5. Gehirn-gerechtes Rechtschreibtraining (s. o.) 6. Marburger Rechtschreibtraining. Schulte-Körne, Bochum 2001 7. Erdinger Eltern-Kind-Training. A. Geist, München 2001 (vgl. **Punkt 4.4**, S. 246 ff.) 8. Rechtschreiben o.k. – trotz LRS (s. o.) 9. Erdinger Rechtschreibtraining ERT. A. Geist (s. o.)
3. Morphematische Strategie **Nachdenkwörter** **Regelfehler** – **Anfangsmorpheme** (ab/miss/weg/ver/vor/vorder/wieder/wider) – **Endmorpheme mit „i"** (-ig/-ik/ine) – **Ableitung – Stammmorpheme** – **Rhythmisches Verlängern** – **Komposita** – **Großschreibung** abstrakte Nomen Endmorpheme: ung/heit/keit/nis/nisse/schaft/sal/tum/ling	„Zerlege die Wörter in Wortbausteine (Morpheme), suche nach verwandten Wortstämmen und leite die Schreibung danach ab"	1. Lautgetreue Rechtschreibförderung (s. o.) 2. FRESCH (s. o.) 3. Fit trotz LRS (s. o.) 4. Die Wortbaustelle. K. Kleinmann, AOL-Verlag einsetzbar vorwiegend Jahrgangsstufe 5 und 6 bis Jahrgangsstufe 8 5. Wörterspiel (mit Anfangs-, Stamm- und Endmorphemen) 6. Damit hab ich es gelernt (s. o.) 7. Gehirn-gerechtes Rechtschreibtraining (s. o.) 8. Marburger Rechtschreibtraining (s. o.) 9. Erdinger Eltern-Kind-Training (s. o.) 10. Rechtschreiben o.k. – trotz LRS (s. o.) 11. Erdinger Rechtschreibtraining ERT. A. Geist (s. o.) 12. LRS-Werkstatt. Th. Fischer (CD-ROM)
4. Restfehler – **Großschreibung** (subst. Verben, etc.) – **Zusammen – getrennt** – **Fremdwörter** (th/y/ai/rh/ph) – **Zeichensetzung**		1. Lese- und Rechtschreibschwäche (s. o.) 2. Gehirn-gerechtes Rechtschreibtraining (s. o.) 3. Marburger Rechtschreibtraining (s. o.) 4. Erdinger Eltern-Kind-Training (s. o.) 5. Erdinger Rechtschreibtraining ERT. A. Geist (s. o.)

In Anlehnung an das Ergebnis der AG im Lg. ALP_Dillingen_09/2001 und 10/2002

5. Juristische Aspekte

5.1 Bayerische Förderrichtlinien 1999/2000

Förderung von Schülern mit besonderen Schwierigkeiten beim Erlernen des Lesens und des Rechtschreibens

Bekanntmachung des Bayerischen Staatsministeriums
für Unterricht und Kultus
vom 16. November 1999 Nr. IV/1a – S7306/4 – 4/127883 geändert
durch die KMBek vom 11. August 2000 Nr. IV/1–S 7306/4–4/86591

Auf der Grundlage des Beschlusses der Kultusministerkonferenz vom 20. April 1978 (KMBl. 1979 S. 577) hat das Bayerische Staatsministerium für Unterricht und Kultus mit Bekanntmachung vom 18. Juni 1980 (KMBl. I, S. 498), geändert mit Bekanntmachung vom 26. September 1980 (KMBl., S. 598), Richtlinien zur Förderung von Schülern mit besonderen Schwierigkeiten beim Erlernen des Lesens und des Rechtschreibens in den Jahrgangsstufen 5 und 6 des Gymnasiums erlassen. Mit Bekanntmachung des Bayerischen Staatsministeriums für Unterricht und Kultus vom 31. August 1990 (KWMBl. I, S. 319) wurden Grundsätze zur Förderung dieser Schüler an Volksschulen veröffentlicht.
Neuere Erkenntnisse aus Medizin, Psychologie und Pädagogik ermöglichen eine genauere Erklärung der Ursachen und Entstehung sowie der Erscheinungsbilder dieser Teilleistungsstörungen und geben konkrete Hinweise für gezielte Fördermaßnahmen, die an den individuellen Schwierigkeiten des einzelnen Schülers orientiert sind.

I.
Ursachen und Erscheinungsbilder

Zu unterscheiden ist eine **Lese- und Rechtschreibstörung** (Legasthenie, Dyslexie) mit teilweise hirnorganisch bedingten, gravierenden Wahrnehmungs- und Aufmerksamkeitsstörungen von einer vorübergehenden **Lese- und Rechtschreibschwäche** (LRS), die in mehr oder minder starker Ausprägung eine Verzögerung im individuellen Lese- und Schreiblernprozess darstellt. Zu unterscheiden sind zusätzlich Erscheinungsformen der Lese- und Rechtschreibschwäche bei Schülern mit sonderpädagogischem Förderbedarf.

1. Lese- und Rechtschreibstörung (Legasthenie)
   Legasthenie ist eine Störung des Lesens und Rechtschreibens, die entwicklungsbiologisch und zentralnervös begründet ist. Die Lernstörung besteht trotz normaler oder auch überdurchschnittlicher Intelligenz und trotz normaler familiärer und schulischer Lernanregungen. Die Beeinträchtigung oder Verzögerung beim Erlernen grundlegender Funktionen, die mit der Reifung des

zentralen Nervensystems verbunden ist, hat demnach biologische Ursachen, deren Entwicklung lange vor der Geburt des Kindes angelegt oder durch eine Schädigung im zeitlichen Umkreis der Geburt bedingt ist.
Legasthenie ist eine nur schwer therapierbare Krankheit, die zu teilweise erheblichen Störungen bei der zentralen Aufnahme, Verarbeitung und Wiedergabe von Sprache und Schriftsprache führt. Individuelle Ausprägungen und Schweregrade dieser Lernschwierigkeit ergeben sich durch unterschiedliche Kombinationen von Teilleistungsschwächen der Wahrnehmung, der Motorik und der sensorischen Integration.
Von Legasthenie sind rund 4% aller Menschen betroffen.

2. Lese- und Rechtschreibschwäche (LRS)
Im Gegensatz zur anhaltenden Lese- und Rechtschreibstörung können Schüler ein vorübergehendes legasthenes Erscheinungsbild aufweisen, das auf unterschiedliche Ursachen zurückzuführen ist. Ursache dafür kann z.B. eine Erkrankung, eine besondere seelische Belastung oder ein Schulwechsel sein.
Rund 7 bis 10% aller Schüler im Einschulungsalter haben Schwierigkeiten beim Erlernen des Lesens.

3. Schüler mit sonderpädagogischem Förderbedarf
Lese- und Rechtschreibschwächen im Rahmen einer allgemeinen Minderbegabung treten bei Schülern mit sonderpädagogischem Förderbedarf auf, die aber nicht so schwach begabt sind, dass sie eine Schule zur individuellen Lernförderung besuchen müssten. Diese Schüler haben jedoch in allen Bereichen schulischen Lernens und Arbeitens teilweise erhebliche Schwierigkeiten, die über die gesamte Schulzeit anhalten.

II.
Lesen- und Schreibenlernen als Aufgabe der Schule

Der Beherrschung der Schriftsprache kommt für die Entfaltung der Persönlichkeit, die sprachliche Verständigung, den Erwerb von Wissen und Können, die Aufnahme und Verarbeitung von Informationen sowie für den Zugang zum Beruf und für das Berufsleben besondere Bedeutung zu. Eine grundlegende Vermittlung von Sprach- und Sprechfertigkeiten sowie eine gewissenhafte Sprachpflege gehören daher zu den Hauptaufgaben der Schule. Insbesondere die Grundschule muss dafür Sorge tragen, dass sich möglichst alle Schüler die grundlegenden Fähigkeiten und Fertigkeiten im Lesen, Schreiben und Rechtschreiben aneignen. Unbeschadet der hohen Bedeutung sicherer Rechtschreibkenntnisse darf aber auch nicht außer Acht gelassen werden, dass technische Kommunikationsmittel zunehmend in der Lage sind, diesbezügliche Störungen oder Schwächen teilweise auszugleichen.
Bei einer nicht geringen Zahl von Schülern ist der Schulerfolg durch besondere Schwierigkeiten im Lesen und Rechtschreiben beeinträchtigt. Davon sind insbesondere Schüler der Grundschule, aber auch Schüler aller anderen Schularten betroffen.

Die nachstehenden Grundsätze und Regelungen sollen dazu beitragen, bei einer vorliegenden Legasthenie oder einer Lese- und Rechtschreibschwäche angemessene Fördermaßnahmen einzuleiten und durchzuführen, dem Entstehen solcher Teilleistungsstörungen im Rahmen des Möglichen vorzubeugen und auftretende Schwierigkeiten beim Erlernen des Lesens und Rechtschreibens soweit wie möglich zu überwinden.

1. Voraussetzungen für das Erlernen des Lesen- und Schreibenlernens
   Das Erlernen des Lesens und des Schreibens vollzieht sich in einem differenzierten Prozess, der Sprach- und Sprechfähigkeiten, optische und akustische Wahrnehmung und Differenzierung als Grundlage für phonologische Bewusstheit, der rhythmische Gliederungsfähigkeit, Symbolverständnis sowie feinmotorische Fertigkeiten der Hand voraussetzt.
   Wichtig sind aber auch allgemeine Lernvoraussetzungen wie Selbstvertrauen, Freude am Lernen, Konzentrationsfähigkeit, Merkfähigkeit, intellektuelle Neugierde, Denkfähigkeit, Kommunikations- und Kooperationsfähigkeit.
   Weil die Schulanfänger unterschiedliche Lernvoraussetzungen mitbringen, hat der Lehrer zu Beginn der Jahrgangsstufe 1 die Ausgangslage jedes Schülers durch gezielte Beobachtungen festzustellen und zu berücksichtigen. Soweit die Schüler die notwendigen Fertigkeiten und Fähigkeiten im Vorschulalter nicht erworben haben, müssen diese besonders im Anfangsunterricht systematisch entwickelt werden, bevor mit dem Lese- und Schreiblernprozess begonnen wird.

2. Unterricht
   Ein sorgfältig durchgeführter Erstlese- und Erstschreibunterricht berücksichtigt nicht nur die individuellen Lernvoraussetzungen der Schüler, sondern sichert auch die einzelnen Stufen und Phasen des Schriftspracherwerbs. Dabei muss sich der Unterricht an den unterschiedlichen Lernvoraussetzungen sowie dem individuellen Lernverhalten und Lerntempo der Schüler orientieren.
   Der verbindliche Übungswortschatz erlaubt zunächst eine Konzentration des Rechtschreibunterrichts auf die intensive Einübung ausgewählter Wörter, bildet aber nur die Grundlage für die Übertragung und Weiterentwicklung rechtschriftlicher Erkenntnisse und Regelungen in alters- und entwicklungsangemessener Weise. Dazu eignen sich auch alle anderen Fächer.
   Variierende Übungsformen, die sowohl dem rechtschriftlichen Charakter des Wortes als auch einem kind- und zeitgerecht gestalteten Unterricht Rechnung tragen, sowie häufige Wiederholung tragen dazu bei, erworbene Rechtschreibkenntnisse zu sichern. Auf diese Weise gelingt es, bestehende Schwierigkeiten im Lesen und Rechtschreiben angemessen zu berücksichtigen, durch geeignete Unterrichtsverfahren und gezielte Fördermaßnahmen entstehenden Schwierigkeiten vorzubeugen und ein Versagen im Lesen und Schreiben und seine negativen Auswirkungen auf das gesamte schulische Lern- und Leistungsverhalten zu verhindern.
   Die genannten Hilfen im Fach Deutsch gelten sinngemäß auch beim Erlernen von Fremdsprachen.

III.
Fördermaßnahmen

1. Fördermaßnahmen im Rahmen des Unterrichts
„Die Grundschule betreut jedes Kind mit dem Ziel seiner allseitigen Förderung. Sie sucht individuelle Begabungen bestmöglich zu entfalten, bemüht sich, Rückstände aufzuholen, Schwächen zu beheben oder anderweitig auszugleichen und leitet – wenn dies nicht möglich ist – dazu an, mit ihnen zu leben" (Lehrplan für die Grundschule, KMBl. I, So.-Nr. 20/1981). Entsprechendes gilt für alle anderen Schularten.
Viele Schüler haben Schwierigkeiten bei der Schriftsprachentwicklung, bei manchen halten diese Schwierigkeiten an. Die Lernfortschritte eines Schülers sind deshalb von Anfang an sorgfältig zu beobachten. Treten in der Grundschule beim Erlernen des Lesens und/oder Rechtschreibens besondere Schwierigkeiten auf, ist zu versuchen, diese mit geeigneten Fördermaßnahmen im Rahmen der inneren Differenzierung im regulären Unterricht sowie in den in der Stundentafel für die Grundschule besonders ausgewiesenen Förderstunden zu beheben. Die Fördermaßnahmen werden in der Regel vom Klassenlehrer durchgeführt. Eine Ausgliederung ist dabei in der Jahrgangsstufe 1 zu vermeiden. In den anderen Jahrgangsstufen der Grundschule wie auch in der Hauptschule können klassenübergreifende Stütz- und Förderkurse gebildet werden (Bestimmungen zur Stundentafel Nr. 4.3). Eine äußere Differenzierung, z. B. in Form sog. Legasthenikerklassen, ist nicht statthaft.
Für Schüler, deren Lese- und Rechtschreibschwäche über die Grundschule hinaus besteht, können geeignete Fördermaßnahmen in den weiterführenden Schularten einschließlich der Jahrgangsstufe 10 ergriffen werden.

2. Besondere Fördermaßnahmen
In Anwendung des § 10 Abs. 4 Nr. 1 der Schulordnung für die Volksschulen in Bayern kann für Schüler mit besonderen Schwierigkeiten beim Erlernen des Lesens und des Rechtschreibens an Grund- und Hauptschulen besonderer Förderunterricht eingerichtet werden.
In einzelnen Fällen wird es nötig sein, insbesondere zur Unterscheidung von Schülern mit Legasthenie und solchen mit einer vorübergehenden Lese- und Rechtschreibschwäche, die Beobachtungen der Schule durch gezielte Untersuchungen zu ergänzen. Soweit nicht eine medizinische Untersuchung angezeigt erscheint, können besonders fachkundige Lehrkräfte (Beratungslehrkräfte und Schulpsychologen) damit beauftragt werden. Tests sollen dabei jedoch nicht zu der Feststellung von Art und Ausmaß bestimmter Schwächen dienen, sondern in erster Linie geeignete Fördermaßnahmen aufzeigen. Da punktuelle Tests allein nicht aussagekräftig genug sind, sollten sie durch gezielte Langzeitbeobachtungen gestützt werden.
Bei Schülern, deren Schwierigkeiten im Lesen und Rechtschreiben in Zusammenhang mit einem sonderpädagogischen Förderbedarf stehen, ist bei Fortdauer erheblicher Schwierigkeiten ggf. zu überprüfen, ob eine weitere Förderung in der Grundschule bzw. in der Hauptschule in angemessener Weise möglich ist.

3. Zusammenarbeit mit den Erziehungsberechtigten

Die Erziehungsberechtigten von Schülern mit Legasthenie bzw. mit einer Lese- und Rechtschreibschwäche sollen frühzeitig über Art und Ausmaß der Teilleistungsstörungen und über die Möglichkeiten, sie zu überwinden bzw. mit ihnen zu leben, informiert werden. Ihnen sind Beobachtungen zu Verhaltensweisen des Schülers beim Lesen und Schreiben mitzuteilen wie umgekehrt auch Beobachtungen der Eltern in die schulische Beurteilung und Förderkonzeption einfließen sollen.

In den Volksschulen unterrichten die Klassenlehrer, in den weiterführenden Schulen die Fachlehrer für Deutsch bzw. für die Fremdsprachen die Erziehungsberechtigten über bestehende oder neu auftretende Schwierigkeiten frühzeitig und ausführlich und versuchen im Gespräch, unnötigen Ängsten vorzubeugen. Darüber hinaus erhalten die Erziehungsberechtigten Hinweise auf die Methode des Schriftspracherwerbs bzw. des Erwerbs der Fremdsprache, auf besondere Lehr- und Lernmittel, häusliche Übungs- und Fördermöglichkeiten sowie Verhaltensweisen gegenüber dem Schüler.

Wo es erforderlich ist, sollen die Erziehungsberechtigten über die Notwendigkeit der Förderung beraten werden. Sie sind über die beabsichtigten schulischen Fördermaßnahmen zu informieren.

Erziehungsberechtigte von Kindern, bei denen Verdacht auf Legasthenie besteht oder Legasthenie festgestellt wurde, sollen darüber hinaus über weitere außerschulische Fördermöglichkeiten und entsprechende Einrichtungen, z. B. das Jugendamt, beraten werden. Zur Förderung dieser Kinder hält die Schule engen Kontakt mit diesen Einrichtungen und stimmt die eigenen Fördermaßnahmen mit den dort tätigen Fachkräften ab.

Falls von den Erziehungsberechtigten eines Kindes mit Legasthenie oder einer Lese- und Rechtschreibschwäche nach Abschluss der Grundschule ein Übertritt des Kindes an das Gymnasium oder die Realschule beabsichtigt ist, sind sie vor einer Entscheidung auf die spezifischen Anforderungen der jeweiligen Schulart, insbesondere im Fach Deutsch und in den Fremdsprachen, hinzuweisen.

IV.
Leistungsfeststellung und -bewertung

Grundsätzlich unterliegen auch Schüler mit Legasthenie oder einer Lese- und Rechtschreibschwäche an allen allgemein bildenden Schulen und beruflichen Schulen den für alle Schüler geltenden Maßstäben der Leistungsbewertung.

Wie bei den Fördermaßnahmen muss auch bei der Leistungsfeststellung und Leistungsbewertung zwischen Schülern mit dauernder Legasthenie und Schülern mit einer vorübergehenden Lese- und Rechtschreibschwäche unterschieden werden. Eine differenzierte Behandlung kann im Sinne der nachfolgenden Regelungen aber nur dann erfolgen, wenn das Vorliegen einer Legasthenie durch ein schriftliches Gutachten bestätigt wird. Bei Vorliegen eines solchen Gutachtens muss die Legasthenie berücksichtigt werden. Als ausreichende Bestätigung für

das Vorliegen einer Legasthenie gelten nur fachärztliche Bescheinigungen, die durch einen Facharzt für Kinder- und Jugendpsychiatrie, ein Sozialpädiatrisches Zentrum oder eine andere entsprechend aus- oder weitergebildete Fachkraft in Zusammenwirken mit einem im Schuldienst tätigen Schulpsychologen der jeweiligen Schulart erstellt sind.
Voraussetzung für die Anerkennung einer fachärztlichen Bescheinigung durch den Schulpsychologen ist eine multiaxiale Diagnostik, wie sie auch im Rahmen der Eingliederungshilfe nach § 35a SGB VIII nach den Vorgaben des Bayerischen Staatsministeriums für Arbeit und Sozialordnung, Familie, Frauen und Gesundheit durchgeführt wird. Der Schulpsychologe fasst die Aussagen der fachärztlichen Bescheinigung zusammen und leitet der Schule die Entscheidung sowie Empfehlungen für angemessene Förder- und Hilfsmaßnahmen zu. Die fachärztliche Bescheinigung sowie weitere Befundberichte selbst verbleiben beim Schulpsychologen. Die Anerkennung einer Lese- und Rechtschreib-Schwäche erfolgt durch den örtlich zuständigen Schulpsychologen.
Das Gutachten über das Vorliegen einer Legasthenie ist beim Übertritt von der Grundschule in eine weiterführende Schule (Hauptschule, Realschule, Gymnasium) neu auszustellen bzw. vom zuständigen Facharzt für Kinder- und Jugendpsychiatrie im Zusammenwirken mit dem jeweils zuständigen Schulpsychologen zu bestätigen.
Bei Schülern mit einer vorübergehenden Lese- und Rechtschreibschwäche sind die durch die Förderung erreichten Verbesserungen im Abstand von höchstens 2 Schuljahren durch den Schulpsychologen zu überprüfen. Die weitere Gewährung von Förderung und Hilfsmaßnahmen sowie die Berücksichtigung bei der Leistungsbewertung sind dem Entwicklungsstand anzupassen. In der Regel endet die Berücksichtigung einer Lese- und Rechtschreibschwäche mit Abschluss der Jahrgangsstufe 10.
Bei schulischen Leistungsfeststellungen und Leistungsbewertungen ist für alle Schüler mit Legasthenie oder einer Lese- und Rechtschreibschwäche unter Berücksichtigung der nachfolgenden Regelungen zu gewährleisten, dass sich diese Schwierigkeiten nicht auf andere Lernbereiche auswirken und dort die Leistungsbewertung beeinträchtigen.

1. Form und Inhalt von Leistungsfeststellungen
   Schüler mit einer gutachterlich festgestellten Legasthenie sind von der Teilnahme an schriftlichen Leistungserhebungen, die ausschließlich der Feststellung der Rechtschreibkenntnisse dienen, zu befreien. Nehmen sie freiwillig teil, so erfolgt keine ziffernmäßige Leistungsbewertung, sondern eine verbale Beurteilung, die insbesondere feststellbare Lernfortschritte betont und Anregungen für weiterführende Übungen gibt.
   Bei Schülern mit einer Lese- und Rechtschreibschwäche liegt es im pädagogischen Ermessen der Lehrkraft, die Leistungserhebung dem aktuellen Leistungsstand des einzelnen Schülers anzupassen, z. B. durch Verkürzung des Inhalts oder mit der Möglichkeit eines Lückendiktats. Schriftliche Probearbeiten im Rechtschreiben können ohne ziffernmäßige Benotung verbal beurteilt werden.

Zur Feststellung des individuellen Lernfortschritts sind mündliche und schriftliche Übungen, Klassenarbeiten und informelle Verfahren heranzuziehen sowie Beobachtungen zu nutzen, wie sich der Schüler beim Lesen und Schreiben verhält, ob und wie er Hilfsmittel gebraucht und wie er sich in Partner- und Gruppenarbeit zurechtfindet.

2. Hilfen bei Leistungsfeststellungen
Auch in den anderen Fächern außer Deutsch können sich bei allen schriftlich gestellten und/oder schriftlich zu beantwortenden Leistungsfeststellungen die Teilleistungsstörungen im Lesen oder Schreiben zum Nachteil für die betroffenen Schüler auswirken. So brauchen Schüler mit besonderen Schwierigkeiten im Lesen ein Mehrfaches an Zeit, um Fragen und Problemstellungen zu lesen und zu erfassen, Informationen aus Texten aufzunehmen und zu verarbeiten, bevor sie eine Lösung erarbeiten können. Schüler mit Schwierigkeiten beim Schreiben brauchen mehr Zeit, um ihre Lösung zu Papier zu bringen.
Schüler mit gutachterlich festgestellter Legasthenie müssen, Schüler mit einer Lese- und Rechtschreibschwäche können deshalb bei schriftlichen Leistungsfeststellungen in Proben, Schulaufgaben und Prüfungen in allen Fächern einen Zeitzuschlag bis zur Hälfte der regulären Arbeitszeit erhalten. Die Dauer des Zeitzuschlags richtet sich nach Art und Ausmaß der Störung. Er wird auf Empfehlung der fachlich zuständigen Lehrkräfte vom Schulleiter festgelegt.
Andere Möglichkeiten der Hilfestellung insbesondere bei Stegreifaufgaben bestehen z. B. darin, dem betreffenden Schüler eine schriftlich gestellte Aufgabe zusätzlich vorzulesen oder die Leistungsfeststellung mit dem Schüler mündlich durchzuführen. In geeigneten Fällen und bei entsprechender Ausstattung der Schule können auch technische Hilfsmittel eingesetzt werden.

3. Leistungsbewertung

3.1 Deutsch
Bei Schülern mit einer gutachterlich festgestellten Legasthenie entfällt eine notenmäßige Bewertung des Lesens und Rechtschreibens. Diese Bereiche fließen in die Deutschnote nicht mit ein. In das Zeugnis ist die Bemerkung aufzunehmen: „Auf Grund einer fachärztlich festgestellten Legasthenie wurde die Rechtschreibleistung nicht bewertet." Die Erziehungsberechtigten betroffener Schüler sind bei der Antragstellung auf Berücksichtigung einer gutachterlich festgestellten Legasthenie auf diese Zeugnisbemerkung hinzuweisen.
Bei Schülern mit einer Lese- und Rechtschreibschwäche können die Leistungen im Lesen und Rechtschreiben zurückhaltend gewichtet werden. In das Zeugnis ist die Bemerkung aufzunehmen: „Aufgrund einer vorübergehenden Lese- und Rechtschreibschwäche wurden die Leistungen im Lesen und Rechtschreiben zurückhaltend bewertet." Grundsätzlich darf bei diesen Schülern die Rechtschreibleistung nur bei Leistungserhebungen, die der Feststellung der Rechtschreibkenntnisse dienen (z. B. Diktate), notenmäßig bewertet werden. Bei allen anderen Arbeiten, z. B. bei Aufsätzen, Niederschriften, Protokollen u. a., ist eine fehlerhafte Rechtschreibung zwar zu kennzeichnen, darf aber nicht in die Bewertung einfließen.

3.2 Fremdsprachen

In den weiterführenden Schulen stellen sich für Schüler mit Legasthenie oder einer Lese- und Rechtschreibschwäche beim Erlernen einer Fremdsprache die gleichen Probleme wie im Fach Deutsch. Soweit rein rechtschriftliche Leistungen geprüft werden, ist bei Schülern mit gutachterlich festgestellter Legasthenie analog zum Fach Deutsch auch in der Fremdsprache von einer ziffernmäßigen Bewertung des Lesens und Rechtschreibens abzusehen. Bei der Festlegung der Zeugnisnote sollen je nach Art und Ausmaß ihrer Teilleistungsstörung die mündlichen Leistungen im Vordergrund stehen. Bei Schülern mit gutachterlich festgestellter Legasthenie sind schriftliche und mündliche Leistungen im Verhältnis 1:1 zu gewichten. Die Festsetzung der mündlichen Note erfolgt auf der Basis von rein mündlichen Leistungsnachweisen (nicht Stegreifaufgaben), je nach Schulart in angemessener Anzahl. In der Zeugnisbemerkung ist darauf entsprechend einzugehen.

3.3 Andere Fächer

Auch in allen anderen Fächern sind eine Legasthenie bzw. Lese- und Rechtschreibschwäche bei davon betroffenen Schülern zu berücksichtigen. Bei der Bewertung schriftlicher Leistungsfeststellungen darf die mangelnde Rechtschreibleistung nicht in die Notengebung einfließen.

3.4 Vorrücken

Über das Vorrücken von Schülern, deren Leistungsstand im Fach Deutsch, in den weiterführenden Schularten auch in den Fremdsprachen aufgrund ihrer Legasthenie oder Lese- und Rechtschreibschwäche den Anforderungen der Jahrgangsstufe nicht entsprechen, entscheidet die Schule in pädagogischer Verantwortung. Bei Schülern mit gutachterlich festgestellter Legasthenie darf diese Teilleistungsstörung nicht den Ausschlag für das Versagen der Vorrückungserlaubnis geben.

Wechselt ein Schüler nach Beendigung der Grundschule in die Hauptschule, so ist die aufnehmende Schule auf das Vorliegen einer gutachterlich festgestellten Legasthenie bzw. einer festgestellten Lese- und Rechtschreibschwäche sowie auf den individuellen Entwicklungs- und Leistungsstand des Schülers im Lesen und/oder Rechtschreiben hinzuweisen.

3.5 Übertritt

Legasthenie und eine Lese- und Rechtschreibschwäche dürfen bei sonst angemessener Gesamtleistung kein Grund sein, einen Schüler vom Übertritt an das Gymnasium, die Realschule oder die Wirtschaftsschule auszuschließen. Grundsätzlich sollten Schüler mit Legasthenie oder einer Lese- und Rechtschreibschwäche jedoch nur dann übertreten, wenn Aussichten bestehen, dass sie an der gewählten Schulart mit Erfolg am Unterricht teilnehmen können.

Bei der Feststellung der Deutschnote im Übertrittszeugnis der Grundschule, zusätzlich bei der Englischnote im Übertrittszeugnis der Hauptschule, gelten die in Nrn. 3.1 und 3.2 festgestellten Regelungen. Bei Schülern mit

Legasthenie müssen, bei Schülern mit einer vorübergehenden Lese- und Rechtschreibschwäche können die Leistungen im Lesen und Rechtschreiben zurückhaltend gewichtet werden. Die mündlichen Leistungen sollen im Vordergrund stehen.
Die aufnehmende Schule ist durch das pädagogische Wortgutachten auf das Vorliegen einer gutachterlich festgestellten Legasthenie bzw. einer festgestellten Lese- und Rechtschreibschwäche sowie auf den individuellen Entwicklungs- und Leistungsstand des Schülers im Lesen und/oder Rechtschreiben hinzuweisen.
Hat sich der Schüler beim Übertritt an eine Realschule, eine Wirtschaftsschule oder ein Gymnasium einem Probeunterricht zu unterziehen, so sind die unter Nr. 3.1 genannten Regelungen zur Leistungsbewertung im Fach Deutsch sinngemäß anzuwenden.

3.6 Schulabschlüsse
Die Noten für das Abschlusszeugnis einer Schulart werden gemäß den Bestimmungen der jeweiligen Schulordnung nach den für alle Schüler geltenden Bestimmungen festgesetzt. Bei Schülern mit einer gutachterlich festgestellten Legasthenie wird bei der Notenbildung für das Fach Deutsch von einer Bewertung der Rechtschreibleistung abgesehen. Bei Schülern mit einer Lese- und Rechtschreibschwäche, deren Teilleistungsstörung bis zum Abschluss der Schule nicht vollends behoben werden konnte, können bei der Notenbildung im Fach Deutsch die Leistungen im Lesen und Rechtschreiben zurückhaltend gewichtet werden. In der Zeugnisbemerkung ist darauf entsprechend einzugehen (siehe Nr. IV. 3.1 bzw. 3.2).

V.
Schlussbestimmungen

Die Bekanntmachung tritt am 16. November 1999 in Kraft. Die Bekanntmachung des Bayerischen Staatsministeriums für Unterricht und Kultus vom 18. Juni 1980 (KMBl. I, S. 498), geändert mit Bekanntmachung vom 26. Sept. 1980 (KMBl. I, S. 598) sowie die Bekanntmachung des Bayerischen Staatsministeriums für Unterricht und Kultus vom 31. August 1990 (KWMBl., S. 319) werden aufgehoben.

Wiltrud Richter

5.2 Zusammenfassung der ergänzenden KMS und MB-RS zur KMBek vom 16. 11. 1999

(über „Förderung von Schülern mit besonderen Schwierigkeiten beim Erlernen des Lesens und Rechtschreibens", Stand: Juli 2002)

Es folgt eine Zusammenfassung der wichtigsten Kultusministeriellen Schreiben (KMS) sowie einige Auszüge aus Rundschreiben von Ministerialbeauftragten (MB-RS), die nach Veröffentlichung der Kultusministeriellen Bekanntmachung (KMBek) vom 16. 11. 1999 über die „Förderung von Schülern mit besonderen Schwierigkeiten beim Erlernen des Lesens und Rechtschreibens" an die zuständigen Stellen (an Regierungen, Schulämter, Schulberatungsstellen, Gymnasien und Realschulen) gesandt wurden. Die Zusammenfassung erhebt keinen Anspruch auf Vollständigkeit, sie beinhaltet jedoch die meisten KMS und MB-RS, die für die schulische Praxis relevant sind.

01/2000	**MB-RS, Punkt 4 – für die Gymnasien in Obb.-West** *„Zuständig für die Genehmigung von Sonderreglungen … ist der Schulleiter, der auf Empfehlung der fachlich zuständigen Lehrkräfte Einzelmaßnahmen festlegt (Nr. IV Ziff. 2 KMBek). … Das bedeutet, dass je nach Fach und Art der Leistungsanforderung unterschiedliche Sonderregelungen getroffen werden können, die auch während des Schuljahres der Art der Leistungserhebung angepasst werden können"* *„Ziel der KMBek ist es u. a., den betroffenen Schülern Leistungsdruck und Versagensängste zu nehmen, aber grundsätzlich unterliegen auch sie den für alle Schüler geltenden Maßstäben der Leistungsbewertung (vgl. Nr. IV Satz 1 KMBek)."*
23. 02. 2000	**KMS an die Regierungen und Schulämter Nr. IV(1a – S7306/4 – 4/13 627 (MDgt Dr. Wittmann)** *„… Die Bekanntmachung ist bewusst offen formuliert, um den Schulen größtmögliche Freiheit in der pädagogischen Umsetzung der Hilfs- und Fördermaßnahmen einzuräumen."* *Gutachten, die seitens des Jugendamtes oder des Staatl. Gesundheitsamtes … anerkannt sind, werden übernommen.* *Bei Engpässen bei den KJP: Eltern beraten, dass sie ihr Kind nicht zuerst dem Facharzt vorstellen, sondern mit den Lehrkräften, Beratungslehrern oder Schulpsychologen zunächst erörtern, ob ein solches Gutachten erforderlich ist."* *Leistungsfeststellung und Leistungsbewertung:* *„– Lehrkräfte beraten über geeignete Hilfestellungen für*

	Schüler mit Lese- und Rechtschreibschwierigkeiten bei der Leistungsfeststellung. Der Schulleiter entscheidet über die Gewährung eines Zeitzuschlags (s. IV/2 der KMBek). Anzustreben ist, dass Hilfestellungen von allen Lehrkräften in einem vergleichbaren Umfang angewandt werden. *– Für die Gewährung des Zeitzuschlags wird auf die Aussagen in der Allgemeinen Prüfungsordnung hingewiesen, die hier als Richtschnur dienen kann. Gemäß § 38 APO soll Schwerbehinderten eine Arbeitszeitverlängerung bis zu einem Viertel der normalen Arbeitszeit gewährt werden, bei besonders schwerer Behinderung bis zur Hälfte.* *– Die Erziehungsberechtigten der betroffenen Schüler sind über Hilfestellungen bei der Leistungsfeststellung, über die Regelungen bei der Leistungsbewertung und insbesondere über den erforderlichen Vermerk im Zeugnis frühzeitig zu unterrichten.“*
15. 03. 2000	**KMS an alle Schulämter Nr. IV/1a-O1372-1/21 487 (MR Hartwig)**
	Berücksichtigung der KMBek beim Qualifizierenden Hauptschulabschluss: Bei LRS liegt es im pädagogischen Ermessensspielraum, ob das Diktat zur Bearbeitung gestellt wird oder nicht. Falls ja, wird die Bewertung nach dem vorgegebenen allgemeinen Schlüssel durchgeführt; lediglich die Gewichtung des Diktats im Verhältnis zur Textarbeit wird wiederum in den pädagogischen Ermessensspielraum gelegt. Bei Legasthenie entfällt grundsätzlich eine notenmäßige Bewertung des Lesens und des Rechtschreibens. Bei anderen Arbeiten als denen, die der unmittelbaren Feststellung der Rechtschreibkenntnisse dienen, findet grundsätzlich in keinem Fall eine Bewertung der Rechtschreibleistung statt, also auch nicht bei der Textarbeit des Qualifizierenden Hauptschulabschlusses.
15. 03. 2000	**AMS an Regierungen, Kreisfreie Städte-Jugendämter, Landkreise-Jugendämter, Bayerisches Landesjugendamt, KM Nr. VI 1/725/13/00 (Reg.-Direktorin Reiser)**
	Eingliederungshilfe für seelisch Behinderte nach § 35a SGB VIII; Legasthenie Hinweise zum Vollzug des § 35a: *„...Trotz der verbesserten schulischen Akzeptanz und Förderung wird es weiterhin Kinder bzw. Jugendliche geben, bei denen in der Folge einer Lese-/Rechtschreibschwäche bzw. wegen Legasthenie außerschulische Leistungen und damit*

	möglicherweise auch Hilfen nach § 35a SGB VIII erforderlich werden. *Reichen im Einzelfall die schulischen Mittel zur Förderung eines Kindes bzw. Jugendlichen nicht aus und besteht aufgrund der Störung die Gefahr, dass dadurch die Fähigkeit zur Eingliederung in die Gesellschaft beeinträchtigt wird, ist die Gewährung von außerschulischen Maßnahmen zu prüfen. Maßnahmen nach § 35a SGB VIII setzen neben einer drohenden oder bereits vorhandenen seelischen Behinderung zusätzlich voraus, dass ein soziales Integrationsrisiko hinzutritt, das die Entwicklung des Kindes oder des Jugendlichen, seine Eingliederung in die Gesellschaft und sein Heranwachsen zu einer eigenverantwortlichen und gemeinschaftsfähigen Persönlichkeit aller Voraussicht nach nicht unerheblich beeinträchtigt wird." …* *… „Bei neuen Hilfefällen ist zunächst zu prüfen und mit den Schulpsychologen abzusprechen, ob schulische Maßnahmen ausreichend sind für die erforderliche Förderung des Kindes oder Jugendlichen." …* *… „Schulische Fördermaßnahmen reichen dort nicht mehr aus, wo dieses Förderangebot aufgrund der Schwere der Störung an ihre Grenzen stößt." …*
16. 06. 2000	**KMS an alle <u>Gymnasien</u> in Bayern Nr. VI/1-S4306/4-6/45977 (Ltd. MR Neukam)**
	„Grundsätzlich sollten Schüler mit Legasthenie oder einer vorübergehenden Lese- und Rechtschreibschwäche jedoch nur dann (ins Gymnasium) übertreten, wenn Aussichten bestehen, dass sie mit Erfolg am Unterricht teilnehmen können." *Bei Verdacht auf Leg. oder LRS sollen die Erziehungsberechtigten frühzeitig auf alternative Wege hingewiesen werden.* *Die Einschätzung der (Deutsch)-Lehrkräfte oder der Beratungslehrkraft sollten in angemessener Weise bei der Beratung und den Förderhinweisen durch den Schulpsychologen berücksichtigt werden.* *„Die endgültige Entscheidung, ob Legasthenie im Sinne der Bekanntmachung vom 16. 11. 99 anerkannt werden kann, sollen der Facharzt und der Schulpsychologe im Einvernehmen treffen."* *„Das Gutachten zur Anerkennung der Legasthenie muss deutlich erkennen lassen, … welche Verfahren eingesetzt wurden und in welcher Weise die Legasthenie organisch bedingt ist. Es muss auch sichergestellt sein, dass die Testergebnisse auf Altersnormen und nicht auf schulartbezogenen Normen beruhen."*

	„Schüler mit Legasthenie haben die Möglichkeit, vor Eintritt in die Oberstufe des Gymnasiums schriftlich zu beantragen, dass sie während des Besuchs der Oberstufe und in der Abschlussprüfung keine Fördermaßnahmen und keinen Nachteilsausgleich, insbesondere keinen Zeitzuschlag erhalten. In diesem Fall entfällt die in der Bekanntmachung vom 16. 11. 99 genannte Zeugnisbemerkung." *„Der Zeitzuschlag kann von Fach zu Fach und von Prüfung zu Prüfung variieren."*
07. 07. 2000	**KMS an alle Realschulen in Bayern Nr. V/2-S6300-5/65 377 (MR Schmid)**
	Inhaltlich ähnlich wie das KMS vom 16. 06. 2000. Jedoch ausdrücklicher Hinweis, dass die Diagnose nur von einem KJP *„oder einer anderen für den Fachbereich kassenärztlich zugelassene Fachkraft"* erstellt wird. (Kein Hinweis, dass vor dem Abschluss ein Verzicht auf Nachteilsausgleich, Förderung und Zeugnisbemerkung beantragt werden kann). Moderater Umgang mit „Altgutachten" wird empfohlen. *„Die einzelnen Fördermaßnahmen … liegen im pädagogischen Ermessen der Schule und richten sich auch nach der personellen Situation der Schule."*
09. 08. 2000	**KMS an die Leiter der Staatlichen Schulberatungsstellen Nr. IV/1-7306/4-4/55-382 (MDgt Dr. Wittmann)**
	1. *Begriffliche Klarstellung:* ● *„Mit einbezogen sind in der Bekanntmachung … auch eine isolierte Rechtschreibstörung (ICD-10, F.81.1) sowie eine isolierte Lesestörung."* ● Für die Feststellung einer Legasthenie ist kein „Gutachten" (das eine Kostenerstattung beinhaltet) erforderlich, sondern *„Ein Gutachten in diesem Sinne ist bei der Feststellung einer Legasthenie nicht gemeint und auch für die schulischen Förder- und Hilfsmaßnahmen nicht erforderlich. Für diese Zwecke ist ein Befund, der das Vorliegen einer Legasthenie auf der Grundlage der multiaxialen Diagnostik bestätigt, ausreichend."* 2. *Fachliche Kompetenz für die Feststellung einer Legasthenie (Erweiterung des Personenkreises). Außer Fachärzten für Kinder- und Jugendpsychiatrie gibt es „weitere Fachkräfte oder Einrichtungen, die vergleichbare Kompetenzen erworben und dafür auch eine kassenärztliche Anerkennung bzw. Zulassung erhalten haben":* ● *sozialpädiatrische Zentren*

	• *Kinderärzte mit kinder- und jugendpsychiatrischer Weiterbehandlung* (sollte wohl „Weiterbildung" heißen – Anm. d. Verf.) • *approbierte Psychologische Psychotherapeuten und* • *approbierte Kinder- und Jugendlichenpsychotherapeuten, soweit sie im Rahmen einer entsprechenden Weiterbildung eingehende Kenntnisse und Erfahrungen erworben haben,* jedoch nicht allgemein für alle Kinderärzte, als Psychotherapeuten, alle Psychologen, etc. – Ankündigung einer baldigen Änderung der KMBek. Übernahme der Therapiekosten durch Jugendamt: *„Die Leistungen des Jugendamtes erfolgen auf der Grundlage des Subsidiaritätsprinzips …" „Das kann jedoch nicht bedeuten, dass schulische Fördermöglichkeiten bereits ausgeschöpft sein müssen, bevor außerschulische Fördermöglichkeiten in Betracht gezogen werden. Die Genehmigung außerschulischer Förderung und Therapie kann auch nicht eng an die Feststellung einer Legasthenie gebunden werden, da ebenso eine seelische Störung auch Ursache einer vorübergehenden Lese- und Rechtschreibschwäche sein kann und umgekehrt eine Legasthenie … nicht zwangsläufig eine seelische Behinderung hervorruft."* 3. *Aufgaben des Schulpsychologen:* *Der betroffene Schüler sollte über die Lehrkraft und die Beratungslehrkraft dem Schulpsychologen zugeführt werden, der entweder eine LRS feststellt oder bei Zweifel bzw. der Erkenntnis einer schwerwiegenderen Störung den Eltern die Untersuchung bei einer entsprechenden Fachkraft empfiehlt. Er nimmt gleichzeitig Kontakt mit dem zust. Jugendamt auf und stimmt weitere Maßnahmen ab.* *a) Feststellung einer Legasthenie* – *„Die Diagnose Legasthenie wird nicht allein aus der Diskrepanz abgeleitet … Die Diskrepanzkriterien werden nicht unabhängig vom Lehrerurteil, vom schulpsychologischen Urteil und von den Elternerfahrungen getroffen."* – *„Sind am Verfahren Fachkräfte beteiligt, die in eigener Zuständigkeit nicht alle 5 Achsen … selbst untersuchen können – v. a. Achse I und IV …, so wirkt der Schulpsychologe darauf hin, dass Befunde über noch fehlende Teile der Untersuchung beigebracht werden – z. B. bei approbierten Psychologischen Psychotherapeuten und bei approbierten Kinder- und Jugendlichenpsychotherapeuten."* – *„Letztlich trägt der Schulpsychologe die Verantwor-*

tung dafür, dass bei einer abschließenden Beurteilung alle erforderlichen Faktoren eingeschlossen sind. Liegen Zweifel oder Unklarheiten vor, wendet sich der Schulpsychologe an die Fachkraft."

(Im Folgenden wird dieses KMS nur noch sinngemäß zitiert:)

- *Rechtschreiben auch bei Legasthenikern weiterhin fördern – schulisch, ggf. auch außerschulisch*
- *Ältere Gutachten, v. a. vor 1995, erneut bestätigen lassen. Wenn nach 1995 ausgestellt, in der Regel anerkennen.*

b) Feststellung einer LRS:

- *wie in der KMBek*

c) Empfehlung von Fördermaßnahmen:

Hierfür erforderlich: Weitergehende Aussagen – über durchgeführte Tests, Erkenntnisse über die Untersuchung der 5 Achsen der multiaxialen Diagnostik. Fachkräfte sollen Abschrift des Untersuchungsberichts oder Arztbriefes den Schulpsychologen zuleiten. Insbesondere über Intelligenzdiagnostik (Achse 3) und der Diagnostik der Lese- und Rechtschreibfähigkeit (Achse 2), ggf. Kopien der durchgeführten Testprofile. Wird ein Gutachten nach § 35a erstellt, dann Kopie hiervon an Schulpsychologen. *„Erhält der Schulpsychologe bei Bedarf keine über den Befund hinausgehenden Daten und kommt eine Rücksprache nicht zustande, so sollte er versuchen, die für seine Entscheidung noch fehlenden und notwendigen Daten selbst zu erfassen."*

Fachärztliche Befunde, Untersuchungsberichte oder Gutachten bleiben beim Schulpsychologen (Schweigepflicht). SP leitet die abschließende Bescheinigung sowie Hinweise zu angemessenen Förder- und Hilfsmaßnahmen an die Schule weiter (beigefügtes Formblatt).

4. *Aufgaben der Schule*

Die Schule ist verpflichtet, bei Legasthenie die Förder- und Hilfsmaßnahmen der KMBek durchzuführen. Auch bei LRS sind Förder- und Hilfsmaßnahmen erforderlich und entsprechend dem Förderbedarf des Schülers von der Schule durchzuführen. Der Schulpsychologe leitet seine abschließende Beurteilung an die Schule weiter. Er gibt der Schule außerdem Empfehlungen über Ausmaß und Inhalte der für den betreffenden Schüler notwendigen bzw. geeigneten Förder- und Hilfsmaßnahmen. „Bei der Entscheidung des Schulleiters sind diese Empfehlungen des Schulpsychologen zu berücksichtigen."

	Sollte trotz erkennbarer Schwierigkeiten im Lesen und Rechtschreiben eine Entscheidung über Leg. oder LRS nicht unmittelbar getroffen werden können, so kann die Schule dennoch im pädagogischen Ermessen alle beschriebenen Förder- und Hilfsmaßnahmen anwenden. 5. *Verbindlichkeit* *Die Anerkennung einer Legasthenie gilt für die gesamte Grundschulzeit und nach einer evtl. Bestätigung zum Zeitpunkt des Übertritts grundsätzlich für die gesamte weitere Schulzeit. Dies bedeutet nicht, dass nicht auch zu einem späteren Zeitpunkt (etwa nach der Jahrgangsstufe 8) eine erneute Überprüfung der Lese- und Rechtschreibfähigkeit durch hierfür befähigte Fachkräfte unter Einbeziehung des Urteils der Fachkräfte der Schule durchgeführt werden kann. Auf der Grundlage ggf. aktualisierter Empfehlungen des Schulpsychologen entscheidet die Schule dann gemeinsam mit dem Schüler und dessen Eltern über das Ausmaß eines weiteren Nachteilsausgleichs.* *Jährlicher Wechsel ist nicht möglich.* *Lediglich beim Wechsel in die gymnasiale Oberstufe hat der Schüler selbst die Möglichkeit, die bislang von seinen Eltern getroffene Entscheidung zu revidieren. Dann allerdings gilt diese Entscheidung bis zum Abschluss an dieser Schulart. Auch bei Haupt-, Real- oder Wirtschaftsschule, wenn Legasthenie über die Jahrgangsstufe 8 hinaus anerkannt wird.* *Hinweis an Eltern, dass Bemerkung im Abschlusszeugnis stehen wird.* 6. *Kosten der Gutachten* – *Untersuchung durch die Fachkraft wird von den Kassen bezahlt.* – *Fachärztliche Bescheinigung kostet ca. 30 DM (≙ ca. 15 Euro) müssen die Eltern zahlen.* – *Für § 35a-Gutachten übernimmt Kosten das Jugendamt.* 7. *Fachärztliche Bescheinigung* *Vorschlag über die inhaltliche Gestaltung liegt bei.* *Falls die Eltern der Übersendung eines ausführlichen Untersuchungsberichts an den Schulpsychologen nicht zustimmen sollten, wurde mit den Fachärzten bzw. den weiteren Fachkräften vereinbart, dass folgende Formulierungen gewählt werden:* – *Achse I: kein relevanter kinder- und jugendpsychiatrischer Befund*

	– *Achse II: muss ausgefüllt werden* – *Achse III: muss ausgefüllt werden* – *Achse IV: keine relevanten körperlichen Befunde* – *Achse V: keine relevanten abnormen psychosozialen Umstände.* *8. Fortbildung und regionales Zusammenwirken* *Günstig: bezirksweite und regionale Absprachen der schulischen und außerschulischen Fachkräfte. Da die Schulpsychologen im Gesamtverfahren eine Schlüsselstellung einnehmen, ist es zweckmäßig, wenn die Initiative für solche Abstimmungsprozesse aus ihrer Mitte erfolgt (ggf. von SB-Stellen).*
11. 08. 2000	**<u>KMBek-Änderung</u> Nr. IV/1-S7306/4-4/86 591 (von Abschnitt IV Abs. 2):**
	1. Legasthenie kann auch bestätigt werden „durch – *Sozialpädiatrische Zentren oder* – *eine andere entsprechend aus- oder weitergebildete Fachkraft im Zusammenwirken mit einem im Schuldienst tätigen Schulpsychologen der jeweiligen Schulart“.* *2. Multiaxiale Diagnostik analog § 35a SGB VIII ist Voraussetzung für die Anerkennung einer fachärztlichen Bescheinigung.* *3. Satz 6 entfällt* *4. Gutachten bleibt beim Schulpsychologen* *5. Anerkennung erfolgt durch den zuständigen Schulpsychologen („Staatlichen“ wird gestrichen).*
11. 01. 2001	**MB-RS 12/2000 an die <u>Gymnasien</u> Obb.-West**
	Das KMS vom 09. 08. 2000 Nr. IV/1-73064-4/55382 an die Leiter der Staatlichen Schulberatungsstellen wird den Gymnasien zugeleitet mit der Bitte, *„der an der jeweiligen Schule tätigen Beratungslehrkraft sowie ggf. dort tätigen Schulpsychologen eine Ablichtung dieses KMS auszuhändigen“. „...sind eine Reihe von Punkten (z. B. Nr. 4 ff.) auch für die Schulleitungen von Bedeutung.“*
11. 01. 2001	**KMS an MBs für <u>Realschulen</u> Nr. V/2-S6402/5-5/132 029 (MR Schmid)**
	Anerkennung der Legasthenie gilt *„für die gesamte Grundschulzeit und nach einer Bestätigung zum Zeitpunkt des Übertritts grundsätzlich für die gesamte weitere Schulzeit“.* *Der Nachteilsausgleich kann also nicht in jährlichem Wechsel in Anspruch genommen werden oder nicht. „Eine einmal getroffene Entscheidung gilt für die gesamte Zeit in der ent-*

	sprechenden Schulart." „Die Schule hat die Schüler bzw. deren Erziehungsberechtigte bei der Antragsstellung darauf hinzuweisen, dass der beantragte Nachteilsausgleich auch im Abschlusszeugnis vermerkt wird." **Leistungsfeststellung und Bewertung** – *im Fach Deutsch (in Ergänzung zur KMBek vom 16. 11. 99):* *Bei Legasthenie: „Die Teilnahme an Diktaten wird empfohlen, eine notenmäßige Bewertung unterbleibt (verbale Bemerkung wird empfohlen).* – *in den Fremdsprachen (in Ergänzung zur KMBek):* *Bei Legasthenie: „Stegreifaufgaben werden in den Fällen nicht zu den mündlichen Noten gezählt, in denen vorwiegend rechtschriftliche Leistungen abgeprüft werden. Die Noten von Stegreifaufgaben, in denen vorwiegend Wortschatz- und Grammatikkenntnisse geprüft werden, können zur Bildung der mündlichen Note herangezogen werden."* – *in anderen Fächern (in Ergänzung zur KMBek)* *„Auch in anderen Fächern, z. B.* ***Textverarbeitung****, ist Legasthenie bei davon betroffenen Schülern zu berücksichtigen."*
02/2001	**MB-RS 02/2001, Punkt: an die <u>Gymnasien</u> Obb.-West**
	Zum Satz in der KMBek S. 382 f.: *„... dass bei Schülern mit gutachterlich festgestellter Legasthenie ... diese Teilleistungsstörung nicht den Ausschlag für das Versagen der Vorrückungserlaubnis geben darf:* *„Hierzu stellt das Staatsministerium im KMS vom 11. 01. 2001 Nr. VI/I-S5300G-6/137135 an den Ministerialbeauftragten fest:* *„...Durch den Nachteilsausgleich ist gewährleistet, dass die Teilleistungsstörung bei der Erhebung der einzelnen Leistungen angemessen berücksichtigt wird. Die Note, die sich am Jahresende aus den einzelnen, nach den geltenden Bestimmungen gewichteten Leistungen ergibt, beschreibt deshalb die Leistung des Schülers in einem Fach unter Berücksichtigung seiner Teilleistungsstörung."* *„Die Gewährung des Nachteilsausgleichs stellt sicher, dass die Teilleistungsstörung bei Schülern mit gutachterlich festgestellter Legasthenie nicht den Ausschlag für das Versagen der Vorrückungserlaubnis gibt."*
16. 03. 2001	**KMS an Ludwig-Thoma-Gymnasium, Prien am Chiemsee Nr. VI/1-85504-6/19880 (MR Dr. Städele): <u>Abiturprüfung</u>**
	„Für Schüler mit Legasthenie stellen sich beim Erlernen einer Fremdsprache die gleichen Probleme wie im Fach Deutsch.

	Deshalb ist bei Schülern mit gutachterlich festgestellter Legasthenie wie im Fach Deutsch … auch in den Fremdsprachen von einer Bewertung der Rechtschreibleistung in der Abiturprüfung abzusehen. *Bei den Schülern mit gutachterlich festgestellter Legasthenie sind schriftliche und mündliche Leistungen im Verhältnis 1:1 zu gewichten. Dies gilt auch, wenn der Schüler in der Abiturprüfung in einem Fach an einer schriftlichen und einer mündlichen Prüfung teilnimmt … Legt ein Legastheniker als Schüler eines Gymnasiums bei der Abiturprüfung in einer Fremdsprache eine schriftliche und eine mündliche Prüfung ab, so dauert die mündliche Prüfung 30 Minuten.“*
20. 08. 2001	**KMS an die Leiter der Staatlichen Schulberatungsstellen Nr. IV/1-S 7306/4-4/77 340 (Ltd. MR Hahn)**
	Verzicht auf oder Modifizierung des Nachteilsausgleichs bei Legasthenie: In Übereinstimmung mit dem KMS vom 9. 8. 2000 kann die Anerkennung einer einmal festgestellten Legasthenie in begründeten Ausnahmefällen … wegfallen oder modifiziert werden. *„Die Möglichkeit der erneuten Überprüfung (etwa nach der Jahrgangsstufe 8) impliziert bereits, dass bei entsprechend positiven Ergebnissen in Absprache mit dem Schulpsychologen der Nachteilsausgleich wegfallen oder modifiziert werden kann. Die Entscheidung fällt die Schule dann gemeinsam mit dem Schüler und dessen Eltern. Ein Verzicht auf den Nachteilsausgleich muss aber im Bereich der Hauptschule in jedem Fall spätestens zu Beginn der 9. Jahrgangsstufe feststehen. Ein Wegfall der entsprechenden Bemerkung im Abschlusszeugnis kann nur erfolgen, wenn in der Jahrgangsstufe 9 alle Leistungserhebungen unter den regulären Bedingungen – ohne Nachteilsausgleich – stattfanden. Entsprechendes gilt für die Handhabung bei Zeugnissen in niedrigeren Jahrgangsstufen.“*
20. 09. 2001	**KMS an die Ministerialbeauftragten für die Realschulen in Bayern (V/2-S6402/5-5/102 249, MR Schmid):**
	Nachteilsausgleich in der Abschlussprüfung an Realschulen in den Fächern Englisch und Französisch: *„Auch in den Fremdsprachen ist bei Schülern mit gutachterlich anerkannter Legasthenie … von einer Bewertung der Rechtschreibleistung in der Abschlussprüfung an Realschulen abzusehen.“* Darüber hinaus … *sind „schriftliche und mündliche Leistungen im Verhältnis 1:1 zu gewichten“.* *„Der Prüfungsausschuss kann dabei die betroffenen Schüler*

	nach § 59 Abs. 3 RSO in die mündliche Prüfung einweisen; ebenso kann die Dauer der mündlichen Prüfung (nach § 59 Abs. 4 RSO: in der Regel 10 Minuten) auf Beschluss des Prüfungssausschusses verlängert werden.“
29. 01. 2002	**KMS an die MBs für die Realschulen in Bayern** **Nr. V/2-S6402/5-5/139 988 (MR Schmid)**
	Bildung der Jahresfortgangsnote in den Fächern Englisch und Französisch: Bezug: Die KMBek vom 16. 11. 99 besagt unter Nr. IV.3.2., dass *„bei der Festlegung der Zeugnisnote je nach Art und Ausmaß ihrer Teilleistungsstörung die mündlichen Leistungen im Vordergrund stehen sollen. Bei Schülern mit gutachterlich festgestellter Legasthenie sind schriftliche und mündliche Leistungen im Verhältnis 1:1 zu gewichten …* Hierzu wird für Realschulen folgende Empfehlung gegeben: *„Die Teilnote für die schriftlichen Leistungen wird aus dem Durchschnitt der Schulaufgaben und ggf. der Kurzarbeiten errechnet! Eine notenmäßige Bewertung des Lesens und Rechtschreibens fließt in diese Note nicht mit ein. Die Teilnote für die mündlichen Leistungen wird aus dem Durchschnitt der mündlichen Leistungsnachweise (Rechenschaftsablagen bzw. Unterrichtsbeiträge bzw. Referate) und der Stegreifaufgaben, in denen vorwiegend Wortschatz und Grammatikkenntnisse geprüft wurden, errechnet. Stegreifaufgaben, bei denen vorwiegend rechtschriftliche Kenntnisse geprüft werden, werden bei gutachterlich anerkannten Legasthenikern nicht gewertet.“* (vgl. KMS vom 11. 01. 2001)
27. 03. 2002	**KMS an die Staatl. Schulberatungsstelle in Niederbayern** **Nr. IV 1-S7306/4-4/20271 (MR Dr. Göldner)**
	zum „Nachteilsausgleich im Bereich Fremdsprachen für Schüler mit einer Lese- und Rechtschreibschwäche“: *„In Übereinstimmung mit den zuständigen Fachreferaten für die* ***Hauptschule, die Realschule und das Gymnasium …*** wird festgestellt: *„… Alle Hilfsmaßnahmen, die für Legastheniker verbindlich oder möglich sind, können auch nach pädagogischem Ermessen der Lehrkraft oder der Schule und auf Empfehlung des zuständigen Schulpsychologen bei Schülern mit einer Lese- und Rechtschreibschwäche angewandt werden, vom Zeitzuschlag über den Verzicht auf die notenmäßige Bewertung von Lese- und Rechtschreibleistungen bis hin zu technischen Unterstützungen.* *Diese Offenheit ist deshalb so beabsichtigt, um der Schule eine größtmögliche Freiheit zur Ausfüllung ihrer pädagogischen Ver-*

	antwortung zu gewährleisten. Es bedeutet umgekehrt aber, dass die Schulleiter dafür Sorge tragen, dass alle Lehrkräfte in gleicher Weise mit dieser pädagogischen Verantwortung umgehen.“ Der Hinweis in Absatz 3.2, dass in der Fremdsprache analog zum Fach Deutsch verfahren werden soll, gilt, auch wenn dies nicht explizit ausgedrückt ist, für Schüler mit Legasthenie genauso wie für Schüler mit einer Lese- und Rechtschreibschwäche.“ *1. … (es) „kann auch bei einem Schüler mit einer Lese- und Rechtschreibschwäche auf eine Einbeziehung der Rechtschreibleistung in die Notengebung in den Fremdsprachen verzichtet werden. Grundlage für diese Entscheidung sollte das Gutachten des zuständigen Schulpsychologen sein.“* *2. Auch hier trifft die Schule auf der Grundlage der Empfehlung des zuständigen Schulpsychologen eine für den Einzelfall pädagogisch verantwortbare Entscheidung.“* *3. Die Empfehlung des Schulpsychologen ist … von der Schule bei ihrer Entscheidung zu berücksichtigen. Eine anderslautende Entscheidung bedarf einer fundierten Begründung.“*

5.3 Auszüge zu Legasthenieerlassen anderer Bundesländer

Falls Sie an der jeweiligen Urfassung der Erlasse einzelner Bundesländer interessiert sind, so finden Sie diese auf der Homepage des Bundesverbands Legasthenie zum downloaden. www.legasthenie.web
Auszüge einzelner Bekanntmachungen sind in der nachfolgenden Synopse abgedruckt.

Berufsverband Deutscher Psychologinnen und Psychologen e. V.
Dr. Sabine Möley, Vorstand der Sektion Schulpsychologie

LRS-Synopse Stand: 09/01

	Berlin	Brandenburg	Hamburg
Erlasslage	● Schulgesetz für Berlin 03/97 ● Grundschulordnung 12/96	● Grundschulverordnung § 7 Abs. 2; Teilleistungsstörungen ● Verwaltungsvorschrift über die Förderung von Schülerinnen und Schülern mit einer Lese- und Rechtschreibschwierigkeit (LRS) vom 30. Juni 2001	● VwHbSch. 01/96 Regelung für Einsatz der Schriftberater in den Schulen ● Richtlinien für Lese-Rechtschreibfördermaßnahmen als Eingliederungshilfe 05/96 ● (AUL) / (PLUS) (AUL = außerunterrichtliche Lernhilfe PLUS = Projekt Lesen und Schreiben für alle)
Diagnose	SL bzw. Kl-L. veranlasst: päd.-diagnost. Maßnahmen → ● schulpsychologischer Dienst ● gegebenenfalls Schulärzte	● Erstdiagnose: Deutschlehrer ● Fachlehrer/ Kl.-Lehrer führen Siebtest Dummer-Schmoch für alle Kl. 2 durch → >16 Fehler → Einzeldiagn. (LRS-Moderatorin) ● Zweifelsfall → schulpsychologischer Dienst ● ab Klasse 5 diagnostiziert der schulpsychologische Dienst	● Lehrer durch Beobachtung und Durchführung der Hamburger Schreibprobe ● LRS-Referenten ● Schriftsprachberater, Schulpsychologe klärt durch Intelligenztest und andere relevante Verfahren, ob das Vorliegen einer Teilleistungsstörung begründet ist.
Förderung	● 1.–6. Kl. innere Differenzierung (4 bis 8 Schüler in kleinen Lerngruppen & zusätzliche Lehrerstunden) ● 1% der Gesamtzahl bestehender Klassen → Kleinklassen ab Kl. 3–6 8 bis 10 Schüler	● innere Differenzierung ● zusätzliche Lehrerstunden (2) ● Schule kann Experten zu Rate ziehen ● „Abakús(s)chen" – wird mit $^{1}/_{2}$ Stelle vom Kultusministerium gefördert.	seit 1993/94: ● Schriftsprachberater → präventiv u./o. integrativ ● Förderung der Schüler im Unterricht oder einzeln außerhalb des Klassenraums außerunterrichtliche Lernhilfen (AUL) als Ergänzung zum Projekt Lesen und Schreiben für alle (PLUS) Es werden Lehrerstellen in Honorarmittel umgewandelt → außerschulische Therapie

	Berlin	Brandenburg	Hamburg
Leistungs-feststellung und -bewertung	● grundsätzliche allgemeine Maßstäbe ● ausnahmsweise Lesen & Schreiben → Verbalurteil	● Kl. 3–4; statt Note Lernentwicklungsbericht für $^{1}/_{2}$ Jahr ● Im Fach Deutsch entwickelt der Fachlehrer angepasste Aufgaben, Zeitumfang kann ausgeweitet werden.	
Jugendhilfe	Befund durch Schulpsychologen als eine Voraussetzung zur Gewährung einer Förderung durch KJHG	● Zusammenarbeit kompliziert → Kostenübernahme strittig ● Schulpsych. <u>müssen</u> auf Kosten privater Institute hinweisen.	● Finanzierungsfragen durch Schulbehörde oder Jugendhilfe ist zurzeit in der Diskussion.
Schulpsychologie	Gutachten: KJHG Förderung Empfehlung & Vermittlung: ● Ergotherapeuten ● Medizin ● Legastheniezentrum ● PAETEC	● Schulpsychologen als Berater ● Diagnostik in strittigen Fällen ● Zusammenarbeit mit – Diagnostiklehrern – Fachmoderatoren – Psychiatern – Ärzten	● Begutachtung, um für die richtigen Kinder die richtige Förderung zu finden. ● Lehrerqualifikation ● Schulpsychologen beantragen beim LRS-Referat, das es seit kurzer Zeit in Hamburg gibt, die Kostenübernahme einer Förderung des Kindes.
Sonstiges	Schulpsych. fordern, Dyskalkulie explizit in Erlass aufzunehmen.	Eltern verklagen Schulpsychologen, weil sie privates Inst. empfohlen hat.	

	Hessen	Mecklenburg-Vorpommern	Niedersachsen
Erlasslage	Hauptaufgabe der Schule ist Lesen und Schreiben vermitteln 12/95 ● VV: Nachteilsausgleich für Menschen mit Behind. bei Prüfung … ● Richtlinien zur Förderung von Schülern 12/95 mit Schwierigk. beim L./Sch./Rs.	Erlass zur Förderung von Schülern mit Lese-Rechtschreibschwierigkeiten und einer förmlich festgestellten Legasthenie 06/96	Erlass vom 26. 6. 1979
Diagnose	Klassenlehrer Fachlehrer, Förderkursleiter, Sonderschullehrer Schulpsychologen, Schulärzte	● Erfassung ab Klasse 1 durch ausgebildete LRS-Beratungs- und -förderlehrer ● Es ist im Erlass ein sehr diff. Diagnostikum beschrieben. ● Kl. 4; Anerkennungsverfahren durch Schulamt.	● Feststellung bzw. Hypothesenstellung durch Lehrer ● Diagnose der Teilleistungsstörung durch Schulpsychologen im Beratungskontext
Förderung	● innere Differenzierung ● 2. Halbjahr Kl. 1 bis Kl. 4 → 2 Förderstunden ● Kl. 3 und 4 → 3 Förderstunden möglich ● Förderpläne → jährlich Bericht ● Kl. 5–10 in Ausnahmen Fö-std. möglich (2 St.) ● ab Kl. 6 besondere Beratung in Zusammenarbeit mit Schulpsychologie ● 4–6 Schüler in Fördergruppen	● besondere Förderung außerhalb d. Regelklasse bis 3. Kl. → LRS-Klasse n = max. 12 Schüler/an GS bzw. Sprachheilschulen geführt ● Förderstunden 2 Wochenstunden bis Kl. 4 in kleinen Lerngruppen (3 bis 6 Sch.) ● im Sekundarbereich auch Förderstunden möglich	● durch Erlass geregelt ● schulpsychologische Beratung ● Förderung an der Schule nach pädagogischem Ermessen
Leistungsfeststellung und -bewertung	● Zeitzuschlag ● Bereitstellung bzw. Zulassung geeigneter AM (Computer, Kassettenrecorder) ● mündliche statt schriftliche Prüfung (Aufsatz auf Band) ● Unterrichtsorganisation verändern ● differenzierte Hausaufgabenerteilung ● Antrag der Eltern	Verbalurteil Kl. 2–4 ● ab Kl. 4: Legasthenie ist auf Zeugnis zu vermerken, ● ab Kl. 5: Diktate und Leseleistungen nicht bewerten (auch Fremdsprachenunterricht) ● Kl. 10 Zeugnisvermerk: Verzicht darauf bei Elternantrag	● Verbalurteil ● Klasse 1 bis 4 ohne Zensur, wenn LRS vorliegt ● ab Klasse 5 wird zensiert
Jugendhilfe		Einbeziehung spezialis. Diagnose- u. Therapieeinrichtungen ist durch Kultusministerium geregelt	Schulpsychologie in Einzelfällen einbezogen (KJHG 35a).
Schulpsychologie	● Beratung ● Diagnostik	● Intelligenzdiagnostik ● Zusammenarbeit mit LRS-Lehrer Diagnoselehrern, Logopäden und Leiteinrichtungen	● Beratung im Einzelfall ● Gutachten bei seelischer Behinderung ● Systemberatung ● Fortbildung
Sonstiges			Jugendämter beklagen leere Klassen

	NRW	Saarland	Sachsen
Erlasslage	Förderung von Schülern bei besonderen Schwierigkeiten im Erlernen des Lesens & d. Rsg. 07/91	Richtlinien zur Förderung von Schülern mit besonderen Schwierigkeiten beim Erlernen des Lesens u. Rechtschreibung 12/97	● Grundschulverordnung §25 Abs. 5 ● Verwaltungsvorschrift zur Förderung von Schülern mit Schwierigkeit im Lesen & Rechtschreiben in LRS-Klassen an GS im Freistaat Sachsen 1992
Diagnose	● Lehrer (Beobachtung) ● LRS-Lehrer ● Schulpsychologen in Einzelfällen	● Deutsch- bzw. Klassenlehrer ● Schulpsychologen in besonderen Fällen ● Fachärzte Realität: Lehrer sind überfordert → flächendeckende Fortbildung	● Lehrer beobachten ● psychol. Beratungsstellen (staatl. & freie) ● LRS-Aufnahme sehr differenziert beschrieben ● Aufnahme-Team LRS-Lehrer/Logopäden/Schulpsychologen
Förderung	● innere Differenzierung ● Förderunterricht (3 Wochenstunden) ● Fördermaßnahmen durch Fachexperten LRS-Lehrer, Schulpsychologen ● Förderkonzepte sind Pflicht ● schulübergreifende Fördergruppen möglich ● Förderung in den Klassen 1–10	● innere Differenzierung ● Fördergruppen 4–8 Schüler 2 Wochenstunden zusätzl. Lehrerstunden ● außerschulische Förder- u. Therapiemöglichkeit ist durch Kultusminist. geregelt → Eltern werden durch Schulpsychologen beraten	● Kl. 3/I und 3/IILRS-Kl. mit 10–16 Schülern ● Inhalt nach den Rahmenrichtlinien Kl. 3 + Therapiekonzept ● nach Kl. 3/II Förderstunden 3/I und 3/II stellen zwei Schuljahre der Klasse 3 dar.
Leistungsfeststellung und -bewertung	● zusätzl. Zeit ● nach päd. Ermessen kann Lehrer schriftl. Arbeit in Dt. und Engl. durch andere Aufgaben ersetzen. ● Verbalurteil ● Rs-Leistungen nicht in Gesamtnote Dt. einbezogen. ● Rechtschreibleistung zurückhaltend gewichten ● Zeugnisvermerk ● Rechtschreibleistung keinen Einfluss auf Versetzung	● von klassenbezogener Leistungsbewertung ist abzusehen ● bei Bewertung schriftlicher Arbeiten ist LRS zu berücksichtigen Kl. 2–9 ● Engl.: Sprach- und Sachrichtigkeit + mündl. Leistung ● mit Eltern ist abzusprechen, ob Verbalurteil reicht	● Kl. 3/I: ohne Noten ● Kl. 3/II: 1. Hj. Halbjahresinformation Kl. 3/II: Ende mit Abschlussgutachten und Noten ↓ ● Lern- u. Leistg. ● Sozialverhalten ● Förderhinweis ● Aussetzung der Benotung in Rs. bis Kl. 6
Jugendhilfe	● durch Kultusministerium geregelt	● gute Zusammenarbeit mit Jugendämtern	● Schulpsychologen fertigen Befund
Schulpsychologie	● Diagnostik im Grenzfall ● Prävention, Zusammenarbeit mit Lehrern ● zusätzliche Förderung	● Beratung ● Diagnostik im Einzelfall ● Lehrerfortbildung	● Aufnahmeverfahren für LRS-Klassen

	Rheinland-Pfalz	Thüringen
Erlasslage	VV08/93 Bekanntmachung ● Arbeitshilfen für Kooperation von Schule und Jugendhilfe – Fördermaßnahmen bei LRS 01/99	● Richtlinien 06/98 ● allgemeiner Fördermaßnahmenkatalog 06/98 ● Schulordnung 95
Diagnose	● Klassenlehrer	● sozialpädiatrisches Zentrum ● KJP ● Schulpsychologie ● mobiler sonderpädagogischer Dienst (MSD)
Förderung	● innere Differenzierung ● zusätzliche Lehrerstunden ● gegebenfalls eine Lehrkraft zusätzlich ● Förderstunden 4–8 Kinder, 2 Stunden ● außerschulische Förderung	● innere Differenzierung ● Förderstunden ● Schulpsych.: in begrenztem Rahmen ● freie Träger ● MSD ● Diagnoseklassen an Förderschulen für Lernbehinderte (Kl. 1/2 in 3 Jahren)
Leistungs-bewertung	● Benotung im Allgemeinen nach Rahmenrichtlinien – in besonderen Fällen – Verbalurteil	
Jugendhilfe	+ Jugendamt ist federführend	● Jugendamt klagt gegen MK, um Geld zurückzufordern.
Schulpsychologie	● Beratung ● Amtshilfe ● Prävention ● Therapieauswahlberatung	● Zusammenarbeit mit: MSD, Kinder- und Jugendpsychiatrie, freien Trägern
Sonstiges	Es gibt vom Kultusministerium eine LRS- Broschüre.	

	Baden-Württemberg	Bayern
Erlasslage	VV 12/97 Lesen/Schreiben/Rechtschreibung: Hauptaufgabe der Schule	● Volksschulordnung § 10 ● Fördermaßnahmen 11/99: KMBek. „Förderung von Schülern mit besonderen Schwierigkeiten beim Erlernen des Lesens und Rechtschreibens" Unterscheidung zwischen „vorübergehender Lese-Rechtschreibschwäche" und Legasthenie als überdauernde Störung. ● Schulordnung für Gymnasien
Diagnose	Früherkennung: ● Deutschlehrer ● Beratungslehrer: bei Bedarf ● Sonderschullehrer: gegebenenfalls ● Schulpsychologen: erforderlichenfalls	Vorübergehende LRS: durch Schulpsychologen (ist alle zwei Jahre erneut zu überprüfen). Legasthenie: durch Schulpsychologen und Kinder- und Jugendpsychiater (beide zwingend). In der Praxis müssen qualifizierte Beratungslehrer die Vorarbeit leisten. Niedergelassene Dipl.-Psychologen und weitere Fachleute mit Spezialkenntnissen auf diesem Gebiet dürfen diagnostizieren – in Zusammenarbeit mit Schulpsychologen der jeweiligen Schulart. Die Diagnostik mündet in die Ausstellung einer entsprechenden Bestätigung durch Schulpsychologen, aus der ein Nachteilsausgleich ableitbar ist.
Förderung	Die Entscheidung über die Förderbedürftigkeit trifft die Klassenkonferenz (d. h. außerschulische Gutachten sind nicht nötig). Einverständnis der Erziehungsberechtigten nötig ● innere Differenzierung 2–3 Stunden ● Förderung in Kleingruppen ● Extraklassen und -kurse möglich Kl. 1 + 2; Kl. 3–6; in Einzelfällen auch Kl. 7	Innere Differenzierung im Unterricht und den besonders ausgewiesenen Förderstunden der Klasse. Ab 2. Jahrgangsstufe: Förderung durch äußere Differenzierung in Kleingruppen (4 bis 8 Schüler, 2 bis 3 Stunden). Weitere Fördermaßnahmen können bis einschließlich Jahrgangsstufe 10 ergriffen werden.

	Baden-Württemberg	Bayern
Leistungs-ermittlung und -bewertung	● mehr Zeit ● geeignete Aufgaben ● Lernfortschritt dokumentieren ● Rechtschreibung mit Deutsch-Gesamtnote zurückhaltend gewichten ● Versetzung durch Klassenkonferenzbeschluss 2./3. Kl. einfache Mehrheit. 5./6. Kl. 2/3 -„-	Vorübergehende LRS: ● Bestimmungen gelten jeweils 2 Jahre – Kann-Bestimmungen (pädagogisches Ermessen), so z. B. bei ● Zeitzuschlag, Gewichtung von mündlichen und schriftlichen Leistungen, bei reduzierten Anforderungen, beim Gebrauch von Hilfsmitteln, ● pädagogisch sinnvoller Umgang bei Benotung (bis hin zum Aussetzen) ● Zeugnisvermerk ● Berücksichtigung endet i. d. R. Ende der 10. Klasse, wenn LRS nicht zu beheben ist ● zurückhaltende Gewichtung von Lesen/Rechtschreibung bei der Deutsch-Note <u>Legasthenie</u> ● Bestimmungen gelten für die gesamte Schulzeit ● Muss-Bestimmungen, Schulleiter stimmt ggf. Zeitzuschlag zu ● keine Benotung der Lese-Rechtschreib-Leistung ● Vorlesen von Prüfungsaufgaben ● ggf. mündliche Prüfungsabnahme ● wenn notwendig Hilfsmittel (Laptop) ● Zeugnisvermerk ● bei Übertritt in weiterführende Schulen Gutachten (Psychiater, Schulpsychologe) ● Notenbefreiung (Lesen, Rechtschreibung) in Fremdsprachen Gewichtung mündlich-schriftlich 1:1
Lehrerfortbildung	● Schulpsych. als Fortbildner ● Lehrer und Beratungslehrer als Multiplikatoren	● Ausbildung von Multiplikatoren, die ihr Wissen weitergeben ● Mithilfe bei Konzeptentwicklung
Jugendhilfe	Für außerschulische Förderung nach KJHG: Kinder- und Jugendpsychiater (KPJ) oder Gesundheitsamt → nicht einheitlich geregelt	● Förderung ist vorrangig Aufgabe der Schule ● enge Zusammenarbeit Jugendamt und Schulpsychologie ● Eingliederungshilfe bedarf Fachgutachten durch Psychologen einer Erziehungsberatungsstelle, Schulpsychologen, Kinder- und Jugendpsychiater (alternativ) (Kinder- und Jugendpsychiater und Schulpsychologen zusammen, wobei Schulpsychologe die schulische Seite der Probleme darstellt.)
Schulpsychologie	● Fortbildung ● keine Gutachter ● Prävention	● Diagnostik ● Ausstellung der Bestätigung für Schule/Eltern hinsichtlich LRS oder Legasthenie ● Hinweise zur Förderung durch Lehrkräfte ● ggf. Fortbildung ● alle Unterlagen bleiben beim Schulpsychologen
Sonstiges	Diagnostikmappen, Fördermappen, Leseinseln (= Intensivkurse)	● Bemerkenswert ist die Klassifizierung der Kinder. Das ist für den Unterricht wenig hilfreich. ● Eltern versuchen in besonderen Extremfällen Klagewege zu beschreiten.

	Sachsen-Anhalt	Schleswig-Holstein
Erlasslage	● Bewertungserlass 2001 ● GS-Erlass § 5 Abs. 3 ● Erl.: Hinweise zur Leistungsbewertung an allgemeinb. Schulen 11/93 ● Notenbefreiung im Fremdsprachenunterricht 10/98	● Förderung von Schülern mit einer Lese-Rechtschreibschwäche 09/85
Diagnose	● Lehrer → Beobachtung ● Vergleichsdiktat in Kl. 2 ● Schulpsych.: Diag. im Einzelfall zur Abgrenzung von Lernbehinderung ● LRS-Feststellungsverfahren (nach Weigt) Team: LRS-LehrerInnen/LogopädIn/Schulpsych.	● Lehrer ● Kl. 4: Verfahren zur förmlichen Feststellung ... Schulpsychologen/KJP/LRS-Lehrer
Förderung	● niedrigfrequente Förderklasse LRS mit 7–15 Schüler → Kl. 2 u. 3 ● innere Differenzierung (2 Wochenstunden und zusätzl. Lehrerstunden möglich)	● 1. Kl.–2. (1 Hj.) innere Differenzierung ● 2. Kl.–3. Kl.: Förderstunden mit Hinweise nicht 45 Min., sondern häufiger u. kürzer ● 5./6. Kl.: zusätzliche Lehrerstunden
Leistungsbewertung und -erhaltung	● zeitweise Notenbefreiung im Fach Deutsch ● Notenbefreiung im Fremspr. u. Kl. 5–7 (1. Hj.)	● erste $1^1/_2$ J. → Entscheidung, ob Wiederholung d. 1. Kl. sinnvoll ● 2./3. Kl.: kürzere Dikt. u. 4. Kl. u. Abschreibleistung ● Verbalurteil ● bei pos. Entwicklung, erst nach Stabilisierung Förderung wegfallen lassen ● Kl. 5/6: nehmen an schriftl. Arb. teil → Verbalurteil über Lernfortschritt ● Fremdspr.: LRS berücksichtigt ● Zeugnisvermerk ● Kl. 10 mit Elternantrag
Jugendhilfe	regionale Vereinbarungen: ● Schulpsychologen fertigen Stellungnahmen (KJHG)	
Schulpsychologie	● nur im Notenbefreiungserlass erwähnt ● Beratung, Diagnose ● Fortbildung ● LRS-Aufnahmeverfahren – Stellungnahme bei Anträgen auf Notenbefreiung im Fremdsprachenunterricht	Im Erlass nicht erwähnt, aber vermutlich mitgedacht.

Wiltrud Richter

6. Der Nachteilsausgleich

Der Nachteilsausgleich zeigt sich sowohl in der Leistungsbewertung in Deutsch und in den Fremdsprachen. In allen Fächern werden Rechtschreibfehler nicht gewertet. Außerdem besteht die Möglichkeit eines Zeitzuschlags bei Prüfungen (vgl. **Punkt 6.2**, S. 305), schriftliche Arbeiten können in allen Fächern laut vorgelesen oder die Leistung kann mündlich festgestellt werden.

6.1 Der Nachteilsausgleich im Überblick

	Bei fachärztlich festgestellter und vom Schulpsychologen bestätigter Legasthenie (Lese- und Rechtschreib**störung**)	Bei schulpsychologisch festgestellter Lese- und Rechtschreib**schwäche** (LRS)
alle Fächer	● Schüler müssen bei Prüfungen einen Zeitzuschlag bis zu 50% erhalten	● Schüler können bei Prüfungen einen Zeitzuschlag bis zu 50% erhalten.
alle Fächer	● Die Dauer des Zeitzuschlags richtet sich nach Art und Ausmaß der Störung. ● Nachteilsausgleich ist auch durch verringerte Aufgabenzahl möglich (1.2). ● Schriftliche Aufgaben können vorgelesen oder die Leistung kann mündlich festgestellt werden (2.3). ● Technische Hilfsmittel (z. B. Notebook) können eingesetzt werden (2.3). ● Die Fachlehrkräfte beraten die Maßnahmen ggf. mit dem Schulpsychologen, der Schulleiter legt sie verbindlich fest (2.2). ● Diese Schwierigkeiten dürfen sich nicht auf andere Lernbereiche auswirken und dort die Leistungsbewertung beeinträchtigen (IV.0.5).	

Deutsch	● keine notenmäßige Bewertung des Lesens und Rechtschreibens (3.1). ● Schüler können freiwillig an Diktaten teilnehmen. Es erfolgt keine ziffernmäßige, sondern eine verbale Beurteilung, die die Lernfortschritte betont und Anregungen für weitere Übungen gibt (1.1).	● Grundsätzlich darf Rechtschreiben nur im Diktat notenmäßig bewertet werden (3.1). ● Das Diktat kann auch ohne ziffernmäßige Benotung verbal beurteilt werden (1.2). ● Das Diktat kann dem Leistungsstand des Schülers angepasst, z. B. verkürzt oder als Lückendiktat gegeben werden (1.2). ● Bei allen anderen Arbeiten, z. B. Aufsatz, Niederschrift, Protokoll ..., **darf** die Rechtschreibung **nicht** in die Bewertung eingehen. Fehler sind zu kennzeichnen (3.1).

<table>
<tr><th></th><th>Bei fachärztlich festgestellter und vom Schulpsychologen bestätigter Legasthenie (Lese- und Rechtschreibstörung)</th><th>Bei schulpsychologisch festgestellter Lese- und Rechtschreibschwäche (LRS)</th></tr>
<tr><td>Fremdsprachen</td><td>Die gleichen Probleme wie im Fach Deutsch.
● Keine ziffernmäßige Bewertung des Lesens und Rechtschreibens (3.2).
● Mündliche und schriftliche Leistungen werden im Verhältnis 1:1 gewichtet (3.2).
● Die mündliche Note wird auf der Basis rein mündlicher Leistungsnachweise erstellt (3.2).
● Deren Anzahl soll angemessen sein (3.2).
● <u>Nur für Realschule:</u>
Die Noten von Stegreifaufgaben, in denen vorwiegend Wortschaft und Grammatikkenntnisse geprüft werden, können zur Bildung der mündlichen Note herangezogen werden (KMS vom 11. 01. 2001 und 29. 01. 02).
● entsprechende Zeugnisbemerkung</td><td>Die gleichen Probleme wie im Fach Deutsch.
● Lt. KMS IV/1 – S7306/4-4/20271 vom 27. 3. 02 gilt – in Übereinstimmung mit den zuständigen Fachreferaten für die Hauptschule, die Realschule und das Gymnasium:
Alle Hilfsmaßnahmen, die für Legastheniker verbindlich oder möglich sind, <u>können</u> auch hier auf Empfehlung des zuständigen Schulpsychologen angewandt werden:
– Zeitzuschlag
– Verzicht auf die notenmäßige Bewertung von Lese- und Rechtschreibleistungen
– technische Unterstützung
– Absatz 3.2 kann auch für LRS-Schüler gelten
● Bei der Festlegung der Zeugnisnote sollen je nach Art und Ausmaß der Teilleistungsstörung die mündlichen Leistungen im Vordergrund stehen.
● entsprechende Zeugnisbemerkung</td></tr>
<tr><td>andere Fächer</td><td colspan="2">Mangelnde Rechtschreibung darf bei der Bewertung schriftlicher Arbeiten nicht in die Notengebung eingehen.
Textverarbeitung: Die Legasthenie ist zu berücksichtigen (KMS v. 11. 01. 01)</td></tr>
<tr><td>Vorrücken</td><td colspan="2">Über das Vorrücken von Schülern, deren Leistungen im Deutsch und in den Fremdsprachen auf Grund ihrer Legasthenie oder Lese- und Rechtschreibschwäche den Anforderungen der Jahrgangsstufe nicht entsprechen, entscheidet die Schule in pädagogischer Verantwortung. Bei Legasthenikern darf diese Störung nicht den Ausschlag für das Versagen der Vorrückungserlaubnis geben. (3.4)</td></tr>
</table>

Zeugnisbemerkung	„Auf Grund einer fachärztlich festgestellten Legasthenie wurden die Rechtschreibleistungen nicht bewertet." (3.1)	„Auf Grund einer vorübergehenden Lese- und Rechtschreibschwäche wurden die Leistungen im Lesen und Rechtschreiben zurückhaltend bewertet." (3.1)

Abb.1: *Überblick über den Nachteilsausgleich für Schüler mit Legasthenie (Lese- und Rechtschreibstörung) bzw. Lese- und Rechtschreibschwäche (LRS) nach der KMBek (vgl.* ***Punkt 5.1****, S. 274ff vom 16. 11. 1999: IV. Leistungsfeststellung und Leistungsbewertung, Zeugnisse).*

6.2 Der Nachteilsausgleich in der schulischen Praxis

Im Folgenden werden einige Beispiele aufgeführt, wie der Nachteilsausgleich in der schulischen Praxis (in Gymnasium und Realschule) realisiert werden kann.

6.2.1 Fremdsprachen

Verwendung der Noten von Stegreifaufgaben

Im Gymnasium lautet die offizielle Regelung bei Legasthenikern (nicht jedoch bei lese- und rechtschreibschwachen Schülern) immer noch: In den Fremdsprachen dürfen Stegreifaufgaben nicht in die mündliche Note einbezogen werden. Die mündliche Note muss aus reinen mündlichen Noten bestehen.

Einige Kollegen gehen zu folgender Vorgehensweise über:

Sie schreiben eine Stegreifaufgabe, während dieser Zeit verlassen die Legastheniker das Klassenzimmer. Nach Beendigung der Stegreifaufgabe verlässt die Klasse ihr Zimmer, geht auf den Pausenhof. Die Legastheniker, die auf dem Gang warten, kommen einzeln ins Klassenzimmer und müssen mündlich die gleichen Aufgaben lösen wie ihre Mitschüler zuvor schriftlich.
Da diese Vorgehensweise bei mehreren Legasthenikern pro Klasse sehr zeitaufwändig ist, ist es sinnvoll, hierfür eine Doppelstunde einzuplanen.
Es bleibt zu hoffen, dass auch für das Gymnasium in nicht allzu ferner Zukunft die Regelung der Realschule übernommen wird.
In der Realschule schreiben auch Legastheniker in den Fremdsprachen Stegreifaufgaben mit – wobei der Zeitzuschlag beachtet wird –, wenn diese Grammatik und Wortschatz abfragen. Rechtschreibfehler werden natürlich nicht gewertet.
Diese Regelung ist sehr sinnvoll, weil es die Schüler anspornt, sich gut vorzubereiten, außerdem ist sie vom Ablauf leichter in den Schulalltag zu integrieren als die oben beschriebene Methode am Gymnasium.
Schüler mit einer Lese-Rechtschreibschwäche schreiben sowohl in Gymnasium als auch in Realschule unter Gewährung eines Zeitzuschlags alle Stegreifaufgaben mit, wobei Rechtschreibfehler nicht gewertet werden.

Diktat

Unterschiedliche Handhabung in der Praxis: Manche Kollegen lassen die Legastheniker nicht mitschreiben. Erfreulicherweise gehen jedoch die meisten dazu über, dass sie auch Legastheniker die Diktate sowohl in Deutsch als auch in den Fremdsprachen mitschreiben lassen und korrigieren. Das Diktat muss weder bei Legasthenikern noch bei lese- und rechtschreibschwachen Schülern benotet werden, es kann auch verbal beurteilt werden. Wenn ein Schüler ein gutes Diktat schreibt – was manchmal vorkommt, denn „jeder Schüler hat seine eigene Form der Legasthenie", manchmal schlägt sie in der Fremdsprache kaum durch – wird ein pädagogisch verantwortungsvoller Lehrer diese gute Note natürlich werten und verwenden. Bei vielen Fehlern im Diktat ist es sinnvoll, dem Schüler eine verbale Rückmeldung zu geben, bei der sein Leistungsstand mit seinem eigenen früheren Ergebnis verglichen wird (Vergleich mit sich selbst, nicht mit anderen). Anerkennung des Bemühens und Ermutigung werden die Anstrengungsbereitschaft beim Schüler vergrößern, auch wenn noch viele Fehler sichtbar sind.

Korrekturprobleme

Zunächst einige Anmerkungen zur Korrektur im Englischen. Hier dürfen Rechtschreibfehler nicht gewertet werden.
Häufig betonen Englisch-Lehrkräfte die Schwierigkeit, Rechtschreibfehler von anderen Fehlerarten zu unterscheiden.

Dazu einige Beispiele:

- das „s" in der 3. Person oder Plural-s
- Falschschreibung bei ähnlich klingenden Wörtern: z. B. week – weak, then – than, whole – hole.
- Falschschreibung bei Homophones: no – know, too – two etc.

Hier gilt wie so oft: nur die Lehrkraft kann in ihrer pädagogischen Verantwortung entscheiden, um welchen Fehler es sich handelt oder welchen Fehler sie hier sieht. Das wird sicherlich davon abhängen, was sie im Unterricht durchgenommen hat und worauf sie besonderen Wert legt. Ein anderes Entscheidungskriterium wird ein pädagogisches sein: Sie wird einbeziehen, ob der Schüler offensichtlich gelernt hat und sich bemüht und es ihm trotzdem nicht gelingt oder ob er die Diagnose „Legasthenie" vielleicht dazu benutzt, um sich Vorteile zu verschaffen ohne entsprechende Sorgfalt beim Lernen an den Tag zu legen. Hierüber kann nur die unterrichtende Lehrkraft befinden, die in Zweifelsfällen die ergänzende Meinung von Kollegen einholen wird (siehe auch **Punkt 3.3**, S. 84 ff., **Punkt 3.7**, S. 162 ff.).
Analoges kann auf das Französische angewandt werden.
Im Lateinischen werden keine Diktate geschrieben, Rechtschreibfehler als solche gibt es nicht. Die Legasthenie schlägt hier vor allem in der Genauigkeit beim Wörterlernen durch: z. B. cedere, credere, cadere – ein falscher Buchstabe hat eine große Wirkung. Die Übersetzung ergibt einen ganz anderen Sinn.
Hier – wie auch bei den anderen Fremdsprachen – helfen nur gute Lernmethoden beim Vokabellernen: z. B. Einschaltung möglichst vieler Sinne, Vokabel-Karteikasten mit 5-maliger Wiederholung, um nur zwei Prinzipien zu erwähnen.
(Literatur: *F. Liebetanz*, 1996).

6.2.2 Weitere Möglichkeiten in allen Fächern

Zeitzuschlag

Der Zeitzuschlag steht den Legasthenikern und lese-rechtschreibschwachen Schülern **in allen Fächern** zu, wenn im schulpsychologischen Gutachten hierauf hingewiesen wird. Diesen Schülern kann bei schriftlichen Leistungskontrollen ein Zeitzuschlag bis zu 50 Prozent eingeräumt werden. Günstig ist in solchen Fällen, die schriftliche Leistungserhebung (Schulaufgabe, Stegreifaufgabe, Kurzarbeit) in eine Doppelstunde zu legen, damit der Zeitzuschlag für die Legastheniker und lese-rechtschreibschwachen Schüler ohne Stress gewährt werden kann.

Die Schüler, die früher fertig sind, bleiben je nach Alter im Klassenzimmer, lesen ein Buch aus der Klassenbibliothek oder die Lehrkraft spornt die Selbstkontrollfähigkeit der Schüler an („Schau dir deine Arbeit noch einmal an, ich habe in den ersten 5 Zeilen noch einen Fehler entdeckt ...“). Die Größeren gehen nach Ablauf der Grundarbeitszeit in den Pausenhof. Als hilfreich hat sich erwiesen, dass die Legastheniker bei der Schulaufgabe in einer Reihe sitzen – vor allem, wenn es mehrere Schüler sind, so ist die Störung durch die Schüler, die den Raum verlassen, geringer.

Falls die Folgestunde durch den Zeitzuschlag tangiert wird, erfolgt i. d. R. vorher eine Absprache der beiden betroffenen Lehrkräfte. Entweder Lehrkraft A bleibt auch in der Folgestunde in der Klasse, bis alle Schüler fertig sind, oder Lehrkraft B führt Aufsicht bei den Legasthenikern, die übrigen Schüler warten so lange im Pausenhof und kommen zur vereinbarten Zeit ins Klassenzimmer.

Hierfür ist ein hoher Grad an Kooperationsfähigkeit unter den Kollegen erforderlich. **Hier wird deutlich, dass die Förderung der Legastheniker in einer Schule als Teil der Schulentwicklung gesehen werden muss**. Nur wenn im Kollegium die Bereitschaft zur gegenseitigen Unterstützung vorhanden ist, werden die oben beschriebenen Beispiele reibungslos verlaufen.

In **Mathematik** und auch in den anderen Fächern, wie z. B. **Biologie, Erdkunde, Geschichte** etc. gehen viele Lehrkräfte dazu über, dass sie – über den Zeitzuschlag und die Nicht-Bewertung der Rechtschreibfehler hinaus – vor allem in den unteren Jahrgangsstufen, also 5 und 6, zu Beginn der Schulaufgabe bzw. der Stegreifaufgabe oder Kurzarbeit alle Aufgaben laut vorlesen und bei Legasthenikern darauf achten, dass sie alles verstanden haben.

In Klassen mit Schülern, die zwar keine Schwierigkeiten beim Lesen und/oder Rechtschreiben haben, aber über ein sehr geringes Arbeitstempo verfügen, weil sie z. B. alles übergenau machen wollen und nicht fertig werden oder aber motorische Störungen sie am flüssigen Schreiben hindern, ergibt sich das Problem der „Gleichbehandlung“. Hier ist das pädagogische Geschick der Lehrkraft angesprochen, inwieweit sie auch diesem Schüler – mit Blick auf Chancengerechtigkeit – mehr Zeit einräumt (vgl. S. 309).

Hilfsmittel

Über den Einsatz von Laptops oder Kassettenrekordern im Rahmen von schriftlichen Leistungserhebungen ist der Verfasserin bei Drucklegung nichts bekannt. Es wird jedoch an einigen Schulen geplant, mit den Eltern Vereinbarungen zu treffen über den Ankauf von Laptops, die in der Schule stehen und deren Festplatte regelmäßig neu konfiguriert wird. Auf diese Weise kann verhindert werden, dass Schüler Informationen speichern, die sie bei den Prüfungen verwenden könnten.

7. Anstelle eines Schlusswortes

Das Konzept individueller Unterschiede

Es gab einmal eine Zeit, da hatten die Tiere eine Schule.
Das Curriculum bestand aus Rennen, Klettern, Fliegen und Schwimmen, und alle *Tiere wurden in* allen *Fächern unterrichtet.*
Die Ente war gut im Schwimmen; besser sogar als der Lehrer. Im Fliegen war sie durchschnittlich, aber im Rennen war sie ein besonders hoffnungsloser Fall. Da sie in diesem Fach so schlechte Noten hatte, musste sie nachsitzen und den Schwimmunterricht ausfallen lassen, um das Rennen zu üben. Das tat sie so lange, bis sie auch im Schwimmen nur noch durchschnittlich war.
Durchschnittliche Noten waren aber akzeptabel, darum machte sich niemand Gedanken darum, außer: die Ente.
Der Adler wurde als Problemschüler angesehen und unnachsichtig und streng gemaßregelt, da er, obwohl er in der Kletterklasse alle anderen darin schlug, darauf bestand, seine eigene Methode anzuwenden.
Das Kaninchen war anfänglich im Laufen an der Spitze der Klasse, aber es bekam einen Nervenzusammenbruch und musste von der Schule abgehen wegen des vielen Nachhilfeunterrichts im Schwimmen.
Das Eichhörnchen war Klassenbester im Klettern, aber sein Fluglehrer ließ ihn seine Flugstunden am Boden beginnen, anstatt vom Baumwipfel herunter. Es bekam Muskelkater durch Überanstrengung bei den Startübungen und immer mehr „Dreien" im Klettern und „Fünfen" im Rennen.
Die mit Sinn fürs Praktische begabten Präriehunde gaben ihre Jungen zum Dachs in die Lehre, als die Schulbehörde es ablehnte, Buddeln in das Curriculum aufzunehmen.
Am Ende des Jahres hielt ein anormaler Aal, der gut schwimmen und etwas rennen, klettern und fliegen konnte, als Schulbester die Schlussansprache.

Originalquelle unbekannt

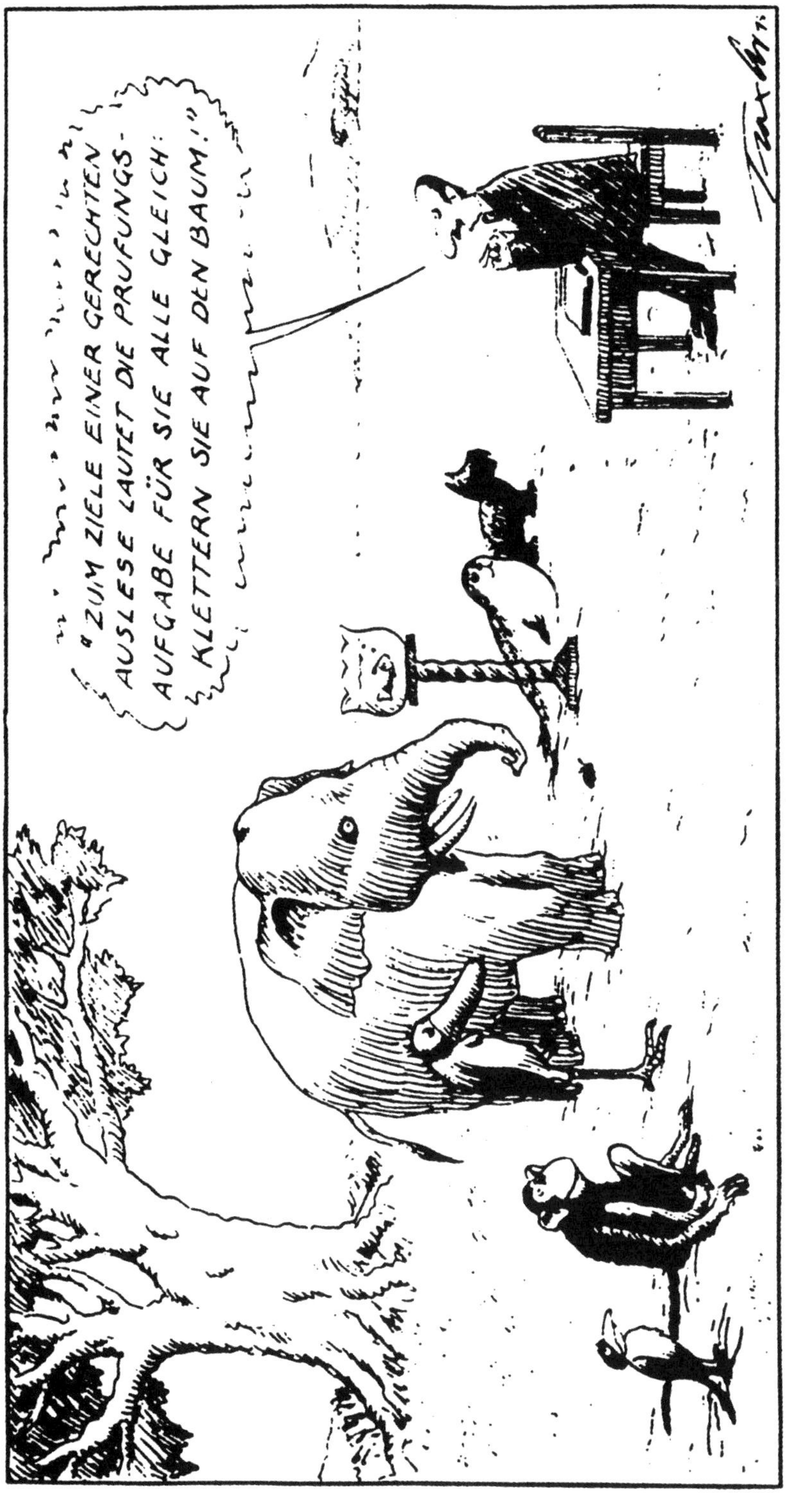

Chancengleichheit

Literaturverzeichnis

Basisliteratur

Akademie für Lehrerfortbildung und Personalführung: Lese-Rechtschreibschwierigkeiten, Donauwörth 2001².
Betz, D., H. Breuninger, Teufelskreis Lernstörungen, München, Weinheim 5. Aufl. 1998.
Crämer, C., I. Füssenich, G. Schumann, u. a. (Hrsg.): Lesekompetenz erwerben und fördern, Braunschweig 2000.
Dürre, R.: Legasthenie – das Trainingsprogramm für Ihr Kind, Freiburg, Basel, Wien 2000.
Ganser, B. (Hrsg.): Damit hab ich es gelernt, Donauwörth 2001².
May, P.: Hamburger Schreibprobe, Hamburg 2002.
Ministerium für Kultus, Jugend und Sport Baden-Württemberg (Hrsg.): LRS-Schwierigkeiten im Lesen und/oder Rechtschreiben. Ein Thema auch in weiterführenden Schularten, Stuttgart 1999.
Naegele, I., R. Valtin (Hrsg).: LRS – Legasthenie in den Klassen 1–10. Handbuch der Lese-Rechtschreibschwierigkeiten, Grundlagen und Grundsätze der Lese-Rechtschreibförderung. Schulische Förderung und außerschulische Therapien, 2 Bde., Weinheim 2000.
Reuter-Liehr, C.: Behandlung der Lese-Rechtschreibschwäche nach der Grundschulzeit: Anwendung und Überprüfung eines Konzeptes, in: Zeitschrift für Kinder- und Jugendpsychiatrie (1993), S. 135–147.
Dies.: Lautgetreue Lese-Rechtschreibförderung, Bd. 3, Lerngruppe 2, 30 exakte Stundenabläufe je 90 Min. für die Förderung ab 5. Klasse.
Schulte-Körne, G., F. Mathwig: das Marburger Rechtschreibtraining, Bochum 2001.
Werth, R.: Legasthenie und andere Lesestörungen. Wie man sie erkennt und behandelt, München 2001.

Gesamtliteraturverzeichnis

Adler, Dr.: Beeinträchtigung der Kommunikation durch Legasthenie, Manuskript eines Referates beim Workshop des 10. Fachkongresses der Österreichischen Gesellschaft für Sprachheilpädagogik in Badgastein am 22. 10. 1993.
Ders.: Legastheniker-Betreuung an den Allgemeinbildenden Höheren Schulen (Sekundarstufe I), Veröffentlichung im Österreichischen Bundesverband Legasthenie, Wien 1993.
Akademie für Lehrerfortbildung und Personalführung: Lese-Rechtschreibschwierigkeiten, Donauwörth 2001.
Alliger, G.: Zur Praxis rechtschriftlichen Basistrainings auf der Grundlage einer durchgehenden Systematik der Rechtschreibphänomene und Rechtschreibstrategien, in: P. Haase (Hrsg.): Schreiben und Lesen sicher lehren und lernen, Voraussetzungen, Risikofaktoren, Hilfen bei Schwierigkeiten, 2000, S. 383–418.
Anderson, R. C., P. T. Wilson, L.G. Fielding: Growth in reading and how children spend their time outside of school. Reading research Quarterly 1988, S. 285–303.
Artelt, C., P. Stanat, W. Schneider, U. Schiefele: Lesekompetenz: Textkonzeption und Ergebnisse, in: J. Baumert, E. Kliene (Hrsg.): Pisa 2000, Basiskompetenzen von Schülerinnen und Schülern im internationalen Vergleich, Opladen 2001, S. 69–137.
Augst, G.: Die graphematische Dehnungsbezeichnung und die Möglichkeiten einer Reform, in: Deutsche Sprache 8 (1980), S. 306–326.
Bahnemann, F.: Mundatmung als Krankheitsfaktor, in: Fortschritt Kieferorthopädie Bd. II, S. 117–136 (1979).
Balhorn, H., Büchner: Rechtschreibleistung ermitteln, in: Heft Grundschule (2002), S. 38–42.
Bamberger, R., E. Vanacek: Lesen – Verstehen – Lernen – Schreiben, Wien 1984.
Behrndt, St. (Hrsg.): Lese-Rechtschreibschwäche im Schulalltag, Band 3, 1996.
Betz, D., H. Breuninger: Teufelskreis Lernstörungen, München, Weinheim 1998 (5. Aufl.).
Birkenbihl, Vera F.: Sprachenlernen leicht gemacht! Die Birkenbihlmethode zum Fremdsprachen lernen, München, Landsberg a. Lech 1995.
Brand, Breitenbach, Maisel: Integrationsstörungen, Diagnose und Therapie, 1997 (6. Aufl.).

Brenn, H.: Hochdeutsch als erste „Fremd"-Sprache – Erschwernisse und Hilfen im Schrifterwerb für Kinder mit von der Hochsprach-Lautung stark abweichenden Dialekt, in: P. Haase (Hrsg.): Schreiben und Lesen sicher lehren und lernen, Voraussetzungen, Risikofaktoren, Hilfen bei Schwierigkeiten, 2000, S. 291–308.

Breuer, H., M. Weuffen: Lernschwierigkeiten am Schulanfang. Schuleingangsdiagnostik zur Früherkennung und Frühförderung. Weinheim 1993.

Breuninger, H., D. Betz: Jedes Kind kann schreiben lernen, Weinheim 1991 (4. Aufl.), [auch für Eltern].

Brezing, H.: Forschungsergebnisse zu Erfolgen der Methode des rhythmisch-syllabierenden Mitsprechens als Artikulationskontrolle beim Rechtschreiben, in: Bundesverband Legasthenie e. V. (Hrsg.): Legasthenie. Bericht über den Fachkongress 1997 in Greifswald, S. 147–158.

Brinkmann, E., H. Brügelmann: Ideenkiste 1, Schrift – Sprache. Zum Unterricht im Lesen und Schreiben in der Grundschule, Hamburg 1994.

Brügelmann, H.: Schwierigkeiten beim Lesen, Schreiben und Rechtschreiben. Gutachten für die Kultusministerkonferenz, Bonn 2001, downloaden unter: www.grundschulverband.de/Download/Akt Bruegelmann Gutachten.doc

Budweg, P., M. T. Schins: Lesen wollen – Lesen können. Stuttgart 1992.

Dast, H.: Das unnötige Versagen in Englisch, Institut für schriftsprachliche Pädagogik, Sindelfingen, Böblingen 1998.

Dilling (Hrsg.): Internationale Klassifikation psychischer Störungen, Bern 1999.

Drecoll, F., I. Kuhlmann: Lektüre für Neu-Leser. Schreibwerkstatt für neue Leser und Schreiber e. V., Bremen 1989.

Dürre, R.: Legasthenie – das Trainingsprogramm für Ihr Kind, Freiburg, Basel, Wien 2000.

Dummer-Smoch, L., H. Breuer, M. Weuffen: Legasthenie. Der neue Ratgeber für Eltern, Lehrer und alle, die diagnostisch und therapeutisch für das Kind verantwortlich sind, neu bearbeitet Juli 2001.

Dies., R. Hackethal: Handbuch zum Kieler Leseaufbau, Kiel 1994.

Dies., R. Hackethal: Kieler Leseaufbau, Kiel 1984.

Dumont, J. J.: Die Legasthenie: Theorie, Diagnostik und Behandlung, in: Bundesverband Legasthenie e. V. (Hrsg.): Legasthenie. Bericht über den Europäischen Fachkongress, Aachen 1990, S. 15–25.

Ders., J. Oud, G. van Mameren Schoehuizen, u. a.: Effectiveness of dyslexia treatment, in: G. T. Pavlidis (Hrsg.): Perspectives of dyslexia, vol. 2, S. 293–325, Wiley, Chichester 1990.

Eberle, G., Reiß: Probleme beim Schriftspracherwerb, Heidelberg 1987.

Eichler, W.: Zu linguistischen und psycholinguistischen Grundlagen des Rechtschreibens und des Schrifterwerbs, in: I. Naegele, R. Valtin (Hrsg.): Rechtschreibunterricht in den Klassen 1–6, S. 18–22.

Ellerdorfer: Legasthenie in der Muttersprache und ihre Auswirkungen auf die Fremdsprache Englisch. Schriftliche Hausarbeit gemäß § 30 der LPO für die Zulassung zur ersten Staatsprüfung für das Lehramt Gymnasium, München 2001.

Enders: Kooperation zwischen Schule und Jugendhilfe – die Rolle der Schulpsychologie. Veröffentlichung der Sektion Schulpsychologie im Berufsverband Deutscher Psychologinnen und Psychologen (BDP), Bonn 1997.

Endres, W., E. Bernard: So ist Lernen klasse, München 1992.

Esser, G., A. Wyschkon: „Was wird aus Achtjährigen mit einer Lese- und Rechtschreibstörung? Ergebnisse im Alter von 25 Jahren, Veröffentlichung der Universität Potsdam, Institut für Psychologie, Potsdam 1999.

Firnhaber, M.: Legasthenie und andere Wahrnehmungsstörungen, Frankfurt am Main 2000.

Fischer, B.: Blick-Punkte: neurobiologische Prinzipien des Sehens und der Blicksteuerung, Bern, Göttingen, Toronto 1999.

Fischer, Th.: LRS-Lernwerkstatt. 13 Rechtschreibstationen für den LRS-Förderunterricht und die ganze Klasse. Rechtschreibung üben mit allen Sinnen und beiden Gehirnhälften (4.–6. Schuljahr). CD-ROM. www.privat.kkf.net/~thomas.fischer.html.

Forster, M. & S. Martschinke: Diagnose und Förderung im Schriftspracherwerb, Band 2: Leichter lesen und schreiben lernen mit der Hexe Susi. Übungen und Spiele zur Förderung der phonologischen Bewusstheit, Donauwörth 2001.

Frith, U.: Beneath the surface of development dyslexia, in: K. E. Patterson, J. C. Marshall, M. Coltheart (Hrsg.): Surface dyslexia: neuropsychological and cognitive studies of phonological reading, London 1985.

Ganser, B. (Hrsg.): Damit hab ich es gelernt, Donauwörth 2001.

Geist, A.: Rechtschreib-Krimis, 1. Buchstaben und Laute, Worttrennung 5.–7. Klasse, München 1998.

Ders.: Rechtschreib-Krimis, 2. Groß oder klein, zusammen oder getrennt, Komma oder nicht? 5.–7. Klasse, München 1999.

Ders.: Diktate 5., 6., 7. Klasse, München 1999.
Ders.: Diktate ab 8. Klasse, München 1999.
Ders.: Erdinger Eltern-Kind-Training für rechtschreibschwache Kinder an weiterführenden Schulen, München 2001.
Gloede (Hrsg.): Materialsammlung, Lese-Rechtschreibschwäche – ein Thema auch für den Fremdsprachenunterricht, Pforzheim 2000.
Graichen, J.: Kann man legasthenische und dyskalkulatorische Schulschwierigkeiten voraussagen?, in: Praxis der Kinderpsychologie, 24, Heft 2 (1975), S. 52–57.
Grissemann, H.: Von der Legasthenie zum gestörten Schriftspracherwerb, Bern 1996.
Grund, G., Haug, K. Naumann: Diagnostischer Rechtschreibtest für 5. Klassen (DRT 5), Beiheft mit Anleitung und Normtabellen, in: Karlheinz Ingenkamp (Hrsg.): Die Fragwürdigkeit der Zensurengebung, Weinheim, Basel 1995.
Gundermann, H.: Tonus und Stimme, in: Sprache, Stimme, Gehör, Jg. 11 (1987), S. 1–4.
Hackethal: Zehn Schritte zur Rechtschreibung. Gemeinsam richtig anfangen – Eltern-Kind-Intensivkurs, Schwerin 1995.
Ders.: 13 Stationen zum Lesenlernen, Schwerin o. J.
Hasselhorn, M.: Metakognition, in: H. D. Rost (Hrsg.): Handwörterbuch Pädagogische Psychologie, Weinheim 2001, S. 466–471.
Ders., W. Schneider, H. Marx: Diagnostik von Lese-Rechtschreibschwierigkeiten, (Neue Folge) Band 1, Göttingen 2000.
Hofer: Informelle Lesediagnostik, Zur Lesefähigkeit von Hauptschülern, in: Ministerium für Kultus, Jugend und Sport Baden Württemberg (Hrsg.): LRS – Schwierigkeiten im Lesen und/oder Rechtschreiben, 1999, S. 31–51.
Huber, L., G. Kegel, A. Speck-Hamdau (Hrsg.): Einblicke in den Schriftspracherwerb, Braunschweig 1998.
Hüholdt, J.: Wunderland des Lernens, Bochum 1993.
Iwansky, R.: Rechtschreiben o. k. – trotz LRS. Ein Programm zur gezielten Förderung von LRS-Schülern in den Klassen 3–6, Offenburg 2001 (CD-ROM).
Jorm, A. F.: Specific reading retardation and working memory: A review. British Journal of Psychology 74 (1983), S. 311–342.
Kinder- und Jugendhilfegesetz KJHG: in: Jugendrecht JugR, München 1996/1998.
Klicpera, Ch.: Poor planning as a characteristic of problem-solving behavior in dyslexic children, Acta Paedopsychiatrica 49 (1983), S. 73–82.
Ders., B. Gasteiger-Klicpera: Psychologie der Lese- und Schreibschwierigkeiten, Entwicklung, Ursachen, Förderung, Weinheim 2. Aufl. 1998.
Ders., B. Gasteiger-Klicpera, Schabmann: Lesen und schreiben, Entwicklungen und Schwierigkeiten, Bern 1993.
Kleinmann, K.: Die Wortbaustelle, Lichtenau 2001.
Klix, F.: Gedächtnis, in: R. Asanger, G. Wenniger. Handwörterbuch Psychologie, Weinheim 1992, S. 213–219.
Kossow, H. J.: Zur Therapie der Lese-Rechtschreibschwäche, Stuttgart 1972.
Küspert, P., W. Schneider: Hören, Lauschen, Lernen, Göttingen 1999.
Landesgesundheitsamt Baden-Württemberg (LGA): Ergebnisse zur Differenzierungsprobe nach Breuer und Weuffen aus einem Praxistext 1997 und Einschulungsuntersuchungen 1999, 2000 und 2001, LGA Stuttgart (Referat Epidemiologie) 2001.
Liebetanz, F.: Vokabeln, Neue Lern- und Merktechniken, 6.–9. Klasse, Weinheim 1996.
Löffler, Mayer-Schepers, Naegele: Überlegungen zur Qualitätssicherung in der kombinierten Lern- und Psychotherapie, in: I. G. Naegele, R. Valtin (Hrsg.): LRS in den Klassen 1–10, Handbuch der Lese-Rechtschreibschwierigkeiten, Band 2, S. 186–193.
Lurija, A. R.: Das Gehirn in Aktion, Einführung in die Neuropsychologie (rororo science), 1992.
Mann, Ch., H. Oberländer, C. Scheid: LRS Legasthenie, Prävention und Therapie, Weinheim 2001.
Ders.: Selbstbestimmtes Rechtschreibenlernen, Weinheim 4. Aufl. 1997.
Mannhaupt, G.: Strategische und entwicklungsorientierte Fördermaßnahmen für das Rechtschreiben, in: G. Neuhäuser, F. Petermann, U. Petermann, M. Schmidt (Hrsg.): Kindheit und Entwicklung, 8. Jahrgang, Heft 3, S. 158–161.
Ders.: Evaluationen von Förderkonzepten bei Lese-Rechtschreibschwierigkeiten – Ein Überblick, in: Schulte-Körne (Hrsg.): Legasthenie, zum aktuellen Stand der Ursachenforschung, der diagnostischen Methoden und der Förderkonzepte, Bochum 2002, S. 245–258.

May, P., Malitzky: Erfassung der Rechtschreibkompetenz in der Sekundarstufe mit der Hamburger Schreibprobe (HSP 4/5 und HSP 5–9), in: E. Lade, W. Kowalczyk (Hrsg.): Konkrete Handlungsanleitungen für erfolgreiche Beratungsarbeit mit Schülern, Eltern und Lehrern, Kissing o. J., downloaden unter (als Maymalit.doc) www.peter-may.de

Ders.: Hamburger Schreibprobe für die Klassen 4 und 5. Hinweise zur Durchführung und Auswertung, Hamburg 1996.

Ders.: Hamburger Schreibprobe für die Klassen 5 bis 9. Hinweise zur Durchführung und Auswertung, Hamburg 4. Aufl. 1998.

Ders.: Strategiebezogene Rechtschreibdiagnose – mit und ohne Test – Analyse von freien Schreibungen mit Hilfe der HSP-Kategorien, in: H. Ballhorn, H. Bartnitzky, I. Büchner, A. Speck-Hamdan (Hrsg.): Schatzkiste Sprache I: Lesen und Schreiben von Anfang an, AKG-Band 103, Arbeitskreis Grundschule, Frankfurt a. Main 1999, downloaden unter (als ‚MAay99a_s.doc'): www.peter-may.de

Ders., V. Malitzky, U. Vieluf: Rechtschreibtest im Vergleich: Wie stellt man deren Güte fest und wie besser nicht? Anmerkungen zur Kritik von Tacke, Völker und Lohmüller an der HSP, in: Psychologie in Erziehung und Unterricht, Heft 2, den Artikel kann man unter folgender Adresse downloaden:
www.rrz.unihamburg.de/psycholo/frames/homepages/may/May doc/MayMalViel01 HSP repli.pdf

Ders.: Hamburger Schreibprobe für die Klassen 4 und 5. Hinweise zur Durchführung und Auswertung, Hamburg 2002 (2002a).

Ders.: Lernstandsdiagnose mit und ohne Test, in: Grundschule, Heft 5 (2002), S. 44–46 (2002b).

Ders.: Hamburger Schreibprobe für die Klassen 5 bis 9 B. Hinweise zur Durchführung und Auswertung, Hamburg 2002 (2002c).

Ders.: Hamburger Schreibprobe für die Klassen 5 bis 9 – Erweiterte Kompetenz. Hinweise zur Durchführung und Auswertung, Hamburg 2002 (2002d).

Ders.: HSP 1–9. Diagnose orthographischer Kompetenz. Zur Erfassung der grundlegenden Rechtschreibstrategien mit der Hamburger Schreibprobe, Neustandardisierung 2001, Hamburg 6. aktual. und erw. Aufl. 2002 (2002e).

Marx, H.: Fördermaßnahmen zur Verbesserung der Lese-Rechtschreibfähigkeiten im Sekundarstufenbereich, Kindheit und Entwicklung 8 (1999), S. 162–166.

Ders.: Erwerb des Lesens und des Rechtschreibens, Literaturüberblick, in: F. E. Weinert u. A. Helmke (Hrsg.): Entwicklung im Grundschulalter, Weinheim 1997, S. 85–111.

Ders., T. Jungmann: Abhängigkeit der Entwicklung des Leseverstehens von Hörverstehen und grundlegender Lesefertigkeit im Grundschulalter: Eine Prüfung des Simple View of reading-Ansatzes, in: Zeitschrift für Entwicklungspsychologie und Pädagogische Psychologie 32 (2000), S. 81–93.

Menzel: Rechtschreibunterricht – Praxis und Theorie. Sonderdruck Praxis Deutsch, Seelze 1985 (Nachdruck 1989).

Michel, H.-J. (Hrsg.): FRESCH Freiburger Rechtschreibschule. Grundlagen, Diagnosemöglichkeiten, praktische Übungen, Lichtenau 2001.

Mietzel, G., Willenberg unter Mitarbeit von Poerschke und Peek: Hamburger Schulleistungstest für 4. und 5. Klassen, Göttingen 2000.

Milz, I.: Sprechen, Lesen, Schreiben, Teilleistungsschwächen im Bereich der gesprochenen Sprache. Ein Handbuch für Lehrer, Therapeuten und Eltern, Heidelberg 3. Aufl. 1994.

Ministerium für Schule, Wissenschaft und Forschung des Landes Nordrheinwestfalen: Powerpoint-Präsentation der PISA-Ergebnisse. Dateiname: pisamswfl.ppt, downloaden unter:
www.learnline.de/angebote/pisa/

Morris, R. K., K. Rayner, A. Pollatsek: Eye movement guidance in reading: the role of parafoveal letter and space information, in: J. Expl. Psychol. Human Perc Perfom 16 (1990), S. 268–281.

Müller, Fr. X.: Trainingsprogramm für Rechtschreibschwache Kinder. So können Eltern helfen, Mainz 5. Aufl. 1999.

Müller, M.: Gehirn-gerechte Rechtschreibstrategien. Trainingsmanual für Beratungsstellen, LerntherapeutInnen und FörderlehrerInnen, Mainz 2002.

Naegele, I.: Schulschwierigkeiten in Lesen und Rechtschreiben und Rechnen, Vorbeugen, Verstehen, Helfen. Ein Elternhandbuch, Weinheim 2001.

Dies.: Lese-Rechtschreibschwierigkeiten, Weinheim, Basel 1995.

Dies., R. Valtin (Hrsg.): LRS – Legasthenie in den Klassen 1–10. Handbuch der Lese-Rechtschreibschwierigkeiten, Grundlagen und Grundsätze der Lese-Rechtschreibförderung. Schulische Förderung und außerschulische Therapien, 2 Bde., Weinheim 2000.

Naumann, C. L.: Grundprinzipien der Rechtschreibung, Vorlesung Sommersemester, Aachen 1983.

Ders.: Die Rolle der gesprochenen Sprache für das System der Rechtschreibung und für ihren Erwerb, Habilitationsschrift, Aachen 1987.

Paulsen: Legasthenieprobleme in Fremdsprachenunterricht, Veröffentlichung des Bundesverbandes Legasthenie e. V., Hannover 1998.

Ders.: Anfangsunterricht in Fremdsprachen „Wunsch und Wirklichkeit".

Peer, Lindsay, reid. Gavin, Multilingualism, Literacy and Dyslexia. A challenge to Educators, London 2000.

Plieninger, M.: Aus Fehlern lernen, in: Praxis Deutsch 24. Jg., Heft 142 (1997), S. 51–54.

Ders.: LRS-Förderung als zentraler Auftrag für Schulen und Schulverwaltung – Förderansätze im Sekundarbereich I, in: Praxis Schule 5–10, Braunschweig 2001. Online-Veröffentlichung unter www.praxisschule.de [Der Aufsatz ist die Kurzfassung eines Tagungsbeitrages], downloaden als Workshop 7b: www.martin-plieninger.de/LRS-Arbeit/04 04 2000/04 04 2000.HTM

Pollock: Signposts to Spelling, London 1983.

Pregel, D., G. Rickheit: Der Grundwortschatz im Grundschulalter, Olms, Hildesheim 1987.

Reit, D., R. Weber: Ist die Rechtschreibschwäche unüberwindbar? (Westermanns Pädagogische Beiträge 25), Braunschweig 1973, S. 493–498.

Reuter-Liehr, C.: Behandlung der Lese-Rechtschreibstörung nach der Grundschulzeit, Anwendung und Überprüfung eines Konzeptes, in: Zeitschrift für Kinder- und Jugendpsychiatrie 21 (1993), S. 135–147.

Dies.: Vom Leichten zum Schweren und vom Häufigen zum Seltenen. Eine Falldarstellung, in: P. Haase (Hrsg.): Schreiben und Lesen sicher lehren und lernen, Voraussetzungen, Risikofaktoren, Hilfen bei Schwierigkeiten, 2000, S. 315–350.

Dies.: Lautgetreue Lese-Rechtschreibförderung, Bd. 1: Eine Einführung in das strategiegeleitete Lernen zum Training von Phonemstufen auf der Basis des rhythmischen Syllabierens; Bd. 2: Lerngruppe I, 40 exakte Stundenabläufe je 90 Min. für die Förderung ab Mitte 3. Klasse; Bd. 3: Lerngruppe II, 30 exakte Stundenabläufe je 90 Min. für die Förderung ab 5. Klasse, Bd. 4: Das Lernspiel *SpielSpirale* mit Spielbrett und Anleitung (Karton), Bochum 2001.

Rathenow, P.: Westermann Rechtschreibtest 4/5 (WRT 4/5), 1979.

Ders. (u. a.): Westermann Rechtschreibtest 6+ (WRT 6+).

Rayner, K.: Eye movements and the perceptual span in reading, in: F. Y. Pirozzolo, M. C. Wittrock (Hrsg.): Neuropsychological and Cognitive Processes in reading, New York, London, Toronto 1981, S. 145–165.

Ders., S. C. Sereno, G. E. Raney: Eye movements control in reading: a comparison of two types of models, in: Journal of Expl. Psychol. Human Perc Perform 22 (1996), S. 1188–1200.

Remschmidt, H., Schmidt (Hrsg.): Neuropsychologie des Kindesalters, Stuttgart 1981.

Richter, S.: Interessenbezogenes Rechtschreibenlernen, Braunschweig 1998.

Richter, W., Pieritz: Keine Angst vor Klassenarbeiten, Weinheim, Basel 1996.

Rinderle, B.: Fit trotz LRS, Lichtenau 2001.

Rosenkötter, H.: Neuropsychologische Behandlung der Legasthenie, Seinheim 1997.

Scheerer-Neumann, G.: Die Bedeutung der alphabetischen Strategie für die Förderung lese-rechtschreibschwacher Schüler, in: G. Schulte-Körne (Hrsg.): Legasthenie erkennen, verstehen, fördern. Beiträge zum 13. Fachkongress des Bundesverbands Legasthenie, Bochum 1999, S. 247–262.

Schenk-Danziger, Lotte: Legasthenie. Zelebral-funktionelle Interpretation, Diagnose und Therapie, München 1991.

Schneider, W., A. Springer: Individualisierendes Rechtschreibtraining auf verhaltenstherapeutischer Basis, in: Psychologie in Erziehung und Unterricht 25 (1978), S. 197–204.

Ders.: Vortrag auf dem 13. Fachkongress des Bundesverbands Legasthenie am 9. Oktober 1999 in Würzburg.

Ders., et. al.: Würzburger Trainingsprogramm zur phonologischen Bewusstheit und Buchstaben-Laut-Training, Dielheim 1999.

Schor, B. J.: Mobile Sonderpädagogische Dienste, Donauwörth 1998.

Schulte-Körne, G., J. Schäfer, W. Deimel, H. Remschmidt: Das Marburger Eltern-Kind-Rechtschreibtraining, in: Zeitschrift für Kinder- und Jugendpsychiatrie und Psychotherapie 25 (1997), S. 151–159.

Ders., W. Deimel, H. Remschmidt: Das Marburger Eltern-Kind-Rechtschreibtraining – Verlaufsuntersuchung nach 2 Jahren, in: Zeitschrift für Kinder- und Jugendpsychiatrie und Psychotherapie 26 (1998), S. 167–173.

Ders., W. Deimel, J. Hülsmann, T. Seidler, H. Remschmidt: Das Marburger Rechtschreib-Training – Ergebnisse einer Kurzzeit-Intervention, in: Zeitschrift für Kinder- und Jugendpsychiatrie und Psychotherapie 29,1 (1999), S. 7–15, 200.

Ders., W. Deimel, H. Remschmidt: Rechtschreibtraining in schulischen Fördergruppen – Ergebnisse einer Evaluationsstudie in der Primarstufe, in: Zeitschrift für Kinder- und Jugendpsychiatrie und Psychotherapie 1 (2003).
Ders.: Lese-Rechtschreibschwäche und Sprachwahrnehmung, Münster 2001.
Ders. (Hrsg.): Legasthenie: erkennen, verstehen, fördern, Bochum 2001.
Ders.: Beiträge zum 13. Fachkongress des Bundesverbands Legasthenie 1999, Bochum 2001.
Ders. (Hrsg.): Legasthenie: Zum aktuellen Stand der Ursachenforschung, der diagnostischen Methoden und der Förderkonzepte, Bochum 2002.
Ders., F. Mathwig: Das Marburger Rechtschreibtraining, Bochum 2001.
Sommer-Stumpenhorst, N.: Lese-Rechtschreibschwierigkeiten: vorbeugen und überwinden, Berlin 1993.
Sellin, K.: Auswirkungen legasthenischer Schwächen beim Erlernen einer Fremdsprache, in: Bundesverband Legasthenie e. V. (Hrsg.): Bericht über den Fachkongress des Bundesverbandes Legasthenie e. V., Berlin 1993, S. 329–338.
Sozialgesetzbuch (SGB): Achtes Buch, Kinder- und Jugendhilfe, München 1996/1998.
Stiftung Lesen (Hrsg.): Lesen. Grundlagen, Ideen, Modelle zur Leseförderung, Mainz 1996.
Dies.: Leseverhalten in Deutschland im neuen Jahrtausend, downloaden unter: www.stiftunglesen.de/forschung/mainframe forschung html.html.
Tacke, G.: Flüssig lesen lernen. Übungen, Spiele und spannende Geschichten. Ein Leseprogramm für den differenzierenden Unterricht, für Förderkurse und für Freiarbeit, Heft 1/2, Heft 3/4 und Heft 4/5, Donauwörth 1996/1998.
Ders.: Lese-Rechtschreibschwäche. Diagnose, Ursachen, Fördermöglichkeiten. Landesinstitut für Erziehung und Unterricht, Stuttgart 1998.
Ders.: Mit Hilfe der Eltern: Flüssig lesen lernen, Übungen, Spiele und eine spannende Geschichte, Heft 1/2, Heft 2/3 und Heft 4/5, Donauwörth 1998/1999.
Ders.: Schulische und häusliche Leseförderung: Empirische Befunde und Förderprogramme, in: Kindheit und Entwicklung 8, 3, S. 153–157.
Ders.: Leseförderung in der Schule und zu Hause, in: Grundschule, Heft 12, S. 54–56.
Ders., H. Nock, W. Staiber: Rechtschreibförderkurse in der Schule: Wie erfolgreich sind sie, und welche Faktoren tragen zu Leistungsverbesserungen bei?, in: Zeitschrift für Pädagogische Psychologie 1 (1987), S. 45–52.
Ders., Völker, Lohmüller: Die Hamburger Schreibprobe: Probleme mit einem neuen Rechtschreibtest, in: Psychologie in Erziehung und Unterricht, Heft 2 (2001a).
Ders., Völker, Lohmüller: Antwort auf die Replik von May, Malitzky und Vieluf zum Artikel „Die Hamburger Schreibprobe: Probleme mit einem neuen Rechtschreibtest", in: Psychologie in Erziehung und Unterricht, Heft 2 (2001b).
Underwood, G., S. Clews, J. Everatt: How do readers know where to look next? Local information distributions influence eye fixations, Quart. Journal Expl. Psychol. (A) 42 (1990), S. 39–65.
Valtin, R.: Zur Machbarkeit der Ergebnisse der Legasthenieforschung, in: Valtin, Jung, Scheerer, Neumann (Hrsg.): Legasthenie in Wissenschaft und Unterricht, Darmstadt 1981.
Dies.: Von der klassischen Legasthenie zur LRS – notwendige Klarstellungen, in: I. M. Naegele, R. Valtin: LRS in den Klassen 1–10, Bd. 2: Schulische Förderung und außerschulische Therapien, Weinheim 2000, S. 16–35.
Vellutino, F. R., D. M. Scanlon, A. Pratt, E. R. Sipay, S. G. Small, R. Chen, M. B. Denckla: Cognitive profiles of difficult-to-remediate and readily remediates poor readers: Early intervention as a vehicle for distinguishing between cognitive and experiental deficits as basic causes of specific reading disability, in: Journal of Educational Psychology 88,4 (1996), S. 601–638.
Wedel-Wolff, A. von: Fehleranalyse als Voraussetzung für eine gezielte Förderung, in: Grundschule, Heft 5 (2002), S. 52–55.
Walter, J.: Förderung bei Lese- und Rechtschreibschwäche, Göttingen 1996.
Warnke, A.: Umschriebene Rechtschreibstörung, in: F. Petermann (Hrsg.): Lehrbuch der Klinischen Kinderpsychologie, Göttingen 1995, S. 187–323.
Ders., U. Hemminger, E. Roth: Legasthenie. Leitfaden für die Praxis, Göttingen 2002.
Wechsler: Erst laufen, dann Rad fahren, in: Süddeutsche Zeitung, Nr. 80 (7. April 2002).
Werth, R.: Legasthenie und andere Lesestörungen – wie man sie erkennt und behandelt, München 2001.
Ders., T. Barner, T. Weser: Richtig lesen lernen, Diagnose und Therapiesoftware für PC, Coleco, München 2001.
Wespel, M.: Wie wird mein Kind zum Leser? Praktische Tipps und alles Wissenswerte zum Lesen lernen, München überarb. Fassung 2001.

Widmann, B. A.: Tendenzen der Leseförderung, in: Stiftung Lesen (Hrsg.): Lesen in der Schule, Perspektiven der schulischen Leseförderung, Gütersloh 1995, S. 19–29.
Wolverton, G. S., D. Zola: the temporal characteristics of visual information extraction durino reading, in: K. Rayner (Hrsg.): Eye Movements in Reading – Perceptual and Language Processes, New York, London, Paris 1983, S. 41–51.
Zander, G.: Was ist LRS – Förderung im Englischunterricht?, Mühlheim an der Ruhr 2002.
Dies.: Besser Englisch lernen trotz Lese-Rechtschreib-Schwäche, Mühlheim an der Ruhr 2002.
Zerahn-Hartung, C., Strehlow, Haffner, Pfüller, Parzer, Resch: Normverschiebung bei Rechtschreibleistung und sprachfreier Intelligenz, in: Praxis Kinderpsychologie/Kinderpsychiatrie, Heft 51, S. 281–297.

Verzeichnis der Autoren

Bachmann, Iris, Diplompsychologin, Klinik für Psychiatrie und Psychotherapie des Kindes- und Jugendalters der Philipps-Universität Marburg, Hans-Sachs-Str. 6, 35039 Marburg

Dürre, Rainer, Realschullehrer, E-Mail: r.k.duerre@t-online.de

Ganser, Bernd, Dr. phil., Lehrerfortbildner, Schulpsychologe, Akademie für Lehrerfortbildung und Personalführung Dillingen, E-Mail: B.Ganser@alp.dillingen.de

Gantner, Eva, Realschullehrerin, Schulpsychologin, E-Mail: Egantner51@aol.com

Geist, Alexander, Gymnasiallehrer, Schulpsychologe, E-Mail: AWEGeist@aol.com

Marx, Hejo, Gymnasiallehrer, Schulpsychologe

Möley, Sabine, Dr. phil., Diplompsychologin, Schulpsychologin, E-Mail: smoley@pibox.de

Plieninger, Martin, Dr., Pädagogische Hochschule Schwäbisch Gmünd, E-Mail: martin.plieninger@ph-gmuend.de

Reuter-Liehr, Carola, Diplompädagogin, reuter-liehr@t-online.de

Richter, Wiltrud, Diplompsychologin, Schulpsychologin, E-Mail: Wiltrud.Richter@t-online.de

Schulte-Körne, Gerd, Dr. med., HD, Klinik für Psychiatrie und Psychotherapie des Kindes- und Jugendalters der Philipps-Universität Marburg, E-Mail: schulte1@post.med.uni-marburg.de

Sellin, Katrin, Gymnasiallehrerin, Fachkraft für Lernstörungen, Psychomotorik, E-Mail: katrinsellin@gmx.de

Tacke, Gero, Dr., Diplompsychologe, Schulpsychologe, E-Mail: Tacke.Gero@t-online.de

Wagner, Edith, Realschullehrerin, E-Mail: u-wagner@t-online.de

Werth, Reinhard, Privatdozent, Dr. Dr., Institut für Soziale Pädiatrie und Jugendmedizin, Universität München E-Mail: R.Werth@lrz.uni-muenchen.de

Will, Günther, Gymnasiallehrer, E-Mail: GWILLGOES@t-online.de

Stichwortverzeichnis

Fundiert, abwechslungsreich und schülernah!

Karl Gajewski

Das Birkenwald-Methodentraining zur Rechtschreibung

184 S., DIN A4, kart.,
inkl. CD-ROM
Best.-Nr. **3419**

Mit diesem aktuellen Methodenlehrgang werden die Lernwörter systematisch nach Schwierigkeitsgrad geordnet trainiert. Basis und Ausgangspunkt dieser Methode bildet die Kombination der verschiedenen Lernkanäle. Mit Hilfe von Piktogrammen auf den Lernwort-Karteikarten wird auf besondere Schwierigkeiten der Schreibung hingewiesen. Spaß durch schnelle Erfolgserlebnisse ist somit garantiert!
Die CD-ROM enthält neben einer Lernwörter-Übersicht 1600 Lernwörter auf Karteikarten, Übungsdiktate sowie Blanko-Übungsblätter und Karteikartenmuster.

„Ich danke dem Autor für dieses Buch! Neben dem Inhalt vor allem wegen der Tatsache, dass die Begleit-CD-ROM wirklich eine echte Bereicherung ist, die noch wesentlich mehr enthält als das Buch erahnen lässt."

P. Gloede, Gymnasiallehrer

Ursula Lassert

Rechtschreiben – aber wie?

Ein Lehrgang für die 5./6. Jahrgangsstufe

64 S., DIN A4, kart.
Best.-Nr. **3007**

Die Blätter zur Rechtschreibung helfen auf schnelle und möglichst einfache Art richtig schreiben zu lernen. Die Themen: Groß-/Kleinschreibung, Getrennt-/Zusammenschreibung, Laut-Buchstaben-Zuordnungen, Wortbildung, Worttrennung am Zeilenende, Zeichensetzung, Schreibung mit Bindestrich.

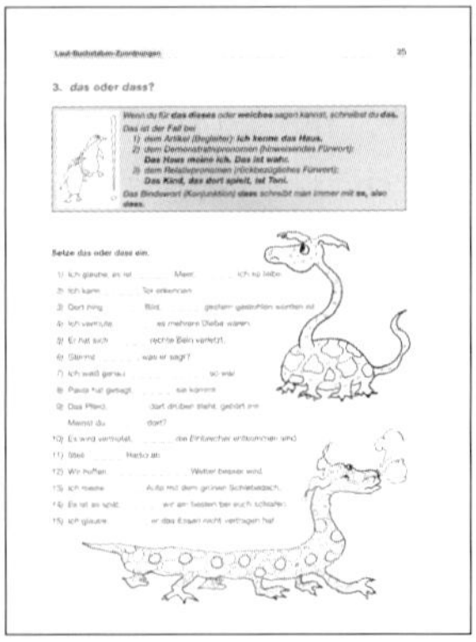

◀ *Probeseite aus* ***Rechtschreiben – aber wie?****, S. 25*

Ursula Lassert

Diktate

5. und 6. Schuljahr
Mit Kopiervorlagen

96 S., DIN A4, kart.
Best.-Nr. **3672**

Diktattexte müssen nicht langweilig sein! Das beweist diese Diktatsammlung, die den Rechtschreibstoff für die 5. und 6. Klasse mit interessanten Texten umsetzt. So erhalten Schüler und Lehrkräfte die Gelegenheit festzustellen, wie sicher Rechtschreibphänomene wie Groß- und Kleinschreibung, Laut-Buchstaben-Zuordnung, Getrennt- und Zusammenschreibung etc. beherrscht werden.
Weiterhin enthält der Band kopierfähige Arbeitsblätter mit Übungen, die sich an die Diktate anschließen. So kann das Wissen gefestigt und vertieft werden. Neben dem effektiven Rechtschreibtraining vermitteln die Texte auch interessantes Sachwissen zu verschiedenen Themen.

Rund um die Uhr bequem bestellen!
Telefon: 01 80/5 34 36 17 · Fax: 09 06/7 31 78 · Online: www.auer-verlag.de

Auer Verlag GmbH